巩宝平 潘波涛 著

山东大学出版社

图书在版编目(CIP)数据

荀子品读/巩宝平,潘波涛著. —济南:山东大学出版社,2016.2
(齐鲁文化经典品读/马新主编)
ISBN 978-7-5607-5514-4

Ⅰ.①荀… Ⅱ.①巩… ②潘… Ⅲ.①儒家 ②《荀子》—通俗读物
Ⅳ.①B222.6-49

中国版本图书馆 CIP 数据核字(2016)第 056924 号

责任编辑 王立强
封面设计 张 荔

出版发行:山东大学出版社
社 址 山东省济南市山大南路 20 号
邮 编 250100
电 话 市场部(0531)88364466
经 销:山东省新华书店经销
印 刷:山东新华印务有限责任公司
规 格:720 毫米×1000 毫米 1/16
25.75 印张 444 千字
版 次:2016 年 2 月第 1 版
印 次:2016 年 2 月第 1 次印刷
定 价:52.00 元

本书系山东省古籍整理项目“齐鲁文化经典研究”(N.02540903)、山东省文化建设委托项目“齐鲁文化资源研究”(N.56480905)、齐鲁文化名家立项课题“走进齐鲁经典文化”结项成果

《齐鲁文化经典品读》课题组

课题组负责人　马　新

课题组成员　（以姓氏笔画为序）

马　新　马德青　王玉喜　王其俊
王爱清　巩宝平　刘厚琴　李吉东
李学娟　校　潇　郭　浩　郭海燕

总序

齐与鲁是西周时代分封的两个著名的诸侯国，因都在今山东省的范围内，所以，山东又被称作“齐鲁之邦”。我们习惯上所称的“齐鲁文化”也因此有狭义与广义之分：狭义的齐鲁文化是指齐、鲁两国所创造的文化形态，广义的齐鲁文化则是指春秋战国时代兴盛于齐鲁之邦的所有文化的集合。无论哪一种意义上的齐鲁文化，都是传承与融合的结果，都是多元文化碰撞与交流的产物。

西周分封之前，山东地区西部是殷商重地，东部则是古老的东夷，被统称为“大东”①。周公协助周成王分封天下时，将自己的长子伯禽分封到今山东曲阜一带，建鲁国；将姜太公分封到营丘一带，建齐国；将周文王的四个儿子分封到大东地区，分别建立了曹、郜、滕、郯诸国。另外，大东地区被周王朝分封或认可的诸侯国还有东夷建立的莒、莱等国，以及相传为黄帝后裔所建的薛、邳等国；夏王朝的余绪杞、鄫、费。殷商遗国宋国的一部分也在大东地区。以上大大小小合计有六十多国。至春秋战国时代，随着列国的争战

① 西周建国初年，为监视东方各诸侯国，实行分区经营。距镐京较近的各诸侯国统称“小东”，较远的各诸侯国统称“大东”。

兼并，山东地区的主要国家演化为齐、鲁、莒、郯、邹等国。南方大国楚、越两国也先后进入山东。越王句践灭吴后，曾迁都琅邪（古邑名，为春秋齐地，在今山东青岛黄岛区琅琊台西北），长期据有山东东南沿海一带；战国后期，赵国还据有今山东的西北地区，楚国则占有了山东中南部，一度出现了齐、鲁、楚、赵并立的局面。

列国的并立与重组实际上也是多种文化的并存与交融。齐、鲁等国的统治者受封而来时，带来了周王朝的礼乐文化，随后便开始了周文化与殷商文化的交融、与东夷文化的交融。比如，鲁国有众多的商奄之民以及殷民六族，殷文化底蕴十分丰厚，鲁国之社祭便是周社与亳社并存，亳社为殷人社稷之所。孔子即是殷人后代，他临终前曾说："殷人殡于两楹之间……丘也，殷人也。予畴昔之夜，梦坐奠于两楹之间。"[①]又如，东夷之俗"好让不争"，"夷俗仁"，这一传统也被融入鲁文化中，成为儒家仁道思想的重要来源。正如王献唐先生所言："孔子本是接受东方传统的仁道思想的，又进一步发展为儒家的中心理论。"[②]齐国之开国者太公到齐地后，其为政方针是"因其俗，简其礼"[③]。齐为东夷故地，"因其俗"就是吸收、接纳东夷之俗，正因如此，才有了"通商工之业，便鱼盐之利"[④]的经济政策，也才有了"仓廪实则知礼节，衣食足则知荣辱"[⑤]的思想特色。总之，周文化、殷商文化与东夷文化构成了齐鲁文化的三大基本来源。

春秋战国时代，周王朝分崩离析，诸侯割据，群雄逐鹿，兼并与融合成为社会政治的主流，文化的交融与迸发造就了中国历史上的百家争鸣。齐鲁之邦是当时最为重要的文化中心，它在西周以来的历史蕴积之上，兼收并蓄，吸纳了宋文化，莒、郯、薛文化，楚文化，越文化以及燕赵文化，等等，成为当时最为繁盛、最具影响力的文化形态。可以说，齐鲁文化是百家争鸣最为丰硕的成果。

春秋时期是百家争鸣的先声期，鲁有孔丘，齐有管仲、晏婴与孙武，而周王室与其他诸国，除老聃外，无可述焉。孔丘创立了儒家学派，有弟子三千，是中国历史上第一位教育家，其倡行"有教无类"，打破了"学在官府"的垄断；其编修《诗》《书》《礼》《易》《春秋》，是中国文化传统的集大成者；其政治思想与社会伦理思想更是奠定了中国历史上正统思想的基础。管仲是一位

---

① 《礼记·檀弓上》。

② 王献唐：《山东古国考》，齐鲁书社1983年版，第219页。

③ 《史记·齐太公世家》。

④ 《史记·齐太公世家》。

⑤ 《管子·牧民》。

成功的政治家，也是一位卓越的思想家。他的礼法并重、注重赏罚的政治思想是后世法家学派的重要源头，他的“通工商，官山海”的经济思想则是后世经济家与改革家的重要依据，他关于仓廪与、食与荣辱与礼节关系的宏论直接影响了中国古代社会思想史的发展。其后同出于齐国的晏婴则是颇具影响力的政治家与外交家，他“和而不同”的社会政治思想，致力于俭约的治国理念以及智慧万千的外交作为，对后世都产生了重要影响。晏婴之后的齐人孙武，继承了齐国开国之君太公以来的兵学传统与兵家文化，并在战争实践中升华、光大，成为中国历史上兵家文化第一人。

战国时期是百家争鸣的鼎盛期，诸子学说纵横交织，层出不穷。此时的鲁国虽已没落，但文脉仍在，以其为中心，在邹、鲁、滕、宋、卫一带，形成了众星璀璨的思想文化圈。其中，孔子的后继者子思、孟轲等人形成的思孟学派推进着儒学的发展；出身于儒家的鲁人墨翟创立了墨家学派，提倡兼爱，倡导非攻，在认识论、逻辑学和自然科学上都有重要发现，对中国古代哲学和科学的发展做出了巨大贡献。卫国左氏（今山东定陶西）人吴起早年便到鲁国学习儒学并出仕为武将，后成为战国前期法家的重要代表人物，参与了魏文侯的变法，主持了楚国的变法，对法家思想和兵学文化都有显著影响。宋国蒙（今山东东明一带）人庄周是战国道家的代表人物，认为道为天地万物之本原，“天地与我并生，而万物与我为一”，对中国古代思想与社会影响深远。在这一时期的齐鲁文化圈中，还曾活跃着编撰《春秋左氏传》的鲁人左丘明，远道而至滕国的农家创始人许行及其追随者，工匠之祖师鲁国的公输般（即鲁班，“般”和“班”同音，古时通用，故人们常称他为鲁班），等等。

此时的齐国为战国七雄之一，其官办的稷下学宫是当时无有匹敌的思想文化中心，存续长达一百四五十年。盛时的稷下学宫有学士数百，被赐为上大夫者一度达七十六人，同时代的战国诸子几乎被其网罗殆尽。其中较为著名者，有战国法家三大学派之一的田齐法家的代表人物慎到；有道家黄老学派的代表人物田骈、彭蒙、宋钘；还有儒家孙氏之儒的代表人物荀卿，他主张礼法并用，“隆礼重法”，倡导“法后王”与社会变革，对后世的儒家和法家都产生了较大影响，他的两位高足李斯与韩非子成为战国后期法家的代表人物；名家的代表人物尹文，阴阳家的代表人物邹衍，杂家的代表人物淳于髡等也是学宫之中的佼佼者；而兵学家孙武之后孙膑，是战国时代齐国的军事谋略家，指挥了围魏救赵、马陵之战等著名战役，为兵家文化之重要代表人物；齐人扁鹊提出了望、闻、问、切四诊法，是中国古代医学文化的代表人物；齐人甘德精于天文历算，与石申合著之《甘石星经》是中国古代科学的代表性著作，等等。

总之，春秋战国时代形成并繁荣的齐鲁文化，名家荟萃，洋洋大观，留下了丰厚的文化遗产。一部齐鲁文化史就是一部精编版的中国传统文化形成史，齐鲁文化中的传世经典就是中国传统文化的元典。千百年来对这些经典的诠释汗牛充栋，直到今天，这些经典仍然有着不可替代的品读价值，值得我们站在时代的高度再加品读，以更好地感受齐鲁文化之韵，领悟中国传统文化之魂。

需要说明的是，由于时代久远，齐鲁诸子的著述或散佚，或残缺，我们只能从传世至今的完璧中，选择能够代表诸子本人思想学说者，纳入这套“齐鲁文化经典品读”，计有《论语品读》《管子品读》《晏子春秋品读》《孙子兵法品读 孙膑兵法品读》《墨子品读》《孟子品读》《荀子品读》《庄子品读》，共八种。

既是品读，就要在充分吸收以往齐鲁文化研究成果的基础上，在以往整理工作的基础上，改变传统的古籍整理模式，以当代文化的视角重新梳理齐鲁文化经典，以当代社会的文化符号系统重新解读齐鲁文化经典，突出当代文化的实际需求，拉近社会大众与经典文化的距离，使广大读者能够轻松自由地走进齐鲁文化经典。

从结构上讲，丛书中的每一种书都包括了“人物与文化研究”“原著注释与品读”两大部分内容。在“人物与文化研究”中，旨在实现两个沟通：一是读者与古人的沟通。将人物置于其存在的文化背景中，发掘其文化内涵，寻找其核心精神，找到一个真实而鲜活的历史人物，而不是拘泥于常规的历史人物小传，以便于读者对其了解与认知。二是古文化与当代文化的沟通。着力寻找历史人物与相关文化在当代文化中的价值，以发扬光大中华优秀传统文化。在原著“品读”中，我们力图改变以往古籍类著作注释加翻译的习惯，把主动权交给读者，让读者直接与古人对话，直接亲近经典，自觉接受优秀传统文化的熏陶。因而，重点在疏与解上下功夫，通过恰当的疏与解，引导与帮助读者阅读，而不是越俎代庖。总之，通过对人物与文化的研究，可以更好地了解原著；通过对原著的解读，可以更好地认识与吸纳优秀文化。

这套“齐鲁文化经典品读”丛书，是我们的新尝试，更是我们向齐鲁文化经典的致敬。错谬不足之处，尚请大方之家不吝赐正。

是为序。

马　新

2015 年 12 月于山东大学高阁书斋

品读荀子

荀子(约前328～约前235年)，本姓孙，名况，字卿，又称“荀卿”“孙卿”。战国末期赵国人。十五岁时他即离开故地，前往齐稷下学宫求学，之后的大部分岁月都在齐国度过。荀子长期游学于齐，并成才成名于齐，最后又长眠于鲁之兰陵(在今山东省临沂市兰陵县兰陵镇)。所以，他是受齐鲁文化熏陶而成才的典型代表。终其一生，荀子或坐而论道，指点江山；或起而行道，为政一方。他融汇诸子思想之精华，重振礼乐文明，大力弘扬儒学，著书立说传道，成为战国末期一代大儒，对中国儒学乃至整个传统文化的发展都产生了深远的影响。但史籍对这位大儒的生平、活动记载甚简，间杂错讹和争议，留传至今的《荀子》一书成为了解其人其学的主要依据，学界多有研究。笔者踵武前贤，研读相关材料，试图在此简单勾勒荀子其人、其世、其书、其学的大致面貌。

一

关于荀子的生平，后世史乘所载寥寥，《史记》中有近二百字的介绍，语焉不详，间有舛乱，之后其他史载也有类似情形。由此在荀子其人、其书、其学等方面产生了若干疑问与争论，延绵不绝，有的至今仍为难解之谜。如为何荀卿又称"孙卿"？荀子出生地或籍贯究竟在临猗、安泽还是邯郸？荀子生于何时，卒于何地？荀子来齐游学是在十五岁还是五十岁？期间有无回过赵国，到过燕国？荀子自齐适楚在何时？其具体师承关系如何？其师仲弓究竟为谁？《荀子》中哪些篇章出自荀子本人之手，哪些为其后学所作？荀子主张性恶，还是性朴？是法先王，还是后王？荀子是儒家、法家、黄老家还是杂家？等等。尽管疑窦丛生，我们为了更好地解读《荀子》，还是要从诸说中辨析、择取相对可信者，作一论述。对于荀子其人、其世，笔者谨以刘蔚华、苗润田两位先生在《稷下学史·荀况·荀况生平新考》所考[①]为主，结合历史背景，大致勾勒荀子的生活时代和个人经历如下。

荀子生逢战国晚期，其时战火绵延，天下大乱，但乱中有治，各国在经济、政治、文化等方面均有很大发展。大致而论，在经济上，农业领域中铁制农具得到推广，各国兴修农田水利设施，私田范围扩展，个体小农经济不断壮大，创造了巨大的社会财富，赋税方式随之而变，充实了国家的府库；农业之外的手工业、商业也得到空前的发展，各地出现富有特色的经济中心和产业区域，大型的商业城市星罗棋布于各国。在政治上，诸侯争雄，分裂割据，各国内部力行改革，推陈出新，务求富国强兵，以在对外的兼并战争中立于不败之地，客观上有利于结束天下分裂的局面，走向统一；郡县制得到推广，官僚士大夫势力渐长，中央集权、君主专制的新型政治体制呼之欲出；战火绵延不断，残酷程度甚于从前，使人们饱受离乱之苦的同时，在客观上又起到了涤荡旧制、推动新制的作用。在思想文化上，伴随着上古文明的"礼崩乐坏"，哲人覃思，诸子争鸣，为乱世提供各种理论学说，重建新的文化体系，加上科学技术、文字文学、历史和艺术等方面的长足进步，中国历史上出现了第一个思想大启蒙和大发展时代。如学者所言，战国时期是关键性的重大变革和发展时期，是连年进行合纵连横的战争时期，是从分裂割据趋向统一的时期，是百家争鸣、英才辈出的时期，是科学技术上重大的创造和发展时期。[②] 战国末期，在思想文化界涌现出很多集前人思想之大成的文化巨子和学术团体。

在以上时代背景下，荀子十五岁离乡，由赵赴齐，游学于著名的稷下学宫。此后，他大部分时光流连于齐地，往复于齐、秦、赵、楚、燕诸国，学习、论道、议政、授徒、著述，谋求得君行道、儒术治天下，晚年曾在兰陵（一度为鲁

① 参见刘蔚华、苗润田：《稷下学史》，中国广播电视出版社 1992 年版，第 264～272 页。

② 参见杨宽：《战国史·前言》（增订本），上海人民出版社 1998 年版，第 1～9 页。

地，后被兼并，纳入楚地）两度为令，笔耕不辍，老死于此。终其大半生，荀子和齐鲁文化的关系至为密切，可以说正是齐鲁大地的文化沃土成就了一代大儒①。荀子的生平经历大致有以下几个阶段：

1. 初出茅庐东游齐，德学精进长成才（约前 328～前 301 年）

约公元前 328 年，荀子生于赵国郇邑。公元前 314 年，风华正茂的荀子为了追求德学长进，离别家乡，前往齐国，走上了漫漫游学路。其时，齐国正值宣王统治期间，国力强盛，文化繁荣，是雄踞于东方的泱泱大国，所谓“齐威、宣之时，显贤进士，国家富强，威行敌国”②。当时稷下学宫已建立多年，荟萃各方学者，闻名遐迩。荀子慕名而来，并很快进入学宫，受到优渥相待。

在有了充分的生活保障后，荀子得益于学宫浓厚的文化交流、学习氛围，勤奋好学，遍诵古籍经典，广结时贤良能，德行、学业突飞猛进。最为难得的是，他在这里认识了大批当时的一流学者，见识大增。其中既有以口才、文才见长的“谈天衍”驺衍、“雕龙奭”邹奭、淳于髡、田巴等人，又有以思想独到见长的慎到、田骈、孟子、环渊、宋钘、尹文等人。特别是孟子，对荀子影响巨大。据《孟子外书·性恶》载，首次来齐的荀子曾与第二次来齐并淹留五年之久的孟子（前 317～前 312 年）相遇、相识，探讨人性。有人认为《外书》为伪书，不足为信。不过，从当时齐鲁文化交流频繁、稷下学宫学者云集的历史背景来看，同在齐地游学的老年孟子和青年荀子在某一时段有过“交集”，进行过学术讨论，是情理中事，不能认为断然全无。如学者所论，《孟子外书·性恶》“虽不能视为荀孟争论的实录，但也可以展现这一争论的史影”③。从《荀子·性恶》等篇章中有大量针对孟子性善论的批判可以推想，荀子应对孟子学说有过深入的研究和思考，也不排除他们曾经在稷下学宫有过切磋。总之，在齐国稷下学宫数十年的美好时光，使荀子学识大增，为其以后著书立说、振兴儒学奠定了坚实的基础。

2. 劝谏闵王无意听，南走楚国罹战乱（前 301～前 279 年）

稷下学宫在齐威、宣之时达到发展的顶峰。之后，在齐闵王（约前 301～前 284 年在位）主政时期，特别是在其统治后期，因连年征战，对外拓土，民怨沸沸，稷下学宫一度衰落。对此，《盐铁论·论儒》中载：“及滑王，奋二世之余烈，南举楚、淮，北并巨宋，苞十二国，西摧三晋，却强秦，五国宾从，邹、鲁之君，泗上诸侯皆入臣。矜功不休，百姓不堪。”学人纷谏，但齐王置之不理，

① 参见刘宗贤、蔡德贵：《荀子思想是齐学化的鲁学》，《甘肃社会科学》1994 年第 1 期。

② 王利器校注：《盐铁论校注》，《新编诸子集成》本，中华书局 1992 年版，第 149 页。

③ 刘蔚华、苗润田：《稷下学史》，第 266 页。

诸儒“各分散”。荀子曾和其他稷下学者一样，上书劝谏齐相，以使齐王偃武修文、礼义治国，此事见载于《荀子·强国》篇。荀子游说齐相曰：

今相国上则得专主，下则得专国，相国之于胜人之势，亶有之矣。然则胡不驱此胜人之势赴胜人之道，求仁厚明通之君子而托王焉，与之参国政、正是非？如是，则国孰敢不为义矣？君臣上下，贵贱长少，至于庶人，莫不为义，则天下孰不欲合义矣？贤士愿相国之朝，能士愿相国之官，好利之民莫不愿以齐为归，是一天下也。相国舍是而不为，案直为是世俗之所以为，则女主乱之宫，诈臣乱之朝，贪吏乱之官，众庶百姓皆以贪利争夺为俗，曷若是而可以持国乎？今巨楚县吾前，大燕鰌吾后，劲魏钩吾右，西壤之不绝若绳，楚人则乃有襄贲、开阳以临吾左。是一国作谋，则三国必起而乘我。如是，则齐必断而为四，三国若假城然耳，必为天下大笑，曷若？

荀子清醒地认识到，齐国通过武力虽然获得一时强盛，但其背后存在深深隐患，后来的事实也印证了他的这种担心。公元前284年，燕将乐毅联合赵、韩、魏、秦诸国军队，攻入齐国，连下七十余城，兵锋直指齐都临淄城下。齐闵王从都城逃亡至莒邑，后被国相淖齿刺杀。齐王刚愎自用，终吞苦果。对此，荀子曾不无感叹：“闵王毁于五国，桓公劫于鲁庄，无它故焉，非其道而虑之以王也。”[①]五年之后，齐将田单率齐兵反攻，设计离间燕国君臣关系，击退燕师，流亡在外的齐襄王才得以回国。这场战争使齐国内耗巨大，势力也一步步衰落。荀子为国分忧，曾苦苦相劝，但对于一心以武力称霸的闵王而言，这无异于对牛弹琴。闵王根本就不把荀子等人的告诫放在心上，反而待以冷遇。荀子不受待见，不久就离开齐国，前往楚国。

在战火纷飞、天下大乱、处处兼并、生灵涂炭的战国时代，任何一国都无法置之度外、独善其身，楚国也不例外。当时秦将白起侵楚，直捣其都，攻陷郢地。楚怀王和齐王一样，仓皇出奔，迁都于陈。楚臣中有不胜国破之悲者，怀沙自沉于汨罗江，他就是闻名后世的屈原。荀子亲历此乱，刻骨铭心。他在《议兵》篇中写道：“汝、颍以为险，江、汉以为池，限之以邓林，缘之以方城。然而秦师至而鄢、郢举，若振槁然，是岂无固塞隘阻也哉？其所以统之者，非其道故也。”纵横家通过诈骗等邪道周旋于各国之间，典型者如秦国使者张仪诈许楚王五百里疆土，以对付关东诸国合纵抗秦战略，事后却赖账，称只许五里之地。纵横之士如苏秦、张仪等人，皆因“翻手为云覆手雨”的伎俩富贵一时。荀子评价曰：“夫不以其道进者，必不以其道亡。”[②]后来，张仪、

---

① 《荀子·王制》。

② （清）严可均辑：《全汉文》卷三七《孙卿书录》，商务印书馆1999年版，第383页。

苏秦没一个有好下场，正应验了荀卿所言。

经历楚国战乱后，荀子发现楚地多是非，不可久留。乱邦处处有，何处是栖枝？不久，他听闻齐国复国，襄王锐意振兴艺文，便决定返回老地方。

3. 应召返齐振学宫，最为老师三祭酒（前279～前266年）

怀着一腔失意、苦闷和一丝希望，荀子离楚返齐，希望能有自己的用武之地。当时齐国战乱刚刚平息，百废待兴，稷下学宫辉煌不在，曾经显赫一时的大学者多花果凋零，先后物故。齐襄王复国之后，有感于此前稷下学者苦谏无果而离齐而去，从而使齐不久陷入战乱泥淖的前车之鉴，锐意招徕四方学者，重振学宫昔日风采，故有荀子等稷下学者应召回齐。此后，在齐十余年，荀子一度“最为老师”，三次担任当时齐国稷下学宫的“祭酒”（学术魁首）。除了主持日常学术活动、参与政事垂询之外，荀子开始聚徒讲学。现在所见《荀子》中《劝学》《修身》《非相》《非十二子》《礼论》《乐论》《性恶》等篇章，可能就是在这时开始形成并流传开来的。在此期间，荀子的思想趋于成熟，并广为传播，为之后孙氏之儒成为独立一派奠定了坚实的基础，这标志着他的学术人生也迎来了一个空前发展的高峰。

4. 西游秦赵弘儒道，行不得志再返齐（前266～前264年）

公元前266年，久居齐国的荀子开始外出游学，向西入秦访赵。他胸怀得君行道之志，希望实现“儒术诚行，则天下大而富”[①]的梦想。

西行的第一站是秦国。当时秦昭王“方喜战伐”，锐意于疆土的开拓。在《荀子·儒效》和《荀子·强国》篇中分别记载有荀子与秦昭王、应侯的问答。在以兵法为上、重农尚武的秦国，荀子的王道儒术没有引起秦王等人的兴趣和注意。荀子极力赞美占有地利之优势，社会秩序井井有条，俨然“古之朝”的秦政：

> 其固塞险，形势便，山林川谷美，天材之利多，是形胜也。入境，观其风俗，其百姓朴，其声乐不流污，其服不挑，甚畏有司而顺，古之民也。及都邑官府，其百吏肃然，莫不恭俭、敦敬、忠信而不楛，古之吏也。入其国，观其士大夫，出于其门、入于公门，出于公门、归于其家，无有私事也，不比周、不朋党，倜然莫不明通而公也，古之士大夫也。观其朝廷，其间听决百事不留，恬然如无治者，古之朝也。故四世有胜，非幸也，数也。是所见也。故曰：佚而治，约而详，不烦而功，治之至也。秦类之矣。

但是，秦国政治中也存在难以维持长治久安的短板：

① 《荀子·富国》。

虽然，则有其諰矣。兼是数具者而尽有之，然而县之以王者之功名，则倜倜然其不及远矣。是何也？则其殆无儒邪！故曰：“粹而王，驳而霸，无一焉而亡。”此亦秦之所短也。①

事实可能如荀子所见所论，秦政的劣势所在实际上是以霸业一统天下后何以长久的大问题。荀子以其一介书生之力，无法、无力改变当时的现状。秦以农兵强国，四世经营，跃为霸主，横扫六国，一统天下。但随后又二世亡国，所谓“其进锐者，其退速”②。究其原因，诚如汉儒贾谊所言“仁义不施”③；换言之，历任秦国国君乃至后来的秦朝当政者迷信刑法、重武力而不重儒术治国是其速亡的重要原因。

在秦未能得君行道，荀子便于公元前265年离开西秦，东至故国赵，游说当政者，“议兵于赵孝成王前”④。当时赵孝成王新立，似有求贤治国之心，听说荀子来赵，欣然接见。赵国当时有名的将军临武君（楚人，曾在赵为将，好用诈兵，屡败于秦，后返回楚国）陪同赵王，与荀子就治国用兵方面的事情进行了辩论、交流（此事见于《荀子·议兵》记载）。荀子议兵，“以仁义为本”⑤，追慕商周时期汤武以仁义用兵，强调兵战之本在于如何统一民众意志，即“壹民”“附民”。而临武君提出善用兵者尚势利变诈，不待附民。二人针锋相对，辩论场面相当激烈。荀子所论王者仁人之兵，其根本在于治国有道：君贤臣能，为政者隆礼贵义、好士爱民、政令诚信、赏重刑威，使民心齐整、兵备完坚，方可实现国治，国治则民强，民强则兵强，“兵大齐则制天下，小齐则治邻敌”⑥。其反对一味地迷信形势、兵不厌诈之道。尽管荀子讲得很好，但赵国君臣意不在此，而是妄图像其他诸侯国一样不择手段地获取他国的领土，以武力兼并诸国，一统天下。因此，他们对仁义治兵、王者军制提不起兴趣。结果赵王“不能对也，卒不能用”⑦。经历了秦、赵不成功的游说之后，荀子于公元前264年由赵返齐，继续在稷下讲学、授徒，达数年之久。

5. 离齐走楚全因谗，牛刀小试兰陵令（前264～前251年）

在当时的齐国，齐王建刚刚主政，大权一度落入后宫手中，内宠外戚势力炙手可热。耿直忠贞的荀子上书讽谏，没有成功，反而招来宫廷主政者的

---

① 《荀子·强国》。

② （宋）朱熹撰：《四书章句集注·孟子·尽心上》，《新编诸子集成》本，中华书局1983年版，第363页。

③ 阎振益等校注：《新书校注·过秦论上》，《新编诸子集成》本，中华书局2000年版，第3页。

④ 《荀子·议兵》。

⑤ 《荀子·议兵》。

⑥ 《荀子·议兵》。

⑦ （清）严可均辑：《全汉文》卷三七《孙卿书录》，第383页。

猜忌、诬陷和打击，被迫再次离齐往楚，另谋出路。

当时楚国国相为春申君黄歇（前314～前238年），他是闻名后世的“战国四君子”（依卒年前后排序，齐有孟尝君、赵有平原君、魏有信陵君、楚有春申君）之一，以礼贤下士见称于世，颇有势力。荀子慕名而往，这次运气相当不错，得以为政兰陵。史载，公元前255年，“春申君相楚八年，为楚北伐灭鲁，以荀卿为兰陵令”[①]。但是好景不长，不久，春申君门下一些嫉贤妒能的人进谗言。大意是说：古代商王汤、周武王当初都以不足百里的小城为中心，慢慢拓展而后取得天下。如今孙卿，是天下闻名的贤能之士，你让他做兰陵令，也有百里之地，以史为鉴，这有损您的威势。[②] 春申君听后，竟信以为真，使人“谢孙子”，下了逐客令。荀子遂辞官北上，回到故乡赵国，结果被“喜宾客”、礼贤下士的赵相平原君奉为上卿、上客，示以优尊（事见《战国策·楚策四》）。荀子能够得到这样优厚的待遇，主要是因为当时上层权贵出于维护自己统治、笼络人心的需要，争相收纳士人作为府中幕僚，动辄上千。后来春申君“月下追韩信”，一再致歉，请求荀子回楚，也与此有关。

6. 不胜恳请赵归楚，书信往还显真情（前251～前238年）

在赵国，荀子身为食客、幕僚，生存状况随着政局的变更而变。公元前251年，平原君赵胜亡故，廉颇为相。平原君的食客除一部分在赵观望或投奔新主，余部多散走他国。在这种情况下，楚国春申君等人开始打这批人才的主意。荀子当然在其中，他被一请再请，最终回到楚国。

据史载，当年荀子被春申君辞退不久就有门客劝说春申君：过去有夏国的贤士伊尹离开故国，投奔商邦，使殷商最终王天下，而夏亡天下。管仲从鲁国被放回至齐国，鲁后来渐弱而齐臻强。贤士所在之处，君王无不尊崇，国家也因此而强盛。现在，孙卿为当今天下大贤，您为什么要辞退他呢？春申君听完此番言论后，后悔不已，于是派人去赵，试图请回荀子。荀子书信辞谢，并写赋相赠，中有讽谏楚政、抒发愤懑之语。孙卿书信见载于《战国策·楚策四·客说春申君》章。大意如下：“即使是恶疾在身的人，也要可怜君王”，此话虽有失敬，但您必须留意细察。这是针对那些弑劫君主、谋反叛乱的贰臣而论。一国之主年少而骄傲自大，又无法辨忠奸，那么大臣就会结党营私，诛杀异己，无视国法，藐视君威。为了禁绝自己的灾难，他们就要废贤能而立弱小之君，废嫡而立庶，均为不义之举。春秋战国时期在楚国、齐国、晋国数次发生臣子弑主之事，就是如此。得了痈肿胞疾者，远不如历史上被逆臣残杀或饿死的君主痛苦。这些受害的君主内心忧

---

① 《史记·春申君列传》。

② 原文见《战国策·楚策四·客说春申君》。

劳，身体困苦，所受的伤害远大于得了恶疾。由此观之，“即使是恶疾在身的人，也要可怜君王”。荀子又附一赋，告诫春申君要明察秋毫，避免出现“以盲为明，以聋为聪，以危为安，以吉为凶”的情况，勿为篡逆不义、自招其祸之事。歌赋见于《荀子·赋》中最后两段。其中“道德纯备，谗口将将。仁人绌约，敖暴擅强”“念彼远方，何其塞矣，仁人诎约，暴人衍矣。忠臣危殆，谗人服矣”等句，显然是影射当时他遭受谗害之事。荀子婉拒春申君让其回到楚国的请求，但又不忘告诫其主为政之要，楚国朝堂之凶险可想而知。这也是荀子不愿回到楚国或者说是他当初离开楚国的重要原因。春申君见信后，被荀子忠贞之心所感，对自己当初对荀子的不恭深感后悔，于是再度遣使致歉，并请其回国。荀子为其诚心所感，重回兰陵，官复原职。

荀子晚年为政一方，授徒讲学，笔耕不辍。在他看来，儒学的效用（即儒效）应该是正德利用厚生，小可美身，中可美俗，大可美政。他的这种理想在一定程度上得以实现。据说，受其大德博学的感召，兰陵一地多“善为学”之辈，至西汉后期，当地人多喜欢以“卿”字为自己的孩子起字。这些都是荀子所言儒者在下可美俗的验证吧！

荀子晚年从政于兰陵期间，收了不少慕名而来的弟子。其中值得一提的有两位：一位是来自楚国的平民李斯，另一位是来自韩国的贵族韩非。

先说李斯。据载，其人少有大志，不甘平庸。一天，他在自家厕所看到粪坑边的老鼠，于是大发感慨，将自己与仓库中的老鼠作对比，认为做人也要像仓库中的老鼠一样，选择好一点的场所来安身立命，养家糊口。之后不久，他怀揣着自己的“仓鼠梦”离开家乡，游学兰陵，从荀卿学帝王之术。学已初成后，考虑到楚王不是有魄力之人，不足事其为君，而其他关东各国都较弱小，没有建功立业的机会，于是，大约在公元前247年，他拜别老师，前往秦国谋求发展。临行前，李斯留下一番言论：“斯闻得时无怠，今万乘方争时，游者主事。今秦王欲吞天下，称帝而治，此布衣驰骛之时而游说者之秋也。处卑贱之位而计不为者，此禽鹿视肉，人面而能强行者耳。故诟莫大于卑贱，而悲莫甚于穷困。久处卑贱之位，困苦之地，非世而恶利，自托于无为，此非士之情也。故斯将西说秦王矣。”[①]从中可见师徒二人学术思想的分野，也预示着李斯未来的人生之路大异于老师。

身为老师的荀子见李斯去意已决，不便挽留，但其内心对弟子的去向和将来的遭遇深表忧虑。汉桓宽《盐铁论·毁学》中载：“方李斯之相秦也，始皇任之，人臣无二，然而荀卿谓之不食，睹其罹不测之祸也。”[②]我们认为这是

① 《史记·李斯列传》。

② 王利器校注：《盐铁论校注》，第229页。

嬴政“逐客令”事件(前 237 年)平息、李斯当上廷尉后发生的事情,而非嬴政一统天下后李斯为相时发生的事情,因为那时荀子早已不在人世,不可能对弟子品头论足了。若干年后,果不其然,李斯被处以腰斩、“夷三族”的惩罚。如果他当初知道老师的忧虑,在进取中知道如何退守,人生结局可能会好些吧!

再说韩非,其人出身韩国贵族,远道赴楚求学于荀子,学成后返乡,以求报效国家。但当时的韩国已是不能自保的孱弱之邦,其领土不断受到秦国的蚕食,忧患重重,危在旦夕。韩国曾数次派出使者甚至间谍游说或削弱秦国,但效果不佳,反而招来秦更猛烈的报复。在这种情况下,韩非被派往秦国做游说工作。秦王嬴政闻讯后,非常高兴。因为他喜欢的一些政治评论文章,就是出自韩非之手,他早就想见识一下韩非了。然而,在见到韩非后,他却大失所望,主要原因是:一是他认为来者不善,韩非所论有损于秦的利益;二是他发现自己的“偶像”有天生的口吃毛病,彼此交流存在某些障碍。随后,韩非被“请”进大牢,蹲了监狱。而此时的李斯正踌躇满志,唯恐秦王会留下并重用韩非,这样会导致自己失宠,为他人所取代。于是他心生诡计,跑到监狱里探视韩非,诈称秦王要杀之,劝其饮药自尽,保全贵族名节。韩非竟听从同门的规劝,客死异乡。其实,秦王很快就回心转意,派使者赶到监狱召回韩非,但还是晚了一步,再也见不到他心仪的学者了。

韩非、李斯同拜荀子为师,学习儒道,“皆受业为名儒”,却均以法家闻名于世:韩非有著述为证;李斯相秦,推动法术治国的事迹亦见于史载。造化弄人,志在振兴儒学的荀子因为沾了弟子们的“光”,长期在儒家人物谱系中难得正统,处于被贬抑的状态,甚至被后来不少人视为法家或法家化的儒家,下居诸子之列。

弟子杂学不精,遁入法家之流。荀子则一生以礼义修身齐家,追求以儒学美身、美俗、美政,以大儒、雅儒为学习榜样,故虽遭遇不少磨难甚至屈辱,但终得寿终正寝。庄子曾借孔子之口言:“夫道不欲杂,杂则多,多则扰,扰则忧,忧而不救。”①诚哉是言,当为明鉴。

7. 知遇不在削为民,著述令名遗后世(前 238～前 235 年)

公元前 238 年,楚考烈王去世。在宫廷政变、权力更替的过程中,春申君黄歇死于同僚李园之手。“城门失火,殃及池鱼”,春申君门下客卿在此次政变中多受到牵连。荀子也不例外,被削职为民。此后,他一直生活在兰陵,笔耕不辍,潜心著述,总结古今历史,重振孔学儒道,完成整理自己学说的夙

① 陈鼓应注译:《庄子今注今译》,商务印书馆 2007 年版,第 129 页。

愿，形成了后世所见《荀子》一书的雏形。其实，早在荀子任稷下学宫祭酒、开始讲学授徒之时，他的单篇文章就已经流传于学界内外，影响甚大。史载，“是时诸侯多辩士，如荀卿之徒，著书布天下”①。所以，荀子晚年的著述工作，有相当一部分是回忆和整理。

公元前235年某日，年迈的荀子终于停下了手中的笔。他望着面前已经成堆的简牍文稿，想起一生的辛劳终于有了结果，脸上露出一丝微笑。又想起远离故国，奔波一世，以文卒岁，心中亦觉释然。他安详地闭上了双眼，溘然长逝，享年94岁。

荀子死后，被葬于兰陵。现在山东省临沂市兰陵县兰陵镇东南一公里处仍能见到荀子的墓葬旧址，还有新建的荀子文化园。古往今来，无数学者、游客慕荀子之名前来兰陵凭吊这位深受齐鲁文化熏陶，最终葬于齐鲁大地的旷世大儒，追慕其绝代风华与杰出成就。

荀子一生在政学两界孜孜以求，有“最为老师”之荣耀，屡为诸侯上宾之殊遇，但儒术治国的理想却始终没有实现。荀子后学将之归因于其乱世不得贤主的赏识。他们不无惋惜地评价道：

> 孙卿迫于乱世，鰌于严刑，上无贤主，下遇暴秦，礼义不行，教化不成，仁者绌约，天下冥冥，行全刺之，诸侯大倾。当是时也，知者不得虑，能者不得治，贤者不得使。故君上蔽而无睹，贤人距而不受。……天下不治，孙卿不遇时也。德若尧、禹，世少知之；方术不用，为人所疑；其知至明，循道正行，足以为纪纲。呜呼贤哉！宜为帝王。天地不知，善桀、纣，杀贤良，比干剖心，孔子拘匡，接舆避世，箕子佯狂，田常为乱，阖闾擅强。为恶得福，善者有殃。今为说者又不察其实，乃信其名。时世不同，誉何由生？不得为政，功安能成？志修德厚，孰谓不贤乎？②

荀子的弟子们自信“今之学者，得孙卿之遗言余教，足以为天下法式表仪。所存者神，所过者化”③。而当我们翻阅、解读荀子为后人留下的数万言“遗言余教”——《荀子》时，对荀子的德学定会有更多、更深的了解。

① 《史记·吕不韦列传》。
② 《荀子·尧问》。
③ 《荀子·尧问》。

二

《荀子》一书，古又称《孙卿子》《荀卿子》，为荀子主笔、后学补充而成的儒家元典。其传世经历了三个关键阶段：初经荀门弟子传习、整理，流布四方，篇帙浩繁，在西汉后期曾有三百余篇之多；复经刘向等人归类、排序，整理成三十二篇，名为《荀卿子新书》；至唐又由杨倞编排、注解，大致形成今天所见版本的《荀子》。而在注释、疏解《荀子》的过程中，清儒王先谦的《荀子集解》是古代注疏荀学的集大成之作。今人踵武其后，做了不少修补工作。

今本《荀子》共三十二篇，近八万字。《史记·孟子荀卿列传》记载："嫉浊世之政，亡国乱君相属，不遂大道而营于巫祝，信禨祥，鄙儒小拘，如庄周等又猾稽乱俗，于是推儒、墨、道德之行事兴坏，序列著数万言而卒。"稍后，汉儒刘向亦云："观孙卿之书，其陈王道甚易行，疾世莫能用，其言凄怆，甚可痛也。"[①]由此可见，荀子有感于混浊之世、儒道不明的现实，故笔耕不辍，遗言余教，弘扬儒道，匡辟时谬。

《荀子》一书，内容丰富，立意甚高，陈辞务实，各篇均有相对明确的主题，多首尾呼应，自成一体。它紧紧围绕如何使君王和士子成为圣贤之人以治理天下这一主题，主张通过诵读《诗》《礼》经典、学习儒术、亲近师友、隆礼重法等途径，实现儒者身心和美的修身理想与"儒术诚行，则天下大而富"的政治理想，在中国古代学术思想史上具有重要的地位和深远的影响。但遗憾的是，此书没有被纳入儒家经书之列。有鉴于此，当今部分学者建议将《荀子》列入儒家经典如儒学"新四书"[②]或"儒家七典"[③]之中。可见在充分发掘、重新评价《荀子》价值方面，仍有很大的发展空间。而这些工作的重要前提之一就是整体考察和理解荀子学说的本质、主体内容、历史贡献等。

荀子学说以儒家为本[④]，"游文于六经之中，留意于仁义之际，祖述尧、舜，宪章文、武，宗师仲尼"[⑤]，兼采道、法、名、墨诸家之长，内容广博，观点鲜

---

① （清）严可均辑：《全汉文》卷三七《孙卿书叙录》，第 384 页。

② "新四书"指《论语》《孟子》《礼记》《荀子》。（参见梁涛：《应将〈荀子〉纳入儒学的"新四书"》，2011 年 3 月 2 日《中华读书报》）

③ "儒家七典"指《广论语》《子思子》《公孙尼子》《性自命出》《内业》《孟子》《荀子》。（参见郭沂：《五经七典——儒家核心经典系统之重构》，2006 年 12 月 18 日、2007 年 1 月 15 日《人民政协报》）

④ 关于荀子的学派属性，学界争论较多，本书认为荀学以儒为主，从各方面显示出儒家本色。（参见苗润田：《从〈汉书·艺文志〉看荀子的学派归属》，《现代哲学》2011 年第 5 期；杨朝明注说：《荀子》，河南大学出版社 2008 年版，第 24～40 页）

⑤ 《汉书·艺文志》。

明，论证扎实，从理言事，在儒家和先秦诸子中独树风标，自成一家，为战国八儒[①]之一——“孙氏之儒”的渊薮。荀学体大思精，全面展现了荀子对天人关系、人生修养、学术批判、性伪之辨、知行合一、名实之别、礼乐教化、明分使群、隆礼重法、王霸天下、富国强兵等方面的看法，反映了荀子的哲学观、政治观、社会观、教育观、伦理观、历史观、认识论、文学论、辩说术等。但荀学的主体仍在于阐发人伦道德、修身治国的思想，希望通过君子圣贤、明君能臣重建礼乐文明，实现儒术诚行、富国强邦和天下太平的理想。

荀子学说虽因含有重法、性恶等成分招来后人的不少贬抑，但它集先秦学术之大成，以其独特的思想魅力屹立于世，有着巨大的历史贡献与现实价值：

其一，第一次从理论高度系统地勾勒了君子学礼明道、圣贤儒术治国的蓝图，可与柏拉图的哲人治国之理想相媲美。

其二，第一次为中国社会各阶层提供了心灵安顿之所。荀子追溯礼有三个本源：天地、先祖、君师。《荀子·礼论》曰：“礼有三本：天地者，生之本也；先祖者，类之本也；君师者，治之本也。无天地，恶生？无先祖，恶出？无君师，恶治？三者偏亡，焉无安人。”提出“上事天，下事地，尊先祖而隆君师，是礼之三本也”。荀子的这一观点对中国传统社会影响深远。

其三，第一次明确地针对性善论提出性恶论，并加以辨别，开启了古代思想史上关于性恶、性善的千年争鸣。

其四，第一次辩证地看待天与人、先王与后王、天资与教化等各种思想范畴的关系，为后人提供了有益的启示。

其五，对“礼”这一古老思想课题加以系统阐发，如礼与理互通、礼与法结合等，为后世儒学从弘道向讲理转变奠定了坚实基础。

其六，鲜明地弘扬理性精神，追求理智思考，讲求缘礼饰情之乐学，与西方哲学史上理性主义与经验主义两条线索并行的理路颇多相似之处，是当代儒学与西方哲学思想融会贯通的接榫所在。

总之，荀学博大精深，独步一时，是中华民族思想宝库里一颗璀璨的明珠，更是齐鲁文化之翘楚，始终闪现着独有的魅力。

《荀子》一书传世版本较多，就古宋版本而言，即有熙宁本、吕夏卿本、台州本、淳熙本、巾箱本、本纂图互注本、建本及二浙西蜀本等多种。本书的经

---

① “儒分为八”来源于《韩非子·显学》中所述：“自孔子之死也，有子张之儒，有子思之儒，有颜氏之儒，有孟氏之儒，有漆雕氏之儒，有仲良氏之儒，有孙氏之儒，有乐正氏之儒。”按：学界对“孙氏之儒”是否为孙卿（即荀子）所创之学派存有一些争议。（参见吴龙辉：《“儒分为八”别解》，《文献》1994年第3期）

典部分以王先谦《荀子集解》为底本，也参照了古逸丛书本及今人的校注成果；注释部分在参照前人成果的基础上，择善而从，力求简洁；品读部分则结合时代背景、学派源流、诸子比较、后世影响和当代价值几方面，从历史学、政治学和哲学等角度深入分析《荀子》文本，阐发荀子思想。需特别说明的是：受笔者学养所限，本书原文校勘、注释、品读中不可避免地会存在一些错讹偏颇之处，敬请读者朋友指正。

目录

劝学篇第一

1.1　君子[1]曰：学不可以已。青[2]，取之于蓝[3]而青于蓝；冰，水为之而寒于水。木直中绳[4]，輮[5]以为轮，其曲中规，虽有槁暴[6]，不复挺者，輮使之然也。故木受绳则直，金[7]就砺则利，君子博学而日参[8]省乎己，则知[9]明而行无过矣。故不登高山，不知天之高也；不临深溪，不知地之厚也；不闻先王之遗言，不知学问之大也。干、越、夷、貉[10]之子，生而同声，长而异俗，教使之然也。《诗》曰："嗟尔君子，无恒安息。靖共尔位，好是正直。神之听之，介尔景福。"[11]神莫大于化道，福莫长于无祸。

【注释】

[1]君子：古指有德有学有其位的士人。

[2]青：靛青，一种染料。

[3]蓝：草本植物，其叶可制靛青。

[4]木直中绳：喻木材很直。

[5]輮(róu)：通"煣"，用火烤木材，使之弯曲。

[6]槁(gǎo)暴(pù)：烘烤、曝晒。暴，通"曝"，太阳晒。

[7]金：金属。

[8]参：通"三"，多次。

[9]知：通"智"。下文"知""智"通假者较多，需留意。

[10]干、越、夷、貉(mò)：代指南、北边地的少数民族。干，即邗。

[11]语出《诗经·小雅·小明》。大意为勤学敬业，可得神佑。

【品读】

本章首提"学不可以已"，强调学贵恒久，不可松懈，与本篇1.7章中"学至乎没而后止也"的意思相近。又《大略》篇"子贡问于孔子"记载师徒关于学习困累后何处栖身的探讨，最终认为人生无处不学，死而后已，亦简明地表达了"学不可以已"的思想，可对读互解。另外，本章还可与《论语》《礼记》中的篇章对读，体会儒家劝学思想。如"学不可以已"与《论语·学而》中的"学而时习之，不亦乐乎"，"博学而日参省乎己，则知明而行无过矣"与《礼记·中庸》中的"好学近乎知"，"不闻先王之遗言，不知学问之大也"与《礼记·学记》中的“人不学不知道”等，旨意相同。而在先秦两汉古籍中冠名《劝学》者，亦见于《尸子》《吕氏春秋》《新书》等书，从中可见荀子在此阶段的劝学思想发展史上占有承前启后的重要地位。

从历史上来看，古人相当重视劝学，且前后相继，延绵不息。如从先秦孔子的《论语·学而》直至晚清张之洞的《劝学篇》，期间有很多文人贤士撰写的诸如《劝学》《赞学》《学记》《大学》《显学》《学行》《正学》《存学》《原学》《论学》《善学》等带有“学”字的名篇传益于世。劝学、励学在国人眼里是一个恒久的话题。美国学者牟复礼曾在《中国思想之渊源》中云：“中国文明是一个崇奉学识的文明(learning-oriented)。”①就此而论，信哉斯言。

1.2 吾尝终日而思矣，不如须臾之所学也；吾尝跂[1]而望矣，不如登高之博见也。登高而招，臂非加长也，而见者远；顺风而呼，声非加疾也，而闻者彰。假舆马者，非利足也，而致千里；假舟楫者，非能水也，而绝[2]江河。君子生[3]非异也，善假于物也。

【注释】

[1]跂(qǐ)：抬起脚后跟站着。

[2]绝：跨越。

[3]生：通“性”，指资质。

【品读】

此章首句、末句联系起来读，更好。首句提倡学思结合，知先行后，但要由道而行。此“道”即末句所言“善假于物也”，是指具备一定工具理性意义上的智慧，可视作荀子所言“聪明君子”的重要特征。千年之后，西方学者富兰克林给人下了如下定义：人是能够制造工具的动物。两者差可仿佛，都强调人的主观能动性。

本章末句言“君子生非异也”，意味深长。按一般注解，“生”通“性”，透露了荀子的人性观：君子与小人，生来无异，二者表现出的差异源于后天的教化，即是否掌握“善假于物”之道。这种人性观恰如孔子所言“性相近，习相远”②、“少成若天性，习惯若自然”③。西谚曰“Habit is second nature”，亦有此意在内。对于荀子是否绝对地主张人性恶，从本章末句来看，不可轻定此论。

---

① [美]牟复礼著，王立刚译：《中国思想之渊源》，北京大学出版社2009年版，第42页。

② 《论语·阳货》。

③ 阎振益等校注：《新书校注·保傅》，第184页。

1.3　南方有鸟焉，名曰蒙鸠[1]，以羽为巢而编之以发，系之苇苕[2]，风至苕折，卵破子死，巢非不完也，所系者然也。西方有木焉，名曰射干[3]，茎长四寸，生于高山之上而临百仞之渊，木茎非能长也，所立者然也。蓬生麻中，不扶而直；白沙在涅，与之俱黑[4]。兰槐[5]之根是为芷，其渐之滫[6]，君子不近，庶人不服[7]。其质非不美也，所渐者然也。故君子居必择乡，游必就士[8]，所以防邪僻而近中正也。

【注释】

[1]蒙鸠：一种黄眉鸟，常筑巢于灌木丛中，巢精巧结实，有“巧妇鸟”之称。

[2]苇苕：芦苇的花，代指芦苇秆的末梢。

[3]射(yè)干：一种草本植物，根可入药。

[4]白沙在涅，与之俱黑：王先谦《荀子集解》本（下文简称“《集解》本”）无此八字，今据《尚书·洪范正义》引文和唐代《意林》所载《曾子》补之。

[5]兰槐：香草名，古称其苗为“兰”，根为“芷”，故亦名“白芷”。

[6]渐之滫(xiǔ)：浸在臭水里。

[7]庶人不服：普通百姓也不用。服，用。

[8]居必择乡，游必就士：指里仁而居，游必有方，就有道而正。

【品读】

本章前半部分以鸟巢、草木为例，喻指人生所系要稳固，所立要高远，即上文所言“善假于物”，也是下文将要讲到的“君子慎其所立”；后半部分以蓬麻、沙涅、兰槐等为例，喻指有修养的人要学会分辨正邪，为自己选择一个较好的生长环境，一如孔子主张的里仁为美，以德为邻，就有道而正。《荀子》此后篇章中讲人的成长与“注错”、习俗、积靡有关，都是基于这一点而论的。本章可与《孔子家语·六本》所载孔子语对读，以加深理解：“与善人居，如入芝兰之室，久而不闻其香，即与之化矣；与不善人居，如入鲍鱼之肆，久而不闻其臭，亦与之化矣。丹之所藏者赤；漆之所藏者黑。是以君子必慎其所处者焉。”

1.4　物类之起，必有所始；荣辱之来，必象其德[1]。肉腐生虫，鱼枯生蠹。怠慢忘身，祸灾乃作。强自取柱，柔自取束[2]。邪秽在身，怨之所构[3]。施薪若一，火就燥也，平地若一，水就湿也。草木畴生[4]，禽兽群焉，物各从其类也。是故质的[5]张而弓矢至焉，林木茂而斧斤[6]至焉，树成阴而众鸟息焉，醯酸而蜹[7]聚焉。故言有招祸也，行有招辱也，君子慎其所立乎。

【注释】

[1]必象其德:一定是他德行的反映。象,反映。

[2]强自取柱,柔自取束:强硬的东西会被当作支柱,柔软者则会被当作缠带。

[3]邪秽在身,怨之所构:邪恶、污垢存于自身,会导致怨恨的集结。构,集结。

[4]草木畴生:草、木多以类聚,毗邻而生。畴,同"俦",即类。

[5]的(dì):箭靶的中心。

[6]斤:斧子。

[7]蜹(ruì):蚊类害虫。

【品读】

和上章一样,本章主要阐明以下道理:世界上万事万物皆有前因后果,所谓"物各从其类",源渊有自。如《易传·文言》云:"积善之家必有余庆,积不善之家必有余殃。臣弑其君,子弑其父,非一朝一夕之故,其所由来者渐矣,由辩之不早辩也。"怎样远辱避祸?唯积善祛恶、言行有道。从后文看,此"道"当指礼义。而礼之经在于著诚去伪。故《中庸》言:"祸福将至,善,必先知之;不善,必先知之。故至诚如神。"简言之,待人以诚,处事以慎,是远祸近福的法宝。

1.5 积土成山,风雨兴焉;积水成渊,蛟龙生焉;积善成德,而神明自得,圣心备焉。故不积跬步[1],无以至千里;不积小流,无以成江海。骐骥一跃,不能十步;驽马十驾[2],功在不舍。锲而舍之,朽木不折;锲而不舍,金石可镂[3]。螾[4]无爪牙之利、筋骨之强,上食埃土,下饮黄泉,用心一也;蟹八跪[5]而二螯,非蛇、蟺之穴无可寄托者,用心躁也。是故无冥冥之志者无昭昭之明,无惛惛之事者无赫赫之功[6]。行衢道[7]者不至,事两君者不容[8]。目不能两视而明,耳不能两听而聪。螣蛇[9]无足而飞,鼫鼠五技而穷[10]。《诗》曰:"尸鸠在桑,其子七兮。淑人君子,其仪一兮。其仪一兮,心如结兮。"[11]故君子结于一也。

【注释】

[1]跬(kuǐ)步:半步,即迈出一脚之距。

[2]十驾:马车驾走十天的路程。

[3]锲而不舍,金石可镂:不停地刻下去,金石也能雕刻成功。锲,刀刻。金,金属。镂,雕刻。

[4]螾(yǐn):同"蚓",即蚯蚓。

[5]八跪:八只蟹脚。八,王先谦《集解》本作"六",疑非,据《大戴礼记·劝学》改作"八"。跪,蟹脚。

[6]是故无冥冥之志者无昭昭之明，无惛惛之事者无赫赫之功：意指没有一番闭关修炼、潜心德学的经历，难有大成。冥冥、惛惛，专心致志的样子。昭昭、赫赫，非常明显的样子。

[7]衢道：歧路。

[8]容：通“用”。

[9]螣（téng）蛇：传说中能飞的蛇。

[10]鼫（shí）鼠五技而穷：指鼫鼠能飞不能上屋，能缘不能穷木，能游不能渡谷，能穴不能掩身，能走不能先人，故终窘困。鼫鼠，《集解》本作“梧鼠”，据《大戴礼记・劝学》而改。

[11]语出《诗经・曹风・鸤鸠》，指君子要言行专一，像布谷鸟抚养幼鸟那样公正无偏。尸鸠，即布谷鸟。

【品读】

本章中荀子阐述了学习要积、专双管齐下。一为广度意义上的积之以恒，以量变促质变，如老子所言“合抱之木，生于毫末；九层之台，起于累土；千里之行，始于足下”①；一为精度意义上的专心致志，即心向一个方向努力，于冥冥惛惛中专注个人德学，如孟子曰“羿之教人射，必志于彀；学者亦必志于彀”②。只有通过积、专两方面的努力，一个人才能在德行、学问上有所成就。《史记・刘敬叔孙通列传》云“千金之裘，非一狐之腋也；台榭之榱，非一木之枝也；三代之际，非一代之智也”，说的亦是此理。

1.6　昔者，瓠巴[1]鼓瑟而流鱼[2]出听，伯牙[3]鼓琴而六马仰秣[4]。故声无小而不闻，行无隐而不形。玉在山而草木润，渊生珠而崖不枯。为善不积邪，安有不闻者乎？

【注释】

[1]瓠（chù）巴：传说为春秋时楚人，善于弹瑟。

[2]流鱼：中流之鱼。据《大戴礼记・劝学》，“流”应为“沈”，同“沉”，亦通。

[3]伯牙：春秋时著名琴师。

[4]六马仰秣：指琴声动听，连马都禁不住仰首，一边咀嚼粮草，一边侧耳倾听。

【品读】

“声无小而不闻，行无隐而不形”一语，略带辩证色彩，富含哲理。末句言为善不积，安有不闻，强调积善至大至广至厚至深，方可令名有闻。本章

① 《老子》第六十四章。

② 《孟子・告子上》。

还是承上章而来，强调在德学修养的征程中，要不弃涓埃、细壤之小，积之不倦，方可成江河之深、高山之大。《老子》第五十二章言“见小曰明”，《庄子·齐物论》言“道隐于小成”，与此同理。

1.7 学恶[1]乎始？恶乎终？曰：其数[2]则始乎诵经，终乎读《礼》[3]；其义则始乎为士[4]，终乎为圣人。真积力久则入，学至乎没[5]而后止也。故学数有终，若其义则不可须臾舍也。为之，人也；舍之，禽兽也。故《书》[6]者，政事之纪[7]也；《诗》[8]者，中声[9]之所止也；《礼》者，法之大分[10]、类之纲纪也。故学至乎《礼》而止矣。夫是之谓道德之极。《礼》之敬文[11]也，《乐》[12]之中和也，《诗》、《书》之博也，《春秋》之微也[13]，在天地之间者毕[14]矣。

【注释】

[1]恶(wū)：哪里。

[2]数：学习的顺序、路数。

[3]《礼》：指商周时期流传下来的《仪礼》及相关传疏。

[4]士：先秦时期拥有一定知识、技能和道德的人士。

[5]没：通“殁”，死。

[6]《书》：指《尚书》，载有我国上古三代王命、布告等政事典令。

[7]纪：通“记”，记载。

[8]《诗》：指《诗经》，载有商周时期各地人文风情、政治社会情形。

[9]中声：符合音律。

[10]大分(fèn)：总纲、要领。

[11]敬文：慎守礼义制度。

[12]《乐》：指《乐经》，周代礼乐文明的重要组成部分。自春秋崩坏，《乐经》大部亡佚，仅存《乐论》《乐记》等后人论乐的残篇，从中依稀可见其概貌之一二。

[13]《春秋》之微也：《春秋》的微言大义。《春秋》，鲁国史官记载的春秋编年体史书。微，指微言大义。

[14]毕：尽、完全。

【品读】

本章重点在于对习礼的理解。首先谈到君子之学要坐而论道，诵读经礼；要起而行道，由士成圣。在荀子看来，礼是人之为人的标准：“为之，人也；舍之，禽兽也。”《荀子·非相》曰：“人之所以为人者，何已也？曰：以其有辨也。”这里的“辨”就是礼的代称。荀子的说法，与《诗经·鄘风·相鼠》讽刺无礼者“相鼠有体，人而无礼。人而无礼，胡不遄死”以及《礼记·曲礼上》将无礼与禽兽之心相连——“鹦鹉能言，不离飞鸟。猩猩能言，不离禽兽。今人而无礼，虽能言，不亦禽兽之心乎”等论述相比，略显隐晦。

本章所谈“学至乎《礼》而止矣，夫是之谓道德之极”，体现了荀子劝学隆礼的思想。其与“学至乎没而后止也”一样，为学者指明道德修养的途径和目标：德学当以娴习礼义为要，永无止境，至死方休。只有抱定这样的信念，“真积力久则入”，修养的境界才会日月其迈，云蒸霞蔚。

荀子将《礼》作为学习“五经”的一个终点或目标，并阐述了《诗》《书》《乐》《春秋》的功用及与《礼》之间的联系。类似论述，亦见于孔子、庄子等人。从积善成德的角度看，笔者认为“五经”皆内含启发人心向善之意：如《诗经》首篇《关雎》中的那位君子求之不得时哀而不怨，求之而得时乐而不淫，与全书志在培养一种温柔敦厚的有德君子之风相合。《尚书》首篇《尧典》则祭出君王崇德之大旗，其他篇章亦多见为政以德的影子，今古文《尚书》概莫能外。《礼记·曲礼上》首言“毋不敬”，概括礼者在于卑己尊人，揭示了礼是一种温良恭让的学问。至于《乐》，我们现在无法得见其原貌，但从仅存断章（如《乐记》《乐论》）和先秦学者的评价中可知，《乐》以道和，是和之不可变者也，是讲求身心相谐、人我和睦的学问。《左传》首篇谈郑庄公之孝、颍考叔之忠，塑造孝忠形象，其他诸篇此类人物比比皆是，都寓含劝善惩恶之意。总之，“五经”主旨在于导人向善，是首善之学。当然，此处荀子独未言《易经》，颇令人费解。从整体上来看，《周易》中有很大一部分讲的也是宇宙大化、生命流转的德性哲学，当然也有知性学问寓含其内。篇幅所限，兹不赘言。

1.8 君子之学也，入乎耳，箸[1]乎心，布乎四体，形乎动静。端而言，蝡而动，一可以为法则[2]。小人之学也，入乎耳，出乎口，口耳之间则[3]四寸，曷足以美七尺之躯哉？古之学者为己，今之学者为人[4]。君子之学也，以美其身；小人之学也，以为禽犊[5]。故不问而告谓之傲[6]，问一而告二谓之囋[7]。傲，非也；囋，非也。君子如向矣[8]。

【注释】

[1]箸：通“著”，附着。

[2]端而言，蝡（rú）而动，一可以为法则：君子为人，谨言慎行，可为表率。端，通“喘”，微言。蝡，微动。一，都。

[3]则：同“财”，指才。

[4]古之学者为己，今之学者为人：语出《论语·宪问》。

[5]禽犊：古人相互间赠礼多以家禽、小牛为仪，代指礼品。此处喻指小人把学问当作取悦于人的工具，与赠礼无异。

[6]傲：通“躁”，急躁。

[7]噆(zá)：唠叨。

[8]君子如向矣：君子回答别人提问，就好像回声应和原声一样，先有问后有答。此处有“礼闻来学，不闻往教”之意。向，同“响”。

【品读】

本章首次引入“小人”概念，揭示荀子孜孜以求之学在于培养德学上有所修为的君子。“君子之学也，以美其身”是对本章君子之学为己的精辟概括，也是理解本章乃至荀子整个学习思想的核心语句。学以“美其身”的情形，如章首所言“入乎耳，箸乎心……”，但仍有抽象说教、语焉不详之嫌。在战国时代其他古书中，有对修身至美更为形象的描述，可参照对读。如《孟子·尽心上》：“君子所性，仁义礼智根于心。其生色也，睟然见于面，盎于背，施于四体，四体不言而喻。”《周易·文言》：“君子黄中通理，正位居体，美在其中而畅于四支，发于事业，美之至也。”这些都描述了德行与学问的修养佳境，类似于《大学》中所言“德润身”。末句“君子如向”，将“一可以为法则”的君子之学引入君子之教，即在言传身教中要适可而止，这在本篇以下章节中表现得更明显。《礼记·学记》中言“善待问者如撞钟，叩之以小者则小鸣，叩之以大者则大鸣，待其从容然后尽其声。不善答问者反此”，可两相参照，加深理解。

1.9　学莫便乎近其人。《礼》、《乐》法而不说，《诗》、《书》故而不切，《春秋》约而不速。方[1]其人之习君子之说，则尊以[2]遍矣，周于世矣。故曰学莫便乎近其人。

【注释】

[1]方：通“仿”，仿效。

[2]以：而且。

【品读】

君子之学，学做君子。本章指出这种君子之学有法可循，如恒久专一、习经隆礼，同时还要亲近贤能，“学莫便乎近其人”。为何要近其人？因为荀子认为经籍中的知识毕竟是死学问，有天然的缺陷，无师无法，易生弊端。如《礼经·经解》所言：“故《诗》之失愚，《书》之失诬，《乐》之失奢，《易》之失贼，《礼》之失烦，《春秋》之失乱。”故荀子教育君子之学者，既要掌握书本内的各种学问(在当时而言主要是“五经”)，同时还要请教书本外的智者贤能，让他们来授道解惑。人们常说荀子隆礼亲师，这在本章和上章的学习思想中已经显现出来。当然，荀子可能更关心如何以此劝勉君王，使之好学亲贤，治国安邦。

1.10 学之经[1]莫速乎好其人，隆礼次之。上不能好其人，下不能隆礼，安特将学杂识志[2]，顺《诗》、《书》而已耳。则末世穷年，不免为陋儒[3]而已。将原先王，本仁义，则礼正其经纬蹊径[4]也。若挈裘领，诎五指而顿之，顺者不可胜数也[5]。不道礼宪，以《诗》、《书》为之，譬之犹以指测河也，以戈舂黍也，以锥餐壶[6]也，不可以得之矣。故隆礼，虽未明，法士也；不隆礼，虽察辩，散儒[7]也。

【注释】

[1]经：通“径”，途径。

[2]安特将学杂识志：就只能学些杂乱的知识。安，语助词。特，只。识，记。

[3]陋儒：学识浅陋之儒。

[4]蹊径：小路。

[5]若挈裘领，诎五指而顿之，顺者不可胜数也：像提起皮衣的领子，弯曲五指抖动而很轻易地使衣表理顺一样，仁义礼法也是治理国家的方便法门。诎，通“屈”，弯曲。顿，上下抖动使之整齐。

[6]以锥餐壶：以锥代替壶。壶，古代盛酒或粮食之器。

[7]散儒：不尊礼法、言行散漫之儒。

【品读】

在本章，荀子说“学之经莫速乎好其人，隆礼次之”，将“好其人”摆到礼的前面，“其人”实指本仁义而行的先王。至此，我们可梳理出一条贯穿荀子为学思想的线索：本仁义——原先王——隆礼法——读诗书。在仁义之道的弘扬方面，荀子与孔子、孟子是一脉相通、桴鼓相应的。后人描述儒家“游文于六经之中，留意于仁义之际，祖述尧、舜，宪章文、武，宗师仲尼，以重其言，于道最为高”①，确实如此。

1.11 问楛[1]者，勿告也；告楛者，勿问也；说楛者，勿听也；有争[2]气者，勿与辨也。故必由其道至，然后接之；非其道，则避之。故礼恭而后可与言道之方，辞顺而后可与言道之理，色从而后可与言道之致。故未可与言而言，谓之傲；可与言而不言，谓之隐；不观气色而言，谓之瞽[3]。故君子不傲、不隐、不瞽，谨顺其身。《诗》曰：“匪交匪舒，天子所予。”[4]此之谓也。

---

① 《汉书·艺文志》。

【注释】

[1]楛(kǔ):本指器物粗劣,此代指不合礼法之事。

[2]争:意气之争。

[3]瞽(gǔ):目盲,此处指缺乏辨别力,有眼如盲。此句似仿《论语·季氏》中言而作。孔子曰:“侍于君子有三愆:言未及之而言谓之躁,言及之而不言谓之隐,未见颜色而言谓之瞽。”

[4]语出《诗经·小雅·采菽》,大意是要求朝觐天子的诸侯对人不急躁,亦不怠慢,深得天子赞许。

【品读】

本章承上文而来,谈与为学做人紧密相关的教书育人之道,强调育人有方,由道而行,可视为师者箴言。孟子言:“君子之所以教者五:有如时雨化之者,有成德者,有达财者,有答问者,有私淑艾者。此五者,君子之所以教也。”①如果参照此言找相对应的教导类型,荀子这里说的主要是答问之道。粗鄙者或问话粗俗的人,君子勿告、勿问、勿听、勿辩。礼数到,礼恭、辞顺、色从,方可教以大道。即教学先要克己复礼,著诚去伪。心诚则灵,不诚无物。所谓“其心以为不然者,天门弗开矣”②,教育的效果会大打折扣,其德行、学问也难指望有多大长进。学者在向他人求教时,要保持恭敬之心,以礼相待。而师者传道授业,也要做到不傲、不隐、不瞽。如孔子教人以四毋,“毋意,毋必,毋固,毋我”。以上孔子、孟子、荀子三儒所言,都是为人师者在教育中应留意之大事。

1.12 百发失一,不足谓善射;千里跬步不至,不足谓善御;伦类不通,仁义不一,不足谓善学。学也者,固学一之也。一出焉,一入焉,涂巷之人[1]也;其善者少,不善者多,桀、纣、盗跖[2]也;全之尽之,然后学者也。

【注释】

[1]涂巷之人:代指平庸之人,类似于后世所言“引车卖浆者流”。涂,通“途”。

[2]桀、纣、盗跖:桀、纣分别指夏、商二朝的末代暴君;盗跖是春秋时期著名的盗贼首领,活跃于鲁西南一带。三者是不仁不义、无德者的典型代表。

【品读】

本章继续阐发君子之学的微蕴大义,强调通礼法、本仁义,将教人为善的礼仁之道弘扬光大,竭其毫末,确立一种道德基础,是进入君子之学的门

① 《孟子·尽心上》。

② 《庄子·天运》。

槛。由德而学、全之尽之的思路，在其他儒家典籍里已有类似陈述，如《中庸》所言“尊德性而道问学，致广大而尽精微”。但在同时代的庄子看来，“与其誉尧而非桀也，不如两忘而化其道”①。相较而言，庄周更洒脱一些。

……………………………………

1.13 君子知夫不全不粹之不足以为美也，故诵数以贯之[1]，思索以通之，为其人以处之，除其害者以持养之，使目非是无欲见也，使耳非是无欲闻也，使口非是无欲言也，使心非是无欲虑也。及至其致好之也，目好之五色，耳好之五声，口好之五味，心利之有天下。是故权利不能倾也，群众不能移也，天下不能荡也。生乎由是，死乎由是，夫是之谓德操[2]。德操然后能定，能定然后能应。能定能应，夫是之谓成人。天见[3]其明，地见其光[4]，君子贵其全也。

【注释】

[1]诵数以贯之：反复诵读，以求会通。

[2]德操：道德操守。

[3]见：同“现”，显现、显露。

[4]光：通“广”，广博。

【品读】

此章言君子之学要全之尽之、粹之精之，方可美其身。由礼循道，生死不违，方谓德操，方能成人致圣。这种思路类似《易传·系辞下》中所示“精义入神，以致用也；利用安身，以崇德也”。至此，全篇十余章将君子之学的路径一一点明，指出君子之学要本仁义、隆礼法、亲师贤、积善成德，需全面学习，精益求精，一生笃行。后文所论积善、亲师等修养之道，皆顺此而来。

---

① 《庄子·大宗师》。

修身篇第二

2.1　见善，修然必以自存[1]也；见不善，愀然[2]必以自省也。善在身，介然[3]必以自好也；不善在身，菑然[4]必以自恶也。故非我而当者，吾师也；是我而当者，吾友也；谄谀我者，吾贼[5]也。故君子隆师而亲友，以致恶其贼。好善无厌，受谏而能诫，虽欲无进，得乎哉？小人反是，致乱而恶人之非己也，致不肖而欲人之贤己也，心如虎狼、行如禽兽而又恶人之贼己也。谄谀者亲，谏争者疏，修正为笑，至忠为贼，虽欲无灭亡，得乎哉？《诗》曰："嗡嗡呰呰，亦孔之哀。谋之其臧，则具是违；谋之不臧，则具是依。"[6]此之谓也。

【注释】

[1]修然必以自存：必定肃然起敬而自察。修然，肃然起敬的样子。存，省察。

[2]愀然：忧惧、谨慎的样子。

[3]介然：洁净的样子。介，通"洁"。

[4]菑然：污浊的样子。菑，同"缁"，黑污。

[5]贼：害人者。

[6]语出《诗经·小雅·小旻》，大意指或附和，或诋毁，也是莫大的悲哀。好主意不加采纳，坏主意却百般依赖。以此喻指在位者如小人，误国伤民。嗡，通"翕"，相互附和。呰，通"訾"，相互诋毁。孔，甚。臧，善、好。

【品读】

本章扩充荀子在上章中所言积善成德、成人成圣的劝学思想，论修身之道。后来，三国时期刘备给其子刘禅的遗诏，也以善善恶恶相告："莫以恶小而为之，莫以善小而不为。唯贤唯德，能服于人。"他还劝刘禅亲近国师诸葛亮，多结交益友，读《汉书》《礼记》及兵法家书。其实，他最应该推荐刘禅读的，或许还应有《荀子》本篇。因为这里指明什么样的人可作为师友而隆之亲之，什么样的人应视为敌贼而远之。孔子曾经说谅、直、多闻者为益友，而便辟、善柔、便佞者为损友，亦是一种标准，类似此处的"非我而当者，吾师也；是我而当者，吾友也；谄谀我者，吾贼也"。但是传统的师者形象，好像严以律人律己的严肃者居多。如《礼记·学记》所言："凡学之道，严师为难。师严然后道尊，道尊然后民知敬学。"

2.2 扁善之度[1]，以治气养生则后彭祖，以修身自名[2]则配尧、禹。宜于时通，利以处穷，礼信是也。凡用血气、志意、知虑，由礼则治通，不由礼则勃乱提僈[3]；食饮、衣服、居处、动静，由礼则和节，不由礼则触陷生疾；容貌、态度、进退、趋行，由礼则雅，不由礼则夷固僻违[4]、庸众而野。故人无礼则不生，事无礼则不成，国家无礼则不宁。《诗》曰："礼仪卒度，笑语卒获。"[5]此之谓也。

【注释】

[1]扁善之度：完全致善的法度。扁，通"遍"，遍及。

[2]自名：自成其名。

[3]勃乱提僈(màn)：错乱迟怠。勃，通"悖"。

[4]夷固僻违：倨傲不恭，邪僻乖乱。

[5]语出《诗经·小雅·楚茨》，大意指礼仪完全合法度，谈笑完全合时宜。

【品读】

此章谈养生修身，归为"扁善之度"，还是劝人向善，积善成德，大德润身修身。《大学》言"大学之道，在明明德，在亲民，在止于至善"，说的也是学习修身、治理国家的至高境界。荀子在此特别指出这种善即是礼："人无礼则不生，事无礼则不成，国家无礼则不宁。"在其他篇章中他也谈道："所以养生安乐者，莫大乎礼义。"①从个人修养的角度而论，彬彬有礼是作为一个文明人的起码标准。如孔子云："不知礼，无以立。"②《礼记·曲礼上》言："人有礼则安，无礼则危，故曰礼者不可不学也。"与这里所说"人无礼则不生"，理则一也。著名史学家钱穆曾将中国传统文化归为一个"礼"字，其说亦是循以上先儒之言而来。

2.3 以善先人者谓之教，以善和[1]人者谓之顺；以不善先人者谓之谄，以不善和人者谓之谀。是是、非非谓之知，非是、是非谓之愚。伤良曰谗，害良曰贼。是谓是、非谓非曰直。窃货曰盗，匿行曰诈，易言曰诞，趣舍无定[2]谓之无常，保利弃义谓之至贼。多闻曰博，少闻曰浅。多见曰闲[3]，少见曰陋。难进曰侵[4]，易忘曰漏。少而理曰治，多而乱曰秏[5]。

【注释】

[1]和(hè)：应声附和。

① 《荀子·强国》。

② 《论语·尧曰》。

[2]趣舍无定:趋向或舍弃没有定准。

[3]闲:广博。

[4]难进曰偍(tí):害怕前进叫作“迟缓”。难,通“戁(nǎn)”,恐惧。偍,通“怠”,弛缓。

[5]秏(mào):通“眊”,昏昧不明。

【品读】

这里看似为小学训诂之词,略带辩证意味,实则指出不少道德范畴的定义。如对上文说的“谄谀我者,吾贼也”中的“谄”“谀”,即可从中找到一个答案。辨清善善恶恶、是是非非,可称之为“有德有知”,世上的假、恶、丑就会少些,真、善、美就会多些。诚如老子所言:“天下皆知美之为美,斯恶已;皆知善之为善,斯不善已。”①荀子所说的“以善先人者谓之教,以善和人者谓之顺”,可与孟子所言“以善服人者,未有能服人者也;以善养人,然后能服天下”②互相对读,加深理解。

2.4 治气养心之术:血气刚强,则柔之以调和;知虑渐[1]深,则一[2]之以易良[3];勇胆猛戾,则辅之以道顺;齐给便利[4],则节之以动止;狭隘褊小[5],则廓之以广大;卑湿、重迟、贪利,则抗[6]之以高志;庸众驽散,则劫[7]之以师友;怠慢僄弃[8],则照之以祸灾;愚款端悫[9],则合之以礼乐,通之以思索。凡治气养心之术,莫径由礼,莫要得师,莫神一好。夫是之谓治气养心之术也。

【注释】

[1]渐(jiān):欺诈。

[2]一:齐、正。

[3]易良:平易善良。

[4]齐给(jǐ)便利:迅速便捷。

[5]褊(biǎn)小:气量狭小。

[6]抗:通“亢”,举、振奋。

[7]劫:督责。

[8]僄(piào)弃:轻浮自弃。

[9]愚款端悫(què):诚实正直。

【品读】

荀子在本章用大半篇幅告诉读者,修养之道在于正视弱点,克之有道,

---

① 《老子》第二章。

② 《孟子·离娄下》。

刚柔相济，相反相成。即在个人性格不足处自觉地补足，使之归于中和而非趋向极端。这里有两个例子值得一提。《韩非子·观行》载：“西门豹之性急，故佩韦以自缓；董安于之性缓，故佩弦以自急。”性急者西门豹有自知之明，为防止因自己的急脾气误事，在自己身上佩带一块熟牛皮，发急时摸摸它以舒缓情绪；而那位天性缓慢的董安于，则在身上佩弓弦，以备行事节奏太慢时，拉拉弓弦使自己紧张起来。当然，从根本上说，修身在于通过学习礼义，亲近贤师，持之以恒，辅以某些具体之巧法，方得圆满。而孔子对弟子子路所言，拿来在此对读，觉得也有无穷受益：“好仁不好学，其蔽也愚；好知不好学，其蔽也荡；好信不好学，其蔽也贼；好直不好学，其蔽也绞；好勇不好学，其蔽也乱；好刚不好学，其蔽也狂。”①学习，向贤师良友学习，向社会大众学习，从经验教训中学习，博学、审问、慎思、明辨、笃行，方可真正达到仁而不愚、知而不荡、信而不贼、直而不绞、勇而不乱、刚而不狂的修养境界。

2.5 志意修则骄富贵[1]，道义重则轻王公，内省而外物轻矣。传[2]曰：“君子役物，小人役于物。”此之谓也。身劳而心安，为之；利少而义多，为之。事乱君而通，不如事穷君而顺焉[3]。故良农不为水旱不耕，良贾不为折阅[4]不市，士君子不为贫穷怠乎道。

【注释】

[1]志意修则骄富贵：志向修洁就能傲视富贵。修，美好。骄，傲视。

[2]传：指某类古书，特别是对上古三代典籍的解释性文本。

[3]事乱君而通，不如事穷君而顺焉：与其侍奉暴乱之君而显达，不如侍奉困厄之君而顺乎道义。

[4]折(shé)阅：亏损。

【品读】

《周礼·天官》中曰“儒以道得民”，《汉书·艺文志》中曰儒家“于道最为高”，故守道、崇道是作为君子儒者的基本操守，从本章首句“志意修则骄富贵，道义重则轻王公”即可见此。孔子以来，儒家一直“志于道，据于德，依于仁，游于艺”②，以之立己立人，达己达人，在“修齐治平”中致力于建立一种道统，以消解贫困和强权对人生与政治造成的负面影响。故有儒家提倡“君子谋道不谋食”“士君子不为贫穷怠乎道”“从道不从君”，乃至“朝闻道，夕死可矣”的尚道之言。如此，我们也可以理解青年时代的毛泽东何以凭栏咏词，

① 《论语·阳货》。

② 《论语·述而》。

留下"粪土当年万户侯"的豪言壮语。

此处所言"内省而外物轻",揭示了一个真理:一些人因为各种缘由,内心对人的生老病死、爱恨情仇经过一番"觉悟"后,对外界的物质、利益等视若浮云。反之,某些人特别重视外在的一些东西,必然导致内心没有足够的涵养,从而显得轻浮甚至愚蠢,如庄子所言"凡外重者内拙"①。前者,古人称之为"君子",后者则是"小人"。标榜以道得民、以道修身的儒家自然推崇前者,贬抑后者。然而,在这个咫尺之外即红尘的世间,凡人往往时而君子,时而小人,难以做到纯粹地内省轻物、骄富轻王。所以,荀子说的也是一种理想,即志意需"修"、道义要"重",达到全之尽之的程度,方可致轻外物的境界。不可偏执地理解儒家的高头讲章,他们说的只是一种身不能至但心向往之的较高境界。抱着这样的态度,再看后来董仲舒的"正其谊不谋其利,明其道不计其功"、张载的"四为"句"为天地立心,为生民立命,为往圣继绝学,为来世开太平"、程朱的"存天理,灭人欲"等儒家高论,就不会那么挑剔了。正确的理解是:儒家以"取法于上,仅得为中"的理想去提撕人心,励人向善。毕竟,人是一种需要理想激励、精神振作的高级感情动物。

2.6 体恭敬而心忠信,术礼义而情爱人[1],横行天下,虽困四夷[2],人莫不贵。劳苦之事则争先,饶乐[3]之事则能让,端悫诚信,拘守而详,横行天下,虽困四夷,人莫不任。体倨固而心执诈[4],术顺墨[5]而精[6]杂污,横行天下,虽达四方,人莫不贱。劳苦之事则偷儒[7]转脱,饶乐之事则佞兑而不曲[8],辟违而不悫,程役而不录[9],横行天下,虽达四方,人莫不弃。

【注释】

[1]术礼义而情爱人:以礼义为法,发自内心地爱人。郭店楚简《五行》篇、《性自命出》篇中有语云:"道始于情,亲而笃之,爱也;其继之爱人,仁也";"爱类七,唯性爱为近仁"。这与此处揭示的性情、爱人关系,非常相近。从中可见,思孟之间的儒家思想资源,在荀子那里也有相当充分的继承与发扬。

[2]四夷:古人对华夏文明地区之外的其他地区或民族的统称。

[3]饶乐:安逸享乐。

[4]体倨固而心执诈:外表倨傲鄙固,内心奉行狡术。

[5]顺墨:即"慎墨",指战国法家慎到与墨家墨翟。

[6]精:通"情",性。

[7]儒:通"懦"。

① 《庄子·达生》。

[8]佞兑而不曲：巧言悦色，毫不谦让。佞兑，花言巧语取悦于人。兑，通"悦"。曲，通"句"，拘束。

[9]程役而不录：征役而不记录检查。

【品读】

本章围绕修身以礼而论，教导欲有修为者应当具备恭敬、忠信、爱人、谦让、诚信等品德，其实皆为礼义之殊相。荀子反对兵法家尚势崇诈和墨家不分原则的兼爱等思想主张，也为随后篇章批判诸子埋下了伏笔。

2.7 行而供冀[1]，非渍淖[2]也；行而俯顷，非击戾[3]也；偶视而先俯，非恐惧也。然夫士欲独修其身，不以得罪于比俗[4]之人也。

【注释】

[1]供冀：态度恭敬严肃。供，通"恭"。冀，当为"翼"。

[2]渍淖(nào)：浸入泥沼之中。

[3]击戾：指系缚罪犯。击，通"繫"。戾，罪。

[4]比俗：世俗。

【品读】

此章描述了士人修身由礼、谨慎行事之状，与《礼记·曲礼上》中言礼的本义之一"自卑而尊人"相类似。但《礼记》亦言"礼从宜，使从俗"，较荀子所言显得更通达一些。

2.8 夫骥一日而千里，驽马十驾则亦及之矣。将[1]以穷无穷、逐无极与[2]？其折骨绝筋，终身不可以相及也。将有所止之，则千里虽远，亦或迟或速、或先或后，胡为乎其[3]不可以相及也？不识步道者，将以穷无穷、逐无极与？意亦[4]有所止之与？夫"坚白"、"同异"、"有厚无厚"[5]之察，非不察也，然而君子不辩，止之也。倚魁[6]之行，非不难也，然而君子不行，止之也。故学曰："迟彼止而待我，我行而就之，则亦或迟或速，或先或后，胡为乎其不可以同至也？"[7]故跬步而不休，跛鳖千里；累土而不辍，丘山崇[8]成；厌[9]其源，开其渎，江河可竭；一进一退，一左一右，六骥不致。彼人之才性之相县[10]也，岂若跛鳖之与六骥足哉？然而跛鳖致之，六骥不致，是无他故焉，或为之，或不为尔。

【注释】

[1]将：抑或，句首选择连词。

[2]与：通"欤"，句末语气词。

[3]其：则。

[4]意亦：抑或。意，通“抑”。

[5]“坚白”、“同异”、“有厚无厚”：为战国名家和法家如公孙龙、惠施、邓析等人提出的论点。

[6]倚（jī）魁：奇异怪僻。

[7]此句的句读学界说法不一，此处多参照东方朔先生《〈荀子〉导读》中的说法。

[8]崇：同“终”。

[9]厌（yà）：堵塞。

[10]县：同“悬”，差别。

【品读】

本章是对《劝学》篇中积善成德、积小成大、学至乎礼的思想作进一步阐发。末句所言“为之”或“不为”，一念之差，使得事情的结果截然有别，说明荀子崇尚“力行近乎仁”的行动哲学，认为合礼中道之事，要说干就干，不能因一时懒惰而搁浅。清代彭端淑《为学》云：“天下事有难易乎？为之，则难者亦易矣；不为，则易者亦难矣。”并且举例说明此理：蜀地二僧，一贫一富，皆发弘愿去南海朝拜佛教圣地。但来年后，贫者一路托钵化缘，朝圣成功；富者却顾虑重重，推诿再三而无法成行。这告诉后人为学做事要一步步地踏实行动，而不能限于望洋兴叹、临渊羡鱼。

2.9　道虽迩[1]，不行不至；事虽小，不为不成。其为人也多暇日[2]者，其出入[3]不远矣。

【注释】

[1]迩：近。

[2]多暇日：多时日，指惰人多闲空。

[3]出入：当作“出人”，超群出众。

【品读】

此章首句可与《中庸》语“君子之道，辟如行远必自迩，辟如登高必自卑”对读。次句说一个成天游手好闲的人，肯定不会在德行、学问上有所成就。空闲太多不仅可能荒废事业，处置不当，还会招致疾病。如现在有些人得“富贵病”，就是因为空闲多了，没有加以科学合理的利用，而是常坐在家中看电视，或在桌前垒“长城”，或玩电脑、刷微信等。他们长时间伏首贪玩，缺少必要的体力活动、户外锻炼，长此以往，腰椎、脊梁不适等各种病症不请自来。

2.10 好法而行，士[1]也；笃志而体[2]，君子也；齐明而不竭，圣人也。人无法，则伥伥然[3]；有法而无志[4]其义，则渠渠然[5]；依乎法而又深其类[6]，然后温温然[7]。

【注释】

[1]士：指有德行、有学识的人。

[2]体：身体力行。

[3]伥伥然：无所适从之状。

[4]志：识。

[5]渠渠然：局促不安之状。

[6]深其类：深明礼法。类，礼法。

[7]温温然：温厚之状。

【品读】

本章明确指出士、君子、圣人三类贤能的具体特征，有一个标准就是“法”，实则为礼法。在荀子看来，“《礼》者，法之大分，类之纲纪也”①。在其他篇章中也有关于这三类人的集中论述辨析，可互相参照，以益理解。

2.11 礼者，所以正身也；师者，所以正礼也。无礼，何以正身？无师，吾安知礼之为是也？礼然而然，则是情安礼也；师云而云，则是知若师也。情安礼，知[1]若师，则是圣人也。故非[2]礼，是无法也；非师，是无师也。不是师法而好自用，譬之是犹以盲辨色、以聋辨声也，舍乱妄无为也。故学也者，法礼也。夫师，以身为正仪[3]而贵自安者也。《诗》云：“不识不知，顺帝之则。”[4]此之谓也。

【注释】

[1]知：通“智”。

[2]非：诋毁、非议。

[3]正仪：典范。

[4]语出《诗经·大雅·皇矣》，大意指没有见过，也不知道，只是遵循天帝的法则。这里代指先王之道、礼乐文明。

【品读】

本章重点揭示了隆礼亲师在一个人成长过程中的关键作用。《劝学》篇

① 《荀子·劝学》。

云“学之经莫速乎好其人，隆礼次之”，也是此意。无师无法而顾盼自雄者，不会在德行、学问上有太大长进，亦难成大器。简言之，隆礼亲师是荀学的主体构成之一。

2.12　端悫[1]顺弟[2]，则可谓善少者矣；加好学逊敏焉，则有钧无上[3]，可以为君子者矣。偷儒惮事，无廉耻而嗜乎饮食，则可谓恶少者矣；加愓悍而不顺，险贼而不弟焉，则可谓不详少[4]者矣，虽陷刑戮可也。

【注释】

[1]端悫(què)：正直诚实。

[2]弟：通“悌”，尊敬兄长。

[3]有钧无上：有与之均等而无超出者。钧，通“均”。

[4]不详少：凶险的不良青年。详，通“祥”，祥和善良。

【品读】

“善少者”，可视作孔子说的“十室之邑，必有忠信如丘者焉”①中的“忠信如丘者”，即文质彬彬中的“质”，而“好学逊敏”即是其中之“文”。故本章第一句可与《论语·雍也》中的“文质彬彬，然后君子”对读。与“善少”相对应的是“恶少”，与“君子”相对应的则是“小人”乃至于“奸人”了。

2.13　老老而壮者归焉，不穷穷而通者积焉，行乎冥冥而施乎无报[1]，而贤、不肖一焉。人有此三行，虽有大过，天其不遂乎[2]？

【注释】

[1]行乎冥冥而施乎无报：暗中行善而不求回报。冥冥，晦暗。

[2]天其不遂乎：上天难道不会使他有所成就吗？其，通“岂”，难道。

【品读】

这里说的是治国之术，指出尊老恤穷，教化不贤，则国可安然而存。对社会弱势群体和各种人才的关注是《荀子》一书中的重要论述内容，在本章之后的各篇章中多有所见。这样的思想亦见于《孟子》中，如“养老尊贤，俊杰在位，则有庆”②，主张法文王、施仁政，优先关怀鳏、寡、孤、独等“天下之穷民而无告者”③。

---

① 《论语·公冶长》。

② 《孟子·告子下》。

③ 《孟子·梁惠王下》。

2.14 君子之求利也略，其远害也早，其避辱也惧[1]，其行道理[2]也勇。君子贫穷而志广，富贵而体恭，安燕[3]而血气不惰，劳倦而容貌不枯，怒不过夺，喜不过予。君子贫穷而志广，隆[4]仁也；富贵而体恭，杀势[5]也；安燕而血气不惰，柬[6]理也；劳倦而容貌不枯，好交[7]也；怒不过夺，喜不过予，是法胜私也。《书》曰："无有作好，遵王之道。无有作恶，遵王之路。"[8]此言君子之能以公义胜私欲也。

【注释】

[1]惧：通"遽"，快速。

[2]理：疑为衍字，删之为宜。

[3]安燕：安闲。

[4]隆：推崇。

[5]杀(shài)势：减抑威势。

[6]柬：同"简"，择。

[7]好交：注重礼文。交，当为"文"。

[8]语出《尚书·洪范》，大意指治国不要有私好，不要行邪恶，要遵循先王之道。

【品读】

本章与下篇首章，又是对君子作了相当精微的素描：君子是遵循合情合理原则而生活的人，大义微利，行道无惧，有一种贫贱不移、富贵不淫、安燕不惰、劳倦不枯的气概。君子崇尚理性，怒不过夺，喜不过予，坚持的原则就是合理合情。而合理合情，又是主张以礼乐成人的儒家教育思想之核心要义。如《礼记·乐记》言："乐也者，情之不可变者也。礼也者，理之不可易者也。乐统同，礼辨异。礼乐之说，管乎人情矣"；"合情饰貌者，礼乐之事也"。故儒家所言乐而不淫、哀而不怨的敦厚性格，也是君子崇尚理性的表现。有学者认为传统中国文化中，魏晋南北朝之前是以讲道为主，之后以讲理为主。其实，在先秦儒家那里，道、理皆讲，从孔子至荀子，无不如此。但就理性的张扬而言，荀子似甚于孔、孟。当然，其他先秦诸子亦有畅言理者，如庄子。宋人陈师锡言"《六经》载道，诸子谈理"①，就实而论，信哉斯言。

① (宋)王应麟：《困学纪闻》卷十五，上海古籍出版社2008年版，第1731页。

不苟篇第三

3.1 君子行不贵苟[1]难，说不贵苟察，名不贵苟传，唯其当之为贵。故怀负石而赴河，是行之难为者也，而申徒狄能之；然而君子不贵者，非礼义之中也。山渊平，天地比，齐、秦袭，入乎耳，出乎口，钩[2]有须，卵有毛，是说之难持者也，而惠施、邓析[3]能之；然而君子不贵者，非礼义之中也。盗跖吟口[4]，名声若日月，与舜、禹[5]俱传而不息；然而君子不贵者，非礼义之中也。故曰：君子行不贵苟难，说不贵苟察，名不贵苟传，唯其当之为贵。《诗》曰："物其有矣，惟其时矣。"[6]此之谓也。

【注释】

[1]苟：随便、轻易。此处指不合礼义。

[2]钩：疑为"姁"，同"妪"，妇女。

[3]惠施、邓析：春秋战国时期名家代表。

[4]吟口：传诵于众人之口。

[5]舜、禹：皆上古时代著名的贤君。

[6]语出《诗经·小雅·鱼丽》，大意指事物贵得其时。

【品读】

此章说君子不会不讲原则地追求高行、高论、令誉。这个原则就是"礼义之中"，即合乎礼义、中道而行。孔子曰"富与贵是人之所欲也，不以其道得之，不处也"①，《墨子·尚贤上》云"不义不富，不义不贵，不义不亲，不义不近"，古语云"志士不饮盗泉之水，廉士不食嗟来之食"②，说的都是这个道理。不过，"高尚是高尚者的墓志铭，卑鄙是卑鄙者的通行证"。在这个世界上，如果有人不愿做有德君子，宁可做卑鄙小人，奉行"我是流氓我怕谁"的破罐子破摔的信念，那么假、恶、丑就会横行于世，断难绝迹。一个文明进步的社会或时代必须由具备君子风范的人才或团体引领、主导，方可实现大治，否

① 《论语·里仁》。

② 《后汉书·列女传》。

则就是乱世。当然，这是一个必要而非充要条件。

另外，儒家厌恶、回避并站在道德礼义的高度去批判那些具有形而上色彩的尚辩学派观点，如“山渊平”“天地比”等，将之视为荒诞不经、非礼义之论。自汉代统治者大力“表章”六艺，儒学隐然独尊并占据文化主流之后，儒家的这种思想倾向在很大程度上遏制了中国古代哲学向纯粹语言思辨方向发展的势头，由此产生一些正、负两面影响，亦耐人思量。

……………………………………

3.2 君子易知而难狎[1]，易惧而难胁，畏患而不避义死，欲利而不为所非，交亲而不比[2]，言辩而不辞[3]，荡荡乎[4]其有以殊于世也。

【注释】

[1]易知而难狎(xiá)：易相识结交，但难以亵狎不敬。

[2]比：相互勾结。

[3]辞：玩弄辞藻。

[4]荡荡乎：广大、广远，此处指胸怀坦荡。

【品读】

君子有难有易。孔子曾云：“君子易事而难说也。”①这里说其易知难狎、易惧难胁，以及有所畏与不畏、周而不比、辩之有道，是说君子以中道而行的中庸态度对待一切事物，修身立世。《论语》《老子》中对君子等有道者的论述也多类此，如“子温而厉，威而不猛，恭而安”②、“君子惠而不费，劳而不怨，欲而不贪，泰而不骄，威而不猛”③、“圣人方而不割，廉而不刿，直而不肆，光而不耀”④等。做一个“有殊于世”但又“坦荡荡”的人而非“素隐行怪”者，其实并非易事。可以说，“君子依乎中庸”，是儒家崇奉甚至道家也不反对的修身处世大法。

……………………………………

3.3 君子能亦好，不能亦好；小人能亦丑，不能亦丑。君子能则宽容易直以开道[1]人，不能则恭敬缚绌[2]以畏事人；小人能则倨傲僻违[3]以骄溢[4]人，不能则妒嫉怨诽以倾覆人。故曰：君子能则人荣学焉，不能则人乐告之；小人能则人贱学焉，不能则人羞告之。是君子、小人之分也。

---

① 《论语·子路》。

② 《论语·述而》。

③ 《论语·尧曰》。

④ 《老子》第五十八章。

【注释】

[1]道：通“导”，开导。

[2]缚(zǔn)绌(chù)：通“撙黜”，谦逊、节制。

[3]僻违：乖邪无礼。

[4]溢：漫，通“僈”，欺侮。

【品读】

本章彰显了君子能欣赏、宽容他人的仁德之心和“爱而知其恶，憎而知其善”的可贵理性。凡俗如小人者，多顾盼自雄、居功自傲乃至目中无人、恃才放旷，或者仇富媚权贵、笑贫不笑娼，以势利眼观天下。正因为这样，有德君子如果有才能，人们都乐意向他学习；如有不如人之处，那些懂得的人也乐意告知他。小人反之。荀子将君子和小人列在一处，加以对比，其劝人学做君子的良苦用心和荀学即君子之学的本质，赫然可见。

3.4 君子宽而不僈[1]，廉而不刿[2]，辩而不争，察而不激[3]，寡立而不胜[4]，坚强而不暴，柔从而不流，恭敬谨慎而容。夫是之谓至文。《诗》曰：“温温恭人，惟德之基。”[5]此之谓也。

【注释】

[1]僈：通“慢”，怠慢。

[2]廉而不刿(guì)：方正刚直而不伤人，由《老子》“圣人方而不割，廉而不刿”而来。

[3]激：冲动。

[4]不胜：不与人争胜。

[5]温温恭人，惟德之基：语出《诗经·大雅·抑》，大意指温良恭俭的君子，是德行修养的标准。基，通“极”，标准。

【品读】

此章承上启下，极尽笔墨继续论述君子之德，从中和、中正的角度谈理想的君子人格。用《中庸》一言亦可概括：“君子和而不流，强哉矫！中立而不倚，强哉矫！”荀子将这种表现得恰到好处的君子修养称为“至文”，实际上就是他在后文《性恶》中所言的化性起伪。此处的“文”，与《论语》中“文质彬彬，然后君子”的“文”同义。以此理解本章，意即宽、廉、辩、察、直、强、柔、恭等是君子的本质，而不僈、不刿、不争、不激、不胜、不暴、不流则为文饰修养之功。《礼记·乐记》曰：“合情饰貌者，礼乐之事也。”换言之，这里的修养就是“合情饰貌”之事，以礼化性，成人成才。此处的“文”或“化”即教化，亦如《易传》所言“观乎人文，以化成天下”。

3.5 君子崇人之德，扬人之美，非谄谀也；正义直指[1]，举人之过，非毁疵也；言己之光美，拟于舜、禹，参[2]于天地，非夸诞也；与时屈伸，柔从若蒲苇，非慑怯也；刚强猛毅，靡所不信[3]，非骄暴也。以义变应，知当曲直故也。《诗》曰："左之左之，君子宜之；右之右之，君子有之。"[4]此言君子能以义屈信变应故也。

【注释】

[1]正义直指：公正议论，直言相责。义，通"议"。

[2]参（sān）：并列。

[3]靡所不信：没有什么地方不正直。信，通"伸"，不屈。在下文中多有二字相通者，如本章末句"屈信"通"屈伸"，即是如此。

[4]左之左之，君子宜之；右之右之，君子有之：语出《诗经·小雅·裳裳者华》，大意指君子能依据礼义，顺时而变。

【品读】

此章言君子以义应变，可与《论语·里仁》中的"君子之于天下也，无适也，无莫也，义之与比"对读。君子应是理性的化身，如这里所言，君子既能扬人之美，又能适时举人之过，也不吝于赞美、欣赏自我，而不是无义无礼，陷入另一个极端：阿谀、诋毁他人，孤芳自赏、自傲。总之，欲做君子，须学礼义，以之为准，屈伸应变。

3.6 君子，小人之反也。君子大心则天而道，小心则畏义而节；知则明通而类，愚则端悫而法[1]；见由[2]则恭而止，见闭[3]则敬而齐；喜则和而理，忧则静而理；通则文而明，穷则约而详。小人则不然，大心则慢而暴，小心则淫而倾；知则攫盗而渐，愚则毒贼而乱；见由则兑而倨[4]，见闭则怨而险；喜则轻而翾[5]，忧则挫而慑；通则骄而偏，穷则弃而儑[6]。传曰："君子两进，小人两废。"此之谓也。

【注释】

[1]端悫而法：正直诚实而有法度。

[2]由：用、被任用。

[3]见闭：不被任用。

[4]兑而倨：内心欢喜而傲慢无礼。兑，通"悦"。

[5]翾（xuān）：通"儇"，轻佻。

[6]弃而儑（ān）：自暴自弃而志气低落。或曰字书无"儑"字，当为"湿"之形误，意指人格卑下，可备一说。

【品读】

在此章之前，荀子于多处通过对比君子、小人，来讲君子之学和个人修养等。为更详尽些，他又列举了二者的不同表现。此处一语“君子，小人之反”，简明直指君子、小人相反相成的关系。如把握住这句话，读者对此章之后荀子关于君子、小人的论述理解起来会更容易、更清晰些。君子“喜则和而理，忧则静而理；通则文而明，穷则约而详”，是乐天知命的表现，可将之与此后《仲尼》篇所言“福事至则和而理，祸事至则静而理。富则广施，贫则用节”对读，加深理解。

3.7　君子治治，非治乱也。曷谓耶？曰：礼义之谓治，非礼义之谓乱也。故君子者，治礼义者也，非治非礼义者也。然则国乱将弗治与？曰：国乱而治之者，非案[1]乱而治之之谓也，去乱而被之以治。人污而修之者，非案污而修之之谓也，去污而易之以修。故去乱而非治乱也，去污而非修污也。治之为名，犹曰君子为治而不为乱，为修而不为污也。

【注释】

[1]案：根据。

【品读】

这里第一次阐述治政、礼义与君子的关系：治政在礼义，君子治礼义。在后文，有更多论述礼义与君子关系者，如“礼义者，治之始也；君子者，礼义之始也”①、“积礼义而为君子”②、“今之人，化师法、积文学、道礼义者为君子”③等，可互相参照，加深理解。

3.8　君子絜[1]其辩而同焉者合矣，善其言而类焉者应矣。故马鸣而马应之，非知[2]也，其势然也。故新浴者振其衣，新沐者弹其冠，人之情也。其谁能以己之潐潐[3]，受人之掝掝[4]者哉？

【注释】

[1]絜：修整。

① 《荀子·王制》。
② 《荀子·儒效》。
③ 《荀子·性恶》。

[2]知:通“智”。

[3]潐(jiào)潐:明察貌。

[4]掝(huò)掝:音义同“惑惑”,迷惑状。

【品读】

本章荀子讲君子重势、情,与志同道合者共享辩言的快乐,辩正道、合礼义。如果自己明察如皎月,自不会受他人的蛊惑。

3.9 君子养心莫善于诚,致诚则无它事矣,唯仁之为守,唯义之为行。诚心守仁则形,形则神,神则能化矣。诚心行义则理,理则明,明则能变矣。变化代兴,谓之天德。天不言而人推高焉,地不言而人推厚焉,四时不言而百姓期[1]焉。夫此有常,以至其诚者也。

【注释】

[1]期:相信。

【品读】

本章说养心在于致诚,守仁行义。这里的“诚”即前文说的礼。如《荀子·礼论》中云:“著诚去伪,礼之经。”《礼记·礼器》中云:“君子之于礼也,有所竭情尽慎,致其敬而诚若,有美而文而诚若。”可以说,诚是礼文化的重要表现之一,忠、信、恭、俭、温、良、宽、厚、敬、义等理念范畴,也是如此。

3.10 君子至德,嘿然而喻[1],未施而亲,不怒而威。夫此顺命,以慎其独者也。善之为道者,不诚则不独,不独则不形,不形则虽作于心、见于色、出于言,民犹若未从也,虽从必疑。天地为大矣,不诚则不能化万物;圣人为知矣,不诚则不能化万民;父子为亲矣,不诚则疏;君上为尊矣,不诚则卑。夫诚者,君子之所守也,而政事之本也,唯所居以其类至,操之则得之,舍之则失之。操而得之则轻,轻则独行,独行而不舍则济矣。济而材尽,长迁而不反其初则化矣。

【注释】

[1]嘿然而喻:沉默不语但心中明晓。嘿,通“默”,沉默不语。

【品读】

本章承上而来,集中论“诚”,但是超越了上章所言个人修养意义上的养心,扩至自然万物、人伦纲常、平治天下,同样证明礼、诚不二,皆关乎道。这种主张可与《礼记·中庸》中所论的“诚”，如“诚者，天之道也；诚之者，人之道也”“不诚无物”“曲能有诚，诚则形，形则著，著则明，明则动，动则变，变则化，唯天下至诚为能化”等对读，加深理解。

3.11　君子位尊而志恭，心小而道大，所听视者近而所闻见者远。是何邪？是操术然也。故千人万人之情，一人之情是也；天地始者，今日是也；百王[1]之道，后王[2]是也。君子审后王之道而论于百王之前，若端拜[3]而议；推礼义之统，分是非之分[4]，总天下之要，治海内之众，若使一人。故操弥约而事弥大，五寸之矩，尽天下之方也。故君子不下室堂而海内之情举[5]积此者，则操术然也。

【注释】

[1]百王：指西周之前的古代帝王，如尧、舜、禹等。

[2]后王：即后继之王，指周文王、周公、周武王。

[3]端拜：端身拱手。

[4]推礼义之统，分(fēn)是非之分(fèn)：推究礼义准则，分清是非界限。统，准则、纲领。

[5]举：全部。

【品读】

“操术”是理解本章的核心词汇，实际指的还是对礼的掌握。本章中所言“百王之道，后王是也。君子审后王之道而论于百王之前，若端拜而议”，细加思量，可以帮助解决一些学界争论不休的问题，如荀子到底是法后王还是法先王①，其实两者是二而一、一而二的关系，既法先王亦效后王。因为荀子认为道术礼义横亘于世，只要有人掌握了，即可一万千之情，通古今之变，即“千人万人之情，一人之情是也；天地始者，今日是也”，人数多少和时间长短不是问题。这一点在《老子》中亦有体现。老子认为有道者“不出户，知天下；不窥牖，见天道。其出弥远，其知弥少。是以圣人不行而知，不见而明，不为而成”②。如果掌握了诚身有道的修养之道和治理天下的操术，则一切都顺理成章、水到渠成，就能到达“坐地日行八万里，巡天遥看一千河”之境界。

---

① 李中生：《略论荀子的“先王后王”说》，《中国哲学史》1993年第2期。

② 《老子》第四十七章。

3.12　有通士者，有公士者，有直士者，有悫士者，有小人者。上则能尊君，下则能爱民，物至而应，事起而辨[1]，若是则可谓通士矣。不下比以暗[2]上，不上同以疾[3]下，分[4]争于中，不以私害之，若是则可谓公士矣。身之所长，上虽不知，不以悖[5]君；身之所短，上虽不知，不以取赏；长短不饰，以情自竭，若是则可谓直士矣。庸言[6]必信之，庸行[7]必慎之，畏法流俗而不敢以其所独甚[8]，若是则可谓悫士矣。言无常信，行无常贞，唯利所在，无所不倾，若是则可谓小人矣。

【注释】

[1]辨：治理。

[2]暗：蒙蔽。

[3]疾：残害。

[4]分：通“愤”。

[5]悖：背叛。

[6]庸言：平常之言。

[7]庸行：平常之行。

[8]甚：通“是”，正确。

【品读】

货分上中下品，人有三六九等，士人也不例外。在《周礼》中有上士、中士、下士之分，荀子在此亦列出通士、公士、直士、悫士四类。此外，还有小人。如此论士，有模仿《论语·子路》中孔子论士①之痕迹。荀子非常留意范畴的分类，对儒家常论的士、儒、勇等都有详细区分，可见其理论思维相当缜密和发达。

3.13　公生明，偏生暗[1]，端悫生通，诈伪生塞，诚信生神，夸诞生惑。此六生者，君子慎之，而禹、桀所以分也。

【注释】

[1]暗：昏昧。

---

① 《论语·子路》载：“子贡问曰：‘何如斯可谓之士矣？’子曰：‘行己有耻；使于四方，不辱君命，可谓士矣。’曰：‘敢问其次？’曰：‘宗族称孝焉，乡党称弟焉。’曰：‘敢问其次？’曰：‘言必信，行必果；硁硁然，小人哉！抑亦可以为次矣。’曰：‘今之从政者何如？’子曰：‘噫！斗筲之人，何足算也！’”

【品读】

公明、端悫、诚信，都是礼义大道的具体而微。如《礼记》中有“天下为公”①、“苟无礼义、忠信、诚悫之心以莅之，虽固结之，民其不解乎”②、“贤者之祭也，致其诚信，与其忠敬，奉之以物，道之以礼，安之以乐，参之以时，明荐之而已矣”③等，皆然。此处可视为君子治国需要慎重对待，为国以礼，公心以对，端悫诚信，这样才能道洽政治，天下太平。

3.14　欲恶取舍之权[1]：见其可欲也，则必前后虑其可恶也者；见其可利也，则必前后虑其可害也者，而兼权之，孰[2]计之，然后定其欲恶取舍。如是则常不大陷矣。凡人之患，偏伤之也：见其可欲也，则不虑其可恶也者；见其可利也，则不顾其可害也者。是以动则必陷，为则必辱，是偏[3]伤之患也。

【注释】

[1]权：权衡。

[2]孰：同“熟”，成熟、充分。

[3]偏：片面、偏见。

【品读】

“凡人之患，偏伤之也。”这是庸人的大患。西方哲人亦有语云：“偏见比无知离真理更远。”确实如此。与凡人不同的是，智者会权衡考虑，就如孔子说的“临事而惧，好谋而成”④，以及孙子所言“智者之虑，必杂于利害。杂于利而务可信也；杂于害而患可解也”⑤。荀子继承前人思想遗产，高扬理性大旗，主张以理智的思维权衡一切事物，故被后人誉为中国古代理性色彩最浓的思想家之一。

3.15　人之所恶者，吾亦恶之。夫富贵者则类傲之，夫贫贱者则求柔之，是非仁人之情也，是奸人将以盗名于晻[1]世者也，险莫大焉。故曰：盗名不如盗货，田仲、史鳝[2]不如盗也。

【注释】

[1]晻（àn）：通“暗”，昏暗。

---

① 《礼记·礼运》。

② 《礼记·檀弓下》。

③ 《礼记·祭统》。

④ 《论语·述而》。

⑤ 《孙子兵法·九变篇》。

[2]田仲、史䲡(qiú):田仲,又名陈仲子,战国齐国人,以一味的廉洁清高著称。史䲡,又名史鱼,春秋卫国大夫,以正直敢言、冒死谏主闻名。在荀子看来,二人皆属过犹不及、不合礼义而行的典型代表。

【品读】

如同老子所言"人之所畏,不可不畏"[①],荀子也主张"人之所恶者,吾亦恶之",可谓英雄所见略同。孔子讲过"惟仁者能好人,能恶人"[②],荀子在这里也讲仁人的好恶,主张真正的仁人不要一概地骄富贵、傲王侯,也不能一味地屈就贫贱,而应以礼义为准,仁礼相成。为博取清廉和正直之名而与自己的父母兄弟断交或以死劝谏昏主的田仲、史䲡,就是奉行这种不仁之举的典型代表。原因就是他们为一己虚名而舍弃了人伦纲常和自己的宝贵生命。在乱世中殉于一种主义或某个昏庸君主,是素隐行怪之举。孔子说,"素隐行怪,后世有述焉,吾弗为之矣"[③],仁人君子当以此为鉴。

① 《老子》第二十章。

② 《论语·里仁》。

③ 《礼记·中庸》。

荣辱篇第四

4.1 憍泄[1]者，人之殃也；恭俭者，偋[2]五兵[3]也。虽有戈矛之刺，不如恭俭之利也。故与人善言，暖于布帛；伤人之言，深于矛戟。故薄薄[4]之地，不得履之，非地不安也，危足[5]无所履者也，凡在言也。巨涂则让[6]，小涂则殆，虽欲不谨，若云不使。

【注释】

[1]憍泄：骄傲轻慢。憍，同"骄"，骄横。泄，通"亵"或"媟"，轻慢、侮狎。

[2]偋（bǐng）：同"屏"，屏除。

[3]五兵：泛指各种兵器。

[4]薄薄：博大。

[5]危足：侧足。或曰"踮起脚跟"，亦通。

[6]巨涂则让：大路很拥挤。涂，通"途"。让，同"攘"，拥挤。

【品读】

荀子以恭俭有礼、与人善言为君子修身大法，这与《论语·颜渊》所论"出门如见大宾，使民如承大祭""君子敬而无失，与人恭而有礼"等如出一辙。

4.2 快快而亡者，怒也；察察而残者，忮[1]也；博而穷者，訾[2]也；清之而俞[3]浊者，口也；豢之而俞瘠[4]者，交也；辩而不说者，争也；直立而不见知者，胜也；廉而不见贵者，刿[5]也；勇而不见惮者，贪也；信而不见敬者，好刲[6]行也。此小人之所务而君子之所不为也。

【注释】

[1]忮（zhì）：忌恨。

[2]訾（zǐ）：非议。

[3]俞：同"愈"。

[4]瘠：瘦。引申为淡薄、疏远。

[5]刿：刺伤。

[6]刲：同"专"，独断专行。

【品读】

在这个世界上，很多事情的最初动机与最终效果不尽一致甚至悖反，定有其因，所谓"物类之起，必有所始；荣辱之来，必象其德"①。荀子认为，直率而不为人所知，是争强好胜的缘故；清廉而不为人所贵，是因廉之无道而伤害过人。这归根到底是无礼义约束，任性情恣意发展所致，所谓"化师法，积文学，道礼义者为君子；纵性情，安恣孳，而违礼义者为小人"②。道礼义而非违礼义，是儒家眼里做事做人的根本准则。

4.3　斗者，忘其身者也，忘其亲者也，忘其君者也。行其少顷之怒而丧终身之躯，然且为之，是忘其身也；室家立残，亲戚不免乎刑戮，然且为之，是忘其亲也；君上之所恶也，刑法之所大禁也，然且为之，是忘其君也。忧[1]忘其身，内忘其亲，上忘其君，是刑法之所不舍也，圣王之所不畜[2]也。乳彘[3]触虎，乳狗不远游，不忘其亲也。人也，忧忘其身，内忘其亲，上忘其君，则是人也而曾狗彘之不若也。

【注释】

[1]忧：据杨倞、王念孙的说法，"忧"应为"下"。

[2]畜：容许。

[3]乳彘：小猪。

【品读】

此章首句可与《论语·颜渊》中的"一朝之忿，忘其身，以及其亲，非惑与"对读。荀子劝人勿忘爱护己身，孝忠为大。这些思想类似于《孝经》首章所言："身体发肤，受之父母，不敢毁伤，孝之始也。立身行道，扬名于后世，以显父母，孝之终也。夫孝，始于事亲，中于事君，终于立身。"但在道家看来，有些是需要忘掉的。如庄子云："养志者忘形，养形者忘利，致道者忘心矣。"③儒、道两家在人生修养方面所显示的旨趣之异，颇值得玩味。

4.4　凡斗者，必自以为是而以人为非也。己诚是也，人诚非也，则是己君子而人小人也。以君子与小人相贼害也，忧以忘其身，内以忘其亲，上以忘其君，岂不过甚矣哉？是人也，所谓"以狐父之戈钃牛矢"[1]也。将以为智

① 《荀子·劝学》。

② 《荀子·性恶》。

③ 《庄子·让王》。

邪？则愚莫大焉。将以为利邪？则害莫大焉。将以为荣邪？则辱莫大焉。将以为安邪？则危莫大焉。人之有斗，何哉？我欲属[2]之狂惑疾病邪，则不可，圣王又诛之。我欲属之鸟鼠禽兽邪，则不可，其形体又人而好恶多同。人之有斗，何哉？我甚丑之。

【注释】

[1]以狐父之戈钃(zhú)牛矢：用非常好的兵器充当刺取牛粪的工具，喻指大材小用、以贵事贱。狐父，古代产戈名地。钃，砍、刺。矢，通“屎”。

[2]属：归类于。

【品读】

本章仍承上章而来，反对好勇斗狠、意气之争，纠正喜爱格斗耍狠者以之为利或为荣的错误观念。史书载荀子故国在赵，此地男子有“相聚游戏，悲歌慷慨，起则相随椎剽，休则掘冢作巧奸冶”①之风，亦多慷慨悲歌之士；而后他久居之齐地，也曾流行“齐人甚好毂击”②之俗。或许本章为荀子针对当时故地与他乡的剽急民风有感而发。

4.5 有狗彘之勇者，有贾盗[1]之勇者，有小人之勇者，有士君子之勇者。争饮食，无廉耻，不知是非，不辟[2]死伤，不畏众强，恈恈然[3]唯利饮食之见，是狗彘之勇也；为事利，争货财，无辞让，果敢而振[4]，猛贪而戾，恈恈然唯利之见，是贾盗之勇也；轻死而暴，是小人之勇也；义之所在，不倾于权，不顾其利，举国而与之不为改视，重死持义而不桡[5]，是士君子之勇也。

【注释】

[1]贾(gǔ)盗：商人和盗贼。

[2]辟：通“避”。

[3]恈(móu)恈然：贪婪之状。

[4]振：妄动。

[5]不桡(náo)：不屈。

【品读】

此章就人与人之间斗争背后的勇气作深入分析，将勇分为四类。荀子最推崇士君子之勇：“义之所在，不倾于权，不顾其利，举国而与之不为改视，重死持义而不桡。”孔子、孟子对于君子之勇，亦有论述。如《论语》中多处言

---

① 《史记·货殖列传》。

② 吴则虞：《晏子春秋集释》卷六，中华书局1982年版，第372页。

仁者必有勇、勇者不惧、好勇且好学、勇而有义、勇而有礼等;《孟子》一书中,孟子将勇分为敌一人的匹夫之勇和一怒而安天下的文王、武王之勇,提倡大丈夫要有舍生取义之勇气,追溯孔门相传"自反而不缩,虽褐宽博,吾不惴焉;自反而缩,虽千万人,吾往矣"①的大勇。儒家推崇的君子之勇、王者之勇,激励了历史上很多仁人志士心向往之,身体力行,为后人留下很多可歌可泣的感人事迹。

4.6 鯈、鉟[1]者,浮阳[2]之鱼也,胠[3]于沙而思水,则无逮[4]矣。挂[5]于患而欲谨,则无益矣。自知者不怨人,知命者不怨天。怨人者穷,怨天者无志。失之己,反[6]之人,岂不迂[7]乎哉?

【注释】

[1]鯈(tiáo)、鉟(pī):皆鱼名。鯈,古同"鲦"。鉟,今字书无此字,疑当为"鲏"。

[2]浮阳:浮在水面以向阳。

[3]胠(qū):通"呿",张口喘息。

[4]无逮(dài):来不及。

[5]挂:通"絓",牵绊。

[6]反:责求。

[7]迂(yū):不合时宜,迂阔不经。迂,他本亦作"愚"。

【品读】

本章言自知不怨人、知命不怨天。前者的"自知"要求凡事有备无患,量力而行,"行有不得者,皆反求诸己"②;后者的"知命"要求人们顺其自然,不悖常理,所谓"殀寿不贰,修身以俟之","莫非命也,顺受其正"③,"君子居易以俟命"④。否则,做人做事易陷入困顿穷窘之地。

4.7 荣辱之大分,安危利害之常体[1]。先义而后利者荣,先利而后义者辱;荣者常通,辱者常穷;通者常制人,穷者常制于人。是荣辱之大分也。材悫者常安利,荡悍者常危害;安利者常乐易,危害者常忧险;乐易者常寿长,忧险者常夭折。是安危利害之常体也。

---

① 《孟子·公孙丑上》。

② 《孟子·离娄上》。

③ 《孟子·尽心上》。

④ 《礼记·中庸》。

【注释】

[1]常体：一般情况。

【品读】

春秋战国时代，贤哲多谈义利之事，不乏高论者。如晋大夫丕郑言“义以生利”，楚大夫申叔言“义以建利”，周王卿士单朝言“利制以义”，齐相晏婴言“正德幅利”，鲁孔子言“见利思义”，孟子言“去利怀义”等，多主张义利可兼得，但先义后利。承此而来，荀子主张“先义而后利者荣，先利而后义者辱”，劝人以义为先。

4.8 夫天生蒸民[1]，有所以取之。志意致修，德行致厚，智虑致明，是天子之所以取天下也。政令法，举措时，听断公，上则能顺天子之命，下则能保百姓，是诸侯之所以取国家也。志行修，临官治，上则能顺上，下则能保其职，是士大夫之所以取田邑[2]也。循法则、度量、刑辟、图籍，不知其义，谨守其数，慎不敢损益也，父子相传，以持[3]王公，是故三代虽亡，治法犹存，是官人百吏之所以取禄秩[4]也。孝弟愿悫，狗录疾力[5]，以敦比[6]其事业而不敢怠傲，是庶人之所以取暖衣饱食、长生久视以免于刑戮也。饰邪说，文奸言，为倚事，陶诞、突盗，惕悍憍暴[7]，以偷生反侧于乱世之间，是奸人之所以取危辱死刑也。其虑之不深，其择之不谨，其定取舍楛僈[8]，是其所以危也。

【注释】

[1]蒸民：众生。蒸，众多。

[2]邑（yì）：诸侯分给大夫的封地。

[3]持：奉、效力于。

[4]禄秩（zhì）：官俸品秩。

[5]孝弟（tì）原悫，狗（qú）录疾力：孝敬父兄，厚道诚实，束身寡过，勤勉努力。弟，通“悌”。原悫，忠厚诚实。狗录，自我约束。

[6]敦比：勤于治理。敦，勤勉。比，通“庀（pǐ）”，治理。

[7]为倚事，陶诞、突盗，惕悍憍暴：做事怪异，顽劣欺诈，放荡骄横。倚，同“奇”，怪异。陶诞，顽劣不化。突盗，欺诈掠夺。惕，同“荡”，放荡。憍，同“骄”，骄横。

[8]楛（kǔ）僈（màn）：粗率轻慢。

【品读】

本章言从天子、诸侯、卿大夫、士至庶人，皆有其本职本分，即保持一种应然的工作状态，其表现就是循周礼而行。客观而论，应然与实然在很多时侯是难以达到一致的。就荀子生活的战国中后期而言，各国争霸，战火纷飞，诸侯以攻伐为贤，从天子至士庶的姬周礼制早已崩坏。这里与其说是对周礼理论的阐述，不如说是一种对之无奈的怀念与不尽的追慕。

4.9 材性知[1]能，君子、小人一也。好荣恶辱，好利恶害，是君子、小人之所同也，若其所以求之之道则异矣。小人也者，疾为诞[2]而欲人之信己也，疾为诈而欲人之亲己也，禽兽之行而欲人之善己也。虑之难知也，行之难安也，持之难立也，成[3]则必不得其所好，必遇其所恶焉。故君子者，信矣而亦欲人之信己也，忠矣而亦欲人之亲己也，修正治辨[4]矣而亦欲人之善己也。虑之易知也，行之易安也，持之易立也，成则必得其所好，必不遇其所恶焉。是故穷则不隐，通则大明，身死而名弥白[5]。小人莫不延颈举踵而愿[6]曰："知虑材性，固有以贤人[7]矣。"夫不知其与己无以异也，则君子注错之当，而小人注错[8]之过也。故孰察小人之知能，足以知其有余，可以为君子之所为也。譬之越人安越，楚人安楚，君子安雅[9]。是非知能材性然也，是注错习俗之节异也。仁义德行，常安之术也，然而未必不危也；污僈突盗[10]，常危之术也，然而未必不安也。故君子道[11]其常而小人道其怪。

【注释】

[1]知：通"智"。

[2]诞：夸口说大话。

[3]成：最终。

[4]治辨：治理。

[5]白：显耀。

[6]愿：思慕。

[7]贤人：强于他人、胜过别人。

[8]注错：通"举措"。

[9]雅：通"夏"，指中原地区。

[10]污僈突盗：不洁其身，欺诈掠夺。

[11]道：以……为道、遵循。

【品读】

君子和小人，是儒家常论的话题之一。就材性知能、所好所恶而论，荀子认为二者同一，所谓"人之生固小人"。但是如何求所好，"道则异矣"，"君子道其常，而小人道其怪"，君子"注错"得当，小人"注错"过之。当与不当的标准，就是本章所言的"仁义德行"，前文所言的仁义、礼法、忠信。简言之，君子由礼而行，从宜而为，是贤雅士人的必备；小人任性而为，唯利是从，是俗凡之人的常态。与《不苟》篇中所言"君子，小人之反也"意思相仿，"反"指后天的一种心理或事实选择，而生存环境的熏陶作用莫可轻视。这一点孔子、孟子就曾论述过，如"里仁为美，择不处仁，焉得知"①，"苟得其养，无物不长；苟失其养，无物不消"②。荀子的高明之处在于以下两点：其一，他认为由礼还是任性，乃本无差别的人在不同习俗、环境中熏陶之后的结果；其二，他认为由礼而为的仁义德行，不是百分之百的常安之术，而不由礼而为的污僈突盗，也未必是百分之百的常危之术，显示出一种可贵的辩证思维。如庄子所言，"外物不可必"③，世间并没有绝对的东西。儒家坚持中庸、中和，中道而行，不说绝对之言，不倡素隐行怪，只在一般意义上论事，所以此章最后的结语就是"君子道其常而小人道其怪"，这与《中庸》中"君子居易以俟命，小人行险以侥幸"的思路如出一辙。

4.10　凡人有所一同：饥而欲食，寒而欲暖，劳而欲息，好利而恶害，是人之所生而有也，是无待而然者也，是禹、桀之所同也；目辨白黑美恶，耳辨音声清浊，口辨酸咸甘苦，鼻辨芬芳腥臊，骨体肤理辨寒暑疾养[1]，是又人之所常生而有也，是无待而然者也，是禹、桀之所同也；可以为尧、禹，可以为桀、跖，可以为工匠，可以为农贾，在势注错习俗之所积耳，是又人之所生而有也，是无待而然者也，是禹、桀之所同也。为尧、禹则常安荣，为桀、跖则常危辱；为尧、禹则常愉佚[2]，为工匠农贾则常烦劳。然而人力为此而寡为彼，何也？曰：陋也。尧、禹者，非生而具者也，夫起于变故，成乎修为[3]，待尽而后备者也。人之生[4]固小人，无师无法则唯利之见耳。人之生固小人，又以遇乱世，得乱俗，是以小重小也，以乱得乱也。君子非得势以临之，则无由得开内[5]焉。今是人之口腹，安知礼义？安知辞让？安知廉耻、隅积[6]？亦呥呥而噍、乡乡而饱[7]已矣。人无师无法，则其心正其口腹也。今使人生而未尝睹刍豢[8]稻粱也，惟菽藿[9]糟糠之为睹，则以至足为在此也。俄而，粲然[10]有秉刍豢稻粱而至者，则瞲然[11]视之曰："此何怪也？"彼臭之而嗛于鼻[12]，尝之而甘于口，食之而安于体，则莫不弃此而取彼矣。今以夫先王之道、仁义之统，以相群居，以相持养，以相藩饰[13]，以相安固邪。以夫桀、跖之道，是其为相县[14]也，几直[15]夫刍豢稻粱之县糟糠尔哉！然而人力为此而寡为彼，何也？曰：陋也。陋也者，天下之公患也，人之大殃大害也。故曰：

① 《论语·里仁》。
② 《孟子·告子上》。
③ 《庄子·外物》。

仁者好告示人。告之示之，靡之儇之，鉛之重之[16]，则夫塞者俄且通也，陋者俄且僩[17]也，愚者俄且知也。是若不行，则汤、武在上曷益？桀、纣在上曷损？汤、武存则天下从而治，桀、纣存则天下从而乱。如是者，岂非人之情固可与如此、可与如彼也哉？

【注释】

[1]养：同"痒"。

[2]佚（yì）：同"逸"，安逸。

[3]修为：修养作为。《集解》本作"修修之为"，"修之"疑衍，今删之。

[4]生：通"性"，天性、禀赋。

[5]内：同"纳"。

[6]隅（yú）积：局部和整体之道。

[7]呥（rán）呥而噍（jiào）、乡乡而饱：缓缓地嚼东西，舒服享受地吃个饱。呥呥，咀嚼之状。噍，同"嚼"。乡，同"飨"，饱食后舒适之状，类于白居易诗《轻肥》中所言"食饱心自若，酒酣气益振"。

[8]刍（chú）豢（huàn）：指反刍或圈养的动物之肉食，如牛、羊、猪、狗等。

[9]菽（shū）藿（huò）：豆类和野菜。

[10]粲（càn）然：鲜明的样子。粲，同"灿"。

[11]瞲（xù）然：惊视的样子。

[12]彼臭之而嗛（qiè）于鼻：他闻着它，满足于它的味道。臭，同"嗅"，用鼻子辨味。嗛，通"慊"，满足。"嗛"之前，《集解》本有一"无"字，疑衍字，今删之。

[13]藩饰：文饰、装点。

[14]县：同"悬"，悬殊的差别。

[15]几直：岂止。

[16]靡之儇（xuān）之，鉛（qiān）之重之：使人们顺从、聪慧，循礼而为，厚重朴实。靡，服从。儇，使人聪慧。鉛，通"沿"，遵循。

[17]僩（xiàn）：通"闲"，宽广、坦荡。

【品读】

本章对以尧、禹、文、武为代表的王道和以桀、跖为代表的邪道作了对比，认为历史上的英雄豪杰和普通人一样，有基本的生存需要、感官享受，但是后来分道而行，在于"势注错习俗之所积"。荀子大胆地提出圣贤非天才，"尧禹者，非生而具者也"，而是生于长期的磨炼，即"夫起于变故，成乎修为，待尽而后备者也"。所谓"人之有德慧术知者，恒存乎疢疾。独孤臣孽子，其操心也危，其虑患也深，故达"①。本章提出的"人之生固小人，无师无法则唯利之见耳"，为荀子人性恶理论的基本观点之一。当然，其主旨还是阐述和

① 《孟子·尽心上》。

弘扬先王之道、仁义之统，因为它是“以相群居，以相持养，以相藩饰，以相安固”的治政大法，是国之“四维”——礼、义、廉、耻的纲纽。昏君大盗无师无法，纵其性情而为，自难摆脱亡国、亡家、亡身的历史命运。

……………………………………

4.11 人之情，食欲有刍豢，衣欲有文绣，行欲有舆马，又欲夫余财蓄积之富也，然而穷年累世不知足[1]，是人之情也。今人之生也，方知畜鸡狗猪彘，又畜牛羊，然而食不敢有酒肉；余刀布，有囷窌[2]，然而衣不敢有丝帛；约者有筐箧[3]之藏，然而行不敢有舆马。是何也？非不欲也，几不[4]长虑顾后而恐无以继之故也。于是又节用御欲，收敛畜藏以继之也。是于己长虑顾后，几不甚善矣哉！今夫偷生浅知之属，曾此而不知也，粮食大侈，不顾其后，俄则屈[5]安[6]穷矣，是其所以不免于冻饿、操瓢囊[7]为沟壑中瘠[8]者也。况夫先王之道，仁义之统，《诗》、《书》、《礼》、《乐》之分乎？彼固天下之大虑也，将为天下生民之属长虑顾后而保万世也，其流长矣，其温[9]厚矣，其功盛姚[10]远矣，非孰修为之君子莫之能知也。故曰：短绠[11]不可以汲深井之泉，知不几[12]者不可与及圣人之言。夫《诗》、《书》、《礼》、《乐》之分，固非庸人之所知也。故曰：一之而可再也，有之而可久也，广之而可通也，虑之而可安也，反鈆[13]察之而俞[14]可好也。以治情则利，以为名则荣，以群则和，以独则足，乐意者其是邪？

【注释】

[1]不知足：《集解》本作“不知不足”，“不”字疑衍，故删之。

[2]余刀布，有囷(qūn)窌(jiào)：有多余的钱，也有粮仓地窖。刀、布，战国时期流行刀币、布币，此代指钱财。囷，圆形谷仓。窌，地窖。

[3]箧(qiè)：小箱子。

[4]几不：岂不。

[5]屈(jué)：竭尽。

[6]安：同“然”，而。

[7]瓢囊：行乞所用之物。

[8]瘠(zì)：通“胔”(zì)，指腐烂的弃尸。

[9]温：通“蕴”，积累。

[10]姚：通“遥”，远大。

[11]绠(gěng)：汲水用的绳子。

[12]知不几：认识达不到见微知著之明。或曰智慧跟不上。几，通“继”。

[13]反鈆：同“返沿”，遵循。

[14]俞：同“愈”，更加。

【品读】

作为有血气、志意、知虑的人类，情欲如无底之壑，永难填平。在物质没能达到完全满足人类所有物欲的时代，节制欲望，适当积蓄，以备不时之需，大有必要。否则，无所远虑，寅吃卯粮，则为偷生浅知之属，最终难有善终。古人治生素有勤俭持家、节俭是美德之说。荀子从人需节制情欲、长治久生的角度谈起，重点论及他常关注的话题"先王之道，仁义之统，《诗》、《书》、《礼》、《乐》之分"，认为礼义治国和节俭治生一样，有益生民福祉、万世太平，"治情则利，以为名则荣，以群则和，以独则足"。常人治生与贤人治国，其理一也。所不同的是：前者仍限于一种常识、经验，后者将之理论化、文本化为仁、义、礼或《诗》《书》《礼》《乐》等。因此，礼义治世的大法非圣人无以制定，非君子无以知之。荀子在治国的本末用度上，有一个著名观点"强本节用"，认为"足国之道：节用裕民，而善臧其余。节用以礼，裕民以政。彼裕民，故多余"①，"强本而节用，则天不能贫；养备而动时，则天不能病；修道而不贰，则天不能祸"②。这种观点在本章已显山露水，呼之欲出。

4.12 夫贵为天子，富有天下，是人情之所同欲也。然则从[1]人之欲，则势不能容、物不能赡[2]也。故先王案为之制礼义以分之，使有贵贱之等，长幼之差，知愚、能不能之分，皆使人载[3]其事而各得其宜，然后使悫[4]禄多少、厚薄之称，是夫群居和一之道也。故仁人在上，则农以力尽田，贾以察尽财，百工以巧尽械器，士大夫以上至于公侯，莫不以仁厚知能尽官职，夫是之谓至平。故或禄天下而不自以为多，或监门、御旅、抱关、击柝[5]而不自以为寡。故曰："斩而齐，枉而顺，不同而一。"[6]夫是之谓人伦。《诗》曰："受小共大共，为下国骏蒙。"[7]此之谓也。

【注释】

[1]从：同"纵"，纵容。

[2]赡：满足。

[3]载：任、承担。

[4]悫：疑为"榖"之形误，指俸禄。

[5]监门、御(yà)旅、抱关、击柝(tuò)：看护城门、迎送宾客、把守关隘、巡夜打更。御，通"迓"，迎迓之意。

[6]斩而齐，枉而顺，不同而一：有了参差不齐才可能达到整齐，有了枉曲才可能达到

① 《荀子·富国》。

② 《荀子·天论》。

和顺，有了不同才可能统于一个目标、原则。这与先秦时期曾流行的和而不同、维齐非齐的思想相合，是荀子融合诸派思想资源的重要见证之一。斩，截。

[7]受小共大共，为下国骏蒙：语出《诗经·商颂·长发》，大意指大小各有法度，从而庇护各国以安天下。共，通“供”，供奉。骏蒙，庇护。

【品读】

承上章先王之道在治理国家方面有“以群则和”之效而来，本章论述其道的实施思路：由先王制礼义，使社会各类群体有阶级等差，各有分工，各尽其职，并有相应的待遇，如“农以力尽田，贾以察尽财，百工以巧尽械器，士大夫以上至于公侯，莫不以仁厚知能尽官职”，“然后使悫禄多少、厚薄之称”。从字面上来看，先王之道、仁义之统、礼义之分又可称为“群居和一之道”。

非相篇第五

5.1　相人[1]，古之人无有[2]也，学者不道也。古者有姑布子卿[3]，今之世，梁有唐举[4]，相人之形状、颜色而知其吉凶妖祥，世俗称之。古之人无有也，学者不道也。故相形不如论心，论心不如择术。形不胜心，心不胜术。术正而心顺之，则形相虽恶而心术善，无害为君子也；形相虽善而心术恶，无害为小人也。君子之谓吉，小人之谓凶。故长短、小大、善恶形相，非吉凶也。古之人无有也，学者不道也。

【注释】

[1]相人：依据人的面相推断其吉凶祸福。

[2]无有：同"无囿"，指不受局限。

[3]姑布子卿：春秋郑人，曾为孔子、赵襄子相过面。

[4]唐举：战国时相士，曾为李兑和蔡泽相过面。

【品读】

本章首先作了价值判断："相人，古之人无有也，学者不道也。"常见的一种译法为："观察人的相貌来推测祸福，古代的人没有这种事，有学识的人也不谈论这种事。"但这种译法似乎与下文说的"古者有姑布子卿"相悖。查诸上古三代巫史文化发达之实，断无没有相人术之说。今王天海先生认为：首句中的"无有"同"无囿"，意为"不拘，不受局限"，故此句可译为"以看相之术来论人，古代的人不受它的束缚，有学问的人也不谈论它"①。此译法于理较适，今从之。在崇尚理性的荀子眼里，相人术与以貌取人一样，可能有偏见。《论语·为政》中孔子言："视其所以，观其所由，察其所安。人焉叟哉？人焉叟哉？"荀子所言"相形不如论心，论心不如择术"，可与孔子所言参照理解。同时，它也开启了以下数段关于相貌与才能关系的例证和讨论。

---

①　王天海：《名家讲解〈荀子〉》，长春出版社2009年版，第53页。

5.2　盖帝尧长，帝舜短[1]；文王长，周公短；仲尼长，子弓短。昔者卫灵公有臣曰公孙吕，身长七尺，面长三尺，焉[2]广三寸，鼻、目、耳具，而名动天下。楚之孙叔敖，期思之鄙人[3]也，突秃长左[4]，轩较之下[5]，而以楚霸。叶公子高[6]，微小短瘠，行若将不胜其衣。然白公[7]之乱也，令尹子西、司马子期皆死焉；叶公子高入据楚，诛白公，定楚国，如反手尔，仁义功名善于后世。故事不揣长，不挈大，不权轻重，亦将志乎尔[8]。长短、小大、美恶形相，岂论也哉？且徐偃王[9]之状，目可瞻马[10]；仲尼之状，面如蒙倛[11]；周公之状，身如断菑[12]；皋陶之状，色如削瓜[13]；闳夭之状，面无见肤[14]；傅说之状，身如植鳍[15]；伊尹[16]之状，面无须麋；禹跳，汤偏[17]；尧、舜参牟子[18]。从者[19]将论志意，比类文学邪？直[20]将差[21]长短、辨美恶而相欺傲邪？

【注释】

[1]帝尧长，帝舜短：帝尧高，帝舜矮。

[2]焉：同“颜”，额头。

[3]鄙人：乡下人。

[4]突秃长左：头发短少，左手较长。

[5]轩较之下：车厢横木之下。轩，指古代比较正式的车子，供士大夫乘坐。较，指车厢两旁板上的横木。此处指孙叔敖身材矮小，不及车厢横木之高。

[6]叶(shè)公子高：春秋时楚大夫。姓沈，名诸梁，字子高，封地在叶(今河南叶县南)，故称“叶公子高”。

[7]白公：楚平王之孙，太子建之子，曾在楚制造内乱、篡夺王位，被叶公平息。

[8]故事不揣长，不挈(xié)大，不权轻重，亦将志乎尔：对于志士贤者，不估其高矮，不约其大小，不量其轻重，只看其志向。事，通“士”。挈，同“絜”，衡量、约计。

[9]徐偃(yǎn)王：西周穆王时徐国的君主，国都在今安徽泗县一带。

[10]目可瞻马：眼睛可以看到额头。

[11]倛(qī)：古代方士驱鬼所戴面具，多狰狞丑恶之状。

[12]菑(zī)：直立的枯树。

[13]皋(gāo)陶(yáo)之状，色如削瓜：皋陶肤色如削了皮的瓜，色泛青。皋陶，舜时掌管刑法的大臣。

[14]闳(hóng)夭之状，面无见肤：闳夭满脸胡须，不见皮肤。闳夭，周文王的大臣，曾设法营救被纣困于狱中的文王，后又辅佐武王成功伐纣，夺得天下。

[15]傅说(yuè)之状，身如植鳍(qí)：傅说身上像长了鱼鳍。傅说，商王武丁的大臣。

[16]伊尹：商初大臣，曾辅佐商汤起兵伐桀，夺得天下。

[17]禹跳，汤偏：禹腿瘸，汤跛脚。偏，通“蹁”，指足跛。

[18]参牟子：三个瞳仁。参，通“叁”。牟，通“眸”。

[19]从者：指信从相术者。

[20]直：通“只”。

[21]差：区别、比较。

【品读】

本章主要列出战国之前的十六个人物作例子，这些人的身材、相貌皆失调或奇怪，但都是史上有名的贤人良才、明君能臣，旨在论证上章的观点：“相形不如论心，论心不如择术”，“形相虽恶而心术善，无害为君子也”。以貌取人的失败例子，在孔子那里也曾经有过。如他曾因弟子澹台子羽“状貌甚恶”而不看好他。后来，此人通过勤奋学习，以“行不由径”“非公事不见卿大夫”的高行闻世。从孔门卒业后，他到南方宣传儒学，影响甚大，孔子也不得不改变成见，说：“以貌取人，失之子羽。”可见，在察识搜罗贤才时，不可以貌论取。

5.3　古者桀、纣长巨姣美[1]，天下之杰也；筋力越劲[2]，百人之敌也。然而身死国亡，为天下大僇[3]，后世言恶则必稽[4]焉。是非容貌之患也，闻见之不众，论议之卑尔。今世俗之乱君，乡曲之儇子[5]，莫不美丽姚冶[6]，奇衣妇饰，血气态度拟于女子。妇人莫不愿得以为夫，处女莫不愿得以为士[7]，弃其亲家而欲奔之者，比肩并起。然而中[8]君羞以为臣，中父羞以为子，中兄羞以为弟，中人羞以为友。俄则束乎有司而戮乎大市，莫不呼天啼哭，苦伤其今而后悔其始。是非容貌之患也，闻见之不众、论议之卑尔。然则从者将孰[9]可也？

【注释】

[1]长巨姣美：身高貌美。

[2]越劲：敏捷有力。

[3]僇：同“戮”，耻辱。

[4]稽：考察、对证。

[5]乡曲之儇子：乡里轻薄、闲游少年。儇，轻薄的。

[6]姚冶：美丽、艳丽。姚，美好的样子。

[7]士：这里指未婚男士。

[8]中：中等的、一般的。

[9]孰：哪个。

【品读】

本章以亡国之君桀、纣和因当时错误审美观导致的恶果为例，说明相貌美丽，但闻见或议论不博广、高明，最终只能由美貌招致祸患，而非由美貌得治天下或终身幸福。总之，以貌取人，唯貌论才，是荀子力辩其非之处。

5.4 人有三不祥：幼而不肯事长，贱而不肯事贵，不肖而不肯事贤，是人之三不祥也。人有三必穷：为上则不能爱下，为下则好非其上，是人之一必穷也；乡则不若[1]，偝[2]则谩之，是人之二必穷也；知行浅薄，曲直有以相县矣[3]，然而仁人不能推，知[4]士不能明，是人之三必穷也。人有此三数行者，以为上则必危，为下则必灭。《诗》曰："雨雪瀌瀌，宴然聿消，莫肯下隧，式居屡骄。"[5]此之谓也。

【注释】

[1]乡则不若：当面不如别人（贤能）。乡，通"向"，当面。若，如。

[2]偝：同"背"。

[3]曲直有以相县矣：才智又与人有差距。曲直，明辨是非的能力，即才智。有以，通"又以"。县，通"悬"，差别。

[4]知：通"智"。

[5]这四句诗引自《诗经·小雅·角弓》，与今本略异。其诗以兴的手法先言雨雪虽大，太阳一出就会消融，暗指小人忝居其位，骄横不会太久。瀌（biāo）瀌，形容雨雪很大的样子。宴然，通"曣然"，晴朗；一说同"晏然"。聿，语气助词，通"于"。隧，通"坠"。式，语气助词。

【品读】

和以上三章相比，很多注释家认为此章开始谈其他的主题，有点"王顾左右而言他"，实则不然。宏观而论，本章的"三不肯""三必穷"，其实说的还是人若不安分守礼，慢下非上，嫉贤妒能，会招致不祥。与以相貌美恶论成败一样，是无礼之举。荀子在此仍然是本着礼为立人、成事、治国之本而展开论述的，如前文所言"人无礼则不生，事无礼则不成，国家无礼则不宁"。下文对人之为人的论述，也是本着"人无礼则不生""人不知礼无以立"而论。此处所言凡人有"三不祥""三必穷"，以及上文的以貌取人，是欲有修为的君子皆当力戒者。

5.5 人之所以为人者，何已[1]也？曰：以其有辨[2]也。饥而欲食，寒而欲暖，劳而欲息，好利而恶害，是人之所生而有也，是无待而然者也，是禹、桀之所同也。然则人之所以为人者，非特以二足而无毛也，以其有辨也。今夫狌狌[3]形笑，亦二足而毛也，然而君子啜其羹，食其胾[4]。故人之所以为人者，非特以其二足而无毛也，以其有辨也。夫禽兽有父子而无父子之亲，有牝牡[5]而无男女之别，故人道莫不有辨。

【注释】

[1]已：同“以”。

[2]辨：辨别、分别。

[3]狌(xīng)狌：同“猩猩”。

[4]胾(zì)：大块的肉。

[5]牝(pìn)牡(mǔ)：指禽兽的雌雄。

【品读】

人何以成其为人，是一个古今中外学者讨论不休的话题。如孟子认为人之为人是因其心存仁、义、礼、智四端；《礼记·冠义》云“凡人之所以为人者，礼义也”；韩愈认为“人之能为人，由腹有诗书”；古希腊哲学家亚里士多德认为人是理性的动物；法国哲学家帕斯卡尔认为人是一根“会思考的芦苇”，至弱至坚；德国哲学家尼采认为人是会笑的动物；马克思主义者认为人是会制造工具的高等动物；等等。荀子在这里提出人之为人是因其有辨，即等分、差别和人伦道德，所谓君臣、父子、夫妇、男女皆有各自的地位和角色，即“父慈，子孝，兄良，弟悌，夫义，妇听，长惠，幼顺，君仁，臣忠”。礼强调等差，所谓“乐者为同，礼者为异”，故礼是人的根本标志。荀子指出人并非“特以二足而无毛也”，可能是针对当时的一种流行说法著文予以驳斥、纠正。有趣的是，生活在古希腊的一位哲人柏拉图(约前427～前347年)就曾把人定义为“没有羽毛的两脚直立动物”。后来，有学生跟他开玩笑，把一只拔光了毛的鸡拿到他面前，说：“这就是您说的人?!”这个故事曾经作为谈资，广为流传。古代中西思想家的言语及所思有惊人的相似，于此可见一斑。

5.6　辨莫大于分[1]，分莫大于礼，礼莫大于圣王。圣王有百，吾孰法焉？故曰：文久而息，节族久而绝，守法数之有司极礼而褫[2]。故曰：欲观圣王之迹，则于其粲然者矣，后王[3]是也。彼后王者，天下之君也，舍后王而道上古，譬之是犹舍己之君而事人之君也。故曰：欲观千岁，则数今日；欲知亿万，则审一二；欲知上世，则审周道[4]；欲知周道，则审其人所贵君子。故曰：“以近知远，以一知万，以微知明[5]。”此之谓也。

【注释】

[1]分：指人因不同身份而产生的贵贱、上下、亲疏之分。

[2]褫(chǐ)：同“弛”，废弛、丧失。

[3]后王：这里指周公、成王等巩固周代统治的君王。

[4]周道：周代的治国之道，即礼乐文明。

[5]以微知明：通过洞察细微处而明察更多，类于老子所言“守微曰明”。

【品读】

本章对“人之所以为人者”的标准——辨，作了进一步解释，表达了两层意思：一是辨、礼不二，指的都是礼义、周道；二是礼出于圣王，以法后王为先。这里侧重于第二点，重点讲“欲观圣王之迹，则于其粲然者矣，后王是也”。《不苟》篇言“天地始者，今日是也。百王之道，后王是也。君子审后王之道而论百王之前，若端拜而议”，意与此同。儒家以祖法尧舜、服膺先王为标榜，孔子、孟子皆有所论，而荀子则明确法后王。之所以有这样的认识，在于他认为“文久而息，节族久而绝，守法数之有司极礼而褫”，遵循由近知远，由今推古，所谓“欲观千岁，则数今日；欲知亿万，则审一二”。和孔子、孟子厚古色彩较浓的认识论有所不同，荀子更尊今，但也不废古。百世可知，未必尽同，故他主张以接近当时的制度为蓝本，参照古代，构造治理当世的蓝图。有不少学者认为荀子是一个现实主义者，理性而不偏激，于此亦可见证。

5.7　夫妄人[1]曰：“古今异情，其[2]以治乱者异道，而众人惑焉。”彼众人者，愚而无说、陋而无度者也。其所见焉，犹可欺也，而况于千世之传也？妄人者，门庭之间，犹可诬欺也，而况于千世之上乎？圣人何以不欺？曰：圣人者，以己度[3]者也。故以人度人，以情度情，以类度类，以说度功，以道观尽，古今一度也[4]。类不悖，虽久同理[5]，故乡[6]乎邪曲而不迷，观乎杂物而不惑，以此度之。五帝之外[7]无传人，非无贤人也，久故也；五帝之中无传政，非无善政也，久故也；禹、汤有传政而不若周之察也，非无善政也，久故也。传者久则论略，近则论详，略则举大，详则举小[8]。愚者闻其略而不知其详，闻其详而不知其大也，是以文久而灭，节族久而绝。

【注释】

[1]妄人：胡言乱语、无所节制者。

[2]其：指代古今。

[3]度(duó)：估计、揣摩。

[4]以道观尽，古今一度也：把握事物内在规律来考察古今，其运行的原则一样。

[5]类不悖，虽久同理：古今同类事物都循道而行，不违其理。

[6]乡：通“向”，面临。

[7]之外：以前。

[8]略则举大，详则举小：简略的举其大纲，详尽的论其细节。

【品读】

本章所谈的主要观点是：妄人欺众，不可欺圣。妄人之见，认为古今不同，道亦不同。而荀子认为“以人度人，以情度情，以类度类，以说度功，以道观尽，古今一度也”。时间久远，陵谷沧桑，虽然治世之道在损益之间随时而变，但传承不变者亦多，所谓“人心惟危，道心惟微，惟精惟一，允执厥中”①，关键在于如何看待近世与远古的治世。在后文中我们看到荀子对于五帝三代的政治评价不尽相同。这里透露了荀子的历史观，详今略古，但不薄古。即以周礼周制建构自己的历史文化观主体，对于稍远的夏商及更远的五帝时代，由于“文久而灭，节族久而绝”，略而不省。这些古史并非没有值得称道的，只是因文献缺乏，只可语焉不详罢了。故详今略古是历史重构的方法论，但古未必不如今，这是必须清楚的史实。从理论层面的一般情况而论，即使在最大限度上恢复古史原貌，也难如了解近世史那样全面、真切。就这点而言，孔子的古史观也值得回顾。他说：“夏礼吾能言之，杞不足征也；殷礼吾能言之，宋不足征也。文献不足故也。足则吾能征之矣。”②鉴于文献不足之虞，他转而集中研究周史周礼，故有“周监于二代，郁郁乎文哉，吾从周”③的志向。两者相比，荀子在古史观上，对孔子的继承与开拓是显而易见的。

需要提到的一点是，荀子言“以道观尽，古今一度也”，先儒孔子亦曰“殷因于夏礼，所损益，可知也；周因于殷礼，所损益，可知也；其或继周者，虽百世可知也”④，这显示了先秦儒家学者皆有通古今之变的学术追求。汉代司马迁崇奉的著史宗旨“究天人之际，通古今之变，成一家之言”，当与儒家所倡古今观息息相通。荀子在《天论》篇谈天人分合、“制天命而用之”，此处的“以道观尽，古今一度也”就是例证。其实，荀子继“孔孟”之后，独树风标，建构更为宏博的儒学思想体系，泽被世人，不正是“究天人之际，通古今之变，成一家之言”吗？

....

5.8 凡言不合先王，不顺礼义，谓之奸言，虽辩，君子不听。法先王，顺礼义，党学者[1]，然而不好言、不乐言，则必非诚士也。故君子之于言也，志好之，行安之，乐言之。故君子必辩。凡人莫不好言其所善，而君子为甚。故赠人以言，重于金石珠玉；观人以言，美于黼黻文章[2]；听人以言，乐于钟鼓琴瑟。故君子之于言无厌。鄙夫反是，好其实，不恤其文，是以终身不免埤污佣俗[3]。故《易》曰：“括囊，无咎无誉。”[4]腐儒之谓也。

---

① 《尚书·大禹谟》。
② 《论语·八佾》。
③ 《论语·八佾》。
④ 《论语·为政》。

【注释】

[1]党学者:亲近有学问的人。党,以……为同党、亲近。

[2]黼(fǔ)黻(fú)文章:指古代礼服上的纹饰。黼,黑、白相间的斧形花纹。黻,青、黑相间的亞形花纹。文,青、赤相间的花纹。章,赤、白相间的花纹。

[3]埤(pí)污佣俗:卑贱平庸。埤,通“卑”。

[4]括囊,无咎无誉:出自《周易·坤》卦六四爻辞。指扎起口的袋子,无过无功,无毁无赞。荀子借以讥讽缄口不辩者。

【品读】

此下数章,开始谈言语之道。《易传·系辞上》载,孔子曰“言行,君子之枢机。枢机之发,荣辱之主也。言行,君子之所以动天地也,可不慎乎?”荀子认为学者可以健谈、辩难,似不如孔子那样谨慎。孔子曾说“君子欲讷于言而敏于行”①,孔门弟子亦云“君子慎言而不慎事”②。荀子认为健谈的前提是言合先王、顺乎礼义、与人为善,否则就是奸言。而且,如果合顺而不谈,则非诚士所为。故最终的结论是:君子必辩。展开而论,言不仅有辩言,还有赠言、观言、听言。孔子说过“不知言,无以知人”③,孟子亦云知人方可论世。在此基础上,荀子格外重视言语对于成人的重要性,直言君子于言无厌。由慎言到健谈,是孔子至荀子儒家内部言语观的重大变化④,耐人寻味。究其原因,战国时代,处士横议,荀子长期生活于有“百家争鸣中心”之称的稷下学宫,受习俗所染,他对辩论、言语的观念认识与前儒有所不同,自在情理之中。以下几章,荀子还意犹未尽地大谈辩论演讲之术,原因亦在此。

5.9 凡说之难[1]:以至高遇至卑,以至治接至乱。未可直至也,远举则病缪[2],近世则病佣[3]。善者于是间也,亦必远举而不缪,近世而不佣,与时迁徙,与世偃仰,缓急嬴绌[4],府然若渠匽檃栝之于己也[5],曲[6]得所谓焉,然而不折伤[7]。故君子之度己则以绳,接人则用抴[8]。度己以绳,故足以为天下法则矣;接人用抴,故能宽容,因求[9]以成天下之大事矣。故君子贤而能容罢[10],知[11]而能容愚,博而能容浅,粹而能容杂,夫是之谓兼术。《诗》曰:“徐方既同,天子之功。”[12]此之谓也。

---

① 《论语·里仁》。

② 马承源主编:《上海博物馆藏战国楚竹书(二)·从政甲篇》,上海古籍出版社2002年版,第218页。

③ 《论语·尧曰》。

④ 参见丁秀菊:《论荀子对孔子立言修辞思想的继承与发展》,《山东大学学报》2012年第6期。

【注释】

[1]说(shuì)之难：劝说、论辩的难处。

[2]缪(miù)：通"谬"，错误。

[3]佣：他本作"庸"。

[4]赢(yíng)绌(chù)：伸屈。赢，通"赢"，满、余。绌，通"屈"。

[5]府然若渠匽(yàn)檃(yīn)栝(guā)之于己也：如同大坝对于流水、檃栝对于竹木一般约束、规范自己。府，同"俯"，低头。匽，通"堰"，堤坝。檃栝，矫正竹木弯曲的工具。

[6]曲：委婉、婉转。

[7]折伤：伤人。

[8]抴(yì)：通"枻"，短桨，或曰船舷。这里可能以桨或舷代指船，意仍指渡济他人，引申为宽容。

[9]求：为"众"之误(王念孙说)。

[10]罢(pí)：通"疲"，疲弱无能者。

[11]知：同"智"。

[12]诗出自《诗经·大雅·常武》，大意是东方的徐国归顺周朝，是周天子的感化之功。此处喻君子能容，德如天子。

【品读】

本章开始，荀子论述演说恰到好处之难在于把握分寸，而擅长演说者"必远举而不缪，近世而不佣，与时迁徙，与世偃仰，缓急赢绌，府然若渠匽檃栝之于己也"，即远例近事，皆举以证自己的观点但是又不死板，无"缪""佣"之病。本章后半部分谈到演说者要心胸宽大，与人为善，所谓"度己则以绳，接人则用抴"，即严于律己、宽以待人。如此方可以说动人，赢得信任，凝聚人心，按照自己的计划去成就天下大事。这里说明儒家不是为了辩而辩，他们认为一名优秀的辩论演说家不仅口才要好，还需有相当的容人之量，即德行的辅佐。这一点与西方关于辩论术的观点不尽相同。西方自古希腊罗马时期就非常重视对演讲术的训练，并且有专门的指导书(如古罗马雄辩大师昆体良的《雄辩术原理》)，但他们更多的是侧重修辞的技巧性，对于演讲者内在德行的讨论不多。

5.10 谈说之术：矜庄以莅之[1]，端诚以处之，坚强以持之，分别以喻之，譬称以明之，欣欢芬芗以送之，宝之珍之，贵之神之。如是则说常无不受。虽不说[2]人，人莫不贵，夫是之谓为能贵其所贵。传曰："唯君子为能贵其所贵。"此之谓也。

【注释】

[1]矜(jīn)庄以莅(lì)之：以严肃、庄重的态度面对它。

[2]说(yuè)：同"悦"，使人喜悦。

【品读】

较上章而言，本章从技术层面更具体、更精确地指出谈说之术应该注意的事项——庄重、诚挚、坚强、譬喻、明晰，目的就是使自己的言说字珍句玑，悦耳动听，感化人心，让人视若珍宝，倍加重视。这种理想的境界，在荀子看来，只有君子可以做到。历史上，辩才无碍的例子良多，如春秋时烛之武退秦师、战国时触龙说赵太后、三国时诸葛亮舌战群儒、唐代魏徵巧劝唐太宗、明代王艮民间广传心学等，皆有可取之处。

5.11　君子必辩。凡人莫不好言其所善，而君子为甚焉。是以小人辩言险而君子辩言仁也。言而非仁之中也，则其言不若其默也，其辩不若其呐[1]也；言而仁之中也，则好言者上矣，不好言者下也。故仁言大矣。起于上所以道于下，正[2]令是也；起于下所以忠于上，谋救[3]是也。故君子之行仁也无厌。志好之，行安之，乐言之，故言君子必辩。小辩不如见[4]端，见端不如见本分[5]。小辩而察，见端而明，本分而理，圣人士君子之分具矣。

【注释】

[1]呐(nè)：同"讷"，言语迟缓。

[2]正：通"政"。

[3]谋救：当作"谋猷"，计划、谋划。

[4]见：同"现"，展现。

[5]见端不如见本分：察见末端不如以礼义为本。依下文，后一"见"当为衍字。本分，以礼义之分为本。

【品读】

本章再次强调、扩展前文所说的"君子必辩"，但君子之辩以仁为首，"仁言大矣"，君臣皆然。这与孔子"有德者必有言"的思想一脉相承。言行合一是儒家言语观的终极追求，故荀子又云"君子之行仁也无厌。志好之，行安之，乐言之"。末两句强调辩言中有见端与本分之别，见端指言有头绪，本分则指礼义。这里还需要注意一点，如研究者所见，荀子和辩家不同，后者"专门挑选一些类似'钻牛角'的问题去磨炼人们的逻辑思维，使之渐趋于精密"，荀子"只是使用辩家所产生的影响，将这些影响带进自己对政治、道德、修养等问题的论列之中，使人们感受到他对命题、判断、推论这些普通的逻辑形式，比别人更留心、更频繁地在使用"。① 二者的根本区别，恐怕首推仁德了。

① 赵俪生：《读〈荀子〉札记》，《齐鲁学刊》1991年第1期。

5.12　有小人之辩者，有士君子之辩者，有圣人之辩者。不先虑，不早谋，发之而当，成文而类，居错迁徙[1]，应变不穷，是圣人之辩者也。先虑之，早谋之，斯须[2]之言而足听，文而致实，博而党[3]正，是士君子之辩者也。听其言则辞辨而无统，用其身则多诈而无功，上不足以顺明王，下不足以和齐百姓，然而口舌之均，噡唯[4]则节，足以为奇伟偃却[5]之属，夫是之谓奸人之雄，圣王起，所以先诛也。然后盗贼次之。盗贼得变，此不得变也。

【注释】

[1]居错迁徙：措辞改换。居错，同“举措”，指论说的措辞。

[2]斯须：一小会儿，表示时间短。

[3]党：同“谠”，正直。

[4]噡(zhān)唯：噡，同“谵”，话多。唯，唯诺少言。

[5]偃(yǎn)却：即“偃蹇(jiǎn)”，本义为高耸、突出，引申为傲慢。

【品读】

接着之前所述辩论的原则和技巧而来，荀子此处又将“辩”分为三类，将之等差化，以使概念更加明晰。其中士君子之辩“先虑之，早谋之，斯须之言而足听，文而致实，博而党正”，是常人通过努力就可以达到的，而圣人之辩则只有少数人可以企及，小人之辩言不及义，只显小慧，不值一提，应人人得而诛之。在《荀子》里出现孔子诛少正卯的故事，不管实有其事，还是向壁虚构①，它至少反映了荀子或其后学对小人之辩的态度。其中给少正卯列的“五恶”中，有两条涉及辩说——“二曰行辟而坚，三曰言伪而辩”，故对之行君子之诛。

① 此事的真伪，曾引起古今学者争议不休。从相对可靠的孔子思想研究资料——《论语》来看，我们只见到一位和而不同、文质彬彬，提倡“攻乎异端，斯害也已矣”的先生，而非动辄攻击他人的夫子。按《史记》所载，诛少正卯是在毁三都之后发起的，毁都半成半败，孔子对此当有警觉，以他的“临事而惧，好谋而成”“仁者爱人”的谨慎宽容态度，在国内政界发生了大事之后，还要对某些私学人士下手，“攻乎异端”，断无可能。就此而论，诛少正卯之说多为后人虚构，《荀子》《孔子家语》《说苑》《史记》等书所载都是如此。

非十二子篇第六

6.1 假令[1]之世，饰邪说，文[2]奸言，以枭[3]乱天下，矞宇嵬琐[4]，使天下混然不知是非治乱之所存者，有人矣。

【注释】

[1]假今：当今。

[2]文(wèn)：文饰、美化。

[3]枭：本作"浇"，通"挠"，扰乱。

[4]矞宇嵬琐：诡诈、委琐。矞宇，通"谲讦"。嵬琐，即"委琐"。

【品读】

此章首句用来概括战国后期思想界学说纷立、处士横议的情形，再恰当不过了。春秋战国时代，诸侯割据，各自为政，经济、政治、文化上难于统一，纷乱不堪，所谓"诸侯力政，不统于王。恶礼乐之害己，而皆去其典籍。分为七国，田畴异亩，车涂异轨，律令异法，衣冠异制，言语异声，文字异形"①。但"飘风不终朝，骤雨不终日"②，分裂至久的时代也是最临近统一的时代，时代呼吁统一，生民渴望和平。一些伟大的思想家、政治家偕时而行，应需而起，努力促成思想和政治上的统一。如集儒家思想之大成的荀子，"奋六世③之余烈，亡六国而一天下"的嬴政，就是如此。

6.2 纵情性，安恣睢[1]，禽兽行，不足以合文通治；然而其持之有故，其言之成理，足以欺惑愚众。是它嚣、魏牟[2]也。

【注释】

[1]恣睢(suí)：肆意妄为。

---

① 许慎著，徐铉等校定：《说文解字》卷十五，中华书局1985年版，第501页。

② 《老子》第二十三章。

③ 六世：指嬴政之前的六位秦王，即秦孝公、秦惠文王、秦武王、秦昭襄王、秦孝文王、秦庄襄王。

[2]它嚣、魏牟：它嚣，生平不详。《韩诗外传》卷四记作“范雎”，战国魏人，著名辩士，曾入秦为相，受封“应侯”。魏牟，战国魏公子牟，《汉书·艺文志》载有《公子牟》四篇，应为其著。二人皆一时名士，能言善辩，为名家、道家之流。

【品读】

本章首先举出战国时代道家中人它嚣、魏牟的观点，评价其缺点在于“纵性情，安恣睢，禽兽行”，无法用来治国，因为荀子认为“纵性情，安恣睢，而违礼义者为小人”①，故不足取法。这里存有一点疑问，道家的代表人物，按通常的说法（即司马迁、班固等汉儒构造的先秦学术话语系统）是老子、庄子，这里没把他们作为批判的靶子，或许是因为在战国时期它嚣、魏牟是将道家学说演绎至极端而尽显其弊的人物，故列出来批判之。正如荀子对孔子、仲弓多有赞美而对曾子、颜回等不置可否，并猛烈批判子思、子张、子游、子夏及孟子等儒家人物，这也是针对显现儒学弊端的人物作出批评，而非否定整个学派。即使是针对这些剑走偏锋的人，荀子也肯定其存在的合理性，指出“其持之有故，其言之成理”，只是其末流徒有“欺惑愚众”之弊，无法教化民众、敦励士心。

6.3　忍[1]情性，綦溪利跂[2]，苟以分异人为高，不足以合大众，明大分[3]，然而其持之有故，其言之成理，足以欺惑愚众。是陈仲、史鳅也。

【注释】

[1]忍：克制。

[2]綦(qí)溪(xī)利跂(qǐ)：以捷足而走极端。綦溪，极径，指好走极端。綦，通“极”。溪，通“蹊”，路径。利跂，捷足。

[3]大分：礼义。

【品读】

本章论及的一派，与上章某些道家的纵情性观点不同，他们主张忍情性，无限地节制欲望。如陈仲在道德上有点“洁癖”，追求绝对的清廉，不食兄长通过不正当途径得到的俸禄，为此一度抛弃家庭，离群索居于山林之间，而不是想着如何规劝、纠正兄长的不德之处。史鳅谏讽昏庸的君上卫灵公，最终选择以死相劝。这些偏激的行为，荀子归之为“綦溪利跂”，即标新立异的素隐行怪。

值得一提的是，史上以清廉著称的陈、史等人，在战国时人的眼里相当

① 《荀子·性恶》。

高尚。如陈仲，孟子“以仲子为巨擘焉”①。但儒家对这种过分的清廉褒贬不一，如孔子评价史鳍“直哉史鱼！邦有道，如矢；邦无道，如矢”②(虽然离君子的理想境界仍有差距)；荀子则不以为然，大加批判。当然，孔、荀二人对史氏的不同评价有共同标准，即是否符合礼义、中道而行。即如孔子所言，“直而无礼则绞”③，“夫达也者，质直而好义”④。儒家讲求非礼勿言、勿听、勿视、勿动，以礼为安身立命、言行举止之准则，且君子之于天下“唯义之与比”⑤，“积礼义而为君子”⑥；但并非不讲变通，所谓“礼从宜”⑦、“义者，宜也”⑧。这说明儒家提倡的礼义实为在经权之间执两用中、理情两通的辩证哲学。职是之故，儒家崇尚中庸、中正、中和，中道而行(此道是合仁、义、礼、智诸德为一的人道)，不贵无端舍弃人伦、生命而离群索居或殉身于乱世昏君等极端之行，由此也就有了孔子、荀子对陈、史二人之行貌异实同的评价。后文亦见二子对齐桓公、管仲等人的不同评骘，亦作如是观。

6.4 不知一天下、建国家之权称[1]，上[2]功用、大俭约而僈[3]差等，曾[4]不足以容辨异、县[5]君臣；然而其持之有故，其言之成理，足以欺惑愚众。是墨翟、宋钘[6]也。

【注释】

[1]权称：指礼义法度。

[2]上：通“尚”。

[3]僈：轻视。

[4]曾(zēng)：甚至。

[5]县(xuán)：殊、不同。

[6]墨翟、宋钘：墨翟，即墨子，墨家始祖，主张兼爱、非攻、尚同、尚贤、薄葬、明鬼等。宋钘，又称“宋牼”，战国宋人，主张“见侮不辱”“情欲寡浅”(详见《正论》等篇)等。

【品读】

本章论墨家一派，对其尚功、尚俭及泯灭阶层差异等不足加以批评，认

---

① 《孟子·滕文公下》。

② 《论语·卫灵公》。

③ 《论语·泰伯》。

④ 《论语·颜渊》。

⑤ 《论语·里仁》。

⑥ 《荀子·儒效》。

⑦ 《礼记·曲礼上》。

⑧ 《礼记·中庸》。

为其难以成为治国、安天下的理论。孟子对此派的评价是“墨氏兼爱,是无父也”①,称之为“禽兽之道”。但墨家作为战国时期一大显学,从理论和现实上不断影响和冲击儒家的传播。故荀子继孟子之后,又对其加以批判。当然,在批判之余,对其合理成分亦有一定借鉴。②

事实上,作为儒家衍生而出的新兴派别,墨子和墨学与孔子儒家思想自有差异,但亦多共性,如尚贤、节用、非攻、重义,信奉“不义不富,不义不贵,不义不亲,不义不近”的圣王之政等,这一点不容忽视。特别是墨学作为代表劳苦大众的平民化哲学,提倡兼爱、明鬼,希望人人之间充满爱,天上神明保佑人,亦尚自食其力,胸怀淑世、救世之一腔热忱,难能可贵。儒家如孟子、荀子等后儒对前人之学的批判,自有其不得已而为之的隐情,但表面上看,他们有非我族类,一棒子打死的冲动,对前人前学口诛笔伐。这与孔子当年提倡和而不同、不攻乎异端的君子儒已有偏离,引人深思。

6.5　尚法而无法,下修而好作,上则取听于上,下则取[1]从于俗,终日言成文典,及紃察之[2],则倜然[3]无所归宿,不可以经国定分[4];然而其持之有故,其言之成理,足以欺惑愚众。是慎到、田骈[5]也。

【注释】

[1]取:通“趋”。

[2]及紃(xún)察之:等到反复考察它的时候。及,一作“反”。紃,通“巡”。

[3]倜(tì)然:迂阔不切实的样子。

[4]经国定分:治理国家,确定名分(即礼义)。

[5]慎到、田骈:慎到,战国赵人,主张“弃私去己”,循自然而立法。田骈,战国齐人,口才佳,号天口骈,主张贵齐、因性任物。二人均为稷下学士,术本黄老,旨归道法,《汉书·艺文志》中载其著有《慎子》《田子》,现多佚失。

【品读】

荀子重法,但对标榜以法的法家却评以“尚法而无法”,貌似吊诡之辩。实际上,在荀子看来,法家所法之法非先王之法,而是擅立的新制,不循礼义而一味地唯君主旨意为准,又无益于移风易俗,故难以担当治国安天下之重任。荀子主张既要尊君更要爱民,即在朝美其政、在野美其俗,希望积礼义之君子去事君安国。

因从《荀子》全书来看,荀子隆礼亦重法,且明言性恶,批评儒家中人如

---

① 《孟子·滕文公下》。

② 参见王启发:《荀子与儒墨道法名诸家》,《中国史研究》2000年第3期。

子张、子夏、子游、子思、孟子等，后起之徒又出韩非、李斯两位法家式人物，故荀子一度被后儒归为法家之列，如宋儒朱熹等人。在现代，荀子又被学者视作法家、黄老道家、杂家等。但不管怎样，荀子是研究战国秦汉之际思想学术乃至整个传统政治文化永远难以逾越的一道关口。荀子的历史地位，绝不会随时代和人事的变化而变化，而对荀学的研究，则路漫漫其修远兮，需上下求索以得之。

6.6 不法先王，不是[1]礼义，而好治怪说，玩琦[2]辞，甚察[3]而不惠，辩而无用，多事而寡功，不可以为治纲纪；然而其持之有故，其言之成理，足以欺惑愚众，是惠施、邓析[4]也。

【注释】

[1]是：以……为是、遵从。

[2]琦：通“奇”。

[3]察：苛严。

[4]惠施、邓析：惠施，战国宋人，主张“合同异”。邓析，春秋郑人，好刑名，操两可之说。二人皆善辩，为名家之流，《汉书·艺文志》中载其著《惠子》《邓析子》，现已佚失。

【品读】

六家十二子中，荀子对名家如惠施、邓析二人思想缺点的评价最直接、显豁，认为其不法先王之道、不以礼义为准，一味地沉湎于口舌之辩，劳而无功，华而不实，故不可以作为治国安邦之道。在荀子看来，学说好孬的标准只有一个，即不折不扣地法先王之法、行礼义之道。把握住这一点，对于荀子非十二子的意图乃至整个荀学体系就能了然于胸，如《荀子·劝学》中所言“若挈裘领，诎五指而顿之，顺者不可胜数也”。

6.7 略法先王而不知其统，犹然而材剧志大[1]，闻见杂博。案[2]往旧造说，谓之五行[3]，甚僻违而无类，幽隐而无说，闭约而无解。案饰其辞而祗敬之[4]，曰：“此真先君子[5]之言也。”子思唱之，孟轲和之，世俗之沟犹瞀儒[6]，嚾嚾然[7]不知其所非也，遂受而传之，以为仲尼、子游为兹厚于后世[8]，是则子思、孟轲之罪也。

【注释】

[1]犹然而材剧志大：然而却自以为才华横溢。材，通“才”。剧，通“巨”，特异、卓越。

[2]案：按照。

[3]五行（héng）：五行到底指何，学界现多有争议。据长沙马王堆汉墓帛书《五行》及

郭店楚墓竹简《五行》篇，当为仁、义、礼、智、圣。①

[4]案饰其辞而祗(zhī)敬之：于是粉饰他们的言论，对其恭恭敬敬。案，语气助词，义同“乃”，于是。祗敬，恭敬。

[5]先君子：指孔子。

[6]沟犹瞀(mào)儒：愚钝昏聩的儒生。沟，通“怐”，愚。犹，如。瞀，眼睛昏花，代指昏聩无知。

[7]嚾(huān)嚾然：喧哗不已的样子。

[8]以为仲尼、子游为兹厚于后世：或曰子游当为“子弓”之误，备一说。兹，此。厚，推重。

【品读】

十二子中，荀子对子思、孟子的批判最猛烈，而这两位恰恰又是后来唐宋思想家所认为的儒家道统最坚定、最忠实的传承者与弘扬者。思孟学派虽提倡居仁由义，“游文于六经之中，留意于仁义之际，祖述尧、舜，宪章文、武，宗师仲尼”，但其弘扬孔学儒道所走的路线是心性之学，对于礼的重视远远不够，有时片面强调义而忽略利，多有浮夸不实之处。荀子批评此派中人“不知其统”，言不明礼义之统是子思、孟子思想的最大缺点。细究出自思孟学派儒者之手的《中庸》《孟子》，其中强调君子居仁、由义、门礼②，把礼放旷类似于门而非屋或道的位置，与荀子隆礼、积义、本仁而为君子的思想和对礼有“三本”的深刻阐发等相比，对礼的重视显然不够。公允而论，孟、荀之学均有利弊，在心的内约与礼的外约上，两者各擅胜场，可以互补。

6.8　若夫总方略，齐言行，壹统类，而群[1]天下之英杰，而告之以大古[2]，教之以至顺[3]，奥窔[4]之间，簟席[5]之上，敛然圣王之文章具焉，佛然[6]平世之俗起焉，六说者不能入也，十二子者不能亲也。无置锥之地而王公不能与之争名，在一大夫之位则一君不能独畜，一国不能独容，成名况乎诸侯[7]，莫不愿以为臣，是圣人之不得势者也，仲尼、子弓[8]是也。一天下，财[9]万物，长养人民，兼利天下，通达之属莫不从服，六说者立息，十二子者迁化，则圣人之得势者，舜、禹是也。

【注释】

[1]群：集聚。

---

① 参见庞朴：《竹帛〈五行〉篇与思孟五行说》，载《庞朴文集》第2卷《古墓新知》，山东大学出版社2005年版，第152～160页。

② 《孟子·万章下》载：“夫义，路也；礼，门也。惟君子能出入是门也。”《孟子·离娄子》载：“仁，人之安宅也；义，人之正路也。”

[2]大古：即“太古”，此谓上古三代的治国之道。

[3]至顺：至高的道理，此处指先王之道、礼义之统。

[4]奥窔(yào)：奥指屋子的西南角，窔指屋子的东南角，代指堂室。

[5]簟(diàn)席：竹席。

[6]佛然：忽然兴起的样子。佛，同“勃”。

[7]成名况乎诸侯：盛名美扬于诸侯之间。成，通“盛”。况，通“皇”，美(孙诒让说)。

[8]子弓：即孔门十哲德行科的仲弓。或曰为馯臂子弓、朱张，疑非①。

[9]财：同“裁”，制裁、化用。

【品读】

本篇荀子针对当时各种学说，明其缺陷，拨乱反正。如果说以上几章重在拨乱，此章则在于反正。荀子正式提出圣人之治“总方略，齐言行，壹统类，而群天下之英杰，而告之以大古，教之以至顺”，“六说者不能入也，十二子者不能亲也”。并将圣人分为两类：一为有德才无权位的不得势者，如荀子心仪的儒家人物孔子、子弓；一为德才、权位兼具的得势者，如舜与禹。

6.9　今夫仁人也，将何务哉？上则法舜、禹之制，下则法仲尼、子弓之义，以务息十二子之说。如是则天下之害除、仁人之事毕[1]、圣王之迹著[2]矣。

【注释】

[1]毕：成就。

[2]著：昭著、明显。

【品读】

此章明一义：仁人法圣人之道，闲邪存诚，正人视听，兴利除害，成仁致圣。

6.10　信信[1]，信也；疑疑，亦信也。贵贤，仁也；贱不肖，亦仁也。言而当[2]，知[3]也；默而当，亦知也。故知[4]默犹知言也。故多言而类[5]，圣人也；少言而法，君子也；多少[6]无法而流湎然[7]，虽辩，小人也。故劳力而不当民务，谓之奸事；劳知而不律[8]先王，谓之奸心；辩说譬谕，齐给便利[9]而不顺礼义，谓之奸说。此三奸者，圣王之所禁也。知而险，贼而神[10]，为诈而巧，言

① 参见李福建：《〈荀子〉之“子弓”为“仲弓”而非“馯臂子弓”新证——兼谈儒学之弓荀学派与思孟学派的分歧》，《孔子研究》2013年第3期。

无用而辩，辩不惠而察，治之大殃也。行辟[11]而坚，饰非而好，玩奸而泽[12]，言辩而逆，古之大禁也。知而无法，勇而无惮，察辩而操僻淫，大而用之[13]，好奸而与众，利足[14]而迷，负石而坠，是天下之所弃也。

【注释】

[1]信信：相信可信的。

[2]当：恰当、合礼。

[3]知：通"智"。

[4]知：知道。

[5]类：合乎统类，有条有理。

[6]少：一说为"言"之误。

[7]流湎然：放纵的样子。

[8]律：通"法"，效法。

[9]齐给(jǐ)便利：迅速便捷。

[10]贼而神：狠毒而莫测。

[11]辟：同"僻"，邪僻。

[12]泽：使之有光泽，即圆滑。

[13]大而用之：过度奢侈而用度匮乏。大，通"汰"。之，当为"乏"（俞樾说）。

[14]利足：走得快。

【品读】

本章从辨别信、仁、智入手，以与智密切相关的言为标准，划分君子、圣人、小人，并对小人不符合圣王之治的奸事、奸心、奸说等作了说明，旨在敦励士君子以此为鉴，弘扬正气。

……………………………………

6.11　兼服天下之心：高上尊贵不以骄人，聪明圣知[1]不以穷[2]人，齐给速通不争[3]先人，刚毅勇敢不以伤人。不知则问，不能则学，虽能必让，然后为德。

【注释】

[1]知：同"智"。

[2]穷：使窘迫。

[3]争：据上下文当作"以"。

【品读】

荀子在后面《议兵》篇云"兼人者有三术：有以德兼人者，有以力兼人者，有以富兼人者"，此处当指以德兼人，即以礼待人毋不敬，忠信好学善谦让。

6.12 遇君则修臣下之义，遇乡[1]则修长幼之义，遇长则修子弟之义，遇友则修礼节辞让之义，遇贱而少者则修告导宽容之义。无不爱也，无不敬也，无与人争也，恢然[2]如天地之苞[3]万物。如是，则贤者贵之，不肖者亲之。如是而不服者，则可谓訞[4]怪狡猾之人矣，虽则[5]子弟之中，刑及之而宜。《诗》云："匪上帝不时，殷不用旧。虽无老成人，尚有典刑。曾是莫听，大命以倾。"[6]此之谓也。

【注释】

[1]乡：乡亲。

[2]恢然：宽广的样子。

[3]苞：同"包"。

[4]訞：同"妖"，怪异邪恶。

[5]则：在。

[6]语出《诗经·大雅·荡》，大意指殷商灭亡不是因为上帝待之不善，而是因为商纣不用办事稳重的旧臣。即便没有老成人辅政，还有政典刑制。这些都不闻不问，故一朝倾覆灭亡。时，善。老成人，指历事多、办事稳的老者，类于后世史书所言"年高德艾、事长于人"的长者。

【品读】

此章当为君子修身准则，类似《论语·乡党》的前半部分。此处主张以爱敬宽容之心待人，即"无不爱也，无不敬也，无与人争也，恢然如天地之苞万物"，但卑贱、长幼、友朋之人伦应井然有序，要以礼节约束，不可错乱。

6.13 古之所谓士仕[1]者，厚敦[2]者也，合群者也，乐可贵[3]者也，乐分施者也，远罪过者也，务事理者也，羞独富者也。今之所谓士仕者，污漫[4]者也，贼乱者也，恣睢者也，贪利者也，触抵者也，无礼义而唯权势之嗜者也。古之所谓处士[5]者，德盛者也，能静者也，修正者也，知命者也，著[6]是者也。今之所谓处士者，无能而云能者也，无知而云知者也，利心无足而佯无欲者也，行伪险秽而强高言谨悫者也[7]，以不俗为俗，离纵[8]而跂訾[9]者也。

【注释】

[1]士仕：当作"仕士"（王念孙说），指在朝官吏。

[2]厚敦：忠厚老实。

[3]乐富贵：以可贵的事情为乐。

[4]污漫：污秽卑鄙。

[5]处士：在野隐士。

[6]著：显明。

[7]行伪险秽而强（qiǎng）高言谨悫者也：行为阴险污秽但又非要标榜谨慎诚实。伪，同"为"。

[8]离纵：背离常人的道路。纵，通"踪"，踪迹。

[9]跂訾：通"歧龇"，异行异道。

【品读】

荀子很注意通古今之变，亦有厚古薄今的思想倾向，本章就是一例。在通往君子乃至圣人之境时，荀子主张士要以古人、古制、古礼为榜样。不管是入仕还是在野，都要法先王之道，习古礼之尚，而不是同流合污，苟安现状，以至沉沦难于自拔。只有这样，士才可能成为君子儒，内美其身，外美政俗，有益于世。

6.14 士君子之所能不能为[1]：君子能为可贵，不能使人必贵己；能为可信，不能使人必信己；能为可用，不能使人必用己。故君子耻不修，不耻见[2]污；耻不信，不耻不见信；耻不能，不耻不见用。是以不诱于誉，不恐于诽，率[3]道而行，端然正己，不为物倾侧，夫是之谓诚[4]君子。《诗》云："温温恭人，维德之基。"[5]此之谓也。

【注释】

[1]能不能为：能与不能为。

[2]见：被。

[3]率：遵循。

[4]诚：真。

[5]语出《诗经·大雅·抑》。意指温良恭俭的人，是维系社会道德的根本。

【品读】

荀子的理性思维非常发达，如此章所言"君子能为可贵，不能使人必贵己；能为可信，不能使人必信己；能为可用，不能使人必用己"，并在他处举例说明，如"虞舜、孝己孝而亲不爱，比干、子胥忠而君不用，仲尼、颜渊知而穷于世"①。庄子对此也有同感，他曾叹"人主莫不欲其臣之忠，而忠未必信，故伍员流于江，苌弘死于蜀，藏其血，三年而化为碧。人亲莫不欲其子之孝，而孝未必爱，故孝己忧而曾参悲"②。

荀子在感叹乱世难遇明主的同时，亦提出严格的修身、羞耻观："君子耻

① 《荀子·大略》。

② 《庄子·外物》。

不修，不耻见污；耻不信，不耻不见信；耻不能，不耻不见用。”其思路和孔子“不患人之不己知，患其不能也”①的忧患观非常相似。造成这种共识的根本原因是：他们都遵奉儒家“行有不得，反求诸己”的思想逻辑。有趣的是，在《孔子家语·好生》中所载孔子之言，将君子之患与君子之耻巧妙地结合起来：“君子三患。未之闻，患不得闻；既得闻之，患弗得学；既得学之，患弗能行。有其德而无其言，君子耻之；有其言而无其行，君子耻之；既得之，而又失之，君子耻之；地有余，民不足，君子耻之；众寡均而人功倍己焉，君子耻之。”这在很大程度上反映了儒家对于德行修养中如何协调正、负两方面心理体验的高度重视。古人关于羞耻的论述非常丰富。从《管子》的“国有四维”——礼、义、廉、耻②到龚自珍的“士皆知有耻，则国家永无耻矣；士不知耻，为国之大耻”③，从孔子的“行己有耻”④、子思的“知耻近乎勇”⑤到孟子的“人不可以无耻。无耻之耻，无耻矣”⑥等，多醒目发聩之言，值得珍视抉扬，敦励士风民俗。

6.15　士君子之容：其冠进[1]，其衣逢[2]，其容良[3]，俨然，壮然[4]，祺然，蕼然[5]，恢恢然，广广然，昭昭然，荡荡然，是父兄之容也。其冠进，其衣逢，其容悫，俭然，恀然[6]，辅然，端然，訾然[7]，洞然，缀缀然，瞀瞀然[8]，是子弟之容也。

吾语汝学者之嵬容[9]：其冠絻[10]，其缨禁[11]缓，其容简连[12]，填填然[13]，狄狄然[14]，莫莫然，瞡瞡然[15]，瞿瞿然[16]，尽尽然，盱盱然[17]；酒食声色之中则瞒瞒然，瞑瞑然；礼节之中则疾疾然，訾訾然[18]；劳苦事业之中则儢儢然，离离然[19]，偷儒[20]而罔[21]，无廉耻而忍謑訽[22]，是学者之嵬也。

【注释】

[1]进（jùn）：高（俞樾说）。

[2]逢：通“庞”，宽大。

[3]良：和善。

[4]壮然：庄严伟岸的样子。壮，同“庄”。

[5]蕼（sì）然：祥和宽舒的样子。蕼，通“肆”。

---

① 《论语·学而》。

② 参见《管子·牧民》。

③ （清）龚自珍：《龚自珍全集·明良论二》，上海人民出版社 1975 年版，第 31 页。

④ 《论语·子路》。

⑤ 《礼记·中庸》。

⑥ 《孟子·尽心上》。

[6]恀(chǐ)然：恭顺的样子。

[7]訾然：同"咨然"，咨询的样子。

[8]瞀瞀然：低眉顺眼的样子。

[9]嵬容：委琐的容仪。嵬，通"委"。

[10]绕：当为"俛"，低俯。或曰通"免"，免除。

[11]禁：通"紟"，带。

[12]简连：怠慢倨傲。

[13]填填然：迟缓懒散之貌。

[14]狄(tì)狄然：同"惕惕然"，恐惧的样子。

[15]瞡(guī)瞡然：犹"睽睽然"，张目注视的样子。

[16]瞿(jù)瞿然：瞠目惊视之状。

[17]盱(xū)盱然：张目仰视的样子。

[18]疾疾然，訾訾然：憎恶、诋毁的样子。

[19]儢(lǚ)儢然，离离然：疏懒不勤的样子。

[20]儒：通"懦"。

[21]罔：通"亡"，逃跑。

[22]謑(xǐ)诟(gòu)：辱骂。

【品读】

从修辞方面来看，本章最引人注目的是荀子惊人的词汇量和善用以"××然"为结构的手法。虽然此类情况在《荀子》中并不鲜见，但像本章以如此密集的形式出现，绝无仅有。《荀子》作为先秦散文"四大台柱"之一①，名不虚传。从内容上来看，本章将理想中士君子的伟岸形象与现实中学者的嵬容之状放在一起，加以对比，激励有为之士见贤思齐，首善弃恶。文末提到的廉耻，尤为古今学者注意。从先秦诸子念念不忘的"国之四维"(礼、义、廉、耻)、"行己有耻""有耻且格"，到清儒所云"士皆知有耻，则国家永无耻矣"，皆黄钟大吕之言，唤醒无数名利场中不甘沉沦的迷途者。

6.16　弟佗[1]其冠，神禫其辞[2]，禹行而舜趋[3]，是子张氏之贱儒也；正其衣冠，齐其颜色，嗛然[4]而终日不言，是子夏氏之贱儒也；偷儒惮事，无廉耻而耆[5]饮食，必曰君子固不用力，是子游氏之贱儒也。彼君子则不然，佚[6]而不惰，劳而不僈[7]，宗原应变[8]，曲得其宜。如是，然后圣人也。

【注释】

[1]弟佗：即"颓堕"，歪斜欲坠。

① 郭沫若在《十批判书·荀子的批判》中曾以《孟子》《庄子》《荀子》《韩非子》为先秦散文"四大台柱"。其文云："孟文的犀利，庄文的恣肆，荀文的浑厚，韩文的峻峭，单拿文章来讲，实在是各有千秋。"

[2]衶(zhòng)禫(dàn)其辞：衣裤松垮。衶禫，裤子、单衣。辞，通“褫(chǐ)”，松懈、散开。

[3]禹行而舜趋：模仿禹跛行和舜快走。此处讽刺子张儒仿效禹、舜走路，徒学其皮毛。

[4]嗛(xián)然：像口里含着东西一样，喻指讷言谦逊。

[5]耆：同“嗜”，爱好。

[6]佚：通“逸”。

[7]僈：同“慢”，懈怠。

[8]宗原应变：以礼义法度为根本原则，顺应世事万变。

【品读】

本章荀子斥子张、子夏、子游为贱儒，指责他们或是太注重外表而缺乏内修的花架子，或是正色不言的闷葫芦，或是无所担当、无廉无耻的吃货。表面上看，荀子论述了不合其儒者标准的伪儒，区分了真儒和假儒、雅儒和贱儒。荀子身处稷下学官，多方接触儒家人物，对其中的弊病多有了解，故在著述中专辟章节给予严厉的批评；同时拨乱反正，树立新的君子儒形象，“佚而不惰，劳而不僈，宗原应变，曲得其宜”，可谓有文化担当和理论自觉的儒家之表率。在全书其他部分，围绕君子之学、学作君子之论良多，可互相参照理解。

实际上，无风不起浪，万事皆有因。荀子批判儒家中人，与他痛感因儒者分化争斗而导致孔子之道损失、夫子之言失传有关。从史书所载来看，这三位孔门弟子，虽位列四科十哲之中，但可能皆属小人儒之类，非常好斗，拘于小节。如孔子在生前就教导子夏，勿为小人儒，要做和而不同、与人为善的君子儒。而孔子死后的情形是：同属十哲文学科的子夏和子游两派互相攻讦，子张亦遭同门的非议，三人对同一问题存在很大争议，这在《论语·子张》中体现得很明显。此三儒分门立派，形成团体，彼此之间好像都不安分。如夫子去世后，在三十岁左右的少壮派弟子中，子夏、子张、子游曾经力推相貌酷似夫子的师兄有子作为孔门学术整理与传播的领导者、掌门人，遭到同龄人曾子等人反对，后强立有子，但不久他就因无法正确回答同道的两个问题而被迫辞职(参见《孟子·滕文公上》《史记·仲尼弟子列传》)。这些都成为后来儒家逐渐分化(如“儒分为八”)的诱因。汉代史家追忆这段历史，称“昔仲尼没而微言绝，七十子丧而大义乖”[1]，盖指缘于众弟子的分崩离析，夫子微言几绝。从上述三儒之争，可以想见当时情形。正因为此，荀子才放下同为儒者的顾虑和避讳，勇敢地拿起批判的武器向子张等人所代表的“贱儒”发难，力纠其偏。

---

① 《汉书·艺文志》。

仲尼篇第七

7.1 仲尼之门人，五尺之竖子言羞称乎五伯[1]。是何也？曰：然。彼诚可羞称也。齐桓，五伯之盛者也，前事则杀兄而争国；内行则姑姊妹之不嫁者七人，闺门之内，般乐奢汏[2]，以齐之分奉之[3]而不足；外事则诈邾[4]、袭莒[5]，并国三十五。其事行也若是，其险污、淫汏也，彼固曷[6]足称乎大君子之门哉？

【注释】

[1]五伯：指春秋五霸，说法不一。一般指齐桓公、晋文公、楚庄王、吴王阖闾、越王勾践。伯，通"霸"。

[2]般(pán)乐奢汏(tài)：盛大之乐，奢侈过分。汏，侈、过度。

[3]以齐之分奉之：以齐国赋税的半数来侍奉其享乐。分，半。

[4]邾(zhū)：古国名，在今山东邹城一带。

[5]莒(jǔ)：周代诸侯国名，在今山东莒县一带。

[6]曷(hé)：何以、怎么。

【品读】

针对时人发问为何仲尼之门徒"羞称"春秋五霸，荀子以五霸之首齐桓公为例回答。回答主要针对公子小白，即后来的齐桓公为争夺君权，迫害自己的竞争对手兄长公子纠，以及其个人生活作风不检点、太奢侈，失礼乱伦，对外大兴不义之师，通过欺诈等不光彩的手段扩展齐国的地盘。故儒家对成就霸业的君王不太"感冒"，孔子仅说"晋文公谲而不正，齐桓公正而不谲"①，不失公允。到孟子那里，则认为"五霸者，三王之罪人也"②，不足称述，"仲尼之徒无道桓、文之事者，是以后世无传焉"③。荀子似乎介于二者之间，虽同意羞称霸道的说法，但从差强人意、维持现状的角度而论，他又不排斥通过霸道实现一国的安存。这在下文如《王霸》《强国》等篇中会得到一定的

---

① 《论语·宪问》。

② 《孟子·告子下》。

③ 《孟子·梁惠王上》。

证实。就齐桓公而论，杀兄夺权之事，兄长派人暗杀自己在先，为了消灭竞争对手和未来政权的隐患，逼鲁国杀公子纠，是自我保护和人性自利的表现。此外，战国时各国都在扩张地盘，大事兼并，政治实体数量急速减少，但个体力量在凝聚膨胀，形成六七大国，为未来结束诸侯分裂、实现天下一统打下坚实的基础，客观上有其不可磨灭的历史性贡献。从历史主义的角度而论，儒家站在自己追求的道义、礼制立场上，对一些符合人性自利和历史进步的人物、现象大肆加以道德谴责，未免有些褊狭。

7.2 若是而不亡，乃霸，何也？曰：於乎[1]！夫齐桓公有天下之大节焉，夫孰能亡之？倓[2]然见管仲之能足以托国也，是天下之大知也。安忘其怒，出忘其雠[3]，遂立以为仲父，是天下之大决也。立以为仲父，而贵戚莫之敢妒也；与之高、国之位，而本朝之臣莫之敢恶也；与之书社三百，而富人莫之敢距[4]也。贵贱长少，秩秩焉莫不从桓公而贵敬之，是天下之大节也。诸侯有一节如是，则莫之能亡也；桓公兼此数节者而尽有之，夫又何可亡也？其霸也宜哉！非幸也，数[5]也。

【注释】

[1]於乎：同“呜呼”。

[2]倓：通“剡”，敏锐、锐利。

[3]雠(chóu)：同“仇”。

[4]距：同“拒”，拒斥、反对。

[5]数：天数、定数。

【品读】

本章论述的是，齐桓公虽然是一位“险污、淫汏”的“无道”君主，如他争国不顾袍泽之情，生活淫奢，外事尚诈，但他却能使齐国壮大成为春秋首霸。有人问秘密何在，荀子的答案是：齐桓公在任用人才上有天下“大知”“大决”和“大节”，不论出身，唯才是举。这集中体现在他听从大臣鲍叔牙的话，用贤不避仇，将曾经暗杀自己未遂的阶下囚管仲提拔为国相，给予高官厚禄。最终，齐桓公能“九合诸侯，不以兵车，管仲之力也”①。荀子认为齐桓公善用贤才，故而成就霸业，有其必然性。后来汉儒言“无常安之国，无宜治之民，得贤者安存，失贤者危亡，自古及今，未有不然者也”②，甚至有人以“贤”规定

---

① 《论语·宪问》。

② (清)王聘珍撰：《大戴礼记解诂》卷三《保傅》，中华书局1983年版，第67页。

仁、义、礼等重要思想范畴，如“知贤，智也。推贤，仁也。引贤，义也”①，其重视“贤”观念在政治思想与哲学理论层面的作用，于此可见。当然，先秦时“贤”观念含义丰富，包括有德、有才、有力、有财等多重内容②。

7.3　然而仲尼之门人，五尺之竖子言羞称乎五伯，是何也？曰：然。彼非本政教也，非致隆高也，非綦文理[1]也，非服人之心也。乡方略[2]，审劳佚，畜积[3]修斗而能颠倒其敌者也。诈心以胜矣。彼以让饰争，依乎仁而蹈利者也，小人之杰也，彼固曷足称乎大君子之门哉！

【注释】

[1]綦(qí)文理：完全达到礼义的要求。綦，极。

[2]乡方略：侧重方法策略。乡，同“向”，趋向。

[3]畜积：积蓄粮草。

【品读】

本章仍在回答首章提出的问题。孔门儒家“羞称五伯”，其根本原因就是五霸代表的“治国以霸道”，不合乎先王之道、仁义之统，与周礼相去甚远，难以美政美俗、长治久安。荀子将五霸称为“小人之杰”，类似孟子的评价：“五霸者，三王之罪人也。”③

7.4　彼王者则不然。致贤而能以救不肖，致强而能以宽弱，战必能殆之而羞与之斗，委然成文[1]以示之天下，而暴国安自化矣，有灾缪[2]者，然后诛之。故圣王之诛也，綦省[3]矣。文王诛四，武王诛二，周公卒业，至于成王则安以无诛矣。故道岂不行矣哉？文王载[4]百里地而天下一，桀、纣舍之，厚于有天下之势而不得以匹夫老。故善用之，则百里之国足以独立矣；不善用之，则楚六千里而为雠人役。故人主不务得道而广有其势，是其所以危也。

【注释】

[1]委然成文：周详地制定礼义文典。

[2]缪：通“谬”，纰误。

---

① (汉)韩婴撰，许维遹校释：《韩诗外传集释》，中华书局1980年版，第267页。

② 参见高华平：《从出土文献中的“贤”字看先秦“贤”观念的演变》，《哲学研究》2008年第3期。

③ 《孟子·告子下》。

[3]綦省：很少。

[4]载：通"裁"，才。

【品读】

本章阐述荀子提倡的王道，强调能宽能让、高明柔克的仁义之政，辅以"圣王之诛"对付不化的暴国。人主先务其道，后得其势，二者相合，天下无敌。否则，畸重于任何一方，都非王道。

7.5 持宠处位、终身不厌之术：主尊贵之，则恭敬而僔[1]；主信爱之，则谨慎而嗛[2]；主专任之，则拘守而详；主安近之，则慎比而不邪；主疏远之，则全一而不倍[3]；主损绌[4]之，则恐惧而不怨。贵而不为夸，信而不处谦[5]，任重而不敢专，财利至则言善而不及也，必将尽辞让之义，然后受。福事至则和而理，祸事至则静而理。富则施广，贫则用节。可贵可贱也，可富可贫也，可杀而不可使为奸也。是持宠处位、终身不厌之术也。虽在贫穷徒处之势，亦取象于是矣，夫是之谓吉人。《诗》曰："媚兹一人，应侯顺德，永言孝思，昭哉嗣服。"[6]此之谓也。

【注释】

[1]僔：通"樽"，抑制，此指谦让。

[2]嗛(qiān)：通"谦"。

[3]倍：通"背"，背叛。

[4]绌(chù)：通"黜"，降职、罢免。

[5]不处谦：不在嫌疑之列。谦，通"嫌"，嫌疑。

[6]语出《诗经·大雅·下武》。大意是赞美武王，以此说明臣子虽为君王宠爱，但应顺德尽忠。媚，爱戴。

【品读】

本章大讲"持宠处位、终身不厌之术"，被近人诟病为培养奴才、讲求权谋术势之属。实际上，这是只看章首之句就断论的偏颇之见。如果放眼本章靠后的论述，如"可贵可贱也，可富可贫也，可杀而不可使为奸也。是持宠处位、终身不厌之术也"，就会发现这里讲的是如何事君之道。伴君如伴虎，事君以礼，不亢不卑，是从孔子至荀子的儒家一以贯之的政治关怀。孔子说，臣事君尽礼，以道、以忠，先事而后得；孟子亦曰，"君子之事君也，务引其君以当道，志于仁而已”①。荀子接着对事君尽礼作了进一步阐述，仍然坚持道义的原则，所谓“可贵可贱也，可富可贫也，可杀而不可使为奸也”。另外，在《礼记》特别是《表记》篇中有很多关于事君的论述，有的地方与荀子所论非常相似②，可参照对读，加深对儒家事君之道的理解。

7.6　求善处大重[1]，理任大事，擅宠于万乘[2]之国，必无后患之术：莫若好同之，援贤博施，除怨而无妨害人。能耐[3]任之，则慎行此道也；能而不耐任，且恐失宠，则莫若早同之，推贤让能而安随其后。如是，有宠则必荣，失宠则必无罪，是事君者之宝而必无后患之术也。故知者之举事也，满则虑嗛[4]，平则虑险，安则虑危，曲重其豫，犹恐及其祸，是以百举而不陷也。孔子曰：“巧而好度，必节；勇而好同，必胜；知而好谦，必贤。”此之谓也。愚者反是。处重擅权，则好专事而妒贤能，抑有功而挤[5]有罪，志骄盈而轻旧怨，以吝啬而不行施道乎上，为重招权于下以妨害人，虽欲无危，得乎哉？是以位尊则必危，任重则必废，擅宠则必辱，可立而待也，可炊而僚[6]也。是何也？则堕之者众而持之者寡[7]矣。

天下之行术，以事君则必通，以为仁[8]则必圣，立隆而勿贰也[9]。然后恭敬以先之，忠信以统之，慎谨以行之，端悫以守之，顿穷则从之，疾力以申重之。君虽不知，无怨疾之心；功虽甚大，无伐德之色；省求多功，爱敬不倦。如是，则常无不顺矣。以事君则必通，以为仁则必圣，夫是之谓天下之行术。

【注释】

[1]大重：大权重位。

[2]乘（shèng）：指兵车，四马一车为一乘。

[3]耐：通“能”，能够。下文同此。

[4]嗛（qiàn）：通“歉”，不足。

[5]挤：排挤、陷害。

[6]炊而僚：一顿饭的时间就可完毕。

[7]堕（huī）之者众而持之者寡：反对他的人多而支持者少。堕，毁坏。

[8]为仁：行仁道。

[9]立隆而勿贰也：确立、推崇大道（即礼义之统）而无二心。

---

①《孟子·告子下》。

②如“事君可贵可贱，可富可贫，可生可杀，而不可使为乱”与此处的“可贵可贱也，可富可贫也，可杀而不可使为奸也”。《礼记·表记》中论事君与荀子所论多有相似之处。事实上，《荀子》与大、小戴《礼记》的关系相当密切，至今仍是学界的研究热点之一。

【品读】

本章仍在讨论事君之道、无患之术，并推而开来，将之作为所有事情遵循的方法，即“天下之行术”。归其大旨，不外乎为政宽厚、不知不怨、推能援贤、有功无伐、敬爱君长等，推崇礼义仁政。对此，老子也有同感，他主张“尊道贵德”，但反感时人提倡的仁义道德，而崇尚“利而不害”的天道、“为而不争”①的圣人之道和“上德不德，是以有德”②的玄德，主张为政者“生而不有，为而不恃，长而不宰”③，其思想逻辑就是“不自见，故明；不自是，故彰；不自伐，故有功；不自矜，故能长。夫唯不争，故天下莫能与之争”④。二子所崇之道德不同，但对“务为治”的现实关怀与理论旨趣类同，可谓异途同归、百虑一致。

7.7 少事长，贱事贵，不肖事贤，是天下之通义也。有人也，势不在人上而羞为人下，是奸人之心也。志不免乎奸心，行不免乎奸道，而求有君子、圣人之名，辟[1]之是犹伏而咶[2]天，救经[3]而引其足也。说必不行矣，俞[4]务而俞远。故君子时诎[5]则诎，时伸则伸也。

【注释】

[1]辟：通“譬”，譬喻。

[2]咶(shì)：同“舐”，舔。

[3]经：上吊自杀。

[4]俞：同“愈”，更加。

[5]诎(qū)：通“屈”，弯曲。

【品读】

本章说明儒家的正道即礼义之道，君子所行、圣人所作。在社会政治中，少事长、贱事贵、不肖事贤是一种礼义规范的体现和结果，包括荀子在内的先秦儒家都认为必须遵礼不悖、恪守本分，否则会招致不祥。后来，墨子起而反之，提倡“尚同”。战国时期儒、墨之争，势如水火，与儒家昌明礼义，格外强调社会等级有莫大关系。

---

① 《老子》第八十二章。

② 《老子》第三十八章。

③ 《老子》第十章、第五十一章。

④ 《老子》第二十二章。

儒效篇第八

8.1　大儒之效：武王崩，成王幼，周公屏[1]成王而及武王以属天下，恶天下之倍[2]周也。履天下之籍，听天下之断，偃然[3]如固有之，而天下不称贪焉；杀管叔[4]，虚殷国，而天下不称戾[5]焉；兼制天下，立七十一国，姬姓独居五十三人，而天下不称偏焉。教诲开导成王，使谕于道，而能揜迹[6]于文、武。周公归周，反[7]籍于成王，而天下不辍事周，然而周公北面而朝之。天子也者，不可以少当也，不可以假摄为也。能则天下归之，不能则天下去之，是以周公屏成王而及武王以属天下，恶天下之离周也。成王冠[8]，成人，周公归周反籍焉，明不灭主之义也。周公无天下矣，乡[9]有天下，今无天下，非擅[10]也。成王乡无天下，今有天下，非夺也，变势次序节然也。故以枝代主而非越也，以弟诛兄而非暴也，君臣易位而非不顺也。因天下之和，遂文、武之业，明枝主之义，抑亦变化矣，天下厌然[11]犹一也，非圣人莫之能为，夫是之谓大儒之效。

【注释】

[1]屏：藩卫、辅佐。

[2]倍：同“背”，背叛。

[3]偃然：安然。

[4]管叔：武王弟，名鲜，封于管（今河南郑州），因与蔡叔鼓动殷商余孽叛变而被周公杀掉。

[5]戾：残暴。

[6]揜(yǎn)迹：继承前人功业。揜，承袭。

[7]反：同“返”，归还。

[8]冠：古代男子年及二十，以行加冠礼证明成人。

[9]乡：同“向”，过去。

[10]擅：通“禅”，古代君王让位于贤人之举。

[11]厌然：安然。

【品读】

本章讲周公“屏成王而及武王”，平定叛乱，消除内患，分封诸侯，教导年幼的成王，俟其长大成人、周朝稳固后，还权于天子，极尽良臣辅佐之能事，是凡人之所不能为的圣人之举、大儒之效。荀子在《臣道》中将之归为“圣臣”,而非俗议中僭越、残暴、不顺的乱臣。所以,在儒家的心目中,周公是一位德才兼备的圣人,是士君子的学习楷模和精神支柱。唐代之前,学人常以周孔之说代指儒学,可见其地位之隆。后来历史上不少政治家效法周公,但成功者寥寥无几。

8.2 秦昭王[1]问孙卿子曰:“儒无益于人之国?”

孙卿子曰:“儒者法先王,隆礼义,谨乎臣子而致贵其上者也。人主用之,则势在本朝而宜;不用,则退编百姓而悫,必为顺下矣。虽穷困冻餧[2],必不以邪道为贪,无置锥之地而明于持社稷之大义。呜呼[3]而莫之能应,然而通乎财[4]万物,养百姓之经纪。势在人上,则王公之材也;在人下,则社稷之臣、国君之宝也。虽隐于穷阎漏屋[5],人莫不贵之,道诚存也。

仲尼将为司寇,沈犹氏不敢朝饮其羊,公慎氏出其妻,慎溃氏逾境而徙,鲁之粥牛马者不豫贾[6],必蚤[7]正以待之也。居于阙党,阙党之子弟罔不[8]分,有亲者取多,孝弟[9]以化之也。儒者在本朝则美政,在下位则美俗,儒之为人下如是矣。

【注释】

[1]秦昭王:战国时秦国君王,名稷,公元前306~前251年在位。

[2]餧:同“馁”,饥饿。

[3]呜呼:呼唤。

[4]财:通“裁”,裁度、化用。

[5]穷阎漏屋:穷巷陋室。漏,通“陋”。

[6]鲁之粥牛马者不豫贾:鲁国售牛马者不敢欺价待客。粥,同“鬻”,卖。豫,诳。贾,通“价”。

[7]蚤:通“早”。

[8]罔不:即“网罘”,指捕鱼网和猎兽网。此处代指渔猎所得。

[9]弟:通“悌”,尊敬兄长。

【品读】

本章针对秦王“儒无益于人之国”的观点,讲道理、摆事实,以正人视听。讲道理,主要是说儒者恪守王道、礼义,懂得如何做一个使君王尊贵的臣子,穷、达皆不离正道而行,“道诚存也”。摆事实,主要是举仲尼即孔子的例子。孔子当年将任大司寇(主管刑罚)时,鲁国做过坏事的奸人或逃离,或改正;他所在的乡邻族人,受其道德感化,规矩本分,入孝出悌。由此,荀子得出结论:作为“为人下”的臣民,儒者具有“在本朝则美政,在下位则美俗”的作用,与前文“谨乎臣子而致贵其上者”相呼应。

8.3 王曰："然则其为人上何如？"

孙卿曰："其为人上也广大矣：志意定乎内，礼节修乎朝，法则度量正乎官，忠信爱利形[1]乎下，行一不义、杀一无罪而得天下，不为也[2]。此君义信乎人矣，通于四海，则天下应之如讙[3]。是何也？则贵名白而天下治也。故近者歌讴而乐之，远者竭蹶[4]而趋之，四海之内若一家，通达之属莫不从服，夫是之谓人师[5]。《诗》曰：'自西自东，自南自北，无思不服。'[6]此之谓也。夫其为人下也如彼，其为人上也如此，何谓其无益于人之国也？"昭王曰："善！"

【注释】

[1]形：体现。

[2]行一不义、杀一无罪而得天下，不为也：在《孟子·公孙丑上》中亦有类似语句，即"行一不义、杀一不辜而得天下，皆不为也"。

[3]讙(huān)：喧哗。

[4]竭蹶：竭力奔走。

[5]人师：师表，此处指君师合一的国王、君主。

[6]语出《诗经·大雅·文王有声》。意思是自西向东，自南向北，无不归服。思，语气助词。

【品读】

本章回答秦昭王儒者为上有何用的问题，纯粹是讲道理。这里二人的问答，不宜解释为荀子站在儒家的立场上，说一介儒生执掌国权后有何作为，而应该理解成如果为人上者(如昭王)学习、掌握了儒学，会为自己的统治带来什么益处。这与上章二人讨论为人下者的臣民会为社会、国家和君主带来美政美俗的益处大不相同。

另外，对于秦昭王称善，其实也不应有过高的估计，认为他已服膺儒学，非常认同荀子的观点。从荀子入秦不久即悻悻而归来看，尽管荀子乐观地鼓吹儒术行天下大富，儒者可美政美俗，但秦最终没有选择以儒术治国。从秦昭王之前的几任君主的治国之术来看，他们更青睐法家思想。秦孝公时，商鞅入关中，三次面谒孝公，试图以不同的治国道术打动秦王。他先以帝道，后以王道，复以霸道，终以强国之术赢得孝公的赞誉乃至迷恋不已、乐不可支。① 自此，秦孝公才重用商鞅，大行改革，使秦国逐渐强大起来。对于重实效、近功利的法家思想，秦数世一以贯之。受其惠泽，到昭王时秦已相当强大，在《荀子》中即有反映。此时，荀子入秦劝说以儒治国，显然难以成功。这次秦国错过了一次援儒治秦的良机，此后吕不韦、扶苏皆有扶植儒学在秦发展之意，但秦长期"法治"形成的惯性与阻力使当政者无法轻易改弦易辙，秦历代君王又从故有治国方式中尝到甜头，加之秦王嬴政的独断专行甚而焚书坑儒，秦国终与以儒治国，实现"儒术诚行，则天下大而富"的理想失之交臂。最终，"奋六世之余烈"建起的庞然大国，竟于二世之后速亡，而倒秦势力中就有不少是儒生，确实值得深思。从商鞅至荀子、扶苏，秦屡失援儒治国的良机，原因究竟何在，亦需深思明辨。

8.4 先王之道，仁之隆[1]也，比[2]中而行之。曷谓中？曰：礼义是也。道者，非天之道，非地之道，人之所以道也，君子之所道也。

【注释】

[1]仁之隆：推崇仁德、仁道。

[2]比：按照。

【品读】

对前几篇荀子念兹在兹、反复强调的"先王之道"，此章给出了一个明确的解释：先王之道即中道而行，依照礼义行事之道，荀子隆礼即是隆道。君子、圣王所守其实一也，就是人道，人之所以道也。从下文中可见，圣人、君子皆积善成德、积礼义而后得。另外，《礼记》中对人道的阐述多且充分，兹撷取两句，作为理解荀子此语的参照："亲亲、尊尊、长长，男女之有别，人道之大者也"②；"仁、义、礼、知，人道具矣"③。

8.5 君子之所谓贤者，非能遍能人之所能之谓也；君子之所谓知[1]者，非能遍知人之所知之谓也；君子之所谓辩者，非能遍辩人之所辩之谓也；君

① 此事见载于《史记·商君列传》。对为何秦孝公乐闻强国之术而无意帝、王、霸道，商鞅事后对友人言："吾说君以帝王之道比三代，而君曰：'久远，吾不能待。且贤君者，各及其身显名天下，安能邑邑待数十百年以成帝王乎？'故吾以强国之术说君，君大说之耳。然亦难以比德于殷周矣。"秦王务实，求近利，未免短视，此语颇为公允。

② 《礼记·丧服小记》。

③ 《礼记·丧服四制》。

子之所谓察者，非能遍察人之所察之谓也。① 有所正矣。相高下，视埆肥[2]，序五种，君子不如农人；通货财，相美恶，辩贵贱，君子不如贾[3]人；设规矩，陈绳墨，便[4]备用，君子不如工人；不恤是非、然不然之情，以相荐撙[5]，以相耻怍，君子不若惠施、邓析。若夫谪[6]德而定次，量能而授官，使贤不肖皆得其位，能不能皆得其官，万物得其宜，事变得其应，慎、墨不得进其谈，惠施、邓析不敢窜其察，言必当理，事必当务，是然后君子之所长也。

【注释】

[1]知：同"智"。

[2]视埆(qiáo)肥：根据土壤肥瘠。埆，同"硗"，土壤瘠薄。

[3]贾(gǔ)：经商。

[4]便：通"办"，置办。

[5]荐撙：践踏贬抑。荐，践踏。撙，抑、贬损。

[6]谪：同"商"，计量、估量。

【品读】

君子视贤、智、辩、察为有德有才者的必备素质，但并非茫然无涯。荀子认为士、农、工、商等各类人都有各自的分工和本职特长，活跃在社会各行业。君子的优势和本分应该是一个优秀的管理者，以合适的方式来治理各类人，"言必当理，事必当务"，让人心悦诚服。君子作为文化学者，是思想、谋划等精神产品的创意设计者，正义、道德、勇气等正能量的守护者、释放者，即所谓"君子者，治之原也。官人守数，君子养原；原清则流清，原浊则流浊"②。凡士君子者皆应守其本分，为社会和国家做出应有的贡献。那么，在当下或未来，吾国学人是否要回顾、反刍、体悟荀卿之语，反思应该多做些什么呢？

8.6 凡事行，有益于理[1]者立之，无益于理者废之，夫是之谓中[2]事。凡知说，有益于理者为之，无益于理者舍之，夫是之谓中说。行事失中，谓之奸事；知说失中，谓之奸道。奸事、奸道，治世之所弃，而乱世之所从服也。

【注释】

[1]理：一说当作"治"，唐人避高宗李治之讳而改。下同。

[2]中：合宜、符合。

① 此思想倾向亦见于之前其他儒家学说中，如《孟子・尽心上》中载孟子语曰："知者无不知也，当务之为急；仁者无不爱也，急亲贤之为务。尧舜之知而不遍物，急先务也；尧舜之仁不遍爱人，急亲贤也。"

② 《荀子・君道》。

【品读】

本章仍是就君子言行以何为准而论。儒家向以克己复礼为行事原则，讲求非礼勿言、非礼勿听、非礼勿视、非礼勿动。在荀子看来，积礼义而成君子，君子当循礼而行。按《乐论》篇中对礼的解释——“礼也者，理之不可易者也”，礼、理互训，故有本章所言“凡事行，有益于理者立之，无益于理者废之”。推而广之，以礼、理为准则来理解儒家的主体思想，有“若挈裘领，诎五指而顿之，顺者不可胜数也”之效。

8.7 若夫充[1]虚之相施易[2]也，坚白、同异之分隔也，是聪耳之所不能听也，明目之所不能见也，辩士之所不能言也，虽有圣人之知，未能偻指[3]也。不知无害为君子，知之无损为小人。工匠不知，无害为巧；君子不知，无害为治。王公好之则乱法，百姓好之则乱事。而狂惑戆陋[4]之人，乃始率其群徒，辩其谈说，明其辟称[5]，老身长子，不知恶也。夫是之谓上愚，曾不如相鸡狗之可以为名也。《诗》曰：“为鬼为蜮，则不可得。有靦面目，视人罔极。作此好歌，以极反侧。”[6]此之谓也。

【注释】

[1]充：实。

[2]施(yí)易：移易、改变。施，通“移”。

[3]偻(lǚ)指：快速指明。偻，迅速。

[4]戆(zhuàng)陋：愚蠢浅陋。

[5]辟称：譬喻称说。辟，通“譬”。

[6]语出《诗经・小雅・何人斯》。大意是说如果一个人心中有鬼，难断其言行的善恶；如果他面带狡猾，也难探究其真实动机。只有作一首诗歌，来探究此人正直与否。蜮(yù)，害人的动物，有人认为是在水中含沙射人的动物，也有人认为是短狐一类。靦(tiǎn)，狡狯的样子。

【品读】

上文说君子“言必当理，事必当务”，有所能但非无所不能，有所为但非无所不为。本章举名家公孙龙等人为例，反对不合礼义的无谓之辩。礼义人道之外，别无他学值得深究，这是荀子的一贯主张。

8.8 我欲贱而贵，愚而知，贫而富，可乎？曰：其唯学乎。彼学者，行之，曰士也；敦慕[1]焉，君子也；知之，圣人也。上为圣人，下为士、君子，孰禁我哉？乡也，混然涂[2]之人也，俄而并乎尧、禹，岂不贱而贵矣哉？乡也，效门室之辨，混然曾不能决也，俄而原[3]仁义，分是非，图回[4]天下于掌上而辩白黑，岂不愚而知矣哉？乡也，胥靡[5]之人，俄而治天下之大器[6]举在此，岂不贫而富矣哉？今有人于此，屑然藏千溢之宝，虽行贷而食[7]，人谓之富矣。彼宝也者，衣之不可衣也，食之不可食也，卖之不可偻售也，然而人谓之富，何也？岂不大富之器诚在此也？是杅杅[8]亦富人已，岂不贫而富矣哉？故君子无爵而贵，无禄而富，不言而信，不怒而威，穷处而荣，独居而乐，岂不至尊、至富、至重、至严之情举[9]积此哉？

【注释】

[1]敦慕：勤奋勉力。慕，通“勉”。

[2]涂：通“途”，道路。

[3]原：推究其源。

[4]图回：图谋运转。

[5]胥靡：一无所有。胥，皆。靡，无。

[6]大器：指圭、璋等象征权力的宝器。

[7]行贷(tè)而食：行乞为生。贷，乞求。

[8]杅杅：通“裕裕”，充足自得的样子。

[9]举：皆、全部。

【品读】

本章仍在劝学，可与本篇末章的一句“匹夫问学不及为士，则不教也”和《劝学》篇所言“学恶乎始？恶乎终？曰：其数则始乎诵经，终乎读礼；其义则始乎为士，终乎为圣人。真积力久则入，学至乎没而后止也”对读，三者所论皆强调学什么以及朝什么方向发展。另外，其他古书的相关劝学名言，亦可拿来与之对读。一为《礼记·中庸》中所言：“博学之，审问之，慎思之，明辨之，笃行之。有弗学，学之弗能，弗措也；有弗问，问之弗知，弗措也；有弗思，思之弗得，弗措也；有弗辨，辨之弗明，弗措也；有弗行，行之弗笃，弗措也。人一能之己百之，人十能之己千之。果能此道矣，虽愚必明，虽柔必强。”从中可知学问大道与具体路径。二为《孔子家语·致思》中所言：“孔子谓伯鱼曰：‘鲤乎，吾闻可以与人终日不倦者，其唯学焉。其容体不足观也，其勇力不足惮也，其先祖不足称也，其族姓不足道也。终而有大名，以显闻四方、流声后裔者，岂非学之效也？故君子不可以不学，其容不可以不饬，不饬无类，无类失亲，失亲不忠，不忠失礼，失礼不立。夫远而有光者，饬也；近而愈明者，学也。譬之污池，水潦注焉，萑苇生焉，虽或以观之，孰知其源乎。”从中亦可见知学习的重要性，后来史家有引此论学者。如《魏书·儒林列传》载："史臣曰：古语云：'容体不足观，勇力不足恃，族姓不足道，先祖不足称，然而显闻四方，流声后裔者，其惟学乎。'信哉斯言也。梁越之徒，笃志不倦，自求诸己，遂能闻道下风，称珍席上，或聚徒千百，或服冕乘轩，咸稽古之力也。"①

……………………………………

8.9 故曰：贵名不可以比周[1]争也，不可以夸诞有也，不可以势重胁也，必将诚此然后就也。争之则失，让之则至，遵道则积，夸诞则虚。故君子务修其内而让之于外，务积德于身而处之以遵道。如是，则贵名起如日月，天下应之如雷霆。故曰：君子隐而显，微而明，辞让而胜。《诗》曰："鹤鸣于九皋，声闻于天。"[2]此之谓也。鄙夫反是。比周而誉俞[3]少，鄙争而名俞辱，烦劳以求安利，其身俞危。《诗》曰："民之无良，相怨一方。受爵不让，至于己斯亡。"[4]此之谓也。

【注释】

[1]比周：结党营私。

[2]语出《诗经·小雅·鹤鸣》，意指鹤鸣于深泽，声音响彻云天。

[3]俞：通"愈"，更加。

[4]语出《诗经·小雅·角弓》，大意指民众不善，互相报怨。接受官爵不谦让，事关私利道理忘。

【品读】

雁过留声，人过留名。孔子曾曰："君子疾没世而名不称焉。"②荀子指出，名不可强争苟得，否则易堕入鄙夫、鄙争的地步。他认为得名的根本大法在于修身于己、积德于身，即"君子务修其内而让之于外，务积德于身而处之以遵道"。这和《劝学》中所言"积善成德而神明自得，圣心备焉"辞类意近，可相对读。不争之德，老子名之为"玄德""自然之道"，主张尊道贵德，顺其自然。儒家认为，人要知命，天命有常，但听天命更要尽人事，君子需天行健般的自强不息，积极有为，方可护持道德，使人生更加精彩，流芳百世。

……………………………………

8.10 故能小而事大，辟[1]之是犹力之少而任重也，舍粹折无适[2]也。身不肖而诬贤，是犹伛伸[3]而好升高也，指其顶者愈众。故明主谲[4]德而序位，所以为不乱也；忠臣诚能然后敢受职，所以为不穷也。分不乱于上，能不

---

① (北齐)魏收：《魏书·儒林外传》，中华书局1974年版，第1865页。

② 《论语·卫灵公》。

穷于下，治辩[5]之极也。《诗》曰："平平左右，亦是率从。"[6]是言上下之交不相乱也。

【注释】

[1]辟：通"譬"。

[2]舍粹(suì)折无适：除了粉身碎骨，别无他途。粹，碎。适，至。

[3]伛(yǔ)伸：驼背。

[4]谲：当为"谪"之误，衡量。

[5]治辩：治理。辩，通"办"，治理。

[6]语出《诗经·小雅·采菽》，大意指左右臣子很能干，顺从君命国安康。平平，《释文》引《韩诗》作"便(pián)便"，指长于口才，办事能干，引申为治理。

【品读】

本章荀子以力不胜任譬喻能小才疏而欲成大事者，只能将自己拼得个粉身碎骨。同样，无能者诋毁有才者，就像驼背伸直腰冒充高个子，最终被人嗤笑。杰出领袖、一国明主援贤引能，使德能者有其位，方可实现政通人和。

8.11 以从俗为善，以货财为宝，以养生为己至道，是民德也。行法至坚，不以私欲乱所闻，如是，则可谓劲士矣。行法至坚，好修正其所闻，以桥饰[1]其情性，其言多当矣而未谕也，其行多当矣而未安也，其知虑多当矣而未周密也，上则能大其所隆，下则能开道[2]不己若者，如是，则可谓笃厚君子矣。修百王之法若辨白黑，应当时之变若数一二，行礼要节而安之若生四枝[3]，要时立功之巧若诏[4]四时，平正[5]和民之善，亿万之众而博[6]若一人，如是，则可谓圣人矣。

【注释】

[1]桥饰：矫治、整饬。桥，通"矫"。饰，通"饬"。

[2]道：通"导"。

[3]枝：即"肢"。

[4]诏：告。

[5]正：通"政"。

[6]博：当作"摶(抟)"(王念孙说)，意指聚集。

【品读】

本章反映了荀子眼里的治世之才，有劲士、笃厚君子、圣人三类。其中法是界定三者的明确标准，所谓"行法至坚，不以私欲乱所闻"，是劲士所为；"行法至坚，好修正其所闻，以桥饰其情性"，是笃厚君子所为；"修百王之法若辨白黑"，乃圣人所为。简言之，重法隆礼、尊君爱民者是荀子心目中的理想人才。

8.12　井井兮其有理也，严严兮其能敬己也，分分[1]兮其有终始也，猒猒[2]兮其能长久也，乐乐兮其执道不殆[3]也，照照兮其用知[4]之明也，修修兮其用统类之行也，绥绥[5]兮其有文章也，熙熙兮其乐人之臧[6]也，隐隐[7]兮其恐人之不当也，如是，则可谓圣人矣。此其道出乎一。曷谓一？曰：执神而固。曷谓神固[8]？曰：尽善挟[9]治之谓神，万物莫足以倾之之谓固，神固之谓圣人。

【注释】

[1]分分：当作“介介”（王念孙说），坚固的样子。

[2]猒猒：同“厌厌”，安适自得之貌。

[3]殆：通“怠”，懈怠。

[4]知：通“智”。

[5]绥绥：通“蕤（ruí）蕤”，草木茂盛之貌。此处指兴盛的样子。一曰安泰之貌。

[6]臧：善。

[7]隐隐：通“殷殷”，忧伤的样子。

[8]固：《集解》本无此字，据上下文义补之。

[9]挟：通“浃”，周遍、广博。

【品读】

本章最引人注目者是集中出现十组“××兮”式语句，以此来描述圣人的气象、境界，这种修辞法似借鉴了《楚辞》的写作风格。前文也集中出现过“××然”格式的语句（见6.14）。这样的修辞法应是在前人基础上的进一步创新。

另外，荀子对神与圣人关系的解释也值得关注。前文《劝学》中曾有对此关系的阐述：“积善成德而神明自得，圣心备焉。”这里认为圣人执神而固，“神”谓“尽善挟治之”，与“积善成德”意近；而“固”谓“万物莫足以倾之”，即《劝学》末章所言对“善者”之道“全之粹之”，“权利不能倾也，群众不能移也，天下不能荡也。生乎由是，死乎由是，夫是之谓德操。德操然后能定，能定然后能应。能定能应，夫是之谓成人”。“道出乎一”，旨在强调对道义的追求、挚守和笃行，要有一以贯之、持之以恒、牢不可动的信念。

8.13　圣人也者，道之管[1]也。天下之道管是矣，百王之道一是矣，故《诗》、《书》、《礼》、《乐》之归是矣。《诗》言是其志也，《书》言是其事也，《礼》言是其行也，《乐》言是其和也，《春秋》言是其微[2]也。故《风》之所以为不逐[3]者,取是以节之也;《小雅》之所以为小雅者,取是而文[4]之也;《大雅》之所以为大雅者,取是而光[5]之也;《颂》之所以为至者,取是而通之也。天下之道毕是矣。乡[6]是者臧,倍[7]是者亡。乡是如不臧,倍是如不亡者,自古及今,未尝有也。

【注释】

[1]管:中枢、关键。

[2]微:微言大义。

[3]逐:流荡、放荡。

[4]文:文饰。

[5]光:光大。

[6]乡:通"向",趋向、迎合。

[7]倍:同"背"。

【品读】

本章从圣人之道、天下之道、百王之道、《诗》《书》《礼》《乐》之道的角度,对古典《诗》《书》《礼》《乐》《春秋》特别是《诗》的风、雅、颂各部分之精华作了一定的剖析,有继承前人的观点,如"诗言志"是《尚书·尧典》所载。但站在百王之道、天下之道的高度去论述古代经典,当为荀子首创。《礼记·经解》中记载了孔子阐述的教化视阀下的六经观,主要内容是:"入其国,其教可知也。……其为人也,温柔敦厚而不愚,则深于《诗》者也;疏通知远而不诬,则深于《书》者也;广博易良而不奢,则深于《乐》者也;洁静精微而不贼,则深于《易》者也;恭俭庄敬而不烦,则深于《礼》者也;属辞比事而不乱,则深于《春秋》者也。"汉儒司马迁亦引孔子的另一段话:"六艺于治一也。《礼》以节人,《乐》以发和,《书》以道事,《诗》以达意,《易》以神化,《春秋》以义。"①孔子、荀子眼里的古典,"于治一也",是"天下之道"。这种为政济世、为学淑世的实用观,是儒家利用厚生、学以致用思想的重要体现。《尚书·毕命》里描述的"道洽政治,泽润生民",体现出古人对道统与政统和谐而一的追求,这被儒家发扬光大。

事实上,不仅儒家提出古典观,道家等其他学派中人也不例外。如《庄子·天下》载:"《诗》以道志,《书》以道事,《礼》以道行,《乐》以道和,《易》以道阴阳,《春秋》以道名分。"可与荀子所论比照理解。

8.14 客有道曰:"孔子曰:'周公其盛乎!身贵而愈恭,家富而愈俭,胜敌而愈戒。'"应之曰:"是殆[1]非周公之行,非孔子之言也。武王崩,成王幼,

① 《史记·滑稽列传》。

周公屏成王而及武王，履天子之籍，负扆而坐[2]，诸侯趋走堂下。当是时也，夫又谁为恭矣哉？兼制天下，立七十一国，姬姓独居五十三人焉，周之子孙苟不狂惑者，莫不为天下之显诸侯，孰谓周公俭哉？武王之诛纣也，行之日以兵忌，东面而迎太岁[3]，至汜而泛[4]，至怀而坏，至共头而山隧[5]。霍叔[6]惧曰：'出三日而五灾至，无乃不可乎？'周公曰：'刳[7]比干而囚箕子，飞廉、恶来知[8]政，夫又恶[9]有不可焉？'遂选马而进，朝食于戚，暮宿于百泉，厌旦[10]于牧之野，鼓之而纣卒易乡，遂乘殷人而诛纣。盖杀者非周人，因殷人也。故无首虏之获，无蹈难[11]之赏，反而定三革，偃五兵[12]，合天下，立声乐，于是《武》、《象》起而《韶》、《护》废矣[13]。四海之内，莫不变心易虑以化顺之，故外阖不闭，跨天下而无蕲[14]。当是时也，夫又谁为戒矣哉？"

【注释】

[1]殆：恐怕、大概。

[2]负扆(yǐ)而坐：背靠屏风而坐。扆，屏风。据《礼记·明堂位》载，"昔者周公朝诸侯于明堂之位，天子负斧依(通'扆')南乡而立"。以此观之，坐或为立。

[3]太岁：又称"岁阴"或"太阴"，初为古人在天文和占星中虚拟的一颗与岁星(木星)相对且相反运行的星宿，后演变成一种神灵信仰。传说太岁神运行至何处，就会在相应的方位显身为一块肉状物，这个方位不可动土，行事需避忌，否则会惊动太岁，招致灾祸。或曰太岁为贵神，其所在之向尊贵吉利，但百姓地位卑下，必须避开，以合上尊下卑之礼。如清代《协纪辩方书》载，"太岁，君象，其方固上吉之方，而非下民之所敢用"，聊备一说。

[4]至汜而泛：行至汜水，河水泛滥。汜水，在今河南汜水县西，北流入黄河。

[5]隧：通"坠"，坍塌。

[6]霍叔：武王弟，名处，因封地在霍(今山西霍县西南)而得名。

[7]刳(kū)：剖开。

[8]知：主持、执政。

[9]恶：怎么、哪里。

[10]厌(yǎ)旦：临近早晨。

[11]蹈难：赴难。

[12]反而定三戈，偃五兵：克商而返周，停止制造革甲和兵器。(参照《尚书·牧誓》等相关记载)三革，兽皮所制铠甲。五兵，泛指各种兵器。

[13]于是《武》、《象》起而《韶》、《护》废矣：于是《武》《象》的乐舞兴起，而《韶》《护》的乐舞被废弃了。《武》《象》，周时乐曲名。《韶》，舜乐。《护》，汤乐。

[14]蕲：通"圻(yín)"，指边界。

【品读】

针对有人托名孔子言周公恭、俭、戒之事，荀子力辩其非，认为周公曾代天子位、行天子事，无需对谁恭。而分封诸侯时，又大封姬姓子弟以尊显之，巩固新生的周朝，不吝之赐，何俭之有！最后，他分析周公协助武王伐纣，牧野一战，因遇殷军倒戈，顺势消灭纣王，取下殷都，随后开仓发粮，抚恤忠良，偃兵息武，大得人心；无视此事实，而诬言周公有戒心、防备别人，显然荒谬。从《荀子》全书来看，荀子尊崇的先圣中就有周公、孔子，二人在礼乐文化、政治教化方面的建树与功劳尤大，故被荀子视为最接近他所处时代的后王之代表。但荀子对他们的看法，又不同于当时众人之说，故力起辩之，以正视听，确立自己主张的正统性。

8.15 造父[1]者，天下之善御者也，无舆马则无所见[2]其能；羿[3]者，天下之善射者也，无弓[4]矢则无所见其巧；大儒者，善调一天下者也，无百里之地则无所见其功。舆固马选矣，而不能以至远一日而千里，则非造父也；弓调矢直矣，而不能以射远中微，则非羿也；用百里之地，而不能以调一天下、制强暴，则非大儒也。

【注释】

[1]造父：周穆王的车夫，善驾车马。

[2]见（xiàn）：表现。

[3]羿：又称“后羿”，上古时代有穷氏之君，善于射箭。

[4]弓：古本作“弧”。

【品读】

儒生的至大效用在于以其德才“治国、平天下”，“大儒”是当时荀子心目中“一天下”“制强暴”的理想人选。但事实上，当时真正担负起平弭动乱大业者并非儒生群体，而是强大的君主、兵家、法家三种势力组成的集团，这是战国中后期一统天下中天时、地利、人和三种要素中最关键的“人和”要素。综观当时几个大国，秦国无疑是最具备“人和”要素的代表，而且在其他要素中也是遥遥领先甚至得天独厚（如地利）。故在六国争雄中，最终秦兼并诸侯，统一天下。荀子认为在乱世中儒生可以完成这样的使命，显然有点理想化。主张仁礼之政的儒家真正开始有用“武”之地，还要晚至百余年后的汉初武帝刘彻真正主政后。时值日渐太平，文治渐兴之际，善于守成的儒学受到尊崇。董仲舒等儒者跻升朝堂，公孙弘甚至成为布衣宰相；武帝下令“表章六经”，推崇孔学，大力培养、举荐经学人才，儒家的“春天”终于到来。

8.16 彼大儒者，虽隐于穷阎漏屋，无置锥之地，而王公不能与之争名；在一大夫之位，则一君不能独畜，一国不能独容[1]，成[2]名况[3]乎诸侯，莫不愿得以为臣[4]；用百里之地而千里之国莫能与之争胜，笞棰暴国、齐一天下而莫能倾也。是大儒之征[5]也。其言有类，其行有礼，其举事无悔，其持险应变曲当，与时迁徙，与世偃仰，千举万变，其道一也。是大儒之稽也。其穷也，俗儒笑之；其通也，英杰化[6]之，嵬琐[7]逃之，邪说畏之，众人愧之。通则一天下，穷则独立贵名，天不能死，地不能埋，桀、跖之世不能污，非大儒莫之能立，仲尼、子弓是也。

【注释】

[1]容：通"用"。

[2]成：通"盛"。

[3]况：通"皇"，美。

[4]在一大夫之位……莫不愿得以为臣：此句亦见于《非十二子》篇。

[5]征：验证。

[6]化：归顺、信服。

[7]嵬琐：同"委琐"，指狡诈之人。

【品读】

本章仍继续就大儒当有何作为而论，但不像之前篇章中以有德有才有位的周公为例，而是换作有德有才未有名分爵位的儒者——仲尼、子弓，说明儒生在野，当恪守道义，以独善兼善、美俗美政的理想安身立命，进德修业，期待治国平天下。《礼记·儒效》记载哀公曾问孔子关于儒者的行止，孔子一口气举出十几条，其中第一条就是"儒有席上之珍以待聘，夙夜强学以待问，怀忠信以待举，力行以待取，其自立有如此者"。即使在乱世，儒者都有一种急切的淑世情怀，这里一个"待"字将此情表露无遗。本章所言，也多少有此深意在内。然而，战国乱世的现实让胸怀治世理想与渴望实现理想的儒生们感到的只能是"理想很丰满，现实很骨感"。在希望和失望中，他们转而注目于教育、著述等文化事业，借此将理想的治国之道代代相传，以求泽被百世万民。而事实上，传统社会中的儒生在学术文化方面的贡献较之政治实践方面的贡献更大一些，可谓"失之东隅，收之桑榆"。

8.17 故有俗人者，有俗儒者，有雅儒者，有大儒者。不学问，无正义，以富利为隆[1]，是俗人者也。逢衣浅带[2]，解果其冠[3]，略法先王而足乱世术，缪学杂举[4]，不知法后王而一制度，不知隆礼义而杀[5]《诗》、《书》，其衣冠行伪[6]已同于世俗矣，然而不知恶者；其言议谈说已无以异于墨子矣，然而明不能别，呼先王以欺愚者而求衣食焉，得委积足以揜其口则扬扬如也[7]，随其长子[8]，事其便辟[9]，举[10]其上客，僡然[11]若终身之虏而不敢有他志，是俗儒者也。法后王，一制度，隆礼义而杀《诗》、《书》；其言行已有大法矣，然而明不能齐法教之所不及，闻见之所未至，则知不能类也；知之曰知之，不知曰不知，内不自以诬，外不自以欺，以是尊贤畏法而不敢怠傲，是雅儒者也。法先王，统礼义，一制度，以浅持博，以古持今，以一持万，苟仁义之类也，虽在鸟兽之中，若别白黑，倚[12]物怪变，所未尝闻也，所未尝见也，卒然[13]起一方，则举统类而应之，无所儗怍[14]，张法而度之，则晻然[15]若合符节，是大儒者也。

故人主用俗人，则万乘之国亡。用俗儒，则万乘之国存。用雅儒，则千乘之国安。用大儒，则百里之地久，而后三年，天下为一，诸侯为臣；用万乘之国，则举错[16]而定，一朝而伯[17]。

【注释】

[1]隆：重视、推崇。

[2]逢衣浅带：衣服宽大，腰带狭窄。逢，通“蓬”，蓬松宽大。浅，狭。

[3]解（xiè）果（luó）其冠：帽子松垮。解果，通“懈堕”，松垮。

[4]缪学杂举：学说荒谬杂用。缪，同“谬”。

[5]杀（shù）：遵循（孙诒让说）。

[6]伪：同“为”。

[7]得委积足以揜其口则扬扬如也：得积蓄足以糊口，就洋洋自得。委积，蓄积。揜，通“掩”。扬扬，得意。

[8]长子：朝中显贵。

[9]便辟：犹“便嬖”，指国君亲信、近臣。

[10]举：通“誉”，赞誉。

[11]億然：安然。

[12]倚（jī）：通“奇”，奇异。

[13]卒然：即“猝然”，突然。

[14]儗怍：疑惑惭愧。儗，通“疑”。

[15]晻（yǎn）然：完全相合的样子。晻，通“奄”，覆盖、相合。

[16]举错：举措。

[17]伯：通“霸”。

【品读】

本章以“俗人”“俗儒”“雅儒”“大儒”四类人的不同作为，来突显真正的儒者即雅儒、大儒的社会与政治效用。儒生有用，但并非所有儒者皆然，俗儒和前文提到的“陋儒”“贱儒”就不在此列。真儒当法先王、隆礼义、本仁义、一制度，尤其是保持一种清醒理智的头脑来治理国家，“知之曰知之，不知曰不知，内不自以诬，外不自以欺，以是尊贤畏法而不敢怠傲”。从这点上来说，后来历史上出现的很多有名的循吏、能吏、良吏，都在一定程度上遵此而为。从古人对循吏以“理”而定的标准中，可见其迹。如《史记·循吏列传》载，太史公曰：“奉职循理，亦可以为治，何必威严哉？”索隐案：“谓本法循理之吏也。”

8.18　不闻不若闻之，闻之不若见之，见之不若知之，知之不若行之，学至于行之而止矣。行之，明也；明之，为圣人。圣人也者，本仁义，当是非，齐言行，不失豪厘[1]，无它道焉，已[2]乎行之矣。故闻之而不见，虽博必谬；见之而不知，虽识[3]必妄；知之而不行，虽敦[4]必困。不闻不见，则虽当，非仁也，其道百举而百陷也。

【注释】

[1]豪厘：细微。“豪”，通“毫”，古代较小的长度单位，十丝为一毫，十毫为一厘。

[2]已：止。

[3]识(zhì)：记忆。

[4]敦：厚。

【品读】

重视直接经验、力行哲学是儒家文化的鲜明特色之一，如仁道是儒家思想的核心理念，而“我欲仁，斯仁至矣”“力行近乎仁”又将此道无限简化。“学至于行之而止矣”，也是顺着这样的思路而来。后来亦不乏类似的说法，如扬雄《法言》对学行关系的论述：“学，行之，上也；言之，次也；教人，又其次也。咸无焉，为众人。”

不过，参照前文《劝学》等篇中关于学习思想的理解，儒家所学所行无非礼义之统、圣王之道，多为由个人教养上升至政治教化的君子之学、君子之行，形诸文本或践行层面就是五经、六艺。在理解本章的学行关系论时，也应把握住这一点。

8.19　故人无师无法而知[1]则必为盗，勇则必为贼，云能[2]则必为乱，察则必为怪，辩则必为诞；人有师有法而知则速通，勇则速威，云能则速成，察则速尽，辩则速论[3]。故有师法者，人之大宝也；无师法者，人之大殃也。人无师法，则隆性矣；有师法，则隆积矣。而师法者，所得乎情，非所受乎性，不足以独立而治。性也者，吾所不能为也，然而可化[4]也；情也者，非吾所有也，然而可为也。注错[5]习俗，所以化性也；并一而不二，所以成积也。习俗移志，安久移质，并一而不二，则通于神明、参于天地矣。

故积土而为山，积水而为海，旦暮积谓之岁，至高谓之天，至下谓之地，宇中六指[6]谓之极，涂[7]之人、百姓积善而全尽谓之圣人。彼求之而后得，为之而后成，积之而后高，尽之而后圣。故圣人也者，人之所积也。人积耨耕[8]而为农夫，积斫削而为工匠，积反货[9]而为商贾，积礼义而为君子。工匠之子莫不继事，而都国之民安习其服[10]。居楚而楚，居越而越，居夏而夏，是非天性也，积靡[11]使然也。故人知谨注错，慎习俗，大积靡，则为君子矣；纵性情而不足问学，则为小人矣。为君子则常安荣矣，为小人则常危辱矣。凡人莫不欲安荣而恶危辱，故唯君子为能得其所好，小人则日徼[12]其所恶。《诗》曰："维此良人，弗求弗迪；维彼忍心，是顾是复。民之贪乱，宁为荼毒。"[13]此之谓也。

【注释】

[1]知：同"智"。

[2]云能：有能。

[3]论：决断。

[4]化：化移。

[5]注错：举措。

[6]六指：指上、下、东、西、南、北六个方面。

[7]涂：通"途"。

[8]耨(nòu)耕：耕耘。耨，除草。

[9]反货：贩货。"反"，通"贩"。

[10]服：服侍、职事。

[11]积靡(mó)：积习、磨炼。

[12]徼(yāo)：通"邀"，招致。

[13]语出《诗经·大雅·桑柔》。大意是通过对比两位君主，一为君子良人，一为龌龊小人，指出民众作乱，全因在上者的德行。以此说明君子安荣而小人危辱的根由所在。

【品读】

本章大谈师法、积靡。"有师法者，人之大宝也""圣人也者，人之所积也""积礼义而为君子""人知谨注错，慎习俗，大积靡，则为君子矣""为君子则常安荣矣"，其实都是对此前《劝学》《修身》篇中的"学莫便乎近其人""情安礼，知若师，则是圣人也""积善成德而神明自得，圣心备焉"等观点的旧话重提，进一步强调、完善之。而且此处仍旧沿用了以君子和小人对比而论的方法，来突显君子在德才上的优越性乃至优雅性。而这种优雅或优越还是由隆礼亲师、学行先王之法、积善成德而得来的。后文《性恶》篇中所述的化性起伪，与此处所论在学理逻辑上如出一辙。

8.20　人论[1]：志不免于曲私[2]而冀[3]人之以己为公也，行不免于污漫[4]而冀人之以己为修也，甚愚陋沟瞀[5]而冀人之以己为知也，是众人也。志忍私，然后能公；行忍情性，然后能修；知而好问，然后能才；公修而才，可谓小儒矣。志安公，行安修，知通统类，如是则可谓大儒矣。大儒者，天子三公也；小儒者，诸侯、大夫、士也；众人者，工、农、商、贾也。礼者，人主之所以为群臣寸、尺、寻[6]、丈检式[7]也，人伦尽矣。

【注释】

[1]论：通“伦”，等、类。

[2]曲私：偏邪自私。

[3]冀：希望。

[4]污漫：污秽肮脏。

[5]沟(gōu)瞀(mào)：通“怐愗”，愚昧。

[6]寻：古代长度单位，八尺为一寻。

[7]检式：标准、法度。

【品读】

本章论述小人与儒者之区别，在于是否能将“人之生固小人”①，一味向他人索利的性情隐忍起来，做到“公修而才”，继而再探求“志安公，行安修，知通统类”这样的高级境界。需要注意的是，末句对礼的界定似乎告诉读者，礼是有阶级属性的政治教化工具，此说辞可视作“礼不下庶人”的翻版。类似这样的界定在孔子对仁的谈论中也有。如《论语·宪问》载：“君子而不仁者有矣夫，未有小人而仁者也。”礼、仁，在儒家的论述语境里，有时是代指一种具有浓厚统治阶级色彩的道德。马克思主义告诉我们，在私有制产生特别是阶级和国家建立之后，道德如同法律一样，是一种体现统治阶级思想的意识形态。考诸儒家的仁、礼观，确实如此。

8.21　君子言有坛宇[1]，行有防表[2]，道有一隆。言道德[3]之求，不下于安存；言志意之求，不下于士[4]；言道德之求，不二[5]后王。道过三代谓之荡[6]，法二后王谓之不雅[7]。高之、下之，小之、臣[8]之，不外是矣。是君子之所以骋志意于坛宇宫庭也。故诸侯问政，不及安存，则不告也；匹夫问学，不及为士，则不教也；百家之说，不及后王，则不听也。夫是之谓君子言有坛宇，行有防表也。

① 《荀子·荣辱》。

【注释】

[1]坛宇:庭院屋宅,在此喻指一定的场合、界限。

[2]防表:堤防与标尺,在此喻指限度、准则。

[3]道德:当为“政治”。

[4]士:《集解》本误作“上”,今据古逸丛书本改之。

[5]二:通“贰”,背离。

[6]荡:荒远、渺茫。

[7]雅:正。

[8]臣:当为“巨”。

【品读】

本章体现出《荀子》全书的主旨:阐述君子之学。它继续为读者描述君子,并将之与道德王法联系在一起,即站在天下治道与先王之法的高度,论述君子的修为。儒家早在孔门弟子时代就将君子与道联系起来,如《论语》中所载“君子之道者三”“君子学道则爱人”“君子谋道不谋食”“君子学以致其道”等。荀子除了继承这一理路之外,还将法引入其中,先王之道与先王之法,是一而二、二而一的。而道法论述比较多的,在齐地学者的著作中非常明显,从《孙子兵法》《管子》和马王堆帛书《黄帝四经》等著述中,均可见之。笔者推测,荀子站在道法的高度论儒家的君子,应该是吸取了齐学这方面的学术素养。这种论述方式亦偶见于《孟子》中,可能也受到稷下齐学的影响。

另外,本章里的一些话语,如“诸侯问政,不及安存,则不告也;匹夫问学,不及为士,则不教也;百家之说,不及后王,则不听也”“道过三代谓之荡,法二后王谓之不雅”等,有助于我们正确理解整个《荀子》中对道法之辨、批判诸子、君子之学等问题的论述,需要读者格外留意。

王制篇第九

9.1 请问为政。曰：贤能不待次[1]而举，罢[2]不能不待顷而废，元恶不待教而诛，中庸杂民[3]不待政而化。分未定也，则有昭缪[4]也。虽王公士大夫之子孙也，不能属于礼义，则归之庶人；虽庶人之子孙也，积文学，正身行，能属于礼义，则归之卿相士大夫。故奸言、奸说、奸事、奸能、遁逃反侧之民，职[5]而教之，须而待之，勉之以庆赏，惩之以刑罚，安职则畜[6]，不安职则弃。五疾[7]，上收而养之，材而事之，官施而衣食之[8]，兼覆无遗。才行反时者死无赦。夫是之谓天德，王者之政也。

【注释】

[1]次：等次。

[2]罢(pí)：通"疲"，疲软无能者。

[3]中庸杂民：凡人。

[4]昭缪(mù)：古代宗庙摆放先祖牌位制，以始祖之位居中，二世、四世在其左称"昭"，三世、五世在其右称"穆"。此处代指社会治理像昭穆制度一样秩然有序、尊卑有等。缪，通"穆"。

[5]职：事。

[6]安职则畜：安于职守就留用。

[7]五疾：指哑、聋、跛、断手足、侏儒五种残疾人。

[8]官施(yì)而衣食(sì)之：安排馆舍，提供衣食。官，同"馆"，馆舍。施，安排。食，给……吃。

【品读】

首章从王者之政的角度论述王制，强调以王道治国，举贤为首，对于不能、元恶、中庸等不贤者，则分别施以废、诛、教化。在举贤上，不论士庶，唯才是举，把握的标准就是"积文学，正身行，能属于礼义"。对于行"奸言、奸说、奸事、奸能"的奸民打拉结合，对于"才行反时无道者"格杀勿论，对于身患五疾的弱势民众给予收养抚恤，体现出荀子治国策略的层次性和一定的合理性。

9.2 听[1]政之大分：以善至者待之以礼，以不善至者待之以刑。两者分别则贤不肖不杂，是非不乱。贤不肖不杂则英杰至，是非不乱则国家治。若是，名声日闻，天下愿，令行禁止，王者之事毕矣。

凡听，威严猛厉而不好假道人，则下畏恐而不亲，周闭而不竭，若是，则大事殆乎弛，小事殆乎遂[2]。和解调通，好假道人而无所凝止之，则奸言并至，尝试之说锋起[3]，若是，则听大[4]事烦，是又伤之也。故法法而不议，则法之所不至者必废；职而不通，则职之所不及者必队[5]。故法而议，职而通，无隐谋，无遗善而百事无过，非君子莫能。故公平者，职之衡也；中和者，听之绳也。其有法者以法行，无法者以类举，听之尽也。偏党而无经，听之辟[6]也。故有良法而乱者，有之矣；有君子而乱者，自古及今，未尝闻也。传曰："治生乎君子，乱生乎小人。"此之谓也。

【注释】

[1]听：治理。

[2]遂(zhuì)：失落、失误。

[3]尝试之说锋起：试探之说纷纷兴起。锋，通"蜂"。

[4]大：通"太"，过分。

[5]队：同"坠"，失落、失误。

[6]听之辟：治理政事的不公。辟，同"僻"，偏邪、不公正。

【品读】

本章谈及王者治政的要领，即"听政之大分"，大致有二：一者，以礼、刑之法分别治理"以善至者"与"以不善至者"两类人。先秦时期，"礼不下庶人，刑不上大夫"的治政理念相当流行，荀子所言即承此而来。二者，治政者对待下属要恩威并用，严宽相济，否则会使政事废弛，或受奸言干扰而伤于烦琐，难以达到理想的治政效果。一位优秀的政治家，需要把握好分寸，公平、中和地依法以类行政，做到既不因表面威严而使下属退避三舍，也不因一味随和宽容而招致奸言邪说，而能做到这些的只有积礼义而成、守礼义而为的君子。

9.3 分均则不偏[1]，势齐则不壹，众齐则不使。有天有地而上下有差，明王始立而处国有制。夫两贵之不能相事，两贱之不能相使，是天数[2]也。势位齐而欲恶同，物不能澹[3]则必争，争则必乱，乱则穷矣。先王恶其乱也，故制礼义以分之，使有贫富贵贱之等，足以相兼临者，是养天下之本也。《书》曰："维齐非齐。"[4]此之谓也。

【注释】

[1]偏:通"辨",治。

[2]天数:天道、定数。

[3]澹:同"赡",满足。

[4]语出《尚书·吕刑》,意为整齐不齐。此处荀子似以志逆意,反其道而行,云有所不齐而后齐,即非齐而齐。

【品读】

本章追溯了先王之道、礼义之统的来历。其论证大致形成如下一个三段论:(1)自王制确立、国家成立,每个社会群体内部就存在差别,个人的欲求基本相同,都想使个体的利益最大化;(2)物质供应有限,如不加以约束,就会因人人争夺有限的物质资源而导致混乱;(3)古代贤王制定礼法,使各种人群之间贫富贵贱有别,各阶层的物质用度规格不同,互相制约,以保证天下太平。这种论证逻辑在此后《礼论》等篇章中也有体现。

9.4 马骇舆[1],则君子不安舆;庶人骇政,则君子不安位。马骇舆,则莫若静之;庶人骇政,则莫若惠之。选贤良,举笃敬,兴孝弟,收孤寡,补贫穷,如是,则庶人安政矣。庶人安政,然后君子安位。传曰:"君者,舟也;庶人者,水也。水则载舟,水则覆舟。"此之谓也。故君人者欲安,则莫若平政爱民矣;欲荣,则莫若隆礼敬士矣;欲立功名,则莫若尚贤使能矣,是君人者之大节也。三节者当,则其余莫不当矣;三节者不当,则其余虽曲当[2],犹将无益也。孔子曰:"大节是也,小节是也,上君也;大节是也,小节一出焉,一入焉,中君也;大节非也,小节虽是也,吾无观其余矣。"

【注释】

[1]骇舆:指马驾车受惊。

[2]曲当:周全妥当。

【品读】

本章揭示了君子与庶人相互依存的关系,如舟、水一样紧密。荀子提倡尊君爱民的治政之道。其思想逻辑为:君王对于国家的治理非常重要,而民的作用也非常重要,故二者都应得到重视。另外,本章引用的"君者,舟也;庶人者,水也。水则载舟,水则覆舟"一语,亦见于《荀子·哀公》篇。此语影响深远,后常被一些政治家引用,劝谏君主以此为鉴。如《贞观政要·论政体》载魏徵语:"臣又闻古语云:'君,舟也;人,水也。水能载舟,亦能覆舟。'陛下以为可畏,诚如圣旨。"

9.5　成侯、嗣公[1]，聚敛计数之君也，未及取[2]民也；子产，取民者也，未及为政也；管仲，为政者也，未及修礼也。故修礼者王[3]，为政者强，取民者安，聚敛者亡。故王者富民，霸者富士，仅存之国富大夫，亡国富筐箧[4]、实府库。筐箧已富，府库已实，而百姓贫，夫是之谓上溢而下漏，入不可以守，出不可以战，则倾覆灭亡可立而待也。故我聚之以亡，敌得之以强。聚敛者，召寇、肥敌、亡国、危身之道也，故明君不蹈也。

【注释】

[1]成侯、嗣公：二人为战国时卫国国君，祖孙关系，皆以大敛民财闻名。

[2]取：通“聚”。

[3]王(wàng)：称王。

[4]箧：小箱子。

【品读】

本章弘扬修礼者王、王者富民的治国方针。后世津津乐道的藏富于民思想，与荀子所论王者富民关系密切。历代治世盛世，不仅要国富兵强，也要民众富强。不然，即便富强一时，也只是繁荣的假象，隐藏着亡国的种子。卫成侯祖孙经营的卫国日渐衰落，就是当时的例子。后世亦不乏其例，如隋二世而亡并非国不强，其灭亡的重要原因在于国富民贫，一切经济活动都掌控在国家手里，尤其是后期向民众课以重赋，广征役夫，不恤民情，使民不得生，更不得富。早在战国时，荀子对此就不无痛切地疾呼——“聚敛者，召寇、肥敌、亡国、危身之道也，故明君不蹈也”，而后世的贪暴之君完全当作耳旁风，亲手将自己的江山葬送而浑然不觉。明末曲辕先生文柟在《见孙公谈圃》中云“有天下者，上之藏富于民，次则藏富于州县，至藏富于国斯下矣”，与本章荀子所言是一个道理。

9.6　王夺之人[1]，霸夺之与，强夺之地。夺之人者臣诸侯，夺之与者友诸侯，夺之地者敌诸侯。臣诸侯者王，友诸侯者霸，敌诸侯者危。

【注释】

[1]之人：他国的人心。

【品读】

本章列出三种治国方略：成就王业者要注意争取民心，领导诸侯；成就霸业者要注意给别国一些恩惠，与诸侯为友；欲强国者则专注夺他国之地，与诸侯为敌，故时时处于危险之中。下一章依次论述了用强者、霸者、王者的治国之道。

9.7 用强者，人之城守，人之出战，而我以力胜之也，则伤人之民必甚矣。伤人之民甚，则人之民恶[1]我必甚矣。人之民恶我甚，则日欲与我斗。人之城守，人之出战，而我以力胜之，则伤吾民必甚矣；伤吾民甚，则吾民之恶我必甚矣；吾民之恶我甚，则日不欲为我斗。人之民日欲与我斗，吾民日不欲为我斗，是强者之所以反弱也。地来而民去，累多而功少，虽守者益，所以守者损，是以大者之所以反削也。诸侯莫不怀交接怨而不忘其敌，伺强大之间，承[2]强大之敝，此强大之殆时[3]也。知强大者不务强也，虑以王命全其力，凝其德。力全则诸侯不能弱也，德凝则诸侯不能削也，天下无王、霸主，则常胜矣。是知强道者也。

【注释】

[1]恶：痛恨。

[2]承：通“乘”，趁。

[3]强大之殆时：强国危险、衰败的时刻。

【品读】

此章论述治国用强，又分两种境界：一种是一味地逞强于人，只求攻取不求守成，耗损民力而不知体恤民情，导致内忧肘腋之患，外忧敌国报复，故一时强大之后就面临衰亡的困境；另一种是“知强大者不务强”的“知强道者”，既注意以实力、武力来证明自己强大，又用道德笼络人心，免于受到来自他国的欺侮和削夺，从而可保持国家长期强大，常胜不败。

9.8 彼霸者不然。辟田野，实仓廪，便[1]备用，案[2]谨募选阅材伎之士，然后渐庆赏以先之，严刑罚以纠之。存亡继绝[3]，卫弱禁暴，而无兼并之心，则诸侯亲之矣；修友敌[4]之道，以敬接诸侯，则诸侯说[5]之矣。所以亲之者，以不并也；并之见[6]，则诸侯疏矣。所以说之者，以友敌也；臣之见，则诸侯离矣。故明其不并之行，信其友敌之道，天下无王霸主，则常胜矣。是知霸道者也。闵王毁于五国，桓公劫于鲁庄，无它故焉，非其道而虑之以王也。

【注释】

[1]便：通“辦”，办。

[2]案：语气助词，同“安”。

[3]存亡继绝：帮助面临绝亡的国家，重建家园，振兴百业。如春秋时代齐国存邢救卫。

[4]友敌：友好平等。敌，平等。一说以匹敌之国为友，亦通。

[5]说：通“悦”。

[6]见：同“现”。

【品读】

本章论及霸者治国之道，主要是抓农业和粮草、武器储备，选拔优秀士兵，以严刑治民；与诸侯相友，不事兼并，帮助弱小国家，禁止残暴势力。春秋首霸齐国，就是在齐桓公、管仲等明主贤臣的率领下，发展农商，大兴盐利，改革兵制，壮大实力，之后存邢救卫，尊王攘夷，联盟诸侯，终成一时大国，这就是依霸道而行。

9.9 彼王者不然，仁眇[1]天下，义眇天下，威眇天下。仁眇天下，故天下莫不亲也；义眇天下，故天下莫不贵也；威眇天下，故天下莫敢敌也。以不敌之威，辅服人之道，故不战而胜，不攻而得，甲兵不劳而天下服，是知王道者也。知此三具者，欲王而王，欲霸而霸，欲强而强矣。

王者之人：饰[2]动以礼义，听断以类，明振[3]毫末，举错应变而不穷。夫是之谓有原，是王者之人也。

王者之制：道不过三代，法不贰后王。道过三代谓之荡，法贰[4]后王谓之不雅。衣服有制，宫室有度，人徒有数，丧祭械用皆有等宜[5]；声则凡非雅声者举废，色则凡非旧文者举息，械用则凡非旧器者举毁。夫是之谓复古，是王者之制也。

王者之论：无德不贵，无能不官[6]，无功不赏，无罪不罚。朝无幸位[7]，民无幸生[8]。尚贤使能而等位不遗，析愿禁悍[9]而刑罚不过。百姓晓然皆知夫为善于家而取赏于朝也，为不善于幽而蒙刑于显也。夫是之谓定论，是王者之论也。

王者之等赋、政[10]事、财[11]万物，所以养万民也。田野什一，关市几[12]而不征，山林泽梁以时禁发而不税，相地而衰政[13]，理道之远近而致贡，通流财物粟米，无有滞留，使相归移[14]也，四海之内若一家。故近者不隐其能，远者不疾其劳，无幽间隐僻之国莫不趋使而安乐之。夫是之谓人师，是王者之法也。

【注释】

[1]眇：视，引申为看待。或曰“尽”（杨倞说），或曰“成就”（王天海说），或曰“高”（王

念孙说)，皆非。

[2]饰：通“饬”，整饬。

[3]振：通“整”，整治。

[4]贰：背离。

[5]等宜：等差。

[6]官：任用。

[7]幸位：无德而有禄。

[8]幸生：不劳而有获。

[9]析愿禁悍：摧折狡黠，打击凶悍。析愿，当为“折傆”。傆，狡黠者(王念孙说)。

[10]政：通“征”。

[11]财：通“裁”，裁制。

[12]几：通“讥”，检查。

[13]相地而衰(cuī)政：视土地的肥瘠好坏而确定征税的等次。政，通“征”。衰，等次。

[14]归移：运输移转。归，通“馈”，运输。

【品读】

本章集中描述王道：王者、王制、王论、王法。它既包括内政，又含有外交；既有以仁义之道教化万民的软实力，也有以刑罚武力驭民威敌的硬实力。在内政上，主张君主要具备“饰动以礼义，听断以类，明振毫末”的素质，“无德不贵，无能不官，无功不赏，无罪不罚”，达到“朝无幸位，民无幸生”的理想局面。在外交上，主张“以不敌之威，辅服人之道”，以求“不战而胜，不攻而得，甲兵不劳而天下服”，实现《尚书·武成》中描述的文王治理天下时“大邦畏其力，小邦怀其德”的理想。简言之，王道就是以德威并重的方式一统天下，使“四海之内若一家”。

9.10　北海[1]则有走马吠犬焉，然而中国得而畜使之；南海则有羽翮[2]、齿革、曾青、丹干焉，然而中国得而财之；东海则有紫、紶[3]、鱼、盐焉，然而中国得而衣食之；西海则有皮革、文旄焉，然而中国得而用之。故泽人足乎木，山人足乎鱼，农夫不斫削、不陶冶而足械用，工贾不耕田而足菽粟。故虎豹为猛矣，然而君子剥而用之。故天之所覆，地之所载，莫不尽其美，致其用，上以饰贤良，下以养百姓而安乐之。夫是之谓大神[4]。《诗》曰：“天作高山，大王荒之。彼作矣，文王康之。”[5]此之谓也。

【注释】

[1]海：泛指中原之外的边疆僻远地区。

[2]翮(hé)：鸟羽。

[3]紫、紶：据王引之考证，当作“絺(chī)、绤(xì)”，意指细葛布和粗葛布。

[4]大神：大治。

[5]语出《诗经·周颂·天作》，歌颂周朝两位先祖的功业。大王，一作“太王”，指周族领袖古公亶(dǎn)父。

【品读】

本章前一部分，让读者感觉最明显的是战国时期各地物资流通兴盛、互相交换产品的情形，可见当时商品经济的发达。而在这种背景下，为政一方的君子应任用贤良，治理经济，富民富国，使民有所安所乐，这是其重要的责任。这里也意在说明一个道理：王道之行需有坚实的物质基础。只有在经济发展，社会财富相当丰厚时，才适宜开展政治教化工作。即使大言“王何必曰利”的孟子也坦言：“不违农时，谷不可胜食也；数罟不入洿池，鱼鳖不可胜食也；斧斤以时入山林，材木不可胜用也。谷与鱼鳖不可胜食，材木不可胜用，是使民养生丧死无憾也。养生丧死无憾，王道之始也。”①换言之，儒家并非就道德论道德，而是基于一定的理论和现实前提来谈论个人修养与国家治理层面的道德。

9.11 以类行杂，以一行万，始则终，终则始，若环之无端也，舍是而天下以衰矣。天地者，生之始也；礼义者，治之始也；君子者，礼义之始也；为[1]之、贯之、积重之、致好之者，君子之始也。故天地生君子，君子理天地。君子者，天地之参[2]也，万物之总也，民之父母也。无君子则天地不理，礼义无统，上无君师，下无父子，夫是之谓至乱。君臣、父子、兄弟、夫妇，始则终，终则始，与天地同理，与万世同久，夫是之谓大本。故丧祭、朝聘、师旅，一也；贵贱、杀生[3]、与夺，一也；君君、臣臣、父父、子子、兄兄、弟弟，一也；农农、士士、工工、商商，一也。

【注释】

[1]为：修习(礼义)。

[2]参：参赞。

[3]杀生：即死生。

【品读】

荀子认为，以王道治国的理想人选是君子、圣人，其才略可以“礼义”概括。他们以自己的德行与才能为民之师、行之法，所谓“岂弟君子，民之父

① 《孟子·梁惠王下》。

母”①。这里与其说荀子在讨论有才干的贤能君子，不如说在探讨培养君子的方法。如他将礼义法度与天地之生相提并论，君子圣人与天地相参，并就礼义中的内容（如“丧祭、朝聘、师旅”）、运作（如“贵贱、杀生、与夺”）、范围（如“君臣、父子、兄弟、夫妇”“农农、士士、工工、商商”）作了进一步的阐发，集中体现了其隆礼、重法、亲师、仁民的思想，值得细评。

9.12 水火有气[1]而无生，草木有生而无知，禽兽有知而无义，人有气、有生、有知，亦且[2]有义，故最为天下贵也。力不若牛，走不若马，而牛马为用，何也？曰：人能群，彼不能群也。人何以能群？曰：分。分何以能行？曰：义。故义以分则和，和则一，一则多力，多力则强，强则胜物，故宫室可得而居也。故序四时，裁万物，兼利天下，无它故焉，得之分义也。故人生不能无群，群而无分则争，争则乱，乱则离，离则弱，弱则不能胜物，故宫室不可得而居也，不可少顷舍礼义之谓也。

【注释】

[1]气：古代思想中的重要范畴，代指宇宙万物生成和运作的因素。

[2]亦且：而且。

【品读】

本章重在说明人是最尊贵、最强大的生物。行文紧扣住义、分、礼义来说明人是因为有合适的秩序和制度（即礼义），能够团结起来，壮大自己的力量，向自然界探取人类需要的物质，故有“序四时，裁万物，兼利天下”的超乎普通动物的伟力与尊贵。

9.13 能以事亲谓之孝，能以事兄谓之弟，能以事上谓之顺，能以使下谓之君。君者，善群也。群道[1]当，则万物皆得其宜，六畜皆得其长，群生皆得其命。故养长时，则六畜育；杀生时，则草木殖；政令时，则百姓一，贤良服。

【注释】

[1]群道：领导民众齐心协力的原则、方法。

【品读】

王制王道、惠益万民是荀子眼中理想的王者之政。因为依王道而行，君主英明，臣子贤能，一切措施偕时而行，不悖人情，最终会惠泽家国，裨益众生。

① 《诗经·大雅·卷阿》。

9.14 圣王之制也，草木荣华滋硕[1]之时则斧斤不入山林，不夭其生，不绝其长也；鼋鼍、鱼鳖、鳅鳣孕别之时[2]，罔罟[3]、毒药不入泽，不夭其生，不绝其长也。春耕、夏耘、秋收、冬藏，四者不失时，故五谷不绝而百姓有余食也；污池、渊沼、川泽，谨其时禁，故鱼鳖优多而百姓有余用也；斩伐养长不失其时，故山林不童[4]而百姓有余材也。圣王之用也，上察于天，下错[5]于地，塞备天地之间，加施万物之上，微而明，短而长，狭而广，神明博大以至约。故曰：一与一[6]是为人者，谓之圣人。

【注释】

[1]荣华滋硕：开花结果。草本植物开花，称“荣”；木本植物开花，称“华”。

[2]鼋(yuán)鼍(tuó)、鱼鳖、鳅鳣孕别之时：大鳖、扬子鳄、鱼、泥鳅、鳝鱼产卵的时候。鼋，大鳖。鼍，扬子鳄。鳣，鳝鱼。孕别，离别母体，指孕育分娩。

[3]罔罟(gǔ)：渔网。

[4]童：山上无草木。

[5]错：通“措”，施行。

[6]一与一：以一行一，指以礼义统一民心。与，通“举”，意为用、行。

【品读】

王道、王制的核心就是依礼而行，顺时而为。上章所言“养长时，则六畜育；杀生时，则草木殖；政令时，则百姓一，贤良服”，在此又得到进一步的阐明。

9.15 序官[1]：宰爵知[2]宾客、祭祀、飨食、牺牲之牢[3]数，司徒知百宗、城郭、立器之数，司马知师旅、甲兵、乘白[4]之数。修宪命，审诗商[5]，禁淫声，以时慎修，使夷俗邪音不敢乱雅，大师[6]之事也。修堤梁，通沟浍[7]，行水潦[8]，安水臧[9]，以时决塞，岁虽凶败[10]水旱，使民有所耘艾[11]，司空之事也。相高下，视肥垗，序五种，省农功，谨蓄藏，以时顺修，使农夫朴力而寡能[12]，治田之事也。修火宪[13]，养山林薮泽草木、鱼鳖、百索[14]，以时禁发，使国家足用而财物不屈[15]，虞师之事也。顺州里，定廛宅[16]，养六畜，闲[17]树艺，劝教化，趋孝弟[18]，以时顺修，使百姓顺命，安乐处乡，乡师[19]之事也。论百工，审时事，辨功苦[20]，尚完利，便备用，使雕琢文采不敢专造于家，工师之事也。相阴阳，占祲[21]兆，钻龟陈卦，主攘择五卜[22]，知其吉凶妖祥，伛巫、跛击[23]之事也。修採清[24]，易道路[25]，谨盗贼，平室律[26]，以时顺修，使宾旅安而货财通，治市之事也。抃急禁悍[27]，防淫除邪，戮之以五刑[28]，使

暴悍以变，奸邪不作，司寇之事也。本政教，正法则，兼听而时稽之，度其功劳，论其庆赏，以时慎修，使百吏免尽[29]而众庶不偷，冢宰之事也。论礼乐，正身行，广教化，美风俗，兼覆而调一之，辟公之事也。全道德，致隆高，綦文理[30]，一天下，振毫末，使天下莫不顺比从服[31]，天王之事也。故政事乱，则冢宰之罪也；国家失俗[32]，则辟公之过也；天下不一，诸侯俗反[33]，则天王非其人也。

【注释】

[1]序官：序次官职。

[2]知：主管。

[3]牢：作祭品用的整牛、整羊、整猪各一，称"一牢"。

[4]白，通"驳"，即驳马。

[5]商：通"章"，乐章。

[6]大师：即太师，此指乐官之长。

[7]浍(kuài)：田间的排水大渠。

[8]行水潦(lào)：疏引水涝。潦，通"涝"，积水。

[9]安水臧：牢固水库。水臧，指古代防洪蓄水之处，即水库。

[10]凶败：闹饥荒、歉收。凶，饥荒。败，歉收。

[11]艾(yì)：同"刈"，割，此处指收割庄稼。

[12]能：疑为"罢"(古作"罷")之形误。罢，通"疲"。

[13]修火宪：制定用火的法令。

[14]百索：百蔬。索乃"蔬"字音误(王引之说)。

[15]屈(jué)：竭、尽。

[16]定廛(chán)宅：规定住宅。廛，指市面店铺。宅，指居民区住所。

[17]闲：通"娴"，习熟。

[18]趋孝弟：督促人们孝顺父母、敬爱兄长。趋，通"促"，敦促。弟，同"悌"。

[19]乡师：依周制，掌管本乡教化和政事之人。

[20]功苦：精细粗劣。功，通"工"，精良。苦，通"楛"，粗劣。

[21]祲(jìn)：阴阳相侵而成的云气，古人认为是不祥之兆。

[22]主攘择五卜：主管攘灾、释奠、五卜之术。攘择，通"攘释"。五卜，即占卜时龟板上出现的雨兆、霁兆、蒙兆、驿兆、尅兆五种兆形。

[23]伛巫、跛击：古代从事占卜求神者，多驼背、瘸腿等身残者。击，通"觋(xí)"，男巫。

[24]修採清：修治官厕。採，通"采"，官也。清，厕所。

[25]易道路：平整道路。

[26]平室律：平抑物价。室，通"质"，契约。

[27]抃急禁悍：制裁狡黠，打击凶悍。

[28]五刑：指墨、劓(yì)、剕(fèi)、宫、大辟。

[29]免尽：勤勉尽职。免，通“勉”。

[30]綦文理：完善礼治。綦，通“极”。

[31]顺比从服：顺从亲附。

[32]失俗：风俗败坏。

[33]俗反：欲求谋反。俗，通“欲”。

【品读】

本章专论政治分工中的礼制，与现存的《周礼》内容有很多类似之处。可参照《周礼》的框架和主体内容理解此章。

9.16 具具[1]而王，具具而霸，具具而存，具具而亡。用[2]万乘之国者，威强之所以立也，名声之所以美也，敌人之所以屈也，国之所以安危臧否[3]也，制与[4]在此，亡乎人。王、霸、安存、危殆[5]、灭亡，制与在我，亡乎人。夫威强未足以殆邻敌也，名声未足以县[6]天下也，则是国未能独立也，岂渠[7]得免夫累乎？天下胁于暴国，而党[8]为吾所不欲于是者，日与桀同事同行，无害为尧，是非功名之所就也，非存亡安危之所堕[9]也。功名之所就，存亡安危之所堕，必将于愉殷赤心[10]之所。诚[11]以其国为王者之所，亦王；以其国为危殆灭亡之所，亦危殆灭亡。

殷之日[12]，案以中立无有所偏而为纵横之事[13]，偃然案[14]兵无动，以观夫暴国之相卒[15]也。案平政教，审节奏[16]，砥砺百姓，为是之日而兵刬天下劲矣[17]；案然[18]修仁义，伉[19]隆高，正法则，选贤良，养百姓，为是之日而名声刬天下之美矣。权者重之，兵者劲之，名声者美之。夫尧、舜者，一天下也，不能加毫末于是矣。

【注释】

[1]具具：具备应具备的条件。

[2]用：治理。

[3]臧否：好坏、善恶。

[4]与：通“举”，都。

[5]殆：危亡。

[6]县(xuán)：同“悬”，挂，像日月一样高悬天空。

[7]渠：通“讵”，岂。

[8]党：通“倘”，假如。

[9]堕：二“堕”字，皆当作“随”(俞樾说)。

[10]愉殷赤心：劳苦忧患的诚心。愉，劳苦。殷，忧患。

[11]诚：假若。

[12]殷之日：国家忧患之日。殷，忧患(李涤生说)。

[13]无有所偏而为纵横之事：不合纵、不连横，保持中正而无所偏倚。

[14]案：同“按”。

[15]卒：通“捽(zuó)”，击、冲突。

[16]审节奏：明确礼义。

[17]兵刬天下劲矣：兵力成为天下最强者。刬，通“专”，专有。

[18]然：疑为衍字。

[19]伉：匹敌、尊崇。

【品读】

一国最终能否成就王、霸之业，或仅可保存甚至难免危亡，都有其内外各种原因，即“王、霸、安存、危殆、灭亡，制与在我，亡乎人”。就王业而论，一国在其强大时，保持中立无偏，不为纵横之事，亦不轻易出兵；同时，以礼义教化民众，养精蓄锐，使上有仁义君主、贤良明法，下有守礼百姓、强兵在手，这样的治国之道就是上古时代的先王之道、尧舜之道，是保持国家长治久安的正道。

9.17 权谋倾覆之人退，则贤良知[1]圣之士案自进矣；刑政平，百姓和，国俗节，则兵劲城固，敌国案自诎矣；务本事，积财物，而勿忘栖迟薛越[2]也，是使群臣百姓皆以制度行，则财物积，国家案自富矣。三者体[3]此而天下服，暴国之君案自不能用其兵矣。何则？彼无与至也。彼其所与至者，必其民也。其民之亲我也欢若父母，好我芳若芝兰；反顾其上则若灼黥[4]，若仇雠。彼人之情性也，虽桀、跖，岂有肯为其所恶贼其所好者哉？彼以夺[5]矣。故古之人有以一国取天下者，非往[6]行之也，修政[7]其所莫不愿[8]，如是而可以诛暴禁悍矣。故周公南征而北国怨，曰：“何独不来也？”东征而西国怨，曰：“何独后我也？”孰能有[9]与是斗者与？安以其国为是者王。

殷之日，安以静兵息民，慈爱百姓，辟田野，实仓廪，便备用，安谨募选阅材伎之士，然后渐赏庆以先之，严刑罚以防之，择士之知事者使相率贯也，是以厌然畜积[10]修饰[11]而物用之足也。兵革器械者，彼将日日暴露毁折之[12]中原，我今将修饰之，拊循[13]之，掩盖之于府库；货财粟米者，彼将日日栖迟薛越之中野，我今将畜积并聚之于仓廪；材技股肱、健勇爪牙之士，彼将日日挫顿竭之于仇敌，我今将来致之、并阅之、砥砺之于朝廷。如是，则彼日积敝，我日积完；彼日积贫，我日积富；彼日积劳，我日积佚[14]。君臣上下之间者，彼将厉厉焉日日相离疾[15]也，我今将顿顿[16]焉日日相亲爱也，以是待其敝。安以其国为是者霸。

立身则从佣[17]俗，事行则遵佣故，进退贵贱则举佣士，之所以接下之人百姓者则庸[18]宽惠，如是者则安存。

立身则轻楛[19]，事行则蠲疑[20]，进退贵贱则举佞侻[21]，之所以接下之人百姓者，则好取侵夺，如是者危殆。

立身则憍暴[22]，事行则倾覆，进退贵贱则举幽险诈故，之所以接下之人百姓者，则好用其死力矣而慢其功劳，好用其籍敛矣而忘其本务，如是者灭亡。

此五等者，不可不善择也，王、霸、安存、危殆、灭亡之具也。善择者制人，不善择者人制之；善择之者王，不善择之者亡。夫王者之与亡者，制人之与人制之也，是其为相县也亦远矣。

【注释】

[1]知：同"智"。

[2]勿忘栖迟薛越：不要随意抛弃。忘，同"妄"。栖迟，犹"弃置"。薛越，撒落抛散。薛，通"屑"。越，离、散。

[3]体：践行。

[4]若灼黥(qíng)：好像被人在脸上火烧刀割一样难看。

[5]以夺：已争取。以，通"已"。

[6]往：劳。

[7]政：通"正"。

[8]愿：通"慕"，羡慕。

[9]有：通"又"。

[10]厌然畜积：积蓄充足。厌然，充足的样子。畜，通"蓄"。

[11]饰：通"饬"，整治。

[12]之：通"至"。

[13]拊循：通"抚揗"，指揩擦保养。

[14]佚：通"逸"，安逸。

[15]厉厉焉日日相离疾：彼此相互憎恶，逐渐疏远。厉厉，憎恶。离疾，疏离憎恨。

[16]顿顿：忠厚的样子。顿，通"敦"。

[17]佣：同"庸"，平常。

[18]庸：常常。

[19]轻楛：轻慢粗劣。

[20]蠲(juān)疑：去疑，指不假思索，毫无顾忌。

[21]佞侻：指巧舌如簧、嘴巴甜的人。侻，通"兑"，取悦。

[22]憍暴：骄恣残暴。憍，同"骄"。

【品读】

本章又全面论述了五种高下不等的治国之道：王、霸、安存、危殆、灭亡。讲解王霸之道较多。和上文论点一样，荀子认为国家最终是王、霸、安存还是危殆、灭亡，皆有其内因。即明智的君主知道如何选择王道而行，昏君则昧于选择、纵性情而为，所谓"善择者制人，不善择者人制之；善择之者王，不善择之者亡"。

富国篇第十

10.1 万物同宇而异体，无宜而有用为人，数[1]也。人伦并处，同求而异道，同欲而异知[2]，生[3]也。皆有可也，知愚同；所可异也，知愚分。势同而知异，行私而无祸，纵欲而不穷，则民心奋而不可说[4]也。如是，则知者未得治也；知者未得治，则功名未成也；功名未成，则群众未县[5]也；群众未县，则君臣未立也。无君以制臣，无上以制下，天下害生纵欲。欲恶同物，欲多而物寡，寡则必争矣。故百技所成，所以养一人也。而能不能兼技，人不能兼官。离居不相待[6]则穷，群而无分则争。穷者患也，争者祸也，救患除祸，则莫若明分使群矣。强胁弱也，知惧愚也，民下违上，少陵[7]长，不以德为政，如是，则老弱有失养之忧，而壮者有分争之祸矣。事业[8]所恶也，功利所好也，职业无分，如是则人有树事之患，而有争功之祸矣。男女之合，夫妇之分，婚姻娉[9]内[10]送逆无礼，如是，则人有失合之忧，而有争色之祸矣。故知者为之分也。

【注释】

[1]数：自然、道理。

[2]知：通"智"。

[3]生：通"性"。

[4]说：通"悦"。

[5]县：通"悬"，差别。

[6]待：通"持"，扶持。

[7]陵：通"凌"，欺凌。

[8]事业：指劳役之事。

[9]娉：通"聘"，订婚。

[10]内：同"纳"，指纳彩礼，古代婚礼程序之一。

【品读】

本章论述富国首先需要消除人类群体生活时的各种纷争，恰当地处理好各种人际关系，达到"明分使群"。要做到这一点，非礼义莫属，而礼义在很大程度上属于政治伦理方面的范畴。这里有个问题，荀子讨论富国，本为关乎经济的话题，却从政治伦理入手，将等分、稳定抬到较高的地位，充分地体现出传统中国以政治为本、伦理为要的治政理念。西方也有探讨富国者，如古希腊学者色诺芬的《经济论》(约写作于前387～前371年之间，略早于荀子生活时代)，在第一部分就首先直述农业对国家经济的重要性。二者表现出很大的不同，耐人寻味。

10.2　足[1]国之道，节用裕民[2]而善臧[3]其余。节用以礼，裕民以政。彼裕民，故多余。裕民则民富，民富则田肥以易[4]，田肥以易则出实百倍。上以法取焉，而下以礼节用之，余若丘山，不时焚烧，无所臧之，夫君子奚患乎无余？故知节用裕民，则必有仁义圣良之名，而且有富厚丘山之积矣。此无它故焉，生于节用裕民也。不知节用裕民则民贫，民贫则田瘠以秽，田瘠以秽则出实不半。上虽好取侵夺，犹将寡获也，而或以无礼节用之，则必有贪利[5]纠诱[6]之名，而且有空虚穷乏之实矣。此无它故焉，不知节用裕民也。《康诰》曰："弘覆乎天，若德裕乃身。"[7]此之谓也。

【注释】

[1]足：富足。

[2]裕民：使民众富裕。

[3]臧：同"藏"，储藏。下同此。

[4]易：通"治"，治理。

[5]利：通"戾"，贪婪暴戾。

[6]纠诱(jiǎo)：察取。纠，察。诱，通"挢"，取。

[7]弘覆乎天，若德裕乃身：略异于今本《尚书・康诰》语"弘于天，若德裕乃身"。

【品读】

本章重在谈使国家富足的根本大法：节制用度，藏富于民。统治者取之有道，民众用之有度，皆以礼节之，方可达到上下同欲、国民俱富的双赢效果。

10.3　礼者，贵贱有等，长幼有差，贫富轻重皆有称[1]者也。故天子袾裷衣冕[2]，诸侯玄裷衣冕，大夫裨[3]冕，士皮弁[4]服。德必称位，位必称禄，禄必称用，由士以上则必以礼乐节之，众庶百姓则必以法数制之。量地而立国，计利而畜民，度人力而授事，使民必胜事，事必出利，利足以生民，皆使衣食百用出入相揜[5]，必时臧余，谓之称数[6]。故自天子通于庶人，事无大小多少，由是推之。故曰："朝无幸位，民无幸生。"[7]此之谓也。轻田野之税，平关市之征，省商贾之数，罕兴力役，无夺农时，如是，则国富矣。夫是之谓以政裕民。

【注释】

[1]称：相称。

[2]袾(zhū)裷(gǔn)衣(yì)冕：穿大红色的龙袍，戴礼帽。袾，同"朱"。裷，同"衮"，指画有龙形图纹的衣服，即龙袍。衣，穿。

[3]裨(pí)：一种略低于天子服饰的礼服，为诸侯卿大夫朝见天子时所穿。

[4]皮弁(biàn)：用白鹿皮做的帽子。

[5]出入相揜：收支平衡。揜，通"掩"，合。

[6]称数：与计划、法度相符。

[7]朝无幸位，民无幸生：朝廷没有无功受禄者，民间没有不劳而获的人。

【品读】

本章论述以礼法治国，士庶有制，为政以宽，则民富国富。所谓的"以政裕民"，即以礼乐法度治政，宽仁爱民，富民富国。

……

10.4 人之生，不能无群，群而无分则争，争则乱，乱则穷矣。故无分者，人之大害也；有分者，天下之本利[1]也；而人君者，所以管分之枢要也。故美之者，是美天下之本也；安之者，是安天下之本也；贵之者，是贵天下之本也。古者，先王分割而等异之也，故使或美或恶，或厚或薄，或佚[2]或乐，或劬[3]或劳，非特以为淫泰夸丽之声，将以明仁之文[4]，通仁之顺[5]也。故为之雕琢、刻镂、黼黻、文章，使足以辨贵贱而已，不求其观；为之钟鼓、管磬、琴瑟、竽笙，使足以辨吉凶，合欢定和而已，不求其余；为之宫室、台榭，使足以避燥湿，养德辨轻重[6]而已，不求其外。《诗》曰："雕琢其章，金玉其相，亹亹我王，纲纪四方。"[7]此之谓也。

【注释】

[1]本利：根本利益。

[2]佚：通"逸"。

[3]劬(qú)：劳累。

[4]明仁之文：彰显仁道之礼。

[5]通仁之顺：通达仁道之序。

[6]养德辨轻重：怡养德操，分辨尊卑。

[7]语出《诗经·大雅·棫朴》，是文王出征前祭神祈福之词。此处所载与今本略异。"雕"作"追"。"亹(wěi)亹"作"勉勉"，勤勉不倦的样子。

【品读】

本章承前文所论，认为人生而有群，若群居而无分，则可能有争。作为一种理性动物，人类想出的消弭方法就是通过政治手段，即君主“分割而等异之”，使不同等级的人群在生活起居等方面体现出尊卑贵贱，也就是以礼义法度来分配物质财富，并以不同的衣饰用度来分辨和奉养君王、卿、士大夫等统治阶级。

群而有争，以礼弭之，既是此处荀子论证为何以及如何明分、隆礼的基本逻辑，也是《礼论》《性恶》等篇中关于礼的起源、化性起伪等论证的基本理路。

……………………………………

10.5　若夫重[1]色而衣之，重味而食之，重财[2]物而制之，合天下而君之，非特以为淫泰也，固以为王天下，治万变，材万物，养万民，兼制天下者，为莫若仁人之善也夫。故其知虑足以治之，其仁厚足以安之，其德音[3]足以化之，得之则治，失之则乱。百姓诚赖其知也，故相率而为之，劳苦以务佚[4]之，以养其知[5]也；诚美其厚也，故为之出死断亡以覆救之，以养其厚也；诚美其德也，故为之雕琢、刻镂、黼黻、文章以藩饰[6]之，以养其德也。故仁人在上，百姓贵之如帝，亲之如父母，为之出死断亡而愉者，无它故焉，其所是焉诚美，其所得焉诚大，其所利焉诚多。《诗》曰：“我任我辇，我车我牛，我行既集，盖云归哉！”[7]此之谓也。

故曰：君子以德，小人以力。力者，德之役也。百姓之力，待之而后功[8]；百姓之群，待之而后和；百姓之财，待之而后聚；百姓之势，待之而后安；百姓之寿，待之而后长。父子不得不亲，兄弟不得不顺，男女不得不欢，少者以长，老者以养。故曰：“天地生之，圣人成之。”此之谓也。

今之世而不然，厚刀布[9]之敛，以夺之财；重田野之税，以夺之食；苛关市之征，以难其事。不然而已矣，有掎挈伺诈[10]，权谋倾覆，以相颠倒，以靡敝[11]之，百姓晓然皆知其污漫暴乱而将大危亡也。是以臣或弑其君，下或杀其上，粥[12]其城、倍其节[13]而不死其事者，无它故焉，人主自取之。《诗》曰：“无言不雠，无德不报。”[14]此之谓也。

【注释】

[1]重：多。

[2]财：通“裁”，化裁。

[3]德音：善言、令誉。

[4]佚：通“逸”，安逸。

[5]知：通“智”。

[6]藩饰：盛饰。藩，通“繁”。

[7]语出《诗经·小雅·黍苗》，本指出征的百姓归乡。此处喻指仁政得人心，民众争

归往。

[8]功：成功。

[9]刀布：战国时的两种钱币刀币和布币。此处代指财富。

[10]有掎挈伺诈：又故意挑剔，伺机欺诈。有，通“又”。掎挈，摭其事、举其过。伺诈，候其罪、伪其辞。

[11]靡蔽：使之破败。

[12]粥：同“鬻”，出卖。

[13]倍其节：违背节操。倍，同“背”，违背。

[14]语出《诗经·大雅·抑》。雠，对答、应对。

【品读】

上章主张以不同的衣饰用度来分辨尊卑贵贱，本章具体而论，以各种物质待遇奉养士大夫、卿、君王等统治阶级，体现社会阶层之间的差别。这种等级差别的前提是百姓“诚赖其知”，即统治者特别是君主要取信于民、有惠于民，然后百姓才能诚心实意地劳作，心甘情愿地奉养之。孟子曾说：“无君子莫治野人，无野人莫养君子。”①荀子在此表达的意思与此相类，只是将“野人”换作了“百姓”。

此处还为读者构设了一幅理想的君民相得图：“仁人在上，百姓贵之如帝，亲之如父母。”其前提是代表社会上层的君子和代表社会下层的小人要各司其职，“君子以德，小人以力”。统治者即君子要怀德，以德治国，即以德使用民力、和睦群众、聚敛财富、安民寿民，使百姓“父子不得不亲，兄弟不得不顺，男女不得不欢，少者以长，老者以养”。当然，现实与理想相距甚远，荀子以古今、对比来论述理想与现实，所谓“今之世而不然”（这种比附古今、论述理想与现实的手法，在《荀子》中较为常见），出现君主贪婪厚敛、欺诈污漫，民心大失，臣子弑逆等乱象。他认为，一国的治乱根本在于君主，所谓“人主自取之”。孔子、孟子对此也有类似的认识。如孔子认为：“政者，正也。子帅以正，孰敢不正？”②孟子曰：“君仁莫不仁，君义莫不义，君正莫不正。一正君而国定矣。”③儒家明君贤臣、仁人治政的理念，在先秦三大儒者的言论思想中都有充分的体现。

10.6 兼足天下之道在明分[1]。掩地表亩[2]，刺屮殖谷[3]，多粪肥田，是农夫众庶之事也。守时力民，进事长功，和齐百姓，使人不偷，是将率[4]之

① 《孟子·滕文公上》。

② 《论语·颜渊》。

③ 《孟子·离娄上》。

事也。高者不旱，下者不水，寒暑和节而五谷以时孰[5]，是天下之事也。若夫兼而覆之，兼而爱之，兼而制之，岁虽凶败[6]水旱，使百姓无冻馁[7]之患，则是圣君贤相之事也。

【注释】

[1]明分：明确等级职分。

[2]掩地表亩：翻耕土地，标明田界。

[3]刺屮殖谷：除草种谷。刺，铲除。屮，古"草"字。

[4]将率：将帅。率，同"帅"。

[5]孰：同"熟"。

[6]凶败：饥荒歉收。

[7]馁：饥饿。

【品读】

明分使群是本篇首章就亮明的观点，此后各章屡有论述。这里所谓"明分"，着重从政治伦理层面而论，即礼义本分、规章制度。荀子期望通过礼义规范，使人人各得其事、各司其职，以实现社会太平、天下安定的理想。

10.7 墨子之言，昭昭[1]然为天下忧不足。夫不足非天下之公患也，特[2]墨子之私忧过计也。今是土之生五谷也，人善治之则亩数盆[3]，一岁而再获之，然后瓜桃枣李一本数以盆鼓，然后荤[4]菜百疏[5]以泽量，然后六畜禽兽一而剸车[6]，鼋鼍、鱼鳖、鳅鳣以时别，一而成群，然后飞鸟、凫雁若烟海，然后昆虫万物生其间，可以相食养者不可胜数也。夫天地之生万物也，固有余足以食人[7]矣；麻葛、茧丝、鸟兽之羽毛齿革也，固有余足以衣[8]人矣。夫有余不足，非天下之公患也，特墨子之私忧过计也。

天下之公患，乱[9]伤之也。胡不[10]尝试相与求乱之者谁也？我以墨子之"非乐"也则使天下乱，墨子之"节用"也则使天下贫，非将堕[11]之也，说不免焉。墨子大有天下，小有一国，将蹙然[12]衣粗食恶，忧戚而非乐，若是则瘠[13]，瘠则不足欲，不足欲则赏不行。墨子大有天下，小有一国，将少人徒，省官职，上[14]功劳苦，与百姓均事业、齐功劳，若是则不威，不威则罚不行。赏不行，则贤者不可得而进也；罚不行，则不肖者不可得而退也。贤者不可得而进也，不肖不可得而退也，则能不能不可得而官[15]也。若是则万物失宜，事变失应，上失天时，下失地利，中失人和，天下敖然[16]，若烧若焦。墨子虽为之衣褐带索[17]，嚽菽饮水[18]，恶[19]能足之乎？既以[20]伐其本，竭其原[21]，而焦天下矣。

故先王、圣人为之[22]不然。知夫为人主上者，不美不饰之不足以一民也，不富不厚之不足以管[23]下也，不威不强之不足以禁暴胜悍也。故必将撞大钟、击鸣鼓、吹竽笙、弹琴瑟以塞[24]其耳，必将雕琢、刻镂、黼黻、文章以塞其目，必将刍豢[25]稻粱、五味芬芳以塞其口，然后众人徒、备官职、渐庆赏、严刑罚以戒其心，使天下生民之属皆知己之所愿欲之举在于是也[26]，故其赏行；皆知己之所畏恐之举在于是也，故其罚威。赏行罚威，则贤者可得而进也，不肖者可得而退也，能不能可得而官也。若是，则万物得宜，事变得应，上得天时，下得地利，中得人和，则财货浑浑[27]如泉源，汸汸[28]如河海，暴暴[29]如丘山，不时焚烧，无所臧[30]之。夫天下何患乎不足也？故儒术诚行，则天下大[31]而富，使而功，撞钟击鼓而和。《诗》曰："钟鼓喤喤，管磬玱玱，降福穰穰。降福简简，威仪反反。既醉既饱，福禄来反。"[32]此之谓也。故墨术诚行，则天下尚俭而弥贫，非斗而日争，劳苦顿萃[33]而愈无功，愀然[34]忧戚非乐而日不和。《诗》曰："天方荐瘥，丧乱弘多，民言无嘉，憯莫惩嗟。"[35]此之谓也。

【注释】

[1]昭昭：通"燥燥"，忧愁不安。

[2]特：只不过。

[3]盆：古代量器，一盆合十二斗八升。

[4]荤：葱、韭一类的辛菜。

[5]疏：通"蔬"。

[6]六畜禽兽一而刬(tuán)车：六畜中的每一类都能装满一车。刬，通"专"，满。

[7]食(sì)人：供人食物。

[8]衣(yì)：穿。

[9]乱：指惑乱人心之论。

[10]胡不：何不。

[11]隓：通"隳"，诋毁。

[12]蹙(cù)然：局促不安的样子。

[13]瘠：衣单食薄，供养匮乏。

[14]上：通"尚"，推崇。

[15]官：同"管"，管理、任用。

[16]敖然：煎熬的样子。敖，通"熬"。

[17]衣褐带索：身穿粗衣、腰束草绳。

[18]啜(chuò)菽饮水：吃豆叶之类的粗粮、喝白水之类的饮料，喻生活节俭。啜，同"啜"，吃。

[19]恶(wū)：怎么、哪里。

[20]以：同"已"。

[21]原：同"源"。

[22]为之：治理天下。

[23]管：管理。

[24]塞：填塞，引申为满足。

[25]刍豢：牛羊、猪狗，此处代指肉食。刍，指家畜中牛、羊等食草反刍类动物。豢，指狗、猪等食谷动物。

[26]在于是也：《集解》本作“在是于也”，据文义改之。

[27]浑浑：水流奔涌。

[28]汸(páng)汸：水势浩大。汸，通“滂”。

[29]暴(bó)暴：突起的样子。暴，通“勃”。

[30]臧：同“藏”。

[31]大：通“泰”，平安。

[32]钟鼓喤喤，管磬玱玱，降福穰穰，降福简简，威仪反反。既醉既饱，福禄来反：语见《诗经·周颂·执竞》，本意指以酒乐祭祀武王，祈求为周朝带来福祉。反，同“返”。

[33]顿萃：困顿憔悴。萃，通“悴”，病困。

[34]愀(qiǎo)然：忧惧的样子。

[35]天方荐瘥(cuó)，丧乱弘多，民言无嘉，憯(cǎn)莫惩嗟：语出《诗经·小雅·节南山》，原意是天灾人祸，民众抱怨，上天竟没有惩罚恶人。荐，一再。瘥，疫病。憯，犹“曾”，竟然。惩，警诫。嗟，语末助词。

【品读】

针对战国时墨家学说的壮大和对儒学形成的挑战，荀子和孟子一样，也作了大量的评判。他比较儒术与墨术的优劣，斥墨赞儒，立场鲜明地对墨家的挑战作出了有力的回应。如他对墨家“患不足”“非乐”“节用”和赏罚不分及等级尚同，都一一作了驳斥，认为天下公患不在物的多少，“夫天地之生万物也，固有余足以食人矣”，而在于社会秩序不得调理、等级分工无法明确、人才举黜失当。最后的结论是：“儒术诚行，则天下大而富，使而功，撞钟击鼓而和”；“墨术诚行，则天下尚俭而弥贫，非斗而日争，劳苦顿萃而愈无功，愀然忧戚非乐而日不和”。当然，这是荀子站在宣扬儒学、批判墨学的立场上针砭对方不足。事实上，不管孟子还是荀子，都从这个由儒学分化出去的派别——墨学中汲取了不少有益的思想成分，建构了儒中有墨的儒学体系。而墨学自从儒家中分化之始，就与儒家思想具有很多相同之处，如节俭、尚贤、尚义、修身等。故两家曾经在某些方面相互依存，相互借重，各自发展壮大。清儒王夫之曾言，“故有儒而后墨兴，有墨而后儒之说盛”①，说的正是此理。

---

① (清)王夫之：《庄子解》卷二，中华书局1964年版，第18页。

10.8 垂事养民[1]，拊循[2]之，唲呕[3]之，冬日则为之饘粥[4]，夏日则与之瓜麮[5]，以偷取少顷之誉焉，是偷[6]道也。可以少顷得奸民之誉，然而非长久之道也。事必不就，功必不立，是奸治[7]者也。傮然要时务民[8]，进事长功，轻非誉而恬失民，事进矣而百姓疾之，是又不可偷偏者也。徙坏堕落，必反无功。故垂事养誉不可，以遂功而忘民亦不可，皆奸道也。

故古之人为之不然，使民夏不宛[9]暍[10]，冬不冻寒，急不伤力，缓不后时，事成功立，上下俱富，而百姓皆爱其上，人归之如流水，亲之欢如父母，为之出死断亡而愉者，无它故焉，忠信调和均辨之至也。故君国长民者欲趋时遂功，则和调累解，速乎急疾；忠信均辨[11]，说[12]乎赏庆矣，必先修正其在我者，然后徐责其在人者，威乎刑罚。三德者诚乎上，则下应之如景向[13]，虽欲无明达，得乎哉？《书》曰："乃大明服，惟民其力懋和而有疾。"[14]此之谓也。

【注释】

[1]垂事养民：施小惠于民。垂，向下、俯。

[2]拊循：安抚、慰问。拊，通"抚"。

[3]唲（wā）呕：婴儿语声，此指像疼爱婴儿一样爱惜百姓。

[4]饘（zhān）粥：古代的稀饭。稠者称"饘"，稀者称"粥"。

[5]麮（qù）：大麦粥。

[6]偷：苟且。

[7]奸治：以奸诈治世。

[8]傮（zào）然要时务民：急征民力，常服劳役。傮，通"造"，急迫，尽人力貌。要时，趋时。

[9]宛：通"蕴"，闷热、暑气。

[10]暍（yē）：中暑。

[11]辨：通"平"，公平。

[12]说：通"悦"。

[13]景向：如影随形，如响留声。景，通"影"。向，通"响"。

[14]乃大明服，惟民其力懋（mào）和而有疾：今本《尚书·康诰》作"乃大明服，惟民其敕懋，和若有疾"，与此处略异。意指在上者以明德服人，民众才会勤勉和睦，积极响应号令。懋，勉。有，助词。

【品读】

本章荀子通过比较今古治政方法的差异，来表明自己尊古的态度。事实上，厚古薄今是很多儒家人物评价历史的基本立场。荀子主张国君治民应回到古人那里，学习先王之道，借鉴其治政智慧，注意以下两方面：一是立功，在不伤害民众的前提下，"趋时遂功"，"事成功立"，有功必赏，有罪必罚；

二为立德，如忠信、调和、均辨，要厚道，“必先修正其在我者，然后徐责其在人者”。如此方可达到君民两谐，近若亲人。《诗经·大雅·卷阿》中描述的“岂弟君子，民之父母”，是儒家孜孜以求的国君样板。进而言之，儒家诗教有对理想政治的诉求。

10.9　故不教而诛，则刑繁而邪不胜[1]；教而不诛，则奸民不惩；诛而不赏，则勤属[2]之民不劝；诛赏而不类，则下疑俗俭[3]而百姓不一。故先王明礼义以壹之，致忠信以爱之，尚贤使能以次之，爵服庆赏以申重之，时其事、轻其任以调齐[4]之，潢然[5]兼覆之，养长之，如保赤子。若是，故奸邪不作，盗贼不起，而化善者劝勉矣。是何邪？则其道易，其塞固，其政令一，其防表[6]明。故曰：上一则下一矣，上二则下二矣，辟[7]之若屮木，枝叶必类本。此之谓也。

【注释】

[1]胜：被制服。

[2]勤属：属，当为“厉”（古作“厲”）之形误。勤厉，即“勤励”，勤勉。

[3]俗俭：习俗险恶。俭，通“险”。

[4]调齐：调和、整齐。

[5]潢然：水势浩大的样子，此处借之形容君主恩泽广大。潢，通“滉”。

[6]防表：堤防标记，此处代指礼义准则。

[7]辟：通“譬”。

【品读】

教化与刑罚、奖赏与诛惩集中体现了儒家提倡威爱并用、刚柔相济的治政思想。细而论之，就是明德慎罚，先教后诛。在历朝历代政治中活跃的有为官吏如循吏，他们多很好地掌握了此条科律，“力行教化而后诛罚”，“上顺公法，下顺人情也”，赢得令誉，流芳百世。否则，轻忽任何一方面，都会出现偏差，如“不教而诛，则刑繁而邪不胜；教而不诛，则奸民不惩；诛而不赏，则勤属之民不劝；诛赏而不类，则下疑俗俭而百姓不一”等。在本章中，荀子又抬出先王之道，认为应从礼义、忠信、贤能、庆赏方面入手，继之以“时其事、轻其任”，适度征用民力，道德教化为上。只有为政者正气凛然，闲邪存诚，方可迎来政治清明、国泰民安的气象，所谓“奸邪不作，盗贼不起，而化善者劝勉”。

10.10　不利而利之，不如利而后利之之利也。不爱而用之，不如爱而后用之之功[1]也。利而后利之，不如利而不利者之利也。爱而后用之，不如爱而不用者之功也。利而不利也、爱而不用也者，取天下矣。利而后利之、爱而后用之者，保社稷矣。不利而利之、不爱而用之者，危国家也。

【注释】

[1]功：有成效。

【品读】

本章论述君主治国用人、驭民之道。无惠于臣民或他国而想从他们身上得利，不爱他人、他国而想让对方听从自己，是一种治国之策，却是下下之策，只能危害国家。中等之策是，先利他人而后使人利我，先爱人而后使人为我所用，这样就可以保全国家的存在。上上策则是给他人、他国以实惠，而不一定马上要从他们那里索取回报；爱护对方，但不一定要让他们即刻为自己效力，这样可以成为一统天下的霸主或天子。"利而不利也、爱而不用也者，取天下矣"的上上境界，既是儒家仁爱治政的理想蓝图，也是道家提倡以"生而不有、为而不恃、长而不宰"的玄德和"为而不争"的圣人之道治国理政的应有之义，皆推崇无私利人以取天下。

10.11 观国之治乱臧否，至于疆易[1]而端已见[2]矣。其候徼支缭[3]，其竟[4]关之政尽察，是乱国已。入其境，其田畴秽，都邑露，是贪主已[5]。观其朝廷则其贵者不贤，观其官职则其治者不能，观其便嬖[6]则其信者不悫，是暗主已。凡主、相、臣下百吏之俗[7]，其于货财取与计数也，须孰[8]尽察，其礼义节奏也，芒轫僈楛[9]，是辱国已。其耕者乐田，其战士安难，其百吏好法，其朝廷隆礼，其卿相调议，是治国已。观其朝廷则其贵者贤，观其官职则其治者能，观其便嬖则其信者悫，是明主已。凡主相臣下百吏之属，其于货财取与计数也，宽饶简易，其于礼义节奏也，陵谨尽察，是荣国已。贤齐则其亲者先贵，能齐则其故者先官，其臣下百吏，污者皆化而修，悍者皆化而愿[10]，躁者皆化而悫，是明主之功已[11]。

【注释】

[1]易：通"埸(yì)"，边界。

[2]见：同"现"，呈现。

[3]候徼(jiào)支缭：哨兵来回巡察。徼，巡察。支缭，分散巡回。

[4]竟：同"境"。

[5]已：同"矣"，语末助词。

[6]便嬖(pián bì)：君主身边的亲信宠臣。

[7]俗：据下文，疑为"属"之音误。

[8]孰：通"熟"，精熟、周详。

[9]芒轫僈楛：暗昧怠慢，松懈不坚。芒，蒙昧。轫，柔，引申为怠惰。

[10]愿：善良忠实。

[11]已：通“也”。

【品读】

本章论述观察一个国家是否太平，是有法可循的。先从边关盘查是否严苛、岗哨是否来回穿梭观察其边防之弛张。继而入境内，若田地荒芜、都城破露，可知其主贪婪；若朝廷用人不当，则其主为昏君；若君臣唯利是图，无礼义约束，则容易招来外辱，其国沦为“辱国”。春秋时期晋灵公重税课民，五谷不分，使民众饥荒；喜好声色，宠信屠岸贾，派人刺杀贤臣；成日嬉戏，以弹丸射杀小臣为乐，动辄杀掉备膳厨师。可谓无礼之至，最终死于非命。按荀子所言，当时的晋国就是“辱国”。

相反，如果士、农、工、商各安其业，官吏任人唯贤，君臣淡泊私利、礼义当先，这样的国家是会为民众带来荣耀的“荣国”。国家平治、教化大行，归根究底是因为有一个英明的君主在上起到良好的指导作用。还是以春秋晋国为例，晋灵公的祖上晋文公重耳在外流亡十九年之后回到晋国，重振朝纲，重视农业、手工业、商业的发展，任用大量贤能，时时以大义相责，与他国以礼相待，扶危惩暴，使晋国一举成为春秋霸国，此时的晋国就是“荣国”。同为晋国，一辱一荣，原因就在于灵公昏庸、文公英明。贤君能臣对国家的前途命运影响很大，常常出现一人可以废邦，一人亦可兴邦的情形，而这与儒家思想提倡的贤能政治有一定的关联。

10.12　观国之强弱贫富有征[1]：上不隆礼则兵弱，上不爱民则兵弱，已诺不信则兵弱，庆赏不渐则兵弱，将率不能则兵弱。上好功则国贫，上好利则国贫，士大夫众则国贫，工商众则国贫，无制数度量则国贫。下贫则上贫，下富则上富。故田野县鄙[2]者，财之本也；垣窌仓廪[3]者，财之末也；百姓时和、事业得叙[4]者，货之源也；等赋府库者，货之流也。故明主必谨养其和，节其流，开其源，而时斟酌焉，潢然使天下必有余而上不忧不足。如是，则上下俱富，交无所藏之，是知国计之极也。故禹十年水，汤七年旱，而天下无菜色者，十年之后，年谷复孰[5]而陈积有余。是无它故焉，知本末源流之谓也。故田野荒而仓廪实，百姓虚而府库满，夫是之谓国蹶[6]。伐其本，竭其源，而并之其末，然而主相不知恶也，则其倾覆灭亡则可立而待也。以国持之而不足以容其身，夫是之谓至贪，是愚主之极也。将以取富而丧其国，将以求利而危其身。古有万国，今有十数焉，是无它故焉，其所以失之一也。君人者亦可以觉矣。百里之国足以独立矣。

【注释】

[1]征:征验。

[2]县鄙:代指城乡。县,两千五百家为县。鄙,五百家为鄙。

[3]垣(yuán)窌(jiào)仓廪:指存储委积粮食之所。垣,墙。窌,地窖,此处指粮囤。仓,谷仓。廪,米仓。

[4]百姓时和、事业得叙:百姓时时和睦相处,各项事业得以持续。

[5]孰:通"熟"。

[6]蹶:颠倒,引申为灾难。

【品读】

本章仍在论述国家强弱贫富的表现。深究其根源,有两方面:一是上层君主的好恶取舍,二是其他阶层的多寡制度。先举反例,如"上不隆礼则兵弱,上不爱民则兵弱,已诺不信则兵弱,庆赏不渐则兵弱,将率不能则兵弱""上好功则国贫,上好利则国贫,士大夫众则国贫,工商众则国贫,无制数度量则国贫"。再举正面例子,指出国家富强在于明君执政,知晓民富、国富的辩证关系,即"田野县鄙者,财之本也;垣窌仓廪者,财之末也;百姓时和、事业得叙者,货之源也;等赋府库者,货之流也"。只有节流开源,量入为出,相时而行,先使民众富裕,而后国家才可能富强。

10.13 凡攻人者,非以为名,则案[1]以为利也,不然,则忿之也。仁人之用国,将修志意,正身行,伉隆高[2],致忠信,期文理。布衣紃屦[3]之士诚是,则虽在穷阎漏屋[4],而王公不能与之争名;以国载之,则天下莫之能隐匿也。若是,则为名者不攻也。将辟田野,实仓廪,便备用,上下一心,三军同力,与之远举极战则不可。境内之聚也,保固视可,午[5]其军,取其将,若拨麷[6]。彼得之,不足以药伤补败。彼爱其爪牙,畏其仇敌,若是,则为利者不攻也。将修小大强弱之义以持慎之,礼节将甚文,珪璧将甚硕,货赂将甚厚,所以说[7]之者,必将雅文辩慧之君子也。彼苟有人意焉,夫谁能忿之?若是,则忿之者不攻也。为名者否[8],为利者否,为忿者否,则国安于盘石,寿于旗[9]、翼[10]。人皆乱,我独治;人皆危,我独安;人皆失丧之,我按起而制之。故仁人之用国,非特将持其有而已矣,又将兼人。《诗》曰:"淑人君子,其仪不忒。其仪不忒,正是四国。"[11]此之谓也。

【注释】

[1]案:语气助词,犹。

[2]伉隆高:推崇礼义。伉,通"亢",高亢,引申为推崇。隆高,代指礼义。

[3]布衣紃(xún)屦(jǔ):指衣着朴素。紃屦,粗麻草织的鞋子。

[4]穷阎漏屋：指居住条件简陋。阎，巷。漏，通“陋”。

[5]午：通“迕”，触犯、迎战。

[6]若拨麸(fēng)：好像拨开蒲草一样容易。麸，蒲草。

[7]说(shuì)：游说。

[8]否：不会攻打。

[9]旗：通“箕”，二十八星宿之一。

[10]翼：二十八星宿之一。

[11]语出《诗经·曹风·鸤鸠》。意指正人淑世的一国之君，在威仪方面没有差错，是周围国君学习的榜样。

【品读】

本章对在国与国相处中有意滋事、攻打他国的行为作了精辟分析：“凡攻人者，非以为名，则案以为利也，不然，则忿之也。”荀子认为要想免于被人攻打，从消极意义上来说，只要做到使那些为名、为利、为忿者不来进犯即可。从积极意义上来看，需“仁人之用国，非特将持其有而已矣，又将兼人”，即通过礼义道法、提拔贤人、充分备战、友好邻邦、厚往薄来等措施，赢得他国的心悦诚服，就不会招来外敌的侵扰。但这种和平以自身力量的强大和充分的备战为前提，是在相对均势、优势在我的格局中的和平，体现了荀子辩证地看待战争与和平的理性思维。古代兵法言“好战者必亡，忘战者必危”，也是在强调不轻言战，但要积极备战，与此处所言同理。

10.14　持国之难易：事强暴之国难，使强暴之国事我易。事之以货宝，则货宝单[1]而交不结；约信盟誓，则约定而畔[2]无日；割国之锱铢[3]以赂之，则割定而欲无厌。事之弥烦，其侵人愈甚，必至于资单国举然后已。虽左尧而右舜，未有能以此道得免焉者也。辟[4]之是犹使处女婴[5]宝珠，佩宝玉，负戴黄金而遇中山之盗也，虽为之逢蒙视[6]，诎要桡腘[7]，君卢屋妾[8]，由[9]将不足以免也。故非有一人之道也，直将巧繁拜请而畏事之[10]，则不足以持国安身。故明君不道[11]也。必将修礼以齐朝，正法以齐官，平政以齐民；然后节奏[12]齐于朝，百事齐于官，众庶齐于下。如是，则近者竞亲，远方致愿，上下一心，三军同力，名声足以暴炙之[13]，威强足以捶笞之，拱揖指挥[14]，而强暴之国莫不趋使，譬之是犹乌获与焦侥搏[15]也。故曰：“事强暴之国难，使强暴之国事我易。”此之谓也。

【注释】

[1]单：通“殚”，尽。

[2]畔：通“叛”，背叛。

[3]锱铢：比喻极其微小的数量。锱、铢，古代重量单位，二十四分之一两为一铢，六铢为一锱。

[4]辟：通“譬”，比喻。

[5]婴：同“缨”，缠绕。

[6]逢蒙视：不敢正视。

[7]诎（qū）要桡（náo）腘（guó）：弯腰屈膝。诎，同“屈”。要，同“腰”。桡，弯曲。腘，膝后弯曲处。

[8]君卢屋妾：如同家中的婢妾。君，当为“若”之形误。卢，通“庐”，简陋小屋。

[9]由：同“犹”，仍然。

[10]直将巧繁拜请而畏事之：只是花言巧语、卑躬屈膝地请示，担惊受怕地侍奉他。将，以。繁，通“敏”，花言巧语。

[11]道：由、遵行。

[12]节奏：礼仪制度。

[13]名声足以暴（pù）炙（zhì）之：名声显赫足以威慑天下。

[14]拱揖指挥：像两手相拱作揖一样轻松指挥。

[15]乌获与焦侥（yào）搏：以大力士与小矮子相搏斗，喻指实力悬殊太大。乌获，战国秦武王时的大力士。焦侥，古代传说中的小矮人，身高不满三尺。

【品读】

本章论及事强暴之国、使强暴之国，皆涉及当时诸国如何处理彼此之间关系的问题。荀子指出明君治国之道、齐一之术，“将修礼以齐朝，正法以齐官，平政以齐民；然后节奏齐于朝，百事齐于官，众庶齐于下”。要在保证己国内修、自强的基础上，创建理想的国际关系格局：“近者竞亲，远方致愿，上下一心，三军同力，名声足以暴炙之，威强足以捶笞之，拱揖指挥，而强暴之国莫不趋使，譬之是犹乌获与焦侥搏也。”概言之，隆礼重法是荀子眼里治理内政外交事务的根本大法。

王霸篇第十一

11.1　国者，天下之利用[1]也；人主者，天下之利势[2]也。得道以持之，则大安也，大荣也，积美之源也；不得道以持之，则大危也，大累也，有之不如无之，及其綦[3]也，索为匹夫不可得也，齐湣、宋献[4]是也。故人主，天下之利势也，然而不能自安也，安之者必将道[5]也。

【注释】

[1]利用：利器。"利"上，《集解》本衍"制"字，据文义删。

[2]利势：有利的地位。

[3]綦（jí）：通"极"，极点。

[4]齐湣（mǐn）、宋献：皆衰国之君。齐湣，即战国时期齐国齐闵王。宋献，战国时期宋国宋康王。

[5]将道：行道。

【品读】

本章强调得道与安身荣己积美、治国平天下紧密相关，即《尚书》中所谓"道洽政治"。下文皆从道、政关系上展开论述，义立则王，信立则霸，推崇以礼治国。

11.2　故用国者，义立而王，信立而霸，权谋立而亡。三者明主之所谨择也，仁人之所务白也。挈[1]国以呼礼义而无以害之，行一不义、杀一无罪而得天下，仁者不为也，擽[2]然扶持心、国，且若是其固也。之所与为之者之人，则举义士也；之所以为布陈于国家刑法者，则举义法也；主之所极然帅群臣而首乡之者，则举义志也。如是，则下仰上以义矣，是綦[3]定也。綦定而国定，国定而天下定。仲尼无置锥之地，诚义乎志意，加义乎身行，著[4]之言语，济之日，不隐乎天下，名垂乎后世。今亦以天下之显诸侯诚义乎志意，加义乎法则度量，著之以政事，案申重之以贵贱杀生，使袭然终始犹一也。如是，则夫名声之部发[5]于天地之间也，岂不如日月雷霆然矣哉？故曰：以国齐义，一日而白，汤、武是也。汤以亳[6]，武王以鄗[7]，皆百里之地也，天下为一，诸侯为臣，通达之属莫不从服，无它故焉，以济义矣。是所谓义立而王也。

【注释】

[1]挈(qiè)：提举、执掌。

[2]擽(luò)：通“跞”，喻指如石头一样坚固。

[3]綦：通“基”，根基。

[4]著：表现。

[5]部发：分布发扬。或曰“勃发”，或曰“开发”，聊备一说。

[6]亳(bó)：商初都城，在今河南商丘北。

[7]鄗(hào)：同“镐”，西周国都，在今陕西西安长安区沣河以东。

【品读】

本章论述汤武王道，强调一“义”字，有仁人义士、义法义志、诚义加义，上下有义，则国大治。实质仍在说以礼、义、仁治国。

11.3 德虽未至也，义虽未济也，然而天下之理略奏矣，刑赏已诺，信乎天下矣，臣下晓然皆知其可要[1]也。政令已陈，虽睹利败，不欺其民；约结已定，虽睹利败，不欺其与[2]。如是，则兵劲城固，敌国畏之，国一綦明[3]，与国信之，虽在僻陋之国，威动天下，五伯[4]是也。非本政教也，非致隆高也，非綦文理也，非服人之心也，乡[5]方略，审劳佚，谨畜积，修战备，齺[6]然上下相信，而天下莫之敢当也。故齐桓、晋文、楚庄、吴阖闾、越勾践，是皆僻陋之国也，威动天下，强殆中国[7]，无它故焉，略信也。是所谓信立而霸也。

【注释】

[1]要：求、取。

[2]与：相结交的友邦。

[3]綦明：立国的基础明确。

[4]五伯：五霸，指下文的“齐桓、晋文、楚庄、吴阖闾、越勾践”。

[5]乡：注重。

[6]齺(zōu)：牙齿上下相向、咬合，喻密切配合。

[7]中国：中原各国。

【品读】

本章论述舍德义而以信治国，可致霸国，不失为强国之术。春秋五霸，即通过与周边诸侯国结盟，得他国信任，故称霸一时。这种结盟有的符合礼义，有的则是城下之盟，恃强凌弱，故这种信盟立国的外交只能收一时之效，非长久之计。

11.4　挈国以呼功利，不务张其义，齐[1]其信，唯利之求，内则不惮诈其民而求小利焉，外则不惮诈其与而求大利焉，内不修正其所以有，然常欲人之有。如是，则臣下百姓莫不以诈心待其上矣。上诈其下，下诈其上，则是上下析[2]也。如是，则敌国轻之，与国疑之，权谋日行而国不免危削，綦之而亡，齐闵、薛公是也。故用强齐，非以修礼义也，非以本政教也，非以一天下也，绵绵常以结引驰外为务[3]。故强，南足以破楚，西足以诎秦[4]，北足以败燕，中足以举宋。及以燕、赵起而攻之，若振槁然，而身死国亡，为天下大戮[5]，后世言恶则必稽焉。是无它故焉，唯其不由礼义而由权谋也。三者，明主之所以谨择也，而仁人之所以务白也。善择者制人，不善择者人制之。[6]

【注释】

[1]齐：同"济"，成就、成功。

[2]析：背离。

[3]绵绵常以结引驰外为务：常以勾结别国、对外扩张为目标。

[4]诎秦：打败秦国。诎，通"屈"。

[5]戮：羞辱。

[6]善择者制人，不善择者人制之：善于选择以礼义治国者能够治理别人，不善于选择者则受制于人。

【品读】

本章论述治国的下下策，不务义信，非修礼教，唯利是图，以权谋欺诈治理内政、外交，连横合纵，吞并弱者。齐国在闵公时期，由盛转衰，就是因为他贪婪无礼，为牟取私利，攻占燕国，招来报复，最终身死国亡，为后人所笑。所以，在荀子的眼里，礼义与权谋不得同立，一为正途，一为邪径。虽然在理论上人人知道前正后邪，但是人性私恶的作祟，使得现实中往往出现"大道甚夷而人好径"①的悖象。战国时期，有很多国家因此而亡，也有因权谋欺诈而大发一时横财者。前者如楚怀王因秦使张仪承诺六百里国土，弃盟友齐国于不顾，而结欢于秦，后被诳以六里之地，导致楚国在当时的国际环境中处于非常不利的地位，后身死国衰，终亡于秦；后者如秦，其恰恰因张仪的骗术得以蚕食吞并强楚，拓展疆域，为之后一统天下奠定了坚强的基础。只是，若以儒家如荀子的礼义立国而论，秦最终也没有笑到最后。数十年间，秦虽一统六国，但十余年后却二世而亡。从短视、实效的功利角度来看，法家、兵家的权谋诈术帮助不少国家一度强大或渡过难关，但这只是奇术，而

① 《老子》第五十三章。

非常道。老子曾云:“以正治国,以奇用兵,以无事取天下。”①后来遵循此道而行,建立数百年王霸基业的是继秦而兴的刘汉王朝。不管是汉初的黄老治国,还是后来的儒术理政,皆求其正,以正治国。

11.5　国者,天下之大器也,重任也,不可不善为择所而后错[1]之,错险则危;不可不善为择道然后道之,涂薉则塞[2],危塞则亡。彼国错者,非封焉之谓也,何法之道,谁子之与也?故道王者之法,与王者之人为之,则亦王;道霸者之法,与霸者之人为之,则亦霸;道亡国之法,与亡国之人为之,则亦亡。三者,明主之所以谨择也,而仁人之所以务白也。

【注释】

[1]错:通“措”,安置。

[2]涂薉则塞:道路被污物堵塞。涂,通“途”。

【品读】

本章强调国者重任,需要仁人明主以道葆之、治之。与前不同的是,此处荀子将道的次生态统治方式“法”明确标示出来,即“道王者之法,与王者之人为之,则亦王;道霸者之法,与霸者之人为之,则亦霸”。关于道、法的关系,先秦道家、法家论述较多。如《管子》中言:“章道以教,明法以期,民之兴善也如化,汤武之功是也”②;“法出于礼,礼出于治。治、礼,道也”③。稷下学者的道法观是:“道生法。法者,引得失以绳,而明曲直者也。故执道者,生法而弗敢犯也,法立而弗敢废也。故能自引以绳,然后见知天下而不惑矣。”④《慎子》中曰:“故有道之国,法立则私议不行,君立则贤者不尊。民一于君,事断于法,是国之大道也。”⑤荀子长期置身于齐地稷下学官中,多受各家影响,如其重法思想、“道不过三代,法不二后王”的王者之制等。不过,单就此处的“道”而论,他更多的是将之作为一个动词,作“引导”义解。

11.6　故国者,重任也,不以积持之则不立。故国者,世所以新者也,是惮[1]。惮非变也,改玉改行[2]也。故一朝之日也,一日之人也,然而厌焉有千岁之固[3],何也?曰:援夫千岁之信法以持之也,安与夫千岁之信士为之也。

①《老子》第五十七章。

②《管子·宙合》。

③《管子·枢言》。

④ 陈鼓应注译:《黄帝四经今注今译:马王堆汉墓出土帛书》,商务印书馆2007年版,第2页。

⑤ 高流水译注:《慎子全译》,贵州人民出版社1996年版,第48~49页。

人无百岁之寿而有千岁之信士，何也？曰：以夫千岁之法自持者，是乃千岁之信士矣。故与积礼义之君子为之则王，与端诚信全之士为之则霸，与权谋倾覆之人为之则亡。三者，明主之所以谨择也，而仁人之所以务白也。善择之者制人，不善择之者人制之。

【注释】

[1]惮：同“禅”，禅让。一说通“嬗”，更替。此前后两句的句读，学界说法不一，今采刘师培说，作“故国者，世所以新者也，是惮。惮非变也，改玉改行也”。

[2]改玉改行：改变玉佩，改变步伐，代指变换治国方针。玉，《集解》本作“王”，今据文义改之。

[3]固：应为“国”。

【品读】

本章和上章一样，强调国者重任，不可不善择治理之道。此道可归结为治国以贤能，即信任“积礼义之君子”“端诚信全之士”，委其国政。这里说的千岁之法，当指王者之法、尧舜之道。荀子认为：“法者，治之端也；君子者，法之原也”①；“圣人也者，道之管也，天下之道管是矣，百王之道一是矣”②。其实，他的治国理想就是圣人、君子以道法立国治民。这与西方柏拉图所言由哲人、武士以正义立国的治国理想遥相辉映。二者可参照理解，当别有一番趣味在心头。

11.7　彼持国者必不可以独也，然则强固[1]荣辱在于取相矣。身能相能，如是者王；身不能，知恐惧而求能者，如是者强；身不能，不知恐惧而求能者，安唯便僻[2]左右、亲比己者之用，如是者危削，綦之而亡。国者，巨用之则大，小用之则小，綦大而王，綦小而亡，小巨分流者存。巨用之者，先义而后利，安不恤亲疏，不恤贵贱，唯诚能之求，夫是之谓巨用之。小用之者，先利而后义，安不恤是非，不治曲直，唯便僻亲比己者之用，夫是之谓小用之。巨用之者若彼，小用之者若此，小巨分流者亦一若彼、一若此也。故曰：“粹[3]而王，驳[4]而霸，无一焉而亡。”此之谓也。

【注释】

[1]固：通“盬(gǔ)”，不坚实、脆弱。

[2]便(pián)僻(pì)：通“便嬖”，指善于逢迎君主的宠臣。

[3]粹：纯粹。

[4]驳：杂。

---

① 《荀子·君道》。

② 《荀子·儒效》。

【品读】

本章进一步对前文所言“与积礼义之君子为之则王，与端诚信全之士为之则霸”展开进一步论述。大意在于论证君权想稳固、国家想安定，一定要先选取得力的丞相来辅佐，并细分出三种情形：君臣皆能，为王者之国；君不能而礼贤下士求得能臣者，为霸主之国；君不能亦不能求得贤臣相佐，唯亲近身边奉承自己的小人，则亡国无待。

11.8　国无礼则不正。礼之所以正国也，譬之犹衡之于轻重也，犹绳墨之于曲直也，犹规矩之于方圆也，既错[1]之而人莫之能诬也。《诗》云：“如霜雪之将将，如日月之光明，为之则存，不为则亡。”[2]此之谓也。

【注释】

[1]错：通“措”，举措。

[2]如霜雪之将(qiāng)将，如日月之光明，为之则存，不为则亡：佚诗，用来形容礼制的威仪。

【品读】

本章旨在论述隆礼治国，类似表述，前文即有，如《劝学》篇中言“人无礼则不生，事无礼则不成，国家无礼则不宁”。这种思想前有所承，如孔子即主张“为国以礼”，他认为理想的治国方案就是“道之以德，齐之以礼，有耻且格”①。而在春秋战国时期，以礼治国的思想亦见于同期的史著之中。如《左传·隐公十一年》言：“礼，经国家，定社稷，序民人，利后嗣者也。”《国语·晋语四》载：“夫礼，国之纪也。”《管子·牧民》云国之四维，“一曰礼，二曰义，三曰廉，四曰耻”，礼居首位。除了在治国层面上隆礼之外，儒家也强调在个人修养方面以礼为则，但主要指士君子、贤臣、明君。至于将礼下降至庶民，为士庶皆开通一道以礼修身之门路，则是较晚的事了。从理论上为广大社会阶层打通修养之道者，《大学》的“自天子以至于庶人，壹是皆以修身为本”及《中庸》的“道不远人”皆功不可没。其实二者亦是一种理性启蒙，张扬自由人性与正义平等，如“天命之谓性，率性之谓道，修道之谓教。道也者，不可须臾离也，可离非道也”②，启发人敬天、顺命、率性，隆重修养之道，实为千古不易的光辉之论。如守此不违，不失为“以夫千岁之法自持”③的信士。

---

① 《论语·为政》。
② 《礼记·中庸》。
③ 《荀子·王霸》。

11.9 国危则无乐君，国安则无忧民。乱则国危，治则国安。今君人者急逐乐而缓治国，岂不过甚矣哉？譬之是由[1]好声色而恬无耳目也，岂不哀哉？夫人之情，目欲綦色，耳欲綦声，口欲綦味，鼻欲綦臭[2]，心欲綦佚[3]。此五綦者，人情之所必不免也。养五綦者有具，无其具则五綦者不可得而致也。万乘之国，可谓广大、富厚矣，加有治辨、强固之道焉，若是，则怡愉无患难矣，然后养五綦之具具也。故百乐者，生于治国者也；忧患者，生于乱国者也。急逐乐而缓治国者，非知乐者也。故明君者，必将先治其国，然后百乐得其中；暗君，必将急逐乐而缓治国，故忧患不可胜校[4]也，必至于身死国亡然后止也，岂不哀哉？将以为乐，乃得忧焉；将以为安，乃得危焉；将以为福，乃得死亡焉；岂不哀哉？於乎[5]！君人者亦可以察若言矣。故治国有道，人主有职。若夫贯日而治详，一日而曲列之[6]，是所使夫百吏官人为也，不足以是伤游玩安燕之乐。若夫论一相以兼率之，使臣下百吏莫不宿道乡方[7]而务，是夫人主之职也。若是，则一天下，名配尧、禹。人主[8]者，守至约而详，事至佚而功，垂衣裳，不下簟席[9]之上，而海内之人莫不愿得以为帝王。夫是之谓至约，乐莫大焉。

【注释】

[1]由：通“犹”。

[2]臭(xiù)：气味。

[3]佚：同“逸”。

[4]校(jiào)：计数。

[5]於乎：呜呼，语气叹词。

[6]若夫贯日而治详，一日而曲列之：连日才能办完的事，一天之内办完。列，“别”字之讹(王念孙说)。

[7]乡方：沿着正确的道路。乡，通“向”。方，道。

[8]人主：《集解》本作“之主”，今据他本改之。

[9]簟席：竹席。

【品读】

本章告诫君主何以治理、巩固国家，指出君主应先公后私，先治其国而后得一己之乐、万民之乐。乐为何物？“人情之所必不免也”，即所谓“目欲綦色，耳欲綦声，口欲綦味，鼻欲綦臭，心欲綦佚”。孟子言与民同乐，乐民之乐①，荀子对此当亦有所承。

---

① 参见《孟子·梁惠王下》。

11.10 人主者，以官人为能者也；匹夫者，以自能为能者也。人主得使人为之，匹夫则无所移之。百亩一守，事业[1]穷，无所移之也。今以一人兼听天下，日有余而治不足者，使人为之也。大有天下，小有一国，必自为之然后可，则劳苦耗悴[2]莫甚焉。如是，则虽臧获[3]不肯与天子易势业。以是县[4]天下，一四海，何故必自为之？为之者，役夫之道也，墨子之说也。论德使能而官施之者，圣王之道也，儒之所谨守也。传曰："农分田而耕，贾分货而贩，百工分事而劝，士大夫分职而听，建国诸侯之君分土而守，三公总方而议，则天子共[5]己而已。"出若入若，天下莫不平均，莫不治辨，是百王之所同也，而礼法之大分也。

【注释】

[1]事业：农耕稼穑之事。

[2]耗悴：精力耗竭而憔悴。

[3]臧获：古指奴婢。

[4]县：古"悬"字，悬挂、维系。

[5]共：通"拱"，拱手，形容毫不费力，无为而治。

【品读】

本章一方面论述人主、匹夫之别，突出统治者的本职与特长在于管理民众，"以官人为能"，即前文所说的"能以使下谓之君，君者，善群也"①；另一方面，又从学派上论述二者之别背后的原因。其认为儒家为人主提供用臣驭民之术，因为它谨守"论德使能而官施之"的圣王之道，讲求士、农、工、商、王侯、天子各守职分，以此建立一种社会秩序。而墨家事事亲力亲为，固守"大有天下，小有一国，必自为之然后可"的役夫之道，到头来只落得个劳多功少的结果，难以达到治理天下的目的。值得一提的是，站在道的立场上（如此处指治国之道）评判诸子思想，是荀子学术思想的鲜明特色之一。

11.11 百里之地可以取天下，是不虚，其难者在人主之知之也。取天下者，非负其土地而从之之谓也，道足以壹人[1]而已矣。彼其人苟壹，则其土地且奚去我而适它？故百里之地，其等位爵服足以容天下之贤士矣，其官职事业足以容天下之能士矣，循其旧法，择其善者而明用之，足以顺服好利之人矣。贤士一焉，能士官焉，好利之人服焉，三者具而天下尽，无有是其外

① 《荀子·王制》。

矣。故百里之地足以竭势矣，致忠信，著[2]仁义，足以竭人矣，两者合而天下取，诸侯后同者先危。《诗》曰："自西自东，自南自北，无思不服。"[3]一人之谓也。

【注释】

[1]壹人：统一人心。

[2]著：使显明、彰显。

[3]语出《诗经·大雅·文王有声》，赞美文王治周有令闻，为四方邦国所服从。

【品读】

本章论一国强大，乃至可以驾驭诸侯国一统天下，根本原因在于此国有"足以壹人""竭人"之道，并非领土上的扩张。其道在于"致忠信，著仁义"。其可以量化的标准有三：笼络贤士，任用能者，驯服好利者。

11.12　羿、蠭门者，善服射者也[1]；王良、造父者，善服驭者也；聪明君子者，善服人者也。人服而势从之，人不服而势去之，故王者已于服人矣。故人主欲得善射，射远中微则莫若羿、蠭门矣；欲得善驭，及速致远，则莫若王良、造父矣；欲得调壹天下，制秦、楚，则莫若聪明君子矣。其用知[2]甚简，其为事不劳而功名致大，甚易处而綦可乐也，故明君以为宝，而愚者以为难。

【注释】

[1]羿、蠭门者，善服射者也：羿、蠭门为师徒，皆为射箭高手。蠭门，又作"逢蒙、逢蒙、蓬蒙、逢门"，《汉书·艺文志·兵技巧家》著录《逢门射法》二篇。

[2]知：通"智"。

【品读】

本章承上而论，指出治国强国要有壹人之道，端赖于仁义忠信、"善服人"的统治者任用贤能、驯服好利者来实现。

11.13　夫贵为天子，富有天下，名为圣王，兼制人，人莫得而制也，是人情之所同欲也，而王者兼而有是者也。重色而衣之，重味而食之，重财物而制之，合天下而君之，饮食甚厚，声乐甚大[1]，台榭甚高，园囿甚广，臣使诸侯，一天下，是又人情之所同欲也，而天子之礼制如是者也。制度以陈，政令以挟[2]，官人失要则死，公侯失礼则幽，四方之国有侈离[3]之德则必灭，名声若日月，功绩如天地，天下之人应之如景向，是又人情之所同欲也，而王者兼而有是者也。故人之情，口好味而臭味莫美焉，耳好声而声乐莫大焉，目好色而文章致繁、妇女莫众焉，形体好佚而安重闲静莫愉焉，心好利而谷禄莫厚焉。合天下之所同愿，兼而有之，睾牢[4]天下而制之若制子孙，人苟不狂惑戆陋[5]者，其谁能睹是而不乐也哉？欲是之主并肩而存，能建是之士不世绝，千岁而不合，何也？曰：人主不公，人臣不忠也。人主则外贤而偏举，人臣则争职而妒贤，是其所以不合之故也。人主胡不广焉，无恤亲疏，无偏贵贱，唯诚能之求？若是，则人臣轻职业让贤而安随其后，如是，则舜、禹还[6]至，王业还起。功壹天下，名配舜、禹，物由有可乐如是，其美焉者乎？呜呼！君人者亦可以察若言矣。杨朱[7]哭衢涂[8]，曰："此夫过举跬步而觉跌千里者夫！"哀哭之。此亦荣辱、安危、存亡之衢已，此其为可哀，甚于衢涂。呜呼哀哉！君人者，千岁而不觉也。

【注释】

[1]大：通"汰"，奢侈。

[2]挟（jiā）：通"浃"，融洽、周遍。

[3]侈离：分享、叛离。

[4]睾牢：笼络。

[5]戆陋：愚蠢固陋。

[6]还：复、再。一说通"旋"，立即。

[7]杨朱：战国魏人，反对儒、墨关于仁爱、兼爱的思想，主张"为我""贵生重己"。

[8]衢涂：四面相通的十字路口。涂，通"途"。

【品读】

本章论述人情同欲与治理天下的关系。在先秦儒家的政治哲学中，礼乐文化处于核心地位。儒家认为礼乐能恰当地处理人情与治政的关系："乐也者，情之不可变者也。礼也者，理之不可易者也。乐统同，礼辨异。礼乐之说，管乎人情矣。"①而礼乐由圣王制作，由聪明君子、天子王者施行。只有这样，人主才能在治理好国家的同时，又能依制尽享人间荣华富贵。

在古代人治社会，国家能够得到治理，从很大程度上说取决于上层统治者的气度、才能，即主公臣忠，"人主胡不广焉，无恤亲疏，无偏贵贱，唯诚能之求？若是，则人臣轻职业让贤而安随其后"。但让荀子感到悲哀的是，现实乃至历史上，对此道"千岁而不觉"者居多，他们以国家、天下为享乐的资本，以势临人，不以仁义忠信之道、礼乐文化之统对待辖域民众与周边诸国，最终导致失势、命绝、家破、国亡。其实，治乱就在一念之差，如果行王道，以礼治国，则公私之利与情欲皆得，否则两失。

---

① 《礼记·乐记》。荀子也有类似的论述："且乐也者，和之不可变者也；礼也者，理之不可易者也。乐合同，礼别异，礼乐之统，管乎人心矣。"（《荀子·乐论》）

11.14 无国而不有治法，无国而不有乱法；无国而不有贤士，无国而不有罢士[1]；无国而不有愿民[2]，无国而不有悍民；无国而不有美俗，无国而不有恶俗。两者并行而国在，上偏而国安，下偏而国危，上一而王，下一而亡。故其法治，其佐贤，其民愿，其俗美，而四者齐，夫是之谓上一。如是，则不战而胜，不攻而得，甲兵不劳而天下服。故汤以亳，武王以鄗，皆百里之地也，天下为一，诸侯为臣，通达之属莫不从服，无它故焉，四者齐也。桀、纣即序[3]于有天下之势，索为匹夫而不可得也，是无它故焉，四者并亡也。故百王之法不同若是，所归者一也。

【注释】

[1]罢(pí)士：品行不端、无才之人。罢，通“疲”。

[2]愿民：老实本分的百姓。

[3]序：“厚”之讹（王念孙说）。

【品读】

本章论述一国之治，存在各种有利或不利的因素，如法之治乱、士之贤罢、民之愿悍、俗之美恶等。荀子清楚地认识到这个事实，并予以全面揭示。同时，他指出：以治法、贤佐、愿民、美俗为主导的国家当为治国，否则危亡在即。所谓“上偏而国安，下偏而国危；上一而王，下一而亡”，显示出荀子头脑里具有一种清醒的政治理性思维。一国之治或亡，不能也无法纯而又纯地保持一种因素的存在，占上风的因素会决定国家盛衰。一国的兴盛强大，从社会治理的表象上看，是正、负两种因素相互较量，最终正面力量占主导的结果；从人治政治的根本上来说，是君王臣佐选择了以仁义忠信、礼乐教化为主的治国之道所致。明主贤士的素质，在古代人治社会里显得尤其关键。故荀子一以贯之的观点就是“有乱君，无乱国；有治人，无治法”；“法者，治之端也；君子者，法之原也”。①

11.15 上莫不致爱其下而制之以礼，上之于下，如保赤子。政令制度，所以接下之人百姓，有不理者如豪末，则虽孤独鳏寡[1]必不加焉。故下之亲上，欢如父母，可杀而不可使不顺。君臣上下，贵贱长幼，至于庶人，莫不以是为隆正[2]。然后皆内自省以谨于分，是百王之所以同也，而礼法之枢要也。然后农分田而耕，贾分货而贩，百工分事而劝，士大夫分职而听，建国诸

① 《荀子·君道》。

侯之君分土而守，三公总方而议，则天子共己而止矣。出若入若，天下莫不平均，莫不治辨，是百王之所同而礼法之大分也。

【注释】

[1]孤独鳏(guān)寡：指无依无靠的弱势群体。孤，幼而失父。独，老而丧子。鳏，老而丧妻。寡，妇人丧夫。

[2]隆正：最高准则。

【品读】

本章论述了一种理想的君民关系："……上之于下，如保赤子。政令制度，所以接下之人百姓，有不理者如豪末，则虽孤独鳏寡必不加焉。故下之亲上，欢如父母，可杀而不可使不顺。"这类似于《诗经》里所描述的"岂弟君子，民之父母"①，孔子提倡的"为政以德"②、"君子学道则爱人"③，以及孟子倡导的"居仁由义"④、"仁民而爱物"⑤。荀子承袭前人，将仁礼爱民的政治学说发扬光大，"上莫不致爱其下而制之以礼"，社会各阶层因仁而务自省，因礼而守本分，各从其宜，井然有序。而且，他从历史和治道的立场出发，将儒家的仁政礼治归为"百王之所以同也，而礼法之枢要也"，这是一种在历史哲学视野下对儒家政治思想的提炼与升华，实在难得。

11.16 若夫贯日而治平，权物而称用，使衣服有制，宫室有度，人徒有数，丧祭械用皆有等宜，以是用挟于万物，尺寸寻丈莫得不循乎制度数量然后行，则是官人使吏之事也，不足数于大君子之前。故君人者立隆政本朝而当，所使要百事者诚仁人也，则身佚而国治，功大而名美，上可以王，下可以霸；立隆政本朝而不当，所使要百事者非仁人也，则身劳而国乱，功废而名辱，社稷必危，是人君者之枢机也。故能当一人而天下取，失当一人而社稷危，不能当一人而能当千人百人者，说无之有也。既能当一人，则身有何劳而为？垂衣裳而天下定。故汤用伊尹，文王用吕尚，武王用召公，成王用周公旦。卑者五伯，齐桓公闺门之内，县乐、奢泰、游抏[1]之修，于天下不见谓修[2]，然九合诸侯，一匡天下，为五伯长，是亦无它故焉，知一政于管仲也，是君人者之要守也。知[3]者易为之兴力而功名綦大，舍是而孰足为也？故古

① 《诗经·大雅·泂酌》。

② 《论语·为政》。

③ 《论语·阳货》。

④ 《孟子·尽心上》。

⑤ 《孟子·尽心上》。

之人有大功名者，必道是者也；丧其国、危其身者，必反是者也。故孔子曰："知者之知，固以[4]多矣，有[5]以守少，能无察乎？愚者之知，固以少矣，有以守多，能无狂乎？"此之谓也。

【注释】

[1]抏：同"玩"。

[2]修：通"羞"。

[3]知：通"智"。

[4]以：同"已"。

[5]有：通"又"。

【品读】

本章云治理国家既需要有"官人使吏"者推行具体的措施，也需要明君在上宏观而治，隆礼法、举诚仁、任贤能。君人者善于发现人才、任用人才，则上可称王，下可称霸，功大名美，身佚国治。在以下的《君道》篇中，荀子又总结了取用人才之法——取人有道，用人有法，即"取人之道，参之以礼；用人之法，禁之以等。行义动静，度之以礼；知虑取舍，稽之以成；日月积久，校之以功。故卑不得以临尊，轻不得以县重，愚不得以谋知，是以万举而不过也"，并视之为"明君之道"。可将二者相互对读，加深理解。

11.17 治国者分[1]已定，则主相、臣下、百吏，各谨其所闻，不务听其所不闻；各谨其所见，不务视其所不见。所闻所见诚以齐矣，则虽幽闲隐辟，百姓莫敢不敬分安制，以礼化其上，是治国之征也。

【注释】

[1]分：职分。

【品读】

本章论治国者之分定，则国治之基定。此"分"即上文所说的君行仁礼、爱民如子、任用贤臣，使士庶有别、各安其职。在这里，荀子又将前文所言加以总结。就君王而论，君王要以仁礼之道对待大臣百吏，谨言慎行，使士庶皆能层层传递和感受到君主的威严仁爱，最终达到教化天下的目的。

11.18 主道[1]治近不治远，治明不治幽，治一不治二。主能治近则远者理，主能治明则幽者化，主能当一则百事正。夫兼听天下，日有余而治不足者如此也，是治之极也。既能治近，又务治远；既能治明，又务见幽；既能当一，又务正百，是过者也。过，犹不及也，辟之是犹立直木而求其影之枉也。不能治近，又务治远；不能察明，又务见幽；不能当一，又务正百，是悖者也，辟之是犹立枉木而求其影之直也。故明主好要而暗主好详。主好要则百事详，主好详则百事荒。君者，论[2]一相，陈[3]一法，明一指[4]，以兼覆之，兼炤[5]之，以观其盛[6]者也。相者，论列百官之长，要百事之听，以饰[7]朝廷臣下百吏之分，度其功劳，论其庆赏，岁终奉其成功以效于君。当则可，不当则废，故君人劳于索之，而休于使之。

【注释】

[1]主道：君主治国方略。

[2]论：通“抡”，选择。

[3]陈：公布。

[4]指：同“旨”，主旨。

[5]炤：通“照”，察见。

[6]盛：通“成”。

[7]饰：通“饬”，整饬。

【品读】

本章强调君主治国之道，在于要而不烦、明而不幽、近而不远、一而不二、君不凌相。尤其注意两点：君主在寻找合适的辅佐大臣方面，要多下功夫；在如何指导其协助自己治理天下方面，则应抓大放小，不可求全责备。“君人劳于索之，而休于使之”，最终达到的效果就是本篇前章所言“人主者，守至约而详，事至佚而功，垂衣裳，不下簟席之上，而海内之人莫不愿得以为帝王”①，亦即孔子描述的“无为而治者，其舜也与？夫何为哉？恭己正南面而已矣”②。简言之，要积极有为，为其当为，无为其不当为，无为而无不为。西方近代思想家宣扬最好的政府是不管、少管的政府，只做一个安分尽职的“守夜人”，也强调作为治理国家者要有所为，有所不为。二者讲的是一个道理：安定有序的社会，需要各守其分、各尽其职的完善制度，需要治理国家者的娴熟驾驭，不可妄为。从这个意义上而论，孟子曰“无为其所不为，无欲其所不欲，如此而已矣”③，颇有几分道理。儒家以礼法德刑治理社会，“优先”道德教化，志在寻求创建合理的社会秩序之良方，对于当下的政治文化建设，或有一定的借鉴意义。

---

① 《荀子·王霸》。

② 《论语·卫灵公》。

③ 《孟子·尽心上》。

11.19　用国者，得百姓之力者富，得百姓之死者强，得百姓之誉者荣。三得者具而天下归之，三得者亡而天下去之。天下归之之谓王，天下去之之谓亡。汤、武者，循其道，行其义，兴天下同利，除天下同害，天下归之。故厚德音以先之，明礼义以道[1]之，致忠信以爱之，赏[2]贤使能以次之，爵服赏庆以申重之，时其事、轻其任以调齐之，潢[3]然兼覆之、养长之，如保赤子。生民则致宽，使民则綦理，辨[4]政令制度，所以接天下之人百姓，有非理者如豪末，则虽孤独鳏寡必不加焉。是故百姓贵之如帝，亲之如父母，为之出死断亡而不愉[5]者，无它故焉，道德诚明，利泽诚厚也。乱世不然：污漫、突盗[6]以先之，权谋倾覆以示之，俳优[7]、侏儒、妇女之请谒以悖之，使愚诏知[8]，使不肖临[9]贤，生民则致贫隘[10]，使民则綦[11]劳苦。是故百姓贱之如尪[12]，恶之如鬼，日欲司间[13]而相与投藉之，去逐之。卒[14]有寇难之事，又望百姓之为己死，不可得也，说无以取之焉。孔子曰："审吾所以适人，适人之所以来我也。"[15]此之谓也。

【注释】

[1]道：通"导"。

[2]赏：当作"尚"。

[3]潢(huáng)：广大。

[4]辨：通"办"，办理、制定。

[5]愉：通"偷"，苟且。

[6]污漫、突盗：污漫，污秽卑鄙。突盗，欺骗偷盗。

[7]俳(pái)优：指古代表演滑稽戏的艺人。

[8]知：通"智"。

[9]临：治理。

[10]隘(è)：通"阨"，穷困窘迫。

[11]綦：通"极"。

[12]尪(wāng)：同"尫(wāng)"，骨骼弯曲。

[13]司间：伺机。司，通"伺"。间，间隙。

[14]卒：通"猝"，突然。

[15]审吾所以适人，适人之所以来我也：慎重对待以何种方式与别人交往，因为这可能正是别人对待你的方式。

【品读】

本章论述仁人治国、为政尚宽的效应，显示出强烈的重民、利民的民本色彩，如其所论"得百姓之力者富，得百姓之死者强，得百姓之誉者荣"。前面《王制》篇有语曰"王制富民"，在这里也可以换言之——富民者王。荀子的民本思想非其独创，而是有深远的历史渊源。如《尚书》中云：“皇祖有训，民可近，不可下，民惟邦本，本固邦宁。”①儒家继承并弘扬之。孔子即言：“所重：民食、丧、祭。”②孟子曰：“得天下有道，得其民，斯得天下矣。得其民有道，得其心，斯得民矣。得其心有道，所欲与之聚之，所恶勿施尔也。”③荀子又继承前贤，接着讲得民心者得天下。对于如何得民心拥戴，儒家给出的方法是“道德诚明，利泽诚厚”，义利兼顾，即“循其道，行其义，兴天下同利，除天下同害”，更侧重于从为政以宽的角度来仁政待民、礼法治民，从道德和制度上双管齐下，“生民则致宽，使民则綦理，辨政令制度”。大体而论，荀子的政治观是德政为主，法制利益为辅，故其更多的是从政德角度来论述有为之政、仁人明君，所谓“厚德音以先之，明礼义以道之，致忠信以爱之，赏贤使能以次之，爵服赏庆以申重之，时其事、轻其任以调齐之，潢然兼覆之、养长之，如保赤子”。章末，他引用孔子语“审吾所以适人，适人之所以来我也”，强调的还是仁政爱民、将心比心的忠恕之道，一如《论语》中所言“己所不欲，勿施于人”④，“己欲立而立人，己欲达而达人”⑤。

11.20 伤国者何也？曰：以小人尚民而威[1]，以非所取于民而巧，是伤国之大灾也。大国之主也，而好见小利，是伤国；其于声色、台榭、园囿也，愈厌[2]而好新，是伤国；不好循正其所以有，啖啖[3]常欲人之有，是伤国。三邪者在匈[4]中，而又好以权谋倾覆之人断事其外，若是，则权轻名辱，社稷必危，是伤国者也。大国之主也，不隆本行[5]，不敬旧法，而好诈故，若是，则夫朝廷群臣亦从而成俗于不隆礼义而好倾覆也。朝廷群臣之俗若是，则夫众庶百姓亦从而成俗于不隆礼义而好贪利矣。君臣上下之俗莫不若是，则地虽广，权必轻；人虽众，兵必弱；刑罚虽繁，令不下通。夫是之谓危国，是伤国者也。

【注释】

[1]尚民而威：在民之上，作威作福。尚，通“上”。

[2]愈厌：乐于满足。愈，通“愉”。

[3]啖(dàn)啖：贪吃的样子，形容贪婪。

[4]匈：通“胸”。

[5]本行：根本之道，即为政以礼。

---

① 《尚书·五子之歌》。

② 《论语·尧曰》。

③ 《孟子·离娄上》。

④ 《论语·卫灵公》。

⑤ 《论语·雍也》。

【品读】

本章论述与治国相反的是危国，国危的主要原因是国主好私利、私乐，心存贪念，又亲近玩弄权术之臣，导致小人作威作福，凌驾于民众之上。礼义仁政被放逐，贪利之徒横行，会使一国民众大遭其殃，使治理国家者左支右绌，穷于应付。亡国、伤国、乱国、危国，乃至最终的亡国，也就在所难免了。

11.21　儒者为之不然，必将曲辨[1]：朝廷必将隆礼义而审贵贱，若是，则士大夫莫不敬节死制者矣；百官则将齐其制度，重其官秩，若是，则百吏莫不畏法而遵绳[2]矣；关市几[3]而不征，质律[4]禁止而不偏，如是，则商贾莫不敦悫而无诈矣；百工将时斩伐，佻[5]其期日而利其巧任，如是，则百工莫不忠信而不楛[6]矣；县鄙将轻田野之税，省刀布之敛，罕举力役，无夺农时，如是，则农夫莫不朴力而寡能矣。士大夫务节死制，然后兵劲；百吏畏法循绳，然后国常不乱；商贾敦悫无诈，则商旅安、货财通而国求给矣；百工忠信而不楛，则器用巧便而财不匮矣；农夫朴力而寡能，则上不失天时，下不失地利，中得人和，而百事不废。是之谓政令行，风俗美，以守则固，以征则强，居则有名，动则有功。此儒之所谓曲辨也。

【注释】

[1]曲辨：周全地治理。辨，通“办”，治理。

[2]遵绳：遵守法令。

[3]几：通“讥”，稽查。

[4]质律：质约，平抑物价的文书。

[5]佻（tiáo）：通“遥”，宽缓。

[6]楛（kǔ）：通“盬（gǔ）”，粗劣。

【品读】

本章论述儒者治政理想，还是重复前文所言，为国以礼。即官吏、士、农、工、商等社会各阶层皆遵守礼制所定的职分，敬业有为，如此方可人和事成，达到“政令行，风俗美，以守则固，以征则强，居则有名，动则有功”的功效。这种礼制的具体表现，首先是“朝廷必将隆礼义而审贵贱”，依次而下的是“百官则将齐其制度，重其官秩”，“关市几而不征，质律禁止而不偏”，“百工将时斩伐，佻其期日而利其巧任”，“县鄙将轻田野之税，省刀布之敛，罕举力役，无夺农时”。但治政的核心仍在上层，其治国原则的主导和政策的引导起关键作用。原则指以仁礼之道待下，政策指与民休息、薄赋轻徭。

君道篇第十二

12.1 有乱君，无乱国；有治人，无治法。羿之法非亡也，而羿不世中；禹之法犹存，而夏不世王。故法不能独立，类不能自行，得其人则存，失其人则亡。法者，治之端也；君子者，法之原[1]也。故有君子则法虽省，足以遍[2]矣；无君子则法虽具，失先后之施，不能应事之变，足以乱矣。不知法之义而正法之数者，虽博[3]，临事必乱。故明主急得其人，而暗主急得其势。急得其人，则身佚而国治，功大而名美，上可以王，下可以霸；不急得其人而急得其势，则身劳而国乱，功废而名辱，社稷必危。故君人者劳于索之，而休[4]于使之。《书》曰："唯文王敬忌，一人以择。"[5]此之谓也。

【注释】

[1]原：同"源"。

[2]遍：通"辨"，治理。

[3]博：同"博"。

[4]休：当作"佚"，通"逸"，安逸。

[5]引文与今本《尚书·康诰》略异。此处意在说明选择贤人理政的重要性。

【品读】

本章讲古代法治与君子的密切关系，前文荀子论述"积礼义而为君子""聪明君子者，善服人者也"，这里又指出"法者，治之端也；君子者，法之原也"，皆在强调君子是立国强国的宝贵人才，需要明主慧眼识珠，委以重任。上篇就谈到君主轻松治天下，在于"劳于索之，而休于使之"，这里又谈到此道，而且明确指出君子是君主下大力气寻求的将相之才，在任用之后要给予充分的自由，使其有施展才能的足够空间。这种治理国家的模式可归之为君主与君子治国。仁人明君执政，自然可以达到预期的目的。但是一旦暗主得势，就会背道而驰。于是出现制度与君子"得其人则存，失其人则亡"的情形。由此而言，儒家的君主、君子治国模式，很难真正实现。但是，古代仍有不少先贤对于儒家的这种治国理想念兹在兹，纵不能至，心向往之，这种理想的火炬仍能给予在黑暗中寻求治国利民真理者以慰藉与力量。

客观而论，君子治国模式将制度的推行任务全压在君子身上，将人才的举用寄望于明主，使得古代人治社会的不确定因素增加。社会的稳定与否，基本取决于统治者的英明与否，而无法靠制度来保障，这也是古代王朝勃兴和速亡的重要内因之一。在中国古代，民众只能寄望于安治一方的循吏能吏多些，清正朝纲的明君贤臣多些，所以人们意识里有一种根深蒂固的对“青天老爷”、忠臣圣王的期待情结。然而，综观历史，这样的“老爷”、忠圣者，相对于那些作威作福、奸邪残暴之徒，实在是少得很。道德理想与历史现实的二律背反，是整个人类文明发展进程中的一条铁律，让人们有时充满期望，有时又心灰意冷。

12.2　合符节、别契券[1]者，所以为信也；上好权谋，则臣下百吏诞诈之人乘是而后欺。探筹、投钩[2]者，所以为公也；上好曲私，则臣下百吏乘是而后偏。衡石、称县者，所以为平也；上好倾覆，则臣下百吏乘是而后险。斗、斛、敦、概[3]者，所以为啧[4]也；上好贪利，则臣下百吏乘是而后丰取刻与[5]，以无度取于民。故械数者，治之流也，非治之原也；君子者，治之原也。官人守数，君子养原，原清则流清，原浊则流浊。故上好礼义，尚贤使能，无贪利之心，则下亦将綦[6]辞让、致忠信而谨于臣子矣。如是，则虽在小民，不待合符节、别契券而信，不待探筹、投钩而公，不待衡石、称县而平，不待斗、斛、敦、概而啧。故赏不用而民劝，罚不用而民服，有司不劳而事治，政令不烦而俗美。百姓莫敢不顺上之法，象上之志，而劝上之事，而安乐之矣。故藉敛忘费，事业忘劳，寇难忘死，城郭不待饰[7]而固，兵刃不待陵[8]而劲，敌国不待服而诎[9]，四海之民不待令而一。夫是之谓至平。《诗》曰：“王犹允塞，徐方既来。”[10]此之谓也。

【注释】

[1]契券：古代用作凭证的信物。

[2]探筹、投钩：探筹，犹今之抽签。投钩，犹抓阄。

[3]斗、斛、敦(duī)、概：古代用来量谷物的器具。

[4]啧(zé)：称量谷物。

[5]丰取刻与：强取豪夺，回馈极少。

[6]綦：极其。

[7]饰：通“饬”，整治、修缮。

[8]陵：通“厉”，磨砺。

[9]诎：通“屈”，屈从。

[10]语出《诗经·大雅·常武》，本意指周王信义流布四方，远方的徐国已归顺。这里意在劝君王治国守信明礼，以求长治久安。

【品读】

本章仍在论证君子对于治国的重要性，将上章的“法者，治之端也；君子者，法之原也”，直接归纳成“君子者，治之原也”“君子养原，原清则流清，原浊则流浊”。君子作为君主的一个辅佐群体，充列于公卿士大夫之列，是统治阶级乃至整个国家的核心，具有“君子德风”的表率作用。本章前半部分举反面例子，后半部分则举正面例子，都是围绕君子之德而论，要求“上好礼义，尚贤使能，无贪利之心”。如果君主、君子等上层领导好权谋、好曲私、好倾覆、好贪利，那么一切制度、法器就会形同虚设，社会下层就会陷入尔虞我诈、谄上渎下、妄争私利的混乱之中。这种混乱是人为导致的。

西方近代政治学家霍布斯将君权至上之国比喻为“利维坦(Leviathan)”，并指出这种人治政治给社会民众带来的利害和不稳定性。就荀子所论的君主、君子组成的人治国家而言，其多少有点类似于中国版的“利维坦”。一般而论，君权至上可能会带来民生的灾患，应该将这种专制特权关进“笼子”里。但在中国古代社会，儒家对君权并无强有力的约束。他们在尊君的同时，又主张爱民。如起初先秦儒家以道义礼法来约束君权，后来汉儒借用天人感应理论，比附各种自然灾害与异象，以此来警告君主不要为非作歹，应多体恤民情，再后来宋明儒家以天理、良知等道德律来制衡皇权，但这种软约束的力量非常有限。君权至上、官僚特权是横行于古代政治社会之中的千年沉疴。直到近代反帝制、反封建的民主革命兴起，君主专制、个人特权才慢慢被关进“笼子”。但要真正锁住、拴牢，不使其死灰复燃、沉渣泛起，乃至危及民生国安，仍然任重道远。

12.3　请问为人君？曰：以礼分施，均遍而不偏。请问为人臣？曰：以礼待[1]君，忠顺而不懈。请问为人父？曰：宽惠而有礼。请问为人子？曰：敬爱而致文。请问为人兄？曰：慈爱而见[2]友。请问为人弟？曰：敬诎[3]而不苟。请问为人夫？曰：致功而不流，致临而有辨。请问为人妻？曰：夫有礼则柔从听侍，夫无礼则恐惧而自竦[4]也。此道也，偏立而乱，俱立而治，其足以稽[5]矣。

请问兼能之奈何？曰：审之礼也。古者，先王审礼以方皇周浃于天下[6]，动无不当也。故君子恭而不难[7]，敬而不巩[8]，贫穷而不约[9]，富贵而不骄，并遇变态而不穷，审之礼也。故君子之于礼，敬而安之；其于事也，径而不失；其于人也，寡怨宽裕而无阿；其所为身也，谨修饰而不危[10]；其应变故也，齐给便捷[11]而不惑；其于天地万物也，不务说其所以然而致善用其材；其于百官之事、技艺之人也，不与之争能而致善用其功；其待上也，忠顺而不懈；其使下也，均遍而不偏；其交游也，缘义而有类[12]；其居乡里也，容而不乱。是故穷则必有名，达则必有功，仁厚兼覆天下而不闵[13]，明达用天地、理万变而不疑，血气和平，志意广大，行义塞于天地之间，仁智之极也。夫是之谓圣人。审之礼也。

【注释】

[1]待：疑为"侍"之误，侍奉。

[2]见：通"现"，表示。

[3]诎：通"屈"，顺从。

[4]恐惧而自竦(sǒng)：惶恐肃敬。竦，肃敬。

[5]稽：通"楷"，楷模、准则。

[6]古者，先王审礼以方皇周浃于天下：古代君王以礼义治理天下之民。方皇，广泛。周浃，周遍。

[7]难：通"戁(nán)"，畏惧。

[8]巩：固、固执。

[9]约：自卑、屈从。

[10]危：通"诡"，险诈。

[11]齐给便捷：迅速敏捷。

[12]缘义而有类：循从道义并依据法度。有，通"友"。

[13]闵：勉力、费力。

【品读】

本章论述礼对于协调君臣、父子、兄弟、夫妇之间的关系起着巨大的作用。先王审礼、君子之于礼、圣人审之礼，都是以礼协调各种社会政治关系的榜样。本章虽然反复陈述、三致其辞，其中心不外乎以礼修身、齐家、治国、平天下之道。《大学》中谈的"修、齐、治、平"之道，以及《中庸》中所言"和也者，天下之达道也""从容中道，圣人也"，皆可归为一礼也。

12.4 请问为国？曰：闻修身，未尝闻为国也。君者，仪[1]也，仪正而景[2]正。君者，盘也，盘圆而水圆。君者，盂也，盂方而水方。君射则臣决[3]。楚庄王好细要[4]，故朝有饿人。故曰：闻修身，未尝闻为国也。

【注释】

[1]仪：古代测日影、定时刻的表柱，即日晷。

[2]景:通"影"。

[3]君射则臣决:君主射箭,臣子就会准备好扳指。决,指古代射箭时套在手指上用来扣弦的象骨套子,俗称"扳指儿"。

[4]要:通"腰"。据考,此处楚庄王当为楚灵王①。

【品读】

本章论述先秦儒家的修身、为国一体观。孔子时即有这种思想倾向。如《论语·为政》中载,有人问孔子"子奚不为政",孔子回答说:"《书》云:'孝乎惟孝,友于兄弟,施于有政。'是亦为政,奚其为为政。"他从一种家族伦理推衍至治国之道,基本符合古代家族本位、家国同构的宗法社会结构。荀子进而论之,将君民关系作了这样的比喻:"君者,仪也,仪正而景正。君者,盘也,盘圆而水圆。"重在说明为政以德的人治社会里"君子之德风,小人之德草"、上行下效之理。正因为君王、官吏的示范作用对于人治社会的运作非常重要,所以为政以德和君道臣道的提倡成为孔子、荀子学说的主体,"闻修身,未尝闻为国也"的结论也就顺理成章了。再反观孔子、孟子所说的一些话,就更容易理解了。如"政者,正也。子帅以正,孰敢不正"②;"其身正,不令而行;其身不正,虽令不从"③;"君仁莫不仁,君义莫不义,君正莫不正。一正君而国定矣"④。榜样的力量是无穷的,但是在君主专制社会里,统治者的道德力量对于国家的安治来说又是暂时和脆弱的,因为仁人明主在位的概率不是百分之百。先秦时期,晏子、韩非、庄子等法、道诸家常抨击儒家政治学说博而寡要、劳而少功,未免迂阔,有就此而言的成分。

12.5 君者,民之原也,原清则流清,原浊则流浊。故有社稷者而不能爱民,不能利民,而求民之亲爱己,不可得也。民之不亲不爱,而求其为己用、为己死,不可得也。民不为己用,不为己死,而求兵之劲、城之固,不可得也。兵不劲,城不固,而求敌之不至,不可得也。敌至而求无危削、不灭亡,不可得也。危削、灭亡之情举积此矣,而求安乐,是狂生者也。狂生者不胥时而乐[1]。故人主欲强固安乐,则莫若反之民;欲附下一民,则莫若反之政;欲修政美国[2],则莫若求其人。彼或蓄积而得之者不世绝,彼其人者,生乎今之世而志乎古之道。以天下之王公莫好之也,然而于是独好之;以天下之

① 参见王天海:《名家讲解荀子》,长春出版社2011年版,第195页。

② 《论语·颜渊》。

③ 《论语·子路》。

④ 《孟子·离娄上》。

民莫欲之也，然而于是独为之；好之者贫，为之者穷，然而于是独犹将为之也，不为少顷辍焉。晓然独明于先王之所以得之、所以失之，知国之安危臧否[3]若别白黑。是其人者也，大用之则天下为一，诸侯为臣，小用之则威行邻敌，纵不能用，使无去其疆域，则国终身无故。故君人者爱民而安，好士而荣，两者无一焉而亡。《诗》曰："价人维藩，大师维垣。"[4]此之谓也。

【注释】

[1]不胥时而乐：不待时而凋零、脱落。胥，通"须"，等待。乐，通"落"，草木凋零的样子。

[2]修政美国：善理政事，使国家俗美。

[3]臧否：好坏，此处指强弱。

[4]语出《诗经·大雅·板》。价人，贤人、善人。大师，大众。

【品读】

本章主要谈君人之道即君道的大义在于"爱民""好士"。作为"民之原"的君主，欲治国就要理顺君民的源流关系，做到爱民、利民。除此之外，君主还要求取贤者（如君子、贤士、仁人、大儒等）来辅佐自己，教化大众。如既不爱民，亦不好士，一无可取，只有亡国。简言之，君主掌握了爱民、好士之道，就掌握了富国强民之道。

12.6 道者，何也？曰：君道也。君者，何也？曰：能群也。能群也者，何也？曰：善生养人者也，善班治[1]人者也，善显设人者也，善藩饰人者也[2]。善生养人者，人亲之；善班治人者，人安之；善显设人者，人乐之；善藩饰人者，人荣之。四统者俱而天下归之，夫是之谓能群。不能生养人者，人不亲也；不能班治人者，人不安也；不能显设人者，人不乐也；不能藩饰人者，人不荣也。四统者亡而天下去之，夫是之谓匹夫。故曰：道存则国存，道亡则国亡。省工贾，众农夫，禁盗贼，除奸邪，是所以生养之也。天子三公，诸侯一相，大夫擅官，士保职，莫不法度而公，是所以班治之也。论德而定次，量能而授官，皆使其人载其事而各得其所宜。上贤使之为三公，次贤使之为诸侯，下贤使之为士大夫，是所以显设之也。修冠弁、衣裳、黼黻、文章[3]、雕琢、刻镂皆有等差，是所以藩饰之也。

【注释】

[1]班治：分等级而治。

[2]善藩饰人者也：善于从多方面修饰他人。藩，通"繁"，多。

[3]修冠弁、衣裳、黼黻、文章：修整冠冕、衣饰等。黼黻，古代礼服花纹。文章，衣服上的花纹。

【品读】

本章主体内容是定义君道，并论证君道对于治国的重要性。君道即能群之道，存于四善之中："善生养人者也，善班治人者也，善显设人者也，善藩饰人者也。"具体展开，就是在发展生产上"省工贾，众农夫，禁盗贼，除奸邪"，在治理朝政上"天子三公，诸侯一相，大夫擅官，士保职，莫不法度而公"，在任用人才上"论德而定次，量能而授官，皆使人载其事而各得其所宜"，在衣饰上"修冠弁、衣裳、黼黻、文章、雕琢、刻镂皆有等差"。所言君主四善，一礼而已，围绕礼而又衍生分化出义、法、类、仁、忠、信、敬、爱等治国的道术。

12.7　故由天子至于庶人也，莫不骋其能，得其志，安乐其事，是所同也。衣暖而食充，居安而游乐，事时制明而用足，是又所同也。若夫重色而成文章，重味而成珍备，是所衍[1]也。圣王财[2]衍，以明辨异，上以饰贤良而明贵贱，下以饰长幼而明亲疏。上在王公之朝，下在百姓之家，天下晓然皆知其所非以为异也，将以明分达治而保万世也。故天子诸侯无靡费之用，士大夫无流淫[3]之行，百吏官人无怠慢之事，众庶百姓无奸怪之俗，无盗贼之罪，其能以称义遍矣。故曰："治则衍及百姓，乱则不足及王公。"此之谓也。

【注释】

[1]衍：富裕。

[2]财：通"裁"，控制、利用。

[3]流淫：放荡不羁。

【品读】

本章承《王霸》篇讨论人情与治政关系而来，肯定了人性情欲中的相同部分，但"重色而成文章，重味而成珍备"的高级物质待遇只能在圣王的礼制约束下，给予相应等级的人群。这种手段可以用来分辨社会阶层的贵贱、亲疏差异，使明分达治而安保万世。

12.8　至道大形[1]，隆礼至法则国有常，尚贤使能则民知方，纂论公察[2]则民不疑，赏克[3]罚偷则民不怠，兼听齐明则天下归之。然后明分职[4]，序事业，材技官能[5]，莫不治理，则公道达而私门塞矣，公义明而私事息矣。如是，则德厚者进而佞说[6]者止，贪利者退而廉节者起。《书》曰："先时者杀无赦，不逮时者杀无赦。"人习其事而固，人之百事如耳目鼻口之不可以相借官也。故职分而民不探[7]，次定而序不乱，兼听齐明而百事不留。如是，则臣下百吏至于庶人莫不修己而后敢安正，诚能而后敢受职，百姓易俗，小人变心，奸怪之属莫不反悫[8]。夫是之谓政教之极。故天子不视而见，不听而聪，不虑而知，不动而功，块然[9]独坐而天下从之如一体，如四胑[10]之从心。夫是之谓大形。《诗》曰："温温恭人，维德之基。"[11]此之谓也。

【注释】

[1]至道大形：治国大道的充分表现。

[2]纂论公察：搜集众人意见，作出明察。

[3]克：勤勉、能。

[4]分职：名分职责。

[5]材技官能：任用有技术、有才能的人，即量才录用。

[6]佞说：巧言逢迎，取悦于人。说，通"悦"。

[7]探：探求。

[8]反悫：返回朴实。反，同"返"。悫，朴实。

[9]块然：安然独处。

[10]胑：同"肢"。

[11]出语《诗经·大雅·抑》，意指温良恭敬的人是道德的根基。

【品读】

本章讲治国之道。在荀子看来，治国之道就是君主通过种种办法使社会各阶层"职分""次定"，使自己能够"兼听齐明"，达到"不视而见，不听而聪，不虑而知，不动而功，块然独坐而天下从之如一体，如四胑之从心"的理想之境，从而以一制万，以小驭大，运筹帷幄而决胜千里。而这种道法就是隆礼重法，举用贤能，公心治政，赏罚分明，兼听兼信。即荀子所言："隆礼至法则国有常，尚贤使能则民知方，纂论公察则民不疑，赏克罚偷则民不怠，兼听齐明则天下归之。然后明分职，序事业，材技官能，莫不治理，则公道达而私门塞矣，公义明而私事息矣。"这段话集中反映了《荀子》的政治思想，是理解荀学的机枢之一。

12.9 为人主者，莫不欲强而恶弱，欲安而恶危，欲荣而恶辱，是禹、桀之所同也。要[1]此三欲，辟[2]此三恶，果[3]何道而便？曰：在慎取相，道莫径[4]是矣。故知而不仁不可，仁而不知[5]不可，既知且仁，是人主之宝也，而王霸之佐也。不急得，不知；得而不用，不仁。无其人而幸有其功，愚莫大焉。

【注释】

[1]要：设法取得、实现。

[2]辟：通“避”。

[3]果：究竟。

[4]径：便捷。

[5]知：通“智”。

【品读】

本章论述人主不管素质高下、名声美恶，都希望自己统治的国家强大、久安、光荣，而实现这些梦寐以求的目标，关键在于慎重地选择辅佐自己的贤能丞相。而贤相的标准就是“既知且仁”。对于“知”“仁”这两种品德的合一及歌颂，孔子时就有之。如孔子说：“知者乐水，仁者乐山。知者动，仁者静。知者乐，仁者寿”①；“知者不惑，仁者不忧，勇者不惧”②。子贡称赞孔子说：“仁且智，夫子既圣矣。”③荀子承此而来，又进一步将其落实于贤相明君的身上。

12.10 今人主有六[1]患：使贤者为之，则与不肖者规之；使知者虑之，则与愚者论之；使修士行之，则与污邪之人疑之，虽欲成功，得乎哉？譬之，是犹立直木而恐其景[2]之枉也，惑莫大焉。语曰：“好女之色，恶者之孽也；公正之士，众人之痤也；循乎道之人，污邪之贼也。”今使污邪之人论其怨贼而求其无偏，得乎哉？譬之，是犹立枉木而求其景之直也，乱莫大焉。

【注释】

[1]六：当为“大”之误。

[2]景：通“影”。

【品读】

本章指出昏庸的君主不善举用人才，使统治者内部存在巨大的虚耗：“使贤者为之，则与不肖者规之；使知者虑之，则与愚者论之；使修士行之，则与污邪之人疑之。”在荀子看来，欲求贤治国，却又以不贤者干扰，就像树立歪斜的木杆而求其影子正直那样愚蠢，只能造成国家的混乱。此种情形，与货币经济学中“劣币驱逐良币”的现象相似。如当初孔子当鲁国大司寇、摄相期间，实现一时的安治，但后来季氏等人作祟，使夫子被驱逐出国，十四年之后才又返回。“劣币驱逐良币”是传统政治运作之常态。对此，荀子从辩证的角度加以诠释：“好女之色，恶者之孽也；公正之士，众人之痤也；循乎道

① 《论语·雍也》。

② 《论语·子罕》。

③ 《孟子·公孙丑上》。

之人，污邪之贼也。”正邪两相克，薰莸不同器。言下之意，荀子希望君主能真正信任、举用贤能，亲近贤人、疏远小人，用人不疑、疑人不用，如此方可成就王霸之业，国治政和。此处荀子有哀伤自怜之意，但更多的则是为当时失意的游士倾吐心声。

······························

12.11 故古之人为之不然。其取人有道，其用人有法。取人之道，参[1]之以礼；用人之法，禁之以等。行义动静，度之以礼；知虑取舍，稽之以成；日月积久，校[2]之以功。故卑不得以临尊，轻不得以县[3]重，愚不得以谋知，是以万举不过也。故校之以礼，而观其能安敬也；与之举错迁移，而观其能应变也；与之安燕[4]，而观其能无流慆[5]也；接之以声色、权利、忿怒、患险，而观其能无离守也。彼诚有之者与诚无之者，若白黑然，可诎邪[6]哉！故伯乐不可欺以马，而君子不可欺以人，此明王之道也。

【注释】

[1]参：参照、检验。

[2]校（jiào）：考核。

[3]县：通“悬”，悬挂，此处指衡量权势的大小。

[4]安燕：安闲。燕，通“宴”。

[5]流慆（tāo）：放荡享乐。

[6]诎邪：歪曲。

【品读】

本章论述荀子的人才观：“其取人有道，其用人有法。”其中又披上了一层厚古色彩，“古之人为之不然”云云，也许是针对当时君主举用人才无道、无法的现实而言。接着，又具体阐发有道在礼、有法在等，并就知人察人之法作了较详尽的论述：“校之以礼，而观其能安敬也；与之举错迁移，而观其能应变也；与之安燕，而观其能无流慆也；接之以声色、权利、忿怒、患险，而观其能无离守也。”之前的儒者也有关于识别人才的论见。如孔子曰：“视其所以，观其所由，察其所安。人焉叟哉？人焉叟哉？”①再如孟子言：“听其言也，观其眸子，人焉廋哉？”②但多显零碎，而荀子所论更为全面。

······························

12.12 人主欲得善射，射远中微者，县[1]贵爵重赏以招致之，内不可以

① 《论语·为政》。

② 《孟子·离娄上》。

阿子弟，外不可以隐[2]远人，能中是者取之，是岂不必得之之道也哉？虽圣人不能易也。欲得善驭速致远者，一日而千里，县贵爵重赏以招致之，内不可以阿子弟，外不可以隐远人，能致是者取之，是岂不必得之之道也哉？虽圣人不能易也。欲治国驭民，调壹上下，将内以固城，外以拒难，治则制人，人不能制也，乱则危辱灭亡可立而待也。然而求卿相辅佐，则独不若是其公也，案唯便嬖亲比己者之用也[3]，岂不过甚矣哉？故有社稷者[4]莫不欲强，俄则弱矣；莫不欲安，俄则危矣；莫不欲存，俄则亡矣。古有万国，今有数十焉，是无它故，莫不失之是也。故明主有私人以金石珠玉，无私人以官职事业，是何也？曰：本不利于所私也。彼不能而主使之，则是主暗也；臣不能而诬能[5]，则是臣诈也。主暗于上，臣诈于下，灭亡无日，俱害之道也。夫文王非无贵戚也，非无子弟也，非无便嬖也，倜然[6]乃举太公于州人而用之，岂私之也哉？以为亲邪？则周姬姓也。而彼姜姓也，以为故也？则未尝相识也。以为好丽邪？则夫人行年七十有二，𪘏然[7]两齿堕矣。然而用之者，夫文王欲立贵道，欲白贵名，以惠天下而不可以独也，非于是莫足以举之，故举于是而用之。于是乎贵道果立，贵名果明，兼制天下，立七十一国，姬姓独居五十三人，周之子孙苟不狂惑者，莫不为天下之显诸侯，如是者，能爱人也。故举天下之大道，立天下之大功，然后隐[8]其所怜所爱，其下犹足以为天下之显诸侯。故曰："唯明主为能爱其所爱，暗主则必危其所爱。"此之谓也。

【注释】

[1]县：通"悬"，此处指公开悬赏。

[2]隐：埋没。

[3]案唯便嬖亲比己者之用也：只任用亲近的宠臣和依附自己的人。

[4]有社稷者：指拥有一国之政的君王。社，指土神，稷，指谷神。

[5]诬能：自以为能。

[6]倜(tì)然：超然的样子。

[7]𪘏(yǔn)然：无齿的样子。

[8]隐：偏袒、庇护。

【品读】

本章论述明主能"治国驭民，调壹上下，将内以固城，外以拒难"，举天下之大道、立天下之大功，关键在于以公心举用各种贤能治理国家。内政理顺，方可在竞争中取得主动和有利形势。同时，"大河水涨小河满"，先以公心无私地去做事，事成后即会惠及自己的亲友。如西周文王举用异姓异地人才姜尚(姜太公)，取得天下之后，大行分封，立七十一国，姬姓独居五十三人，使其后代只要不狂不惑，莫不为天下之显达诸侯，荣禄绵延。文王爱人才，爱族人，爱之有道，可谓"明主为能爱其所爱"。《老子》中云："天长地久。

天地所以能长且久者，以其不自生，故能长生。是以圣人后其身而身先，外其身而身存。非以其无私邪？故能成其私。”①按照这样的逻辑，文王所做正是以其当初的不爱——“内不可以阿子弟”，实现了最终的大爱——“周之子孙苟不狂惑者，莫不为天下之显诸侯”。

荀子所举事理启示我们：先以公心做事、成事，然后才有可能实现个体利益的最大化。如果时时处处以私心算计，事成之前即争夺私利，斤斤计较，是不会得到长久的利益，也难以成大器、做大事的。所以，孔子说：“仁者先难而后获，可谓仁矣。”②《庄子·应帝王》中亦言：“顺物自然而无容私焉，而天下治矣。”

12.13 墙之外，目不见也；里[1]之前，耳不闻也；而人主之守司，远者天下，近者境内，不可不略知也。天下之变、境内之事有弛易龋[2]差者矣，而人主无由知之，则是拘胁[3]蔽塞之端也。耳目之明，如是其狭也；人主之守司，如是其广也；其中不可以不知也，如是其危也。然则人主将何以知之？曰：便嬖左右者，人主之所以窥远收[4]众之门户牖向[5]也，不可不早具也。故人主必将有便嬖左右足信者，然后可；其知惠[6]足使规物，其端诚足使定物，然后可。夫是之谓国具。人主不能不有游观安燕之时，则不得不有疾病物故[7]之变焉。如是国者，事物之至也如泉原，一物不应，乱之端也。故曰：人主不可以独也。卿相辅佐，人主之基、杖[8]也，不可不早具也。故人主必将有卿相辅佐足任者，然后可。其德音足以填抚[9]百姓，其知虑足以应待万变，然后可，夫是之谓国具。四邻诸侯之相与，不可以不相接也，然而不必相亲也，故人主必将有足使喻志决疑于远方者，然后可。其辨说足以解烦，其知虑足以决疑，其齐断[10]足以距[11]难，不还秩[12]，不反君，然而应薄捍患[13]足以持社稷，然后可，夫是之谓国具。故人主无便嬖左右足信者，谓之暗；无卿相辅佐足任者，谓之独；所使于四邻诸侯者非人，谓之孤；孤独而晻[14]，谓之危。国虽若存，古之人曰亡矣。《诗》曰：“济济多士，文王以宁。”[15]此之谓也。

【注释】

[1]里：里门。古代二十五家为一里。

[2]龋(óu)：牙齿不正，喻指事物参差不齐。

[3]拘胁：控制、胁迫。

---

① 《老子》第七章。

② 《论语·雍也》。

[4]收：当为“牧”之形误（王天海说）。

[5]门户牖（yǒu）向：门口窗户，代指渠道方式。这里指君主的耳目。

[6]知惠：同“智慧”。

[7]物故：古人对死亡的婉称。

[8]基、杖：备人靠身的小桌子、助人走路的手杖。喻指卿相如手杖、几案一样为主人所倚重。基，通“几”。

[9]填抚：镇抚。填，通“镇”，安定。

[10]齐断：果断。

[11]距：通“拒”，抗拒、排除。

[12]不还秩：不推卸责任。

[13]应薄捍患：应对紧急，抵御灾患。薄，同“迫”，急迫。

[14]晻：通“暗”。

[15]语出《诗经·大雅·文王》，指文王手下人才济济，故治下太平安宁。此处引诗突出人才对于国家治理的重要性。

【品读】

本章从正、反两方面论述英明的君主应该致力于发掘、举任各种人才，使之成为辅助自己治理天下的工具——“国具”。如君主尽早发展身边“其知惠足使规物，其端诚足使定物”、值得信任的亲属侍从，通过他们及时了解朝廷内外的各种信息，以便于决策；尽早发展“其德音足以填抚百姓，其知虑足以应待万变”的公卿丞相，以其德学辅佐自己；尽早发展“其辨说足以解烦，其知虑足以决疑，其齐断足以距难，不还秩，不反君，然而应薄捍患足以持社稷”的人才，传达自己的旨意，解决国际政治中的难题，保全本国的利益。如果君主身边没有发展、培养出这样的三种人才来辅佐自己、治理国家，那么他就是一个暗昧无知、独行专断、危在旦夕的昏君，国家衰亡亦不远矣。

12.14　材人[1]：愿悫拘录[2]，计数纤啬而无敢遗丧，是官人使吏之材也；修饬端正，尊法敬分而无倾侧之心，守职循业，不敢损益，可传世也而不可使侵夺，是士大夫官师之材也；知隆礼义之为尊君也，知好士之为美名也，知爱民之为安国也，知有常法之为一俗也，知尚贤使能之为长功也，知务本禁末之为多材也[3]，知无与下争小利之为便于事也，知明制度、权物称用之为不泥也，是卿相辅佐之材也，未及君道也。能论官此三材者而无失其次，是谓人主之道也。若是，则身佚而国治，功大而名美，上可以王，下可以霸，是人主之要守也。人主不能论此三材者，不知道[4]此道，安值将卑势出劳[5]，并[6]耳目之乐，而亲自贯日而治详，一内而曲辨之[7]，虑与臣下争小察而綦[8]

偏能，自古及今，未有如此而不乱者也。是所谓“视乎不可见，听乎不可闻，为乎不可成”，此之谓也。

【注释】

[1]材人：用人。材，通“裁”，裁用。

[2]愿悫拘（qú）录：诚实勤劳。拘，通“劬”，勤劳。

[3]知务本禁末之为多材也：知道强化农业、抑止工商而使财富增多。本，指农桑业。末，指工商。材，通“财”。

[4]道：通“导”，遵循。

[5]安值将卑势出劳：只是降低自己的身份出力辛劳。值，同“直”，只。

[6]并：通“摒”，抛弃。

[7]一内而曲辨（bàn）之：一人独纳全部政事，并周密地治理。内，通“纳”。辨，通“办”，治理。

[8]綦（qí）：同“极”，极尽。

【品读】

本章仍是阐述荀子的人才观。官人使吏之材、士大夫官师之材、卿相辅佐之材，皆一时英才。如果君主能恰当地任用他们，就是懂得君道，就能称王称霸，强国富民。否则，不任贤能，凡事亲力亲为，最终只能是乱邦亡国。儒家提倡的最理想的君王之道就是：隆礼好士，重法爱民，尚贤使能，不与民争利，经达权变。

臣道篇第十三

13.1　人臣之论[1]：有态臣[2]者，有篡臣者，有功臣者，有圣臣者。内不足使一民，外不足使拒难，百姓不亲，诸侯不信，然而巧敏佞说，善取宠乎上，是态臣者也。上不忠乎君，下善取誉乎民，不恤公道通义，朋党比周[3]，以环主[4]图私为务，是篡臣者也。内足使以一民，外足使以距难，民亲之，士信之，上忠乎君，下爱百姓而不倦，是功臣者也。上则能尊君，下则能爱民，政令教化，刑[5]下如影，应卒遇变[6]，齐给如响，推类接誉[7]，以待无方，曲成制象[8]，是圣臣者也。故用圣臣者王，用功臣者强，用篡臣者危，用态臣者亡。态臣用则必死，篡臣用则必危，功臣用则必荣，圣臣用则必尊。故齐之苏秦、楚之州侯、秦之张仪[9]，可谓态臣者也。韩之张去疾、赵之奉阳、齐之孟尝，可谓篡臣也。齐之管仲、晋之咎犯、楚之孙叔敖，可谓功臣矣。殷之伊尹、周之太公，可谓圣臣矣。是人臣之论也，吉凶贤不肖之极也，必谨志之而慎自为择取焉，足以稽矣。

【注释】

[1]论：通“伦”，伦类、区别。

[2]态臣：奸佞之臣。态，通“慝（tè）”。

[3]朋党比周：拉帮结派，朋比为奸。

[4]环主：惑乱其主。环，通“荧”，迷惑。

[5]刑：通“型”，规范。

[6]应卒遇变：应对突遇的变故。卒，通“猝”，突然。

[7]推类接誉：推其比类，接其声誉。誉，通“与”，同类。

[8]曲成制象：委曲皆成制度、法象。制象，制度、法象。

[9]齐之苏秦、楚之州侯、秦之张仪：皆战国时合纵连横的代表人物，长于游说，不惜以欺诈的手段为代言国牟取利益。

【品读】

本章之下，多处论及臣子事君之术，即臣道。此处，荀子发挥自己思维缜密、善于分类的特长，将历史上的名臣分为四类，斥贬态臣、篡臣，赞颂功臣、圣臣，并指出“用圣臣者王，用功臣者强，用篡臣者危，用态臣者亡。态臣用则必死，篡臣用则必危，功臣用则必荣，圣臣用则必尊”，目的在于以史为鉴，为人主提供用人的标准。其中也流露出对近世、当下的失望。因为他列举的几个例子，圣臣在古代的商、西周时期，功臣在不远的春秋时期，态、篡之辈活跃在近世，这也从一个侧面体现了儒家思想厚古薄今的特征。

13.2　从命而利君谓之顺，从命而不利君谓之谄；逆命而利君谓之忠，逆命而不利君谓之篡；不恤君之荣辱，不恤国之臧否[1]，偷合苟容以持禄养交[2]而已耳，谓之国贼。君有过谋过事，将危国家、殒社稷之惧也，大臣父子兄弟有能进言于君，用则可，不用则去，谓之谏；有能进言于君，用则可，不用则死，谓之争[3]；有能比知同力，率群臣百吏而相与强君挢[4]君，君虽不安，不能不听，遂以解国之大患，除国之大害，成于尊君安国，谓之辅；有能抗君之命，窃君之重，反君之事，以安国之危，除君之辱，功伐足以成国之大利，谓之拂[5]。故谏、争、辅、拂之人，社稷之臣也，国君之宝也，明君之所尊所厚也，而暗主惑之以为己贼也。故明君之所赏，暗君之所罚也；暗君之所赏，明君之所杀也。伊尹、箕子[6]可谓谏矣，比干[7]、子胥[8]可谓争矣，平原君之于赵可谓辅矣，信陵君之于魏也可谓拂矣。传[9]曰：“从道不从君。”此之谓也。

故正义之臣设，则朝廷不颇；谏、争、辅、拂之人信，则君过不远；爪牙之士施，则仇雠[10]不作；边境之臣处，则疆垂[11]不丧。故明主好同而暗主好独，明主尚贤使能而飨[12]其盛[13]，暗主妒贤畏能而灭其功。罚其忠，赏其贼，夫是之谓至暗，桀、纣所以灭也。

【注释】

[1]臧否：好坏，此处指得失。

[2]偷合苟容以持禄养交：苟且迎合君主以求容身，保持自己的俸禄、收养门客。

[3]争（zhèng）：同“诤”，直言力谏。本章以下皆同此。

[4]挢：通“矫”，纠正。

[5]拂（bì）：通“弼”，辅助。

[6]箕子：商纣王的叔父，官居太师，因谏纣王被囚禁。

[7]比干：商纣王叔父，因力谏纣王被剖心致死。

[8]子胥：姓伍，名员（yún），字子胥。春秋时期楚人，因政治避难而仕于吴，率军攻楚为父兄报仇，后因力谏吴王而被赐死。

[9]传：春秋战国时诠释上古三代经典的书文。

[10]仇雠：仇敌。

[11]垂：通“陲”，边疆。

[12]飨：通“享”。

[13]盛：通“成”，成功。

【品读】

本章承上而来，论贤臣忠顺事君之道：谏、争、辅、拂。从尊君的角度而论，只要利君，无论争拂逆命，还是恭从顺命，无可无不可。但荀子又进一步强调隆道，认为只要合道，拂逆君旨亦在所不惜，主张从道不从君，并将之视为人臣的最高境界。和上章一样，本章近尾处又将治国之才作了简单分类——正义之臣，谏、争、辅、拂之人，爪牙之士，边境之臣，为明主识别贤臣提供借鉴。

13.3 事圣君者，有听从无谏争；事中君者，有谏争无谄谀；事暴君者，有补削无挢拂。迫胁于乱时，穷居于暴国而无所避之，则崇其美，扬其善，违[1]其恶，隐其败，言其所长，不称其所短，以为成俗。《诗》曰："国有大命，不可以告人，妨其躬身。"[2]此之谓也。

【注释】

[1]违：通"讳"，避讳。

[2]国有大命，不可以告人，妨其躬身：引诗不见今本《诗经》。大命，国家重大决策。

【品读】

本章继续论臣子事君之道，但已经细化至以什么样的方式劝谏什么样的君主的程度，并列出圣君、中君、暴君三类君主。但此处更关注的似乎是最糟糕的情形，即士人身处乱世乱邦，不得不面对昏君暴君时该如何处理。荀子提醒士人小心言行，如多说好话、少说坏话，"崇其美，扬其善，违其恶，隐其败，言其所长，不称其所短"。这虽然与上两章所言"谏、争、辅、拂""从道不从君"的事君之道相悖，但也是迫不得已。儒家提倡行道要经达权变，时屈时伸，执两用中，不可拘泥、执着一端，否则会使有道之人轻易殉于乱世暴君，大道亦因文献阙焉而湮灭不彰。

13.4 恭敬而逊，听从而敏，不敢有以私决择也，不敢有以私取与也，以顺上为志，是事圣君之义也。忠信而不谀，谏争而不谄，挢然刚折[1]，端志而无倾侧之心，是案曰是，非案曰非，是事中君之义也。调而不流，柔而不屈，宽容而不乱，晓然以至道而无不调和也，而能化易，时关内之[2]，是事暴君之义也。若驭其朴马[3]，若养赤子[4]，若食[5]馁[6]人，故因[7]其惧也而改其过，因其忧也而辨其故[8]，因其喜也而入其道[9]，因其怒也而除其怨，曲得所谓[10]焉。《书》曰："从命而不拂，微谏而不倦，为上则明，为下则逊。"[11]此之谓也。

【注释】

[1]挢然刚折：为人刚强，当面指责别人过失。

[2]时关内之：适时建议君主，使其纳谏。时，适时。内，同“纳”。

[3]朴马：未经调教训练的马。

[4]赤子：婴儿。

[5]食：通“饲”，喂养。

[6]餧(něi)：同“馁”，饥饿。

[7]因：乘。

[8]辨其故：变其旧。辨，通“变”。

[9]入其道：(使君主)入行正道。

[10]曲得所谓：以迂回的方式达到改变暴君性情的目的。谓，通“为”。

[11]引文不见今本《尚书》。拂(fú)，逆反、违背。

【品读】

本章仍然围绕如何事三类君主而展开详细讨论，强调因循之道，顺势而下。换言之，如果以事圣君之道事中君或暴君，不妥；以事中君或暴君之道事圣君，亦不妥。质而言之，不管事奉什么类型的君主，都应该注意顺其自然地引导、劝谏之，相机行事，数米下锅，量体裁衣，顺情而为，即“因其惧也而改其过，因其忧也而辨其故，因其喜也而入其道，因其怒也而除其怨”。

13.5　事人而不顺者，不疾者也；疾[1]而不顺者，不敬者也；敬而不顺者，不忠者也；忠而不顺者，无功者也；有功而不顺者，无德者也。故无德之为道也，伤疾、堕[2]功、灭苦，故君子不为也。

【注释】

[1]疾：通“极”，尽力。

[2]堕(huī)：同“隳”，毁坏。

【品读】

本章论事君须把握的重要原则：顺。其与前文所言利君思想相呼应，都体现了荀子的尊君思想。

13.6　有大忠者，有次忠者，有下忠者，有国贼者：以德复[1]君而化之，大忠也；以德调君而补之，次忠也；以是谏非而怒之，下忠也；不恤君之荣辱，不恤国之臧否，偷合苟容，以之持禄养交而已耳，国贼也。若周公之于成王也，可谓大忠矣；若管仲之于桓公，可谓次忠矣；若子胥之于夫差[2]，可谓下忠矣；若曹触龙[3]之于纣者，可谓国贼矣。

【注释】

[1]复：通“覆”，报答。

[2]夫差：春秋末吴国国君，与越国争霸，初胜终败。

[3]曹触龙：据说是商纣时的武将，纣亡时被周朝军队斩杀。

【品读】

本章将臣子忠德分为三类，无忠者为国贼，并举出对应的例子。相较而言，荀子肯定、褒扬臣子大忠、次忠者，以德感化、影响君主，辅佐治政。为政以德，为君如此，为臣亦然，这是荀子思想的一根红线，也是儒家政治哲学的重要特征。

13.7 仁者必敬人。凡人非贤则案[1]不肖也。人贤而不敬，则是禽兽也；人不肖而不敬，则是狎[2]虎也。禽兽则乱，狎虎则危，灾及其身矣。《诗》曰：“不敢暴虎，不敢冯河。[3]人知其一，莫知其它。战战兢兢，如临深渊，如履薄冰。”此之谓也。故仁者必敬人，敬人有道：贤者则贵而敬之，不肖者则畏而敬之；贤者则亲而敬之，不肖者则疏而敬之。其敬一也，其情二也。若夫忠信端悫而不害伤，则无接而不然，是仁人之质也。忠信以为质，端悫以为统，礼义以为文，伦类以为理，喘而言，臑而动，而一可以为法则[4]。《诗》曰：“不僭不贼，鲜不为则。”[5]此之谓也。

【注释】

[1]案：同“安”。乃、于是。

[2]狎（xiá）：戏弄。

[3]不敢暴（pù）虎，不敢冯（píng）河：出自《诗经·小雅·小旻》。大意指谨慎小心，不敢赤手斗虎，不敢涉水过河。

[4]喘而言，臑而动，而一可以为法则：此言亦见于《劝学》篇，意指言行的急缓，都可作为人们效法的准则。喘，急促。臑，通“蠕”，缓慢。

[5]出自《诗经·大雅·抑》。指不超越本分，不伤害别人，是为人处世的准则。僭（jiàn），过分。

【品读】

此处荀子讲以礼敬人、敬有差别，指出礼制重等级差别的特征，并为有志于仁德者提供了修养的要径：“仁者必敬人，敬人有道：贤者则贵而敬之，不肖者则畏而敬之；贤者则亲而敬之，不肖者则疏而敬之。”孔子曾云仁者“出门如见大宾，使民如承大祭”，子夏曾言“君子敬而无失,与人恭而有礼”①,孟子亦言“有礼者敬人”,“敬人者人恒敬之”②。与先儒如何敬人之论相比,显然荀子提供的途径更切实、清晰,易于操作。

13.8 恭敬,礼也;调和[1],乐也;谨慎,利也;斗怒,害也。故君子安礼乐利,谨慎而无斗怒,是以百举[2]不过也。小人反是。

【注释】

[1]调和:协调和顺。

[2]百举:很多举动。

【品读】

本章谈礼乐利害,并通过君子与小人之别,提醒臣子事君要安于礼乐,以谨慎为利,勿以私斗怨怒行事。“恭敬,礼也;调和,乐也”是荀子的礼乐观。

13.9 通忠之顺,权险之平,祸乱之从声,三者非明主莫之能知也。争[1]然后善,戾然后功[2],出死无私,致忠[3]而公,夫是之谓通忠之顺,信陵君似之矣。夺然后义,杀然后仁,上下易位然后贞[4],功参天地,泽被生民,夫是之谓权险之平,汤、武是也。过而通情[5],和而无经[6],不恤是非,不论曲直,偷合苟容,迷乱狂生[7],夫是之谓祸乱之从声,飞廉、恶来[8]是也。传曰:“斩而齐,枉而顺,不同而壹。”《诗》曰:“受小球大球,为下国缀旒。”[9]此之谓也。

【注释】

[1]争:通“诤”。劝谏。

[2]戾(lì)然后功:违背君主命令,然后为国立功。戾,违背。

[3]致忠:尽忠。

[4]贞:安定。

[5]过而通情:指君主有过,臣子却表示同情。通,通“同”。

[6]和而无经:一味地苟合而放弃原则。经,道义、原则。

[7]迷乱狂生:困惑混乱的思想与情绪迅速滋生、蔓延开来。

[8]飞廉、恶来:商纣王时的邪佞之臣。

[9]出自《诗经·商颂·长发》。喻指商王接受上天诸法,表率诸侯作典范。小球大球,指法制。球,通“捄”。缀(zhuì)旒(liú),榜样、表率。

---

① 《论语·颜渊》。

② 《孟子·离娄下》。

【品读】

末章总结三类臣子的作为，史上亦有其例。第一类是“通忠之顺”者，救扶危困，为公义而违君命，“争然后善，戾然后功，生死无私，致忠而公”，如窃符救赵的信陵君。第二类是“权险之平”者，其为万民开太平，由臣位升至君位但不是篡臣，其“夺然后义，杀然后仁，上下易位然后贞，功参天地，泽被生民”，如商汤、周武，可谓典型的从道不从君者。第三类是没有原则地滋事捣乱、残害君主与天下苍生者，是在乱世中“祸乱之从声”者，其为谋私欲私利而行世，“过而通情，和而无经，不恤是非，不论曲直，偷合苟容，迷乱狂生”，如亡商的佞臣飞廉、恶来。荀子列出这三类臣子，希望明主明察细辨，慎重待之。

致士篇第十四

14.1 衡听、显幽、重明、退奸、进良之术[1]：朋党比周之誉，君子不听；残贼加累之谮[2]，君子不用；隐忌雍[3]蔽之人，君子不近；货财禽犊之请[4]，君子不许。凡流言、流说、流事、流谋、流誉、流愬[5]，不官而衡至者[6]，君子慎之。闻听而明誉[7]之，定其当而当，然后士[8]其刑赏而还[9]与之。如是，则奸言、奸说、奸事、奸谋、奸誉、奸愬莫之试也，忠言、忠说、忠事、忠谋、忠誉、忠愬莫不明通，方起以尚尽[10]矣。夫是之谓衡听、显幽、重明、退奸、进良之术。

【注释】

[1]衡听、显幽、重明、退奸、进良之术：广泛收听、明察隐微、明辨是非、罢免奸邪、举用贤良的办法。衡，通“横”，广泛。

[2]谮(zèn)：诬陷。

[3]雍：通“壅”，堵塞。

[4]货财禽犊之请：用财物进行贿赂的请求。禽犊，代指送人的礼物。

[5]愬(sù)：同“诉”，诉说。

[6]不官而衡至者：没通过正当途径横逆而来的消息。官，正当的途径。衡，通“横”。

[7]明誉：明举。誉，通“举”，列举。

[8]士：通“伺”，察。

[9]还(xuán)：通“旋”，立即。

[10]方起以尚尽：并起以尽忠于上。尚，通“上”，指君主。

【品读】

本章为当政者指出消除偏见的途径，力图使之做到烛微显幽，明察秋毫，斥退奸邪，进用忠良，以实现明君贤臣共同治国的理想目标。

14.2 川渊深而鱼鳖归之，山林茂而禽兽归之，刑政平而百姓归之，礼义备而君子归之。故礼及身而行修，义及国而政明，能以礼挟[1]而贵名白，天下愿，令行禁止，王者之事毕矣。《诗》曰：“惠此中国，以绥四方。”[2]此之谓也。川渊者，龙鱼之居也；山林者，鸟兽之居也；国家者，士民之居也。川渊枯则龙鱼去之，山林险[3]则鸟兽去之，国家失政则士民去之。无土则人不安居，无人则土不守，无道法[4]则人不至，无君子则道不举。

故土之与人也，道之与法也者，国家之本作[5]也。君子也者，道法之总要[6]也，不可少顷旷[7]也。得之则治，失之则乱；得之则安，失之则危；得之则存，失之则亡。故有良法而乱者有之矣，有君子而乱者，自古及今，未尝闻也。[8]传曰："治生乎君子，乱生乎小人。"此之谓也。

【注释】

[1]挟：通"浃"，周遍。

[2]语出《诗经·大雅·民劳》，意为施惠于国都，以安抚天下。中国，周天子直接统治的国都。

[3]险：通"俭"，林木不生。

[4]道法：礼义法度。道、法是战国时期儒家、道家、兵家、法家、黄老家等学派常论的议题。在荀子看来，君子能申明礼义，百姓能谨守但不知。

[5]本作：本源。

[6]总要：总纲、关键。

[7]旷：空缺。

[8]得之则治……未尝闻也：此部分文字亦见于《王制》篇。

【品读】

本章论述王者治国之道，"礼及身而行修，义及国而政明，能以礼挟而贵名白，天下愿，令行禁止，王者之事毕矣"，列举了国家治理中必备的几大元素——土地、民众、君子，并突显备礼义、总道法的君子的地位。国不可一日无"君子"，"得之则治，失之则乱；得之则安，失之则危；得之则存，失之则亡"。《大学》中亦有这种重视人才与治国之道的类似描述，如"道得众则得国，失众则失国。是故君子先慎乎德。有德此有人，有人此有土，有土此有财，有财此有用。德者本也，财者末也"。其中讲到道、国关系和有德君子、有人、有土的顺序，可与本章所论对读。其实，先秦儒家有重视和探索治国之道的传统，如孔子一生孜孜于为天下有道而努力，孟子亦言得道多助、失道寡助，强调以仁、义、礼、智为教化民众与治国的基本方针。

依前文言，君子者，为"礼义之始也""法之原""善服人者也"；圣人者，为"道之管"。这里将两种理想治国之才合而为一，称君子为治国道法之总要，是对前文观点的升华，重申其君子治国的理想。

14.3 得众动天。美意延年[1]。诚信如神[2]。夸诞逐魂[3]。

【注释】

[1]美意延年：快乐心境，可益寿延年。

[2]诚信如神：《中庸》中亦有类似语。

[3]夸诞逐魂：虚夸欺诈，会使人像落魄一样心神不宁。

【品读】

此章疑为错乱章节，或谈治国，或谈养生，或谈诚信，或谈虚夸，似可放入《大略》篇中。但是从语意的主体上来看，其主旨在于告诫当政者要重民守信，得民者得天下，诚信治国如神助。

14.4 人主之患，不在乎言用贤，而在乎诚必用贤[1]。夫言用贤者，口也；却贤者，行也。口行相反而欲贤者之至、不肖者之退也，不亦难乎？夫耀蝉[2]者务在明其火、振其树而已，火不明，虽振其树，无益也。今人主有能明其德，则天下归之，若蝉之归明火也。

【注释】

[1]而在乎诚必用贤：而在于诚心实意地一定任用贤能。

[2]耀蝉：指古人在夜晚用灯火照树上之蝉，摇晃树干，待其扑向火光或掉到树下时捕捉之。

【品读】

本章对君主不诚心举用贤才的情况提出批评，认为口头上说任人唯贤，事实上敬而远之，却之不用，难以才尽其用。在这种情形下，还想使有才能的人投奔自己，无异于捕蝉不明火，使劲振其树，往往事倍功半，甚至劳而无功。前文亦有类似言，如谈到今人主大患："使贤者为之，则与不肖者规之；使知者虑之，则与愚者论之；使修士行之，则与污邪之人疑之，虽欲成功，得乎哉！譬之，是犹立直木而恐其景之枉也，惑莫大焉。"①二者可对读，加深理解。本章还为研究社会经济史者提供了一则史料，即早在两千多年前我国就有了人工捕食蝉虫的方法，这种古老的照明振树的捕蝉之法至今仍流行于很多地方。

14.5 临事接民[1]而以义，变应宽裕而多容，恭敬以先之，政之始也；然后中和察断以辅之，政之隆[2]也；然后进退诛赏之[3]，政之终也。故一年与之

① 《荀子·君道》。

始，三年与之终。用其终为始，则政令不行而上下怨疾，乱所以自作也。《书》曰："义刑义杀，勿庸以即，汝惟曰'未有顺事'。"[4]言先教[5]也。

【注释】

[1]临事接民：理政治民。

[2]隆：中。

[3]然后进退诛赏之：然后提升、贬黜、诛罚、奖赏他们。

[4]语出《尚书·康诰》，与今本《尚书》略异。意指适当以刑杀惩治枉法者，但不要立即执行，主政者要先自责没有理顺政事，以示明德慎罚之意。

[5]先教：先以道德教化民众。先教后刑，是儒家德刑并用、德先于刑思想的重要体现。

【品读】

本章巧妙地将为政分为三个时段，每一时段各有其工作重心，三者不可混淆，躐等而为。但它们都有一个共同的特征：以礼义治国。不管是政之始的义、敬、宽裕，还是政之中的中和之道，抑或政之终的赏罚升黜，都是礼乐刑罚之属，讲求先教化而后刑罚。这是儒家理政治国思想的核心理念。以三年为检验执政效果的标准，在孔子师徒那里也多有论述。如孔子曾说，"苟有用我者，期月而已可也，三年有成"①，"三年无改于父之道，可谓孝矣"②。孔子的弟子子路、冉有论述自己的政治志向时，也以"比及三年"③为期。

14.6　程[1]者，物之准也；礼者，节之准也。程以立数，礼以定伦，德以叙位，能以授官。凡节奏欲陵[2]而生民欲宽，节奏陵而文，生民宽而安。上文下安[3]，功名之极也，不可以加矣。

【注释】

[1]程：度量衡的总称。

[2]节奏欲陵：礼法要严密。陵，严密。

[3]上文下安：上面文以礼义，下面安泰稳定。安，安泰、安定。

【品读】

本章论以礼治国，定伦分等，继之以德叙位、以能授官。制度要严，抚民要宽，宽猛相济，是和谐家邦、以礼治国的关键。

---

① 《论语·子路》。

② 《论语·学而》。

③ 《论语·先进》。

14.7　君者，国之隆[1]也；父者，家之隆也。隆一而治，二而乱，自古及今，未有二隆争重而能长久者。

【注释】

[1]隆：宗、宗主。

【品读】

本章崇尚君权、父权，主张士人在朝堂和家中，均以君主和父亲为唯一的权威，以保证国泰家和。如果一个国家中出现争夺君权的奸臣僭主或不敬父权的逆子恶妻等不合"君君，臣臣，父父，子子"的情形，那么这个国家就会陷入混乱之中。

事实上，从孔子至荀子的时代，恰恰是弑君悖父常常发生的乱世，故而他们拼命地提倡忠信孝慈。荀子强化孝忠关系，将其分为在家孝亲、在外孝君，移孝入忠，正是为消弭混乱、建立井然的伦理政治秩序而提出的对策。后来，在君主制和家长制为主的封建宗法社会里，忠孝成为一种治国的指导思想，被历代统治者大力提倡，并成为民众修身的圭臬。古人家训中常标榜"一等人忠臣孝子"，就是明证。

14.8　师术有四，而博习不与[1]焉：尊严而惮，可以为师[2]；耆艾而信[3]，可以为师；诵说而不陵不犯，可以为师；知微而论，可以为师。故师术有四，而博习不与焉。水深而回[4]，树落则粪本[5]，弟子通利则思师。《诗》曰："无言不雠，无德不报。"[6]此之谓也。

【注释】

[1]与：参与其中，位于其中。

[2]尊严而惮，可以为师：尊道严肃，令人生畏，可以为人师表。

[3]耆艾而信：年长而有威信。耆，对六十岁老者的称呼。艾，对五十岁老者的称呼。

[4]回：同"洄"，水中打旋。

[5]粪本：给树根施肥。

[6]语出《诗经·大雅·抑》。大意指说话总会有应答，施恩总会有报答。雠，同"酬"，应答。

【品读】

荀子认为，为人师者除博学之外，还要有其他方面的特征：庄严威厉而不轻佻浮泛、年长德艾讲究信用、诵说经义有规有矩、烛微阐幽而不大言欺人或空发议论。具备其一即有人师之质，四者皆具则为真正人师，如无一可论则不可为人师。如果"断章取义"，这里的师可理解为一般意义上的授学之师。作为一名教师，除了要有广博的学识，在德行方面也要有高风亮节、澡雪精神，而在讲授知识的原则和技艺方面更要有章可循，多作具体研究，少发大而无当之论。因为在现代学者看来，只有具体研究才是科学工作。或者说，只有建立在可靠的具体研究基础上的宏观大论才可能言之有据，闻之有理，更为信实。今诵读《荀子》此章之语，颇有醒世恒言之感。以史为鉴，可以知得失。以荀子之言考察、告诫当今我国数千万的教师，辨别假恶丑，弘扬真善美，于敦励士风人心、廉顽立懦，其益大矣。不过，话又说回来，《荀子》中所谓的"师"主要指为民之师的君主、王者、诸侯，或辅佐君王的帝王之师，如君子、大儒等。这一点需要我们格外注意。

14.9　赏不欲僭，刑不欲滥，赏僭则利及小人，刑滥则害及君子。若不幸而过，宁僭无滥，与其害善，不若利淫。[1]

【注释】

[1]此段文字亦见于《左传・襄公二十六年》："若不幸而过，宁僭无滥。与其失善，宁其利淫。"大意是说，如不幸发生失误，宁可过分奖赏小人，也不要滥用刑罚于君子。与其因一种举措妨害善人，不如不害善，即便客观上可能有利于恶人。此论反映了儒家为政以宽、厚待于民的思想。僭，过分。

【品读】

本章所言与《左传・襄公二十六年》中所载蔡国太师之子公孙归回答楚令尹子木的一段话相仿，但后者言之更详，现摘其主体如下："归生闻之：'善为国者，赏不僭而刑不滥。'赏僭，则惧及淫人；刑滥，则惧及善人。若不幸而过，宁僭无滥。与其失善，宁其利淫。无善人，则国从之。《诗》曰：'人之云亡，邦国殄瘁。'无善人之谓也。故《夏书》曰：'与其杀不辜，宁失不经。'惧失善也。"此段除了讲赏罚得当、宁僭勿滥的治国原则之外，还引《诗》《书》来证实，可以之为参照，加深对此处荀子所言的理解。

因为《荀子》所载与《左传》部分内容类似，有人怀疑本章是荀学整理者（如刘向）误将《左传》语列入荀书中，非荀子原文。是否真的误入，历时悠久，现已难以确认。不过，两者对比，可以发现二书所载的"赏不欲僭，刑不欲滥""赏不僭而刑不滥"，应有共同来源，非其独创。进而言之，不僭、不滥的赏刑原则，最晚在东周早期就已形成并流传于世。《左传》《荀子》引用之，并附以或详或略的说明来论证古人治国之道，以服务于当时政治。从根本上来说，不僭、不滥特别是"宁僭勿滥"的赏罚原则，体现了儒家"节奏欲陵而生民欲宽"①的仁政理念。古老的治政宝典《尚书》中亦有此类思想印迹，如"敬敷五教，在宽"②。

---

① 《荀子・致士》。

② 《尚书・尧典》。

议兵篇第十五

15.1　临武君[1]与孙卿子议兵于赵孝成王[2]前，王曰："请问兵要。"

临武君对曰："上得天时，下得地利，观敌之变动，后之发，先之至，此用兵之要术也。"

孙卿子曰："不然。臣所闻古之道，凡用兵攻战之本在乎壹民。弓矢不调，则羿不能以中微；六马不和，则造父不能以致远；士民不亲附，则汤、武不能以必胜也。故善附民者，是乃善用兵者也。故兵要在乎善附民而已。"

【注释】

[1]临武君：楚将，姓名不详。

[2]赵孝成王：名丹，公元前265～前245年在位。

【品读】

本章中，荀子与赵国国君谈论用兵要术，以"古之道"立论，借古讽今，强调兵战之本在于如何统一民众意志，即"壹民""附民"。《孙子兵法·计篇》谈及治兵五事——"一曰道，二曰天，三曰地，四曰将，五曰法"，首举其道，道者就是"令民与上同意也故可以与之死，可以与之生，而不畏危"。这里的"令民于上同意"与"壹民""附民"相似，可相互对读，加深理解。荀子的用兵观与孙子的用兵观有相似之处，但也有很大差别，从下章即可见知。

15.2　临武君曰："不然。兵之所贵者势利也，所行者变诈也。善用兵者，感忽悠暗[1]，莫知其所从出。孙、吴用之，无敌于天下，岂必待附民哉？"

孙卿子曰："不然。臣之所道，仁人之兵，王者之志也。君之所贵，权谋势利也；所行，攻夺变诈者，诸侯之事也。仁人之兵，不可诈也。彼可诈者，怠慢者也，路亶[2]者也，君臣上下之间滑然有离德者也。故以桀诈桀，犹巧拙有幸焉。以桀诈尧，譬之若以卵投石，以指挠沸[3]，若赴水火，入焉焦没耳。故仁人上下，百将一心，三军同力，臣之于君也，下之于上也，若子之事父，弟之事兄，若手臂之扞[4]头目而覆胸腹也。诈而袭之，与先惊而后击之，一也。且仁人之用十里之国，则将有百里之听；用百里之国，则将有千里之听。用千里之国，则将有四海之听。必将聪明警戒、和传而一[5]。故仁人之兵，聚则成卒，散则成列，延则若莫邪[6]之长刃，婴[7]之者断；兑[8]则若莫邪之利锋，当之者溃。圜居而方止，则若盘石然，触之者角摧，案角鹿埵、陇种、东笼而退耳[9]。且夫暴国之君，将谁与至哉？彼其所与至者，必其民也。而其民之亲我欢若父母，其好我芬若椒兰，彼反顾其上，则若灼黥，若仇雠。人之情，虽桀、跖，岂又肯为其所恶[10]，贼[11]其所好者哉？是犹使人之子孙自贼其父母也，彼必将来告之，夫又何可诈也？故仁人用，国日明，诸侯先顺者安，后顺者危，虑[12]敌之者削，反[13]之者亡。《诗》曰：'武王载发，有虔秉钺；如火烈烈，则莫我敢遏。'[14]此之谓也。"

【注释】

[1]感(hǎn)忽悠暗：恍惚幽暗，神秘莫测。

[2]路亶(dàn)：疲劳衰弱。

[3]以指挠沸：用手指搅开水，不自量力。挠，通"搅"。

[4]扞：通"捍"，护卫。

[5]和传而一：和睦团结，一心一意。传，通"团"。

[6]莫(mò)邪(yé)：古代有名的利剑，后为宝剑的代称。

[7]婴：通"撄"，触碰。

[8]兑：通"锐"，锐利。

[9]案角鹿埵、陇种、东笼而退耳：摧败披靡，逃窜败退。案角鹿埵、陇种、东笼，其义未详，或皆为摧败披靡之貌。

[10]恶(wù)：憎恶。

[11]贼：残害。

[12]虑：通"欲"。

[13]反：通"叛"。

[14]语出《诗经·商颂·长发》。大意为歌颂商王汤出兵伐夏，大旗竖立，利器在手，士气高涨，势不可挡。

【品读】

本章中，孙卿针对临武君提出的善用兵者尚势利变诈、不待附民的观点，从用兵之术的类型学上加以反驳。他将临武君所举归为诸侯之事，而将自己的"兵要在乎善附民"说归为仁人之兵、王者之志。仁人之兵重在统一人心，所谓"百将一心，三军同力，臣之于君也，下之于上也，若子之事父，弟之事兄，若手臂之扞头目而覆胸腹也"。最终在战场上达到这样一种境界："聚则成卒，散则成列，延则若莫邪之长刃，婴之者断；兑则若莫邪之利锋，当之者溃。圜居而方止，则若盘石然，触之者角摧，案角鹿埵、陇种、东笼而退耳。”从根本上来说，荀子认为战前的软实力准备（如“壹民”“附民”等团结人心的工作）非常重要，如何做到君民相亲相谐，使“彼其所与至者，必其民也。而其民之亲我欢若父母，其好我芬若椒兰”，是荀子论兵战时非常关注和推崇之处。

15.3 孝成王、临武君曰：“善！请问王者之兵设何道、何行而可？”

孙卿子曰：“凡在大王，将率[1]末事也。臣请遂道王者诸侯强弱存亡之效，安危之势：君贤者其国治，君不能者其国乱；隆礼贵义者其国治，简礼贱义者其国乱。治者强，乱者弱，是强弱之本也。上足卬[2]则下可用也，上不足卬则下不可用也。下可用则强，下不可用则弱，是强弱之常也。隆礼效功[3]，上也；重禄贵节，次也；上功贱节，下也，是强弱之凡[4]也。好士者强，不好士者弱；爱民者强，不爱民者弱；政令信者强，政令不信者弱；民齐者强，民不齐者弱；赏重者强，赏轻者弱；刑威者强，刑侮者弱；械用兵革攻完[5]便利者强，械用兵革窳楛[6]不便利者弱。重用兵者强，轻用兵者弱；权出一者强，权出二者弱，是强弱之常也。”

“齐人隆技击，其技也，得一首者则赐赎锱[7]金，无本赏矣。是事小敌毳[8]则偷可用也，事大敌坚则焉涣然离耳。若飞鸟然，倾侧反覆无日，是亡国之兵也，兵莫弱是矣，是其出赁市、佣而战之几矣。魏氏之武卒，以度取之，衣三属之甲[9]，操十二石之弩[10]，负服[11]矢五十个，置戈其上，冠軸[12]带剑，赢[13]三日之粮，日中而趋百里，中试则复其户，利其田宅，是数年而衰而未可夺也，改造[14]则不易周[15]也。是故地虽大，其税必寡，是危国之兵也。秦人其生民陿阸[16]，其使民也酷烈，劫之以势，隐之以阸，忸之以庆赏[17]，鳍[18]之以刑罚，使天下之民所以要[19]利于上者，非斗无由也。阸而用之，得而后功之，功赏相长也，五甲首而隶五家，是最为众强长久，多地以正[20]。故四世有胜，非幸也，数也。”

“故齐之技击不可以遇魏氏之武卒，魏氏之武卒不可以遇秦之锐士，秦之锐士不可以当桓、文之节制，桓、文之节制不可以敌汤、武之仁义，有遇之者，若以焦熬[21]投石焉。兼是数国者，皆干赏蹈利[22]之兵也，佣徒鬻[23]卖之道也，未有贵上、安制、綦节[24]之理也。诸侯有能微妙之以节，则作而兼殆之耳。故招近募选，隆势诈，尚功利，是渐[25]之也；礼义教化，是齐之也。故以诈遇诈，犹有巧拙焉；以诈遇齐，辟[26]之犹以锥刀堕[27]太山也，非天下之愚人莫敢试。故王者之兵不试。汤、武之诛桀、纣也，拱挹[28]指麾而强暴之国莫不趋使，诛桀、纣若诛独夫。故《泰誓》曰：‘独夫纣。’此之谓也。故兵大齐[29]则制天下，小齐则治邻敌。若夫招近募选，隆势诈，尚功利之兵，则胜不胜无常，代翕代张，代存代亡，相为雌雄耳矣。夫是之谓盗兵，君子不由也。”

“故齐之田单、楚之庄蹻、秦之卫鞅、燕之缪虮[30]，是皆世俗之所谓善用兵者也；是其巧拙强弱则未有以相君[31]也，若其道一也，未及和齐也。掎契司诈[32]，权谋倾覆，未免盗兵也。齐桓、晋文、楚庄、吴阖闾、越勾践，是皆和齐之兵也，可谓入其域矣，然而未有本统[33]也，故可以霸而不可以王。是强弱之效也。”

【注释】

[1]率：同“帅”。

[2]卬：同“仰”，仰仗。

[3]效功：检验战功。

[4]凡：常态，一般情形。

[5]攻完：精良坚固。攻，通“功”，精致。

[6]窳(yǔ)楛(kǔ)：不坚固、粗劣。楛，通“盬”。

[7]锱：八两。

[8]毳：通“脆”，弱小。

[9]三属(zhǔ)之甲：古代由三部分(披膊、胸铠、腿裙)联结在一起的铠甲。

[10]操十二石之弩：挽拉力是十二石的强弓。石为古代计算弓弩拉力的单位。十二石约合现在的360公斤(战国时期一石为120斤，一斤约合250克)。

[11]服：通“菔”，盛箭的工具。

[12]軸(zhòu)：同“胄”，头盔。

[13]赢：负担。

[14]改造：重新选择。

[15]周：通“赒”，周济。

[16]陿(xiá)阸(è)：同“狭隘”，狭窄困厄，此处代指民众的生路狭窄。

[17]忸(niǔ)之以庆赏：战胜则诱之以赏赐，使其习惯打仗。忸，同“狃”，诱惑、驯服。

[18]鰌(qiū)：通“遒”，逼迫。

[19]要：通“邀”，求取。

[20]正：通“征”，征税。

[21]焦熬：焦脆之物，不堪一击。

[22]干赏蹈利：求赏趋利。

[23]鬻(yù)：卖。

[24]綦节：极尽节操。

[25]渐：欺骗。

[26]辟：通“譬”，譬如。

[27]堕：同“隳”，毁坏。

[28]拱挹：拱手行礼，喻轻松自如。

[29]大齐：以礼乐教化大力整顿军队。

[30]缪(miào)虮(jǐ):人名,具体何人不明。或为燕将乐毅。

[31]相君:相为君长、彼此抗衡。或曰"相若"之形讹。

[32]掎(jǐ)契(qiè)司诈:牵制掣肘,伺机欺诈。司,通"伺"。

[33]本统:根本,此指礼乐教化。

【品读】

本章从逻辑、现实与古今对比的角度,对上章所言的王者仁人之兵展开论述。从应然的逻辑上来说,用兵之道在于治国有道,国治则民强,民强才可能兵强。治国有道者要在以下几方面有为:君贤臣能,为政者隆礼贵义、好士爱民、政令诚信、民心齐整、赏重刑威、兵备完坚、重视用兵、统一权力。拥有一个强大的国家才能谈强兵,不能一味地崇信形势、诈兵。

从现实的角度而论,荀子认为强国如齐、魏、秦者,在治兵上或技击,或武卒,或锐士,各有特色,一个比一个强,其中秦国"众强长久""四世有胜",最为显例。但在荀子看来,它们"招近募选,隆势诈,尚功利",缺点非常明显,虽能收一时之效,却难以常立不败之地。即使盛强于其他诸侯国的秦国,也难以担当"制天下"的重任。

从古今对比的角度,荀子总结了历史上曾经存在的三种用兵之道:近者如战国时齐、楚、秦、燕诸国国君主张用兵恃强凌弱,推崇武力与权谋,为了一己私利不惜以诈伪欺人,但"掎契司诈,权谋倾覆,未免盗兵也";稍远者如春秋五霸中的齐桓公、晋文公,他们在用兵上推行霸国强权政策,虽然表面上也有尊王攘夷、存邢救卫等正义之举,但因未能以礼义治兵,故只能称霸而难成王业;再远者就是殷周时期汤王、武王以仁义治兵之道,和齐兼用,达到"道洽政治""协和万邦"的境界。荀子理想中的用兵之道自然在古代而非近世。

……………………………………

15.4 孝成王、临武君曰:"善!请问为将?"

孙卿子曰:"知莫大乎弃疑,行莫大乎无过,事莫大乎无悔,事至无悔而止矣,成[1]不可必也。故制号政令,欲严以威;庆赏刑罚,欲必以信;处舍收藏[2],欲周以固;徙举进退欲安以重,欲疾以速;窥敌观变,欲潜以深,欲伍以参;遇敌决战,必道吾所明,无道吾所疑。夫是之谓六术。无欲将而恶废,无急胜而忘败,无威内而轻外,无见其利而不顾其害,凡虑事欲孰而用财欲泰[3],夫是之谓五权。所以不受命于主有三:可杀而不可使处不完,可杀而不可使击不胜,可杀而不可使欺百姓。夫是之谓三至。凡受命于主而行三军,三军既定,百官得序,群物皆正,则主不能喜,敌不能怒,夫是之谓至臣[4]。虑必先事而申之以敬,慎终如始,终始如一。夫是之谓大吉。凡百事之成也，必在敬之；其败也，必在慢之。故敬胜怠则吉，怠胜敬则灭；计胜欲则从，欲胜计则凶。战如守，行如战，有功如幸。敬谋无圹[5]，敬事无圹，敬吏无圹，敬众无圹，敬敌无圹，夫是之谓五无圹。慎行此六术、五权、三至而处之以恭敬无圹，夫是之谓天下之将，则通于神明矣。”

【注释】

[1]成：成功。

[2]臧：通“藏”。

[3]凡虑事欲孰而用财欲泰：考虑事情要深思熟虑，在财用上要宽裕不吝。孰，同“熟”，精审。泰，宽裕。

[4]臣：疑为“坚”。

[5]圹：同“旷”，疏忽大意。

【品读】

本章论为将神明的必备素质：六术、五权、三至、恭敬无圹。这样的将领既有智慧，又讲威信，有独立性、仁慈心且慎于战事——虑其利害、敬慎如一、虑必先事、成事须敬、掌控情欲等，是理性和智慧的化身。

如果以此段比照《孙子兵法》的有关章节，我们会发现荀子与孙子的兵学思想在为将用兵方面有很大的相似性。如荀子论为将需有智、信、仁、慎的素质，孙子亦论为将必备的素质有“智、信、仁、勇、严”①；荀子慎战，主张考虑、权衡其利害，孙子亦主张明君贤将在战前谋划，“必杂于利害，杂于利而务可信也，杂于害而患可解也”②，“不尽知用兵之害者，则不能尽知用兵之利也”③；荀子云虑必先事，孙子亦言“上兵伐谋”，“百战百胜，非善之善也；不战而屈人之兵，善之善者也”④，“夫未战而庙算胜者，得算多也；未战而庙算不胜者，得算少也。多算胜，少算不胜，而况于无算乎”⑤。虽然在上文中，荀子纠正了时人关于以“势利”“变诈”之术用兵的错误认识，对当时人们崇信兵法有所反对，但他对包括孙子兵法在内的先人兵法有相当多的了解和学习，这从其兵学思想与孙子的兵学思想多有共识之处即可见知。荀子对前人兵学思想进行综合升华、深度阐发，并独立己说，这在此前的儒家如孔子、孟子那里是绝无仅有的。荀子如此重视为将治兵，应与其所处时代各国纷争的客观需要及其久居兵学思想资源丰富的齐国有很大关系。

---

① 《孙子兵法·计篇》。

② 《孙子兵法·九变篇》。

③ 《孙子兵法·作战篇》。

④ 《孙子兵法·谋攻篇》。

⑤ 《孙子兵法·计篇》。

15.5 临武君曰:“善!请问王者之军制。”

孙卿子曰:“将死鼓[1],御死辔,百吏死职,士大夫[2]死行列。闻鼓声而进,闻金[3]声而退,顺命为上,有功次之。令不进而进,犹令不退而退也,其罪惟均。不杀老弱,不猎[4]禾稼,服者不禽,格者不舍,奔命者不获[5]。凡诛,非诛其百姓也,诛其乱百姓者也。百姓有扞[6]其贼,则是亦贼也。以故顺刃者生,苏刃[7]者死,奔命者贡[8]。微子开[9]封于宋,曹触龙断于军,殷之服民,所以养生之者也,无异周人。故近者歌讴而乐之,远者竭蹶[10]而趋之,无幽间辟陋之国莫不趋使而安乐之,四海之内若一家,通达之属莫不从服,夫是之谓人师[11]。《诗》曰:‘自西自东,自南自北,无思不服。’此之谓也。王者有诛而无战,城守不攻,兵格[12]不击,上下相喜则庆之。不屠城,不潜军,不留[13]众,师不越时。故乱者乐其政[14],不安其上,欲其至也。”临武君曰:“善!”

【注释】

[1]将死鼓:主将亲自击鼓指挥战斗而死。

[2]士大夫:此处指武士。

[3]金:金钲,犹后世铜锣。

[4]猎:同“躐”,践踏。

[5]服者不禽,格者不舍,奔命者不获:对表示顺服的敌人不擒获,对顽抗的敌人不放过,对投诚的敌人不俘虏。禽,通“擒”。格,格斗。舍,通“赦”。

[6]扞:通“捍”,保卫。

[7]苏刃:迎战、格斗。苏,通“傃(sù)”,向。

[8]奔命者贡:逃命的不追捕。贡,或曰“贳”之形讹,意为赦免(刘师培说)。

[9]微子开:指微子启,商纣王之兄。后人因避汉景帝刘启之讳,改“启”为“开”。

[10]竭蹶:竭力奔走。

[11]人师:仁义之师。

[12]格:通“潞”,羸弱。

[13]留:通“刘”,杀戮。

[14]政:通“征”,征伐。

【品读】

本章论述王者治军循道而为,方可培养出一支从将帅、御夫、百吏至士大夫皆战不怕死、死得其所的英勇之师。王者之师亦是仁义之师,体现在“不杀老弱,不猎禾稼,服者不禽,格者不舍,奔命者不获”“城守不攻,兵格不击,上下相喜则庆之。不屠城,不潜军,不留众,师不越时”等方面,彰显师出有名、讨伐不义的正义性。即正义之战只针对敌国中乱其百姓者的独夫民贼及同流合污者,而不妄杀其他无辜者。

15.6 陈嚣[1]问孙卿子曰："先生议兵，常以仁义为本；仁者爱人，义者循理，然则又何以兵为？凡所为有兵者，为争夺也。"

孙卿子曰："非女[2]所知也！彼仁者爱人，爱人故恶人之害之也；义者循理，循理故恶人之乱之也。彼兵者，所以禁暴除害也，非争夺也。故仁人之兵，所存者神，所过者化，若时雨之降，莫不说[3]喜。是以尧伐驩兜[4]，舜伐有苗[5]，禹伐共工[6]，汤伐有夏，文王伐崇，武王伐纣，此四帝两王，皆以仁义之兵，行于天下也。故近者亲其善，远方慕其德，兵不血刃，远迩来服，德盛于此，施及四极。《诗》曰：'淑人君子，其仪不忒。'[7]此之谓也。"

【注释】

[1]陈嚣：荀卿的弟子，生平未详。

[2]女：通"汝"。

[3]说：通"悦"。

[4]驩(huān)兜：古代部落名，曾被尧流放于崇山。

[5]有苗：古代部落名，与舜发生过战争，败后被迫迁徙流放至他处。

[6]共工：古代部落名，与禹发生过战争，败后被迫迁徙流放至他处。

[7]语出《诗经·曹风·鸤鸠》，大意指正人君子，礼仪一点也不会出差错。忒(tè)，差错。

【品读】

本章仍在论述仁义之师的内涵，主要立足于对兵学主旨"所以禁暴除害"的阐发。仁者之兵，古即有之，曾行于天下。战国之时，大国争霸，荀子指出古已有之的仁义之兵，为一国乃至全天下的长治久安提供对策。但是，在当时如火如荼的战乱纷争中，这种以古已有之、今可用之的方法来劝说国君的策略，并没有为各国所采纳，"所为有兵者，为争夺"的不仁不义之战时时发生，几为常态。最终的一统天下，也是不尊仁义的虎狼之秦以充满血雨腥风的蚕食兼并、诈夺恐吓等不义方式打拼而来。尽管秦凭借强武一统天下，殊为不易，历史影响深远，但其一味逞强、不仁不义也是导致秦朝昙花一现、二世而亡的重要原因。后来，项、刘争霸中，素有"宽大长者"之称的刘邦最终将兵力强大于己的项羽打败，夺得天下。此例足证荀卿之兵学思想的正确性。

15.7 李斯问孙卿子曰："秦四世有胜，兵强海内，威行诸侯，非以仁义为之也，以便从事而已。"

孙卿子曰："非女[1]所知也！女所谓便者，不便之便也；吾所谓仁义者，大便之便[2]也。彼仁义者，所以修政者也，政修则民亲其上，乐其君而轻为之死。故曰：'凡在于军，将率，末事也。'秦四世有胜，諰諰[3]然常恐天下之一合而轧己也，此所谓末世之兵，未有本统也。故汤之放桀也，非其逐之鸣条[4]之时也；武王之诛纣也，非以甲子之朝而后胜之也，皆前行素修也，此所谓仁义之兵也。今女不求之于本而索之于末[5]，此世之所以乱也。"

礼者，治辨[6]之极也，强固之本也，威行之道也，功名之总也。王公由之所以得天下也，不由所以陨社稷也。故坚甲利兵不足以为胜，高城深池不足以为固，严令繁刑不足以为威。由其道则行，不由其道则废。

楚人鲛革犀兕以为甲，鞈如金石；宛钜铁釶，惨如蜂虿，轻利僄遬，卒如飘风[7]。然而兵殆于垂沙，唐蔑死，庄蹻[8]起，楚分而为三四。是岂无坚甲利兵也哉？其所以统之者，非其道故也。汝、颍以为险，江、汉以为池，限之以邓林，缘之以方城。然而秦师至而鄢、郢举，若振槁[9]然，是岂无固塞[10]隘阻也哉？其所以统之者，非其道故也。纣刳[11]比干，囚箕子，为炮烙[12]刑，杀戮无时，臣下懔[13]然莫必其命。然而周师至而令不行乎下，不能用其民，是岂令不严、刑不繁也哉？其所以统之者，非其道故也。

古之兵，戈、矛、弓、矢而已矣，然而敌国不待试而诎；城郭不辨[14]，沟池不扣[15]，固塞不树，机变不张，然而国晏然不畏外而明内者，无它故焉，明道而分钧[16]之，时使而诚爱之，下之和[17]上也如影向，有不由令者，然后诛之以刑。故刑一人而天下服，罪人不邮[18]其上，知罪之在己也。是故刑罚省而威流，无它故焉，由其道故也。古者，帝尧之治天下也，盖杀一人、刑二人而天下治。传曰："威厉而不试，刑错[19]而不用。"此之谓也。

凡人之动也，为赏庆为之，则见害伤焉止矣。故赏庆、刑罚、势诈不足以尽人之力、致人之死。为人主上者也，其所以接下之百姓者无礼义忠信，焉虑率[20]用赏庆、刑罚、势诈除阸其下，获其功用而已矣？大寇则[21]至，使之持危城则必畔[22]，遇敌处战则必北，劳苦烦辱[23]则必奔，霍焉离耳，下反制其上。故赏庆、刑罚、势诈之为道者，佣徒粥[24]卖之道也，不足以合大众、美国家，故古之人羞而不道也。故厚德音以先之，明礼义以道之，致忠信以爱之，尚贤使能以次之，爵服庆赏以申之，时其事，轻其任，以调齐之，长养之，如保赤子。政令以定，风俗以一，有离俗不顺其上，则百姓莫不敦恶[25]，莫不毒孽，若祓[26]不祥，然后刑于是起矣。是大刑之所加也，辱孰大焉？将以为利邪？则大刑加焉，身苟不狂惑戆陋，谁睹是而不改也哉？然后百姓晓然皆知修上之法、像上之志而安乐之。于是有能化善、修身、正行、积礼义、尊道德，百姓莫不贵敬，莫不亲誉[27]，然后赏于是起矣。是高爵丰禄之所加也，荣孰大焉？将以为害邪？则高爵丰禄以持养之，生民之属，孰不愿也？雕雕焉县[28]贵爵重赏于其前，县明刑大辱于其后，虽欲无化，能乎哉？故民归之如流水，所存者神，所为者化。□[29]而顺，暴悍勇力之属为之化而愿，旁辟曲私[30]之属为之化而公，矜纠收缭[31]之属为之化而调，夫是之谓大化[32]至一。《诗》曰："王犹允塞，徐方既来。"此之谓也。

【注释】

[1]女：通"汝"，你。

[2]大便之便：大利之利。

[3]谌（xǐ）谌：惧怕。

[4]鸣条：成汤打败夏桀的地方，据说在今山西运城安邑镇北。

[5]今女不求之于本而索之于末：如今你不求本于仁义而求末于诈术。女，通"汝"。

[6]治辨：治理。

[7]楚人鲛（jiāo）革犀兕（sì）以为甲，鞈（gé）如金石；宛钜铁𨱇（shī），惨如蜂虿（chài），轻利僄遬，卒如飘风：楚人用鲛鱼皮、犀兕做铠甲，坚如金石；用宛地的良铁做长矛，惨毒如蜂蝎，骁勇轻快，迅速如风。鞈，坚固。𨱇，长矛。虿，蝎子。僄，骁勇。遬，同"速"，迅速。卒，通"猝"，突发。

[8]庄蹻：初为盗，后为楚将。

[9]振槁：振动枯死之树干，形容其事之易。

[10]塞（sài）：关塞。

[11]刳（kū）：剖。

[12]炮烙（gē）：商纣时的酷刑。铸一铜格，格下烧火，令犯人行走格上，使其掉入火中致死。或曰用火烧热铜柱，令犯人爬行柱上，使其掉入火中而死，聊备一说。

[13]懔（lǐn）：恐惧。

[14]辨：通"办"，治理。

[15]拑：通"扣（hú）"，掘。

[16]钧：同"均"，均衡。

[17]和（hè）：附和、响应。

[18]邮：通"尤"，责怪、怨恨。

[19]错：通"措"，设置。

[20]率：轻率。

[21]则：如果（王念孙说）。

[22]畔：通"叛"，背叛。

[23]烦辱：通"繁缛"。

[24]粥：通"鬻"，卖。

[25]敦恶：厌恶。敦，愤怒、怨恨。

[26]祓（fú）：驱除，指古代禳灾祈福的仪式。

[27]亲誉：亲与，即亲近。誉，通"与"。

[28]县：通"悬"，张挂。

[29]此处疑有缺字。

[30]旁辟曲私：邪僻不公。

[31]矜纠收缭：急躁、纠缠，皆指暴躁难缠之人。

[32]大化：广大深远的教化。

【品读】

本章是荀子与李斯师徒二人关于兵学思想的争论。李斯所说的“秦四世有胜，兵强海内，威行诸侯，非以仁义为之也，以便从事而已”，但其多“赏庆、刑罚、势诈之为道者”，确为事实。荀子斥之“佣徒粥卖之道也，不足以合大众、美国家”。在他眼里，用兵治国者要以礼义忠信、道德教化为先，“厚德音以先之，明礼义以道之，致忠信以爱之，尚贤使能以次之，爵服庆赏以申之，时其事，轻其任，以调齐之，长养之，如保赤子”，通过这种途径驯化成的仁义之师符合一个国家长远发展的根本利益，为“大便之便”。荀子兵学思想的逻辑就是：明君贤臣“化善、修身、正行、积礼义、尊道德”，以政治教化民众为强兵之本，一其心、凝其力，使政修而“民亲其上，乐其君而轻为之死”。强民强兵，良将率之，则可以无敌于天下。本篇前几章言兵，皆与此类似。

15.8　凡兼人者有三术：有以德兼人者，有以力兼人者，有以富兼人者。彼贵我名声，美我德行，欲为我民，故辟门除涂[1]以迎吾入，因其民、袭其处而百姓皆安，立法施令莫不顺比。是故得地而权弥重，兼人而兵俞[2]强，是以德兼人者也。非贵我名声也，非美我德行也，彼畏我威，劫我势，故民虽有离心，不敢有畔虑，若是则戎甲俞众，奉养必费，是故得地而权弥轻，兼人而兵俞弱，是以力兼人者也。非贵我名声也，非美我德行也，用贫求富，用饥求饱，虚腹张口，来归我食，若是则必发夫掌窌[3]之粟以食之，委之财货以富之，立良有司以接之，已期三年[4]，然后民可信也，是故得地而权弥轻，兼人而国俞贫，是以富兼人者也。故曰：以德兼人者王，以力兼人者弱，以富兼人者贫，古今一也。

【注释】

[1]辟门除涂：开门扫路。涂，通“途”。

[2]俞：通“愈”。

[3]掌窌(jiào)：掌，当作“廩”(王引之说)，米仓。窌，地窖。

[4]已期三年：已满三年。期，满。

【品读】

从语意脉络上看，本章当仍承此前诸章的仁义之师而来。它主张大事兼并的各邦国在外交政策上奉行“以德兼人者王”的王者之制，以保证自身利益的最大化、长久化。但事实上，“以力兼人者弱，以富兼人者贫”在当时更为普遍。在弱肉强食、竞争残酷的“丛林原则”下，荀子的这种邦交思想显得不合时宜。

15.9 兼并易能也，唯坚凝[1]之难焉。齐能并宋[2]而不能凝也，故魏夺之；燕能并齐[3]而不能凝也，故田单夺之；韩之上地[4]，方数百里，完全富足而趋赵，赵不能凝也，故秦夺之。故能并之而不能凝，则必夺；不能并之，又不能凝其有，则必亡。能凝之，则必能并之矣。得之则凝，兼并无强。古者，汤以薄[5]，武王以滈[6]，皆百里之地也，天下为一，诸侯为臣，无它故焉，能凝之也。故凝士以礼，凝民以政，礼修而士服，政平而民安。士服民安，夫是之谓大凝。以守则固，以征则强，令行禁止，王者之事毕矣。

【注释】

[1]凝：凝聚、稳定。

[2]齐能并宋：指齐闵王伐宋（前286年），一度兼并之。

[3]燕能并齐：指燕昭王二十八年（前284年）乐毅伐齐，占据绝大部分齐地。

[4]上地：上党，在今山西长治一带。

[5]薄：同“亳”，商初都城，在今河南商丘北。

[6]滈（hào）：同“镐”，周都城，在今陕西西安长安区西北。

【品读】

本章言王者需通过必要的战争手段拓展领土，一统天下，但在兼并他国土地之后应当做好安抚民心、巩固胜利果实等方面的“坚凝”之事，即攻城略地之余的善后工作。打天下之后更要守天下，兼并与“坚凝”两手都要抓。但荀子认为：“兼并易能也，唯坚凝之难焉。”事实上，古往今来，大量事实也印证了这一点。如秦国通过苦心经营，吞并他国领土而得到天下，但没有很好地采取“坚凝”之善后措施，故导致二世而亡，丢掉江山，贻笑天下。

强国篇第十六

16.1　刑范[1]正，金[2]锡美，工冶巧，火齐得，剖刑而莫邪已[3]。然而不剥脱[4]、不砥厉[5]，则不可以断绳；剥脱之、砥厉之，则劙盘盂、刎牛马忽然耳[6]。彼国者，亦强国之剖刑已。然而不教诲、不调一，则入不可以守，出不可以战。教诲之、调一之，则兵劲城固，敌国不敢婴[7]也。彼国者亦有砥厉，礼义节奏是也。故人之命在天，国之命在礼。人君者隆礼尊贤而王，重法爱民而霸，好利多诈而危，权谋、倾覆、幽险而亡。

【注释】

[1]刑范：铸造模具。刑，通"型"。

[2]金：先秦时多称铜为"金"。

[3]已：犹"矣"。

[4]剥脱：指刀剑经过剥刮、锤锻、淬火等的工序。

[5]砥厉：砥，指细磨刀石。厉，通"砺"，指粗磨刀石。

[6]劙(lí)盘盂、刎(wěn)牛马忽然耳：喻指宝剑锋利。劙，斩、分割。刎，割。忽然，轻快锋利的样子。

[7]婴：通"撄"，触犯。

【品读】

本章从礼治的角度论证国家强大、称霸天下的根本途径在于隆礼尊贤，与《王制》篇所论相类。当然，战国时期的历史真实是："隆礼尊贤"者鲜有，"重法爱民"者偶存，而"好利多诈""权谋、倾覆、幽险"者居多。

16.2　威有三：有道德之威者，有暴察之威者，有狂妄之威者。此三威者，不可不孰察也。礼乐则修，分义则明[1]，举错[2]则时，爱利则形。如是，百姓贵之如帝，高之如天，亲之如父母，畏之如神明，故赏不用而民劝，罚不用而威行，夫是之谓道德之威。礼乐则不修，分义则不明，举错则不时，爱利则不形，然而禁暴也察，其诛不服也审，其刑罚重而信，其诛杀猛而必，黭[3]然而雷击之，如墙厌[4]之。如是，百姓劫则致畏，嬴则敖上[5]，执拘则最，得间则散，敌中则夺，非劫之以形势，非振[6]之以诛杀，则无以有[7]其下，夫是之谓暴察之威。无爱人之心，无利人之事，而日为乱人之道，百姓讙敖[8]则从而执缚之，刑灼[9]之，不和人之心，如是，下比周贲[10]溃以离上矣，倾覆灭亡可立而待也，夫是之谓狂妄之威。此三威者，不可不孰察也。道德之威成乎安强，暴察之威成乎危弱，狂妄之威成乎灭亡也。

【注释】

[1]分义则明：名分、道义明确。

[2]错：通"措"，措施。

[3]黭(yǎn)：通"奄"，突然。

[4]厌：同"压"，压住、镇压。

[5]嬴则敖上：宽松则怠慢君上。嬴，通"赢"，盈余、宽松。敖，同"傲"，傲视。

[6]振：通"震"，恐惧。

[7]有：通"囿"，约束。

[8]讙(huān)敖：喧哗。敖，通"嗷"，众声嘈杂。

[9]灼：惊恐。

[10]贲(bēn)：通"奔"，奔走。

【品读】

本章认为一个国家只有在内政外交上以道德礼义建立足够的威信，才可永远安如磐石，强大于世。那么，如何建立道德威信即"德威"呢？荀子认为以礼义治政是不二法门，所谓"礼乐则修，分义则明，举错则时，爱利则形。如是，百姓贵之如帝，高之如天，亲之如父母，畏之如神明，故赏不用而民劝，罚不用而威行"。如果统治者荒弃礼义，不明赏罚，待民"无爱人之心，无利人之事"，而唯以专制、独断来建立"暴察之威""狂妄之威"，只能导致国家危弱、灭亡，实不足取。

……………………

16.3　公孙子曰："子发[1]将西伐蔡，克蔡，获蔡侯，归致命曰：'蔡侯奉其社稷而归[2]之楚，舍属[3]二三子而治其地。'既，楚发其赏，子发辞曰：'发诫布令而敌退，是主威也；徙举相攻而敌退，是将威也；合战用力而敌退，是众威也。臣舍不宜以众威受赏。'"

讥之曰："子发之致命也恭，其辞赏也固。夫尚贤使能，赏有功，罚有罪，非独一人为之也。彼先王之道也，一人之本也，善善恶恶之应也，治必由之，古今一也。古者，明主之举大事，立大功也，大事已博，大功已立，则君享其成，群臣享其功，士大夫益爵，官人益秩，庶人[4]益禄。是以为善者劝，为不善者沮，上下一心，三军同力，是以百事成而功名大也。今子发独不然，反先王之道，乱楚国之法，堕[5]兴功之臣，耻受赏之属，无僇[6]乎族党而抑卑其后世，案独以为私廉，岂不过甚矣哉？故曰：子发之致命也恭，其辞赏也固。”

【注释】

[1]子发：楚宣王时的令尹。

[2]归(kuì)：通“馈”，送给。

[3]属(zhǔ)：同“嘱”，嘱托。

[4]庶人：士兵。

[5]堕：挫伤、毁坏。或曰通“惰”，懈怠。

[6]无僇(lù)：侮辱。无，通“侮”。

【品读】

本章认为，楚将子发以无威辞赏，虽然有不居功自傲、“私廉”之德，但从道法的角度来看，其“反先王之道，乱楚国之法，堕兴功之臣，耻受赏之属，无僇乎族党而抑卑其后世”，谦让太甚，过犹不及，有“固”之弊。荀子推崇贤人君子治政，认为只有做到功赏罪罚相当，明察秋毫，幽微不差，才能使贤不贤得以分清，差序有等，从而使“尚贤使能”的政治有序运作。荀子从先王之道“古今一也”的历史哲学角度论述其政治观的合理性——“彼先王之道也，一人之本也，善善恶恶之应也，治必由之，古今一也”，认为赏罚分明，是善之为善、恶之为恶和扬善惩恶的途径与体现，更是礼义治国、德刑相辅思想的重要组成部分。

16.4 荀卿子说[1]齐相曰：处胜人之势，行胜人之道，天下莫忿，汤、武是也。处胜人之势，不以行胜人之道，厚于有天下之势，索为匹夫不可得也，桀、纣是也。然则得胜人之势者，其不如胜人之道远矣。夫主相者，胜人以势也。是为是，非为非，能为能，不能为不能，并[2]己之私欲，必以道夫公道通义之可以相兼容者，是胜人之道也。今相国上则得专主，下则得专国，相国之于胜人之势，亶[3]有之矣。然则胡不驱[4]此胜人之势赴胜人之道，求仁厚明通之君子而托王焉，与之参国政、正是非？如是，则国孰敢不为义矣？君臣上下，贵贱长少，至于庶人，莫不为义，则天下孰不欲合义矣？贤士愿相国之朝，能士愿相国之官，好利之民莫不愿以齐为归，是一天下也。相国舍是而不为，案直为是世俗之所以为，则女主乱之宫，诈臣乱之朝，贪吏乱之官，众庶百姓皆以贪利争夺为俗，曷若是而可以持国乎？今巨楚县[5]吾前，大燕鰌[6]吾后，劲魏钩吾右，西壤之不绝若绳，楚人则乃有襄贲、开阳以临吾左。是一国作谋，则三国必起而乘我。如是，则齐必断而为四，三国若假城然耳，必为天下大笑，曷若？两者孰足为也？夫桀、纣，圣王之后子孙也，有天下者之世也，势籍[7]之所存，天下之宗室也，土地之大，封内千里，人之众数以亿万。俄而，天下倜然[8]举去桀、纣而奔汤、武，反然举恶桀、纣而贵汤、武。是何也？夫桀、纣何失而汤、武何得也？曰：是无它故焉，桀、纣者善为人所恶也，而汤、武者善为人所好也。人之所恶者何也？曰：污漫、争夺、贪利是也。人之所好者何也？曰：礼义、辞让、忠信是也。今君人者，辟称比方则欲自并乎汤、武，若其所以统之，则无以异于桀、纣，而求有汤、武之功名，可乎？故凡得胜者，必与人也；凡得人者，必与道也。道也者，何也？礼让、忠信是也。故自四五万而往者强胜，非众之力也，隆在信矣；自数百里而往者安固，非大之力也，隆在修政矣。今已有数万之众者也，陶[9]诞、比周以争与；已有数百里之国者也，污漫、突盗以争地[10]。然则是弃己之所以安强，而争己之所以危弱也；损己之所以不足，以重[11]己之所以有余。若是其悖缪也，而求有汤、武之功名，可乎？辟之是犹伏而咶[12]天，救经[13]而引其足也，说必不行矣，俞务而俞远。为人臣者，不恤己行之不行，苟得利而已矣，是渠冲入穴而求利也[14]，是仁人之所羞而不为也。故人莫贵乎生，莫乐乎安，所以养生安乐者，莫大乎礼义。人知贵生、乐安而弃礼义，辟之是犹欲寿而歾[15]颈也，愚莫大焉。故君人者爱民而安，好士而荣，两者无一焉而亡。《诗》曰："价人维藩，大师维垣。"[16]此之谓也。

【注释】

[1]说(shuì)：劝说。

[2]并(bǐng)：通"摒"，抛弃。

[3]亶(dǎn)：诚，确实。

[4]驱：驾驭。

[5]县：通"悬"，距离。

[6]鳝(qiú)：钩、牵制。或曰通"遒"，逼迫。

[7]势籍：权势地位。

[8]倜(tì)然：远离的样子。

[9]陶：同"谄"，谄诞、诡诈。

[10]污漫、突盗以争地：欺诳偷袭，以获土地。

[11]重(chóng)：增多。

[12]咶：通"舔"。

[13]经：通"径"，自缢。

[14]是渠冲入穴而求利也：比喻苟求富利者，犹如大车陷入坑中而求通利。渠冲，大车。

[15]歾(mò)：同"刎"，割断。

[16]语出《诗经·大雅·板》，意指贤人与民众是国君的屏障、护墙。

【品读】

本章当为荀子在齐国担任稷下学宫祭酒时的论政之语，集中论述了君人者治理天下的“胜人之道”：以公道通义理事，举贤用能，“求仁厚明通之君子而托王”，与之参国政、正是非，“是为是，非为非，能为能，不能为不能，并己之私欲，必以道夫公道通义之可以相兼容者”。同时，荀子从历史的角度总结了汤、武得天下而桀、纣失之的原因。前者善为人所好：礼义、辞让、忠信。后者善为人所恶：污漫、争夺、贪利。这种突出礼义忠信为君人之要的思想，在《荀子》他处亦有陈述。如：“为人上者必将慎礼义、务忠信然后可。此君人者之大本也”①；“体恭敬而心忠信，术礼义而情爱人，横行天下，虽困四夷，人莫不贵”②。不独如此，荀子还将礼义、辞让、忠信提升到政治哲学的高度，以“道”观之，从而得出“凡得胜者，必与人也；凡得人者，必与道也”的结论。

综上所述，荀子认为君人者治理天下既要好士，亦要爱民，即礼贤任能举才，顺应民情所好。只有这样，才能达到“爱民而安，好士而荣”的理想政治境界。质言之，治政须隆礼义，隆礼义当以“积礼义而为”的君子为主体。

16.5　力术止，义术行，曷谓也[1]？曰：秦之谓也。威强乎汤、武，广大乎舜、禹，然而忧患不可胜校[2]也，諰諰[3]然常恐天下之一合而轧己也，此所谓力术止也。曷谓乎威强乎汤、武？汤、武也者，乃能使说[4]己者用耳。今楚父死焉，国举焉，负三王之庙而辟[5]于陈、蔡之间，视可、司[6]间，案欲剡[7]其胫而以蹈秦之腹，然而秦使左案左，使右案右，是乃使雠人役也，此所谓威强乎汤、武也。曷谓广大乎舜、禹也？曰：古者，百王之一天下，臣诸侯也，未有过封内千里者也。今秦南乃有沙羡[8]与俱，是乃江南也，北与胡、貉[9]为邻，西有巴、戎，东在楚者乃界于齐，在韩者逾常山乃有临虑，在魏者乃据圉津，即去大梁百有[10]二十里耳，其在赵者剡然[11]有苓而据松柏之塞，负西海而固常山，是地遍天下也。此所谓广大乎舜、禹也。[12]威动海内，强殆中国，然而忧患不可胜校也，諰諰然常恐天下之一合而轧己也，然则奈何？曰：节威反文[13]，案用夫端诚信全[14]之君子治天下焉，因与之参国政，正是非，治曲直，听[15]咸阳，顺者错之[16]，不顺者而后诛之。若是，则兵不复出于塞外而令行于天下矣；若是，则虽为之筑明堂于塞外而朝诸侯，殆可矣。假今[17]之世，益地不如益信之务也。

---

① 《荀子·强国》。
② 《荀子·修身》。

【注释】

[1]力术止，义术行，曷谓也：武力强兵之术行不通，仁义之术却畅通，怎么说明白呢？

[2]校（jiào）：计算。

[3]諰（xǐ）諰：畏惧。

[4]说：通"悦"，高兴。

[5]辟：通"避"，躲避。

[6]司：通"伺"，窥察。

[7]剡（yǎn）：举起。或曰"削尖"。

[8]沙羡（yí）：秦地，汉代属江夏郡，在今湖北武昌西南一带。

[9]胡、貉（mò）：古代西北、东北方的少数民族。

[10]有：通"又"。

[11]剡（yǎn）然：侵削的样子。

[12]此所谓广大乎舜、禹也：《集解》本中该句在"然则奈何"之前，今据文义前移于此。

[13]节威反文：节制武力威势，恢复礼义文治。

[14]端诚信全：正直诚实，忠信全德。

[15]听：听政、治政。

[16]顺者错之：顺服的人弃之不理。错，通"措"，放置，此处指不讨伐。

[17]假今：当今。

【品读】

本章论秦政的优劣，认为其威强广大可与三代王者相比，但其忧患又不胜其多，进而指出其未来发展的方向在于"节威反文""力术止，义术行"。作为疆域广大、"地遍天下"的大国，徒以兵威拓地称霸，无法使他国心悦诚服于己。故在秦统治者看来，关东诸国合纵攻打自己的忧患时时存在，这又非三代王者所忧。如何既能使自身强大，又能使天下诚服、己国长治久安呢？荀子提出任用君子治政的主张——"因与之参国政，正是非，治曲直，听咸阳，顺者错之，不顺者而后诛之。若是，则兵不复出于塞外而令行于天下矣；若是，则虽为之筑明堂于塞外而朝诸侯，殆可矣"，即以礼义忠信、端悫诚全的道德教化来治理国家、天下。所谓"凝士以礼，凝民以政"，同样要求君主凝外于礼，以礼治天下，取信于人，求己国之安。最后得出"益地不如益信之务也"的结论，也就顺理成章了。

16.6 应侯[1]问孙卿子曰："入秦何见？"

孙卿子曰："其固塞险，形势便，山林川谷美，天材之利多，是形胜也。入境，观其风俗，其百姓朴，其声乐不流污，其服不挑[2]，甚畏有司而顺，古之民也。及都邑官府，其百吏肃然，莫不恭俭、敦敬、忠信而不楛[3]，古之吏也。入其国，观其士大夫，出于其门、入于公门，出于公门、归于其家，无有私事也，不比周、不朋党，倜然[4]莫不明通而公也，古之士大夫也。观其朝廷，其间听决百事不留，恬然如无治者，古之朝也。故四世有胜，非幸也，数也。是所见也。故曰：佚[5]而治，约而详，不烦而功，治之至也，秦类之矣。虽然，则有其諰矣。兼是数具者而尽有之，然而县[6]之以王者之功名，则倜倜然其不及远矣。是何也？则其殆无儒邪！故曰：'粹[7]而王，驳而霸，无一焉而亡。'此亦秦之所短也。"

【注释】

[1]应侯：秦相范雎，战国时魏人，因受封于应（今河南鲁山东北），得"应侯"之称。

[2]挑：通"佻"，轻佻。一说通"姚"，妖艳。

[3]楛（kǔ）：恶劣、粗滥。

[4]倜然：远离的样子，引申为超然。

[5]佚：通"逸"，轻松、安逸。

[6]县：同"悬"，衡量。

[7]粹：纯粹。此指纯用儒术。

【品读】

本章透露出荀子当年游秦所见及对秦政的褒贬。就褒而论，他认为秦国有地利之便，且民俗政风淳朴，古民、古吏、古士大夫盈及朝野内外，达到"佚而治，约而详，不烦而功"的大治境界，这是支撑四代秦王外战频胜、开拓疆土的重要原因。就贬而论，荀子认为秦的霸业难以长治久安，难以取得王者之名，其政治中的"短板"就是国中无儒，没有以儒术为治国大本。换言之，这个国家缺乏一种健全的核心价值观来平衡各种思想，使国泰民安，长久不衰。"儒术诚行，则天下大而富"①、"粹而王，驳而霸"是荀子的治世理想。他处处提倡王道，但亦不废霸道。后世真正达到"粹而王"者寥寥无几，但是"霸王道杂之"者不可胜数。此处对秦政的褒贬不一，反映了荀子当时的复杂心情，但他仍能作出客观评价，难能可贵。

值得一提的是，最早为秦贡献治国之策的士人不是荀子，最成功者亦非荀子，而是另有其人——商鞅。我们从《史记・商君列传》中可见，商鞅曾以各种道术苦心谏上，如帝道、王道、霸道、强国之术。秦孝公最终还是比较青睐强国之术、雄霸之道并采纳之，获得了相当大的成功。在这么一个有务实传统和求强霸道术之国，荀子主张的王道、礼义与君子治国等显得格格不入，自然不会得到秦王等当政者的理睬。这位关东游士也就只能大叹秦国无儒了。

---

① 《荀子・富国》。

16.7 积微：月不胜日，时不胜月，岁不胜时。凡人好敖[1]慢小事，大事至然后兴之、务之，如是，则常不胜夫敦比[2]于小事者矣。是何也？则小事之至也数[3]，其县日也博，其为积也大；大事之至也希[4]，其县日也浅，其为积也小。故善日者王，善时者霸，补漏者危，大荒[5]者亡。故王者敬日，霸者敬时，仅存之国危而后戚之。亡国至亡而后知亡，至死而后知死，亡国之祸败，不可胜[6]悔也。霸者之善著[7]焉，可以时托也；王者之功名，不可胜日志也。财物货宝以大为重，政教功名反是，能积微者速成。《诗》曰："德輶如毛，民鲜克举之。"[8]此之谓也。

【注释】

[1]敖：通"傲"，怠慢。

[2]敦比：勤勉治理。

[3]数(shuò)：屡次。

[4]希：同"稀"，少。

[5]大荒：过分荒废。

[6]胜(shēng)：尽。

[7]著：显明。

[8]语出《诗经·大雅·烝民》。大意指德虽轻如毛，但很少有人能将它举起。荀子借此说明道德知易行难、至轻至重的道理。輶(yóu)，轻。克，能。

【品读】

本章论述建立王霸之业者对待大事小情的态度，强调"勿以善小而不为"。荀子重视在德学之路上的量积、量变，主张"积土成山，风雨兴焉；积水成渊，蛟龙生焉；积善成德而神明自得，圣心备焉"。这里说的"善日者王，善时者霸""王者敬日，霸者敬时"，强调的仍然是王者积礼义，不弃涓埃，日久至巨，义立而王；霸者亦积成就霸业之道，不让细壤，终得大成，信立而霸。后世学者劝谏统治者"敬时爱日"，并以"爱日"说立论、著述，云"国之所以为国者，以有民也；民之所以为民者，以有谷也；谷之所以丰殖者，以有人功也；功之所以能建者，以日力也。治国之日舒以长，故其民闲暇而力有余；乱国之日促以短，故其民困务而力不足"①，与荀子此处所言"王者敬日"当有很深的渊源。

① 汪继培笺，彭铎校正：《潜夫论笺校正》，中华书局1985年版，第210页。

16.8 凡奸人之所以起者，以上之不贵义，不敬义也。夫义者，所以限禁人之为恶与奸者也。今上不贵义，不敬义，如是，则下之人百姓皆有弃义之志，而有趋奸之心矣，此奸人之所以起也。且上者，下之师也，夫下之和上，譬之犹响之应声，影之像形也。故为人上者，不可不顺[1]也。夫义者，内节于人而外节于万物者也，上安于主而下调于民者也。内外上下节者，义之情[2]也。然则凡为天下之要[3]，义为本而信次之。古者，禹、汤本义务信而天下治，桀、纣弃义背信而天下乱。故为人上者必将慎礼义，务忠信，然后可。此君人者之大本也。

【注释】

[1]顺：通“慎”，谨慎。

[2]情：实质。

[3]要：关键。

【品读】

本章集中论述荀子礼义思想中的“义”，其密集程度在整个《荀子》中独一无二。与《中庸》中“义者宜也，尊贤为大”的定义不同，这里，荀子将“义”视为为政者治国之大本、限禁恶奸之根据，即“所以限禁人之为恶与奸者也”。这种论点继承了孔子始就提倡的“君子之德风，小人之德草”的思想，奉行“其身正，不令而行；其身不正，虽令不从”“为政以德”的原则。此处，荀子云：“且上者，下之师也，夫下之和上，譬之犹响之应声，影之像形也。”他处亦有类似语，如：“主者，民之唱也；上者，下之仪也”；“上者，下之本也。上宣明，则下治辨矣；上端诚，则下愿悫矣；上公正，则下易直矣”。①

义的实质，荀子认为就是“内外上下节”，讲求一种节制、约束，“内节于人而外节于万物者也，上安于主而下调于民者也”，即孔子说的“修己安人”。为了论证义在治政中的重要性，荀子从历史的角度，指出上古三代王者治理天下的成功经验在于本义务信，而亡国亡天下者的失败教训则在于弃义背信。在荀子看来，一位优秀的治理天下者，应该君师合一，即有其位有其德，将政治权力和道德合于一人之手，“慎礼义，务忠信”。归根结底，荀子强调的仍是以礼义治国、平天下。

16.9 堂上不粪[1]，则郊草不瞻[2]旷芸[3]；白刃扞[4]乎胸，则目不见流矢；

① 《荀子·正论》。

拔戟加乎首，则十指不辞断。非不以此为务[5]也，疾养[6]缓急之有相先者也。

【注释】

[1]粪：扫除。

[2]不瞻：(时间)不充足。

[3]芸：通“耘”，除草。

[4]扞：通“干”，冒犯。

[5]务：急。

[5]疾养：痛痒。

【品读】

本章论述行事要分轻重缓急，因其所述为常识常理，故可单独列为一章。但是如果和以上几章联系起来看，此处更多的是指治世养生须以礼义为先，分清一个指头与九个指头的主次关系。

天论篇第十七

17.1　天行有常[1]，不为尧存，不为桀亡。应之以治则吉，应之以乱则凶。强本而节用，则天不能贫；养备而动时，则天不能病；修道而不贰[2]，则天不能祸。故水旱不能使之饥渴[3]，寒暑不能使之疾，祆[4]怪不能使之凶。本荒而用侈，则天不能使之富；养略而动罕，则天不能使之全；倍[5]道而妄行，则天不能使之吉。故水旱未至而饥，寒暑未薄[6]而疾，祆怪未至而凶。受时与治世同，而殃祸与治世异，不可以怨天，其道然也。故明于天人之分[7]，则可谓至人矣。

【注释】

[1]天行有常：自然运行有其规律。

[2]贰：背离。或曰当作“忒”，差错。

[3]渴：或为衍文。

[4]祆：同“妖”。

[5]倍：通“背”，违背。

[6]薄：通“迫”，逼近。

[7]天人之分：自然与人间的区分。

【品读】

本章所论“天行有常”，总括了以下诸章大意。如果富国有道，如节用以礼，裕民以政，广积多囤，上下俱富，大化流行，那么天下即便有诸如水旱、寒暑、妖怪等灾害，均不足为惧。荀子主张明于天人之分，认为天事与人事并没有绝对的祸福对应关系。这与后来董仲舒及历代正史中宣扬的天人感应、祥瑞志异等思想截然不同。当然，荀子所谓没有绝对的对应关系，并不等于丝毫没有关系。《荀子》既讲天人之分，亦讲天人之合。如“人之命在天”“知天”“制天命”，效法天地运作规律行人事，等等。学界以往多注重阐发其分，轻忽其合，实际上荀子主张的是合中有分、分中有合的辩证式天人观。

17.2 不为而成，不求而得，夫是之谓天职。如是者，虽深，其人不加虑焉；虽大，不加能焉；虽精，不加察焉。夫是之谓不与天争职。天有其时，地有其财[1]，人有其治，夫是之谓能参[2]。舍其所以参而愿其所参，则惑矣。

【注释】

[1]财：通“材”，物产。

[2]参：相参，并列为三。

【品读】

本章中论天职，描述的“不为而成，不求而得”，有点像老子说的天道、玄德的境界。感兴趣的读者可将二者比照理解。而本章末将天、地、人列于一处，论述人与自然的关系，人参天地而治理天下。除了弘扬人的高大地位，还有人须顺天而治、道法自然的含义在内。这种思想印迹亦见于《老子》《中庸》，前者如“故道大，天大，地大，人亦大。域中有四大，而人居其一焉。人法地，地法天，天法道，道法自然”①，后者如“致中和，天地位焉，万物育焉”“唯天下至诚，为能尽其性；能尽其性，则能尽人之性；能尽人之性，则能尽物之性；能尽物之性，则可以赞天地之化育；可以赞天地之化育，则可以与天地参矣”。从这个意义上说，荀子所言人与自然的关系，是对前人思想的进一步缘饰和完善。

17.3 列星随旋，日月递照，四时代御[1]，阴阳大化[2]，风雨博施，万物各得其和以生[3]，各得其养以成，不见其事而见其功，夫是之谓神。皆知其所以成，莫知其无形，夫是之谓天功。唯圣人为不求知天。

【注释】

[1]四时代御：四季交替运行。

[2]阴阳大化：阴、阳二气的光大与造化。

[3]万物各得其和以生：万物得到阴阳之和而生长。

【品读】

本章论天功，与天职相似，仍在描述一种做事的风格。强调无中生有、不妄为妄执，顺其自然，大道隐于无形，是老子思想的突出表现。荀子在此欲表达的当亦含此意。盖稷下学宫当年活跃着一批黄老学者，其中精于老子学问者对荀子有较深影响，从此章和上章宣扬无为而成的思想即可见知。

① 《老子》第二十五章。

本章末说圣人"不求知天"，参照下章所言，似应理解为不刻意地去探求自然，并非半点不知，这种对天的态度颇类《庄子·齐物论》所言"六合之外，圣人存而不论"。

17.4　天职既立，天功既成，形具而神生，好恶、喜怒、哀乐臧[1]焉，夫是之谓天情。耳、目、鼻、口、形能，各有接而不相能[2]也，夫是之谓天官[3]。心居中虚，以治五官，夫是之谓天君。财非其类，以养其类，夫是之谓天养。顺其类者谓之福，逆其类者谓之祸，夫是之谓天政。暗其天君，乱其天官，弃其天养，逆其天政，背其天情，以丧天功，夫是之谓大凶。圣人清其天君，正其天官，备其天养，顺其天政，养其天情，以全其天功。如是，则知其所为，知其所不为矣，则天地官而万物役[4]矣。其行曲治[5]，其养曲适[6]，其生不伤，夫是之谓知天。

【注释】

[1]臧：通"藏"。
[2]不相能：不能相互替代对方的功能。
[3]天官：天生的感官。
[4]天地官而万物役：天地得到治理，万物可供役使。官，通"管"，管理。
[5]曲治：周到地治理。
[6]曲适：周到地适应。

【品读】

本章从天职、天功的角度出发，举出一系列与天相关的思想范畴——天君、天官、天养、天政、天情，并从吉凶、正反两方面推衍如何以此"五天"成就天功，达到"皆知其所以成，莫知其无形"①的圣境。从五个方面成其天功，达到"其行曲治，其养曲适，其生不伤"的境界，即为知天。此处所论承首章所言"明于天人之分"，可以说已达到某种程度的"明"天了。

17.5　故大巧在所不为，大知在所不虑。所志[1]于天者，已[2]其见象之可以期者矣；所志于地者，已其见宜之可以息[3]者矣；所志于四时者，已其见数之可以事者矣；所志于阴阳者，已其见和[4]之可以治者矣。官人守天，而自为守道也。

【注释】

[1]志：记识。
[2]已：通"以"。下面三句之"已"皆同。

① 《荀子·天论》。

[3]息：繁衍生息。

[4]和：和气。《集解》本作"知"，今据王念孙说改为"和"。

【品读】

本章论述了"大巧""大知"者在于其人有不妄为、不多虑的恒心恒志，而不是事事想为、处处多虑。毕竟人之生也有涯，而知虑无涯，以有涯之生虑无涯之事，正如庄子所言"殆而已矣"①，不免困乏多败。故"巧者劳而知者忧，无能者无所求，饱食而敖游，泛若不系之舟，虚而敖游者也"②。但是荀子主张法自然，志于天地四时阴阳，守天守道即可，不似庄子那样洒脱而略带消沉。另外，将天地四时阴阳作为自然的代称，亦多见于《易传》③。荀子生活的年代与《易传》成书之时相距甚近(有的学者甚至认为《易传》为荀子后学所作)，故两者的论述多有类似之处，可以相互对读，加深理解。

17.6　治乱，天邪[1]？曰：日月、星辰、瑞历，是禹、桀之所同也，禹以治，桀以乱，治乱非天也。时邪？曰：繁启蕃长[2]于春夏，畜积收臧于秋冬，是又禹、桀之所同也，禹以治，桀以乱，治乱非时也。地邪？曰：得地则生，失地则死，是又禹、桀之所同也，禹以治，桀以乱，治乱非地也。《诗》曰："天作高山，大王荒之。彼作矣，文王康之。"[3]此之谓也。

天不为人之恶寒也辍[4]冬，地不为人之恶辽远也辍广，君子不为小人之匈匈[5]也辍行。天有常道矣，地有常数矣，君子有常体矣。君子道其常而小人计其功。《诗》曰："礼义之不愆，何恤人之言兮？"[6]此之谓也。

【注释】

[1]邪：通"耶"，句末疑问语气词。

[2]繁启蕃长：万物萌生，茂盛成长。

[3]天作高山，大王荒之。彼作矣，文王康之：语出《诗经·周颂·天作》，歌颂周朝两位先祖的功业。

[4]辍：废止。

[5]匈匈：喧哗吵闹的样子。

[6]礼义之不愆，何恤人之言兮：《集解》本无"礼义之不愆"，据李善注《文选·答客难篇》补之。此为逸诗，大意指遵循礼义而无过失，还怕别人说什么吗？又见于《正名》篇。愆，过失。恤，担忧。

---

① 参见《庄子·养生主》。原文为："吾生也有涯，而知也无涯。以有涯随无涯，殆已；已而为知者，殆而已矣。"

② 《庄子·列御寇》。

③ 如《易传·系辞上》载："广大配天地，变通配四时，阴阳之义配日月，易简之善配至德。"

【品读】

本章仍在扩展论述首章末“明于天人之分”的观点，即天象运作、四季流转、所辖土地等既为明主所有，亦为暗主所有，在不同人手中却有治乱之分。治乱与否，其本身与天、地等外在的自然条件没有必然联系，所谓“天行有常，不为尧存，不为桀亡”“天有常道矣，地有常数矣，君子有常体矣”“不为小人之匈匈也辍行”等，亦是此理。这个“常体”就是前文所说“节用裕民而善臧其余”的足国之道，亦即先王之道、礼义之本。以此治国则为治世，否则为乱世。

17.7　楚王后车千乘，非知[1]也；君子啜菽饮水[2]，非愚也，是节[3]然也。若夫志意修[4]，德行厚，知虑明，生于今而志乎古，则是其在我者也。故君子敬[5]其在己者，而不慕其在天者；小人错[6]其在己者，而慕其在天者。君子敬其在己者，而不慕其在天者，是以日进也；小人错其在己者，而慕其在天者，是以日退也。故君子之所以日进与小人之所以日退，一[7]也。君子、小人之所以相县[8]者，在此耳。

【注释】

[1]知：通“智”。

[2]啜菽饮水：吃豆叶喝清水，比喻生活贫苦。

[3]节：节遇、时遇。

[4]修：完美。

[5]敬：慎重。

[6]错：通“措”，放弃。

[7]一：一样、相同。

[8]县：通“悬”，悬殊。

【品读】

本章以君子、小人之别来论述“明于天人之分”者应该做到：“敬其在己者，而不慕其在天者。”“敬其在己者”，即孔子所言“修己以敬”①，亦即此处所言“志意修，德行厚，知虑明，生于今而志乎古”；不“敬其在己者”，指那些不修人事、乞福于天者，平时不烧香，急来抱佛脚，亦即“慕其在天者”。从贤人政治的角度来看，这里说的仍是治政者要在知、情、意方面有过硬的素质。《诗经·大雅·文王》云“永言配命，自求多福”，其中的“自求多福”与此相仿，可对读理解。

① 《论语·宪问》。

17.8　星队[1]、木鸣，国人皆恐。曰："是何也?"曰："无何也。是天地之变、阴阳之化、物之罕至者也。怪之可也，而畏之非也。夫日月之有蚀[2]，风雨之不时，怪星之党见[3]，是无世而不常[4]有之。上明而政平，则是虽并世起，无伤也；上暗而政险，则是虽无一至者，无益也。夫星之队、木之鸣，是天地之变、阴阳之化、物之罕至者也。怪之可也，而畏之非也。"

【注释】

[1]队：同"坠"。

[2]蚀：指日食、月食。

[3]党见：偶然出现。党，通"傥"，偶然。

[4]常：通"尝"，曾经。

【品读】

本章论述个别的自然怪象，如日月之蚀、风雨不时、怪星"党见"，是"无世而不常有之"的平常事，因为它们本身只是一种"天地之变、阴阳之化"，见怪不怪，不必畏惧。如果硬性地把自然怪象和当时的政治联系起来，有害无益。只能说，假如当时是昏主暗世，民意沮丧，一种怪象的出现可能就会成为旧政权的催命符；如果当时是明主治世，理事得当，民心所向，这种怪象则丝毫不会影响到治世的继续前进。这方面的例子在历史上屡见不鲜。

17.9　物之已至者，人袄[1]则可畏也。楛耕[2]伤稼，耘耨失薉[3]，政险失民，田薉稼恶，籴贵民饥，道路有死人，夫是之谓人袄。政令不明，举错不时，本事[4]不理，勉力不时，则牛马相生，六畜作袄[5]，夫是之谓人袄。礼义不修，内外无别，男女淫乱，则父子相疑，上下乖离，寇难并至，夫是之谓人袄。袄是[6]生于乱，三者错[7]，无安国。其说甚尔[8]，其灾甚惨，可怪也，而不可畏也。传曰："万物之怪，书不说。无用之辩，不急之察，弃而不治。"若夫君臣之义，父子之亲，夫妇之别，则日切瑳[9]而不舍也。

【注释】

[1]人袄：人为造成的怪象、灾患。

[2]楛耕：耕作粗劣。

[3]耘耨(nòu)失薉(huì)：意指除草不认真，田地会荒芜。耘，当为"枯"。薉，杂草，引申为荒芜。

[4]本事：指农业。

[5]勉力不时，则牛马相生，六畜作袄：《集解》本中此句在“其灾甚惨”之后，今据上下文义移至此处。

[6]是：通“实”。

[7]错：交错。或曰通“措”，安置、存在。

[8]尔：同“迩”，近。

[9]切瑳：共同研讨。瑳，通“磋”。

【品读】

本章论天变不足畏，但因人事不谐而导致的灾患即“人袄”是可怕的。如：“楛耕伤稼，楛耨失薉，政险失民，田薉稼恶，籴贵民饥，道路有死人”；“政令不明，举错不时，本事不理，勉力不时，则牛马相生，六畜作袄”；“礼义不修，内外无别，男女淫乱，则父子相疑，上下乖离，寇难并至”；等等。荀子认为要想从根本上预防或解决“人袄”，则必须以礼义教化治国，厘清“君臣之义，父子之亲，夫妇之别”，使人伦纲常有所规制，如此则社会归于治安，怪象自生自灭，无害于世。否则，不究其本因，只是畏惧或渲染其事，皆为“无用之辩，不急之察”，无济于事。

17.10 雩而雨[1]，何也？曰：“无何也，犹不雩而雨也。日月食而救之，天旱而雩，卜筮[2]然后决大事，非以为得求也，以文[3]之也。故君子以为文，而百姓以为神，以为文则吉，以为神则凶也。”

在天者莫明于日月，在地者莫明于水火，在物者莫明于珠玉，在人者莫明于礼义。故日月不高，则光晖不赫；水火不积，则晖润不博；珠玉不睹乎外，则王公不以为宝；礼义不加[4]于国家，则功名不白。故人之命在天[5]，国之命在礼。君人者，隆礼尊贤而王，重法爱民而霸，好利多诈而危，权谋、倾覆、幽险而尽亡矣。

【注释】

[1]雩(yú)而雨(yù)：祭天求雨而天降雨。

[2]筮：古代用蓍草占卜吉凶。

[3]文：文饰。

[4]加：施行。

[5]人之命在天：生命在于正确对待天地自然。

【品读】

本章揭示在治理政事中涉及祭祀、卜筮之事，与事情本身的来龙去脉没有必然关系，只是一种文饰其事的程序。但明白此理者与不通此理者的看法不一，所谓“君子以为文，而百姓以为神”。这种文饰在古代又称作“神道设教”，或说是“礼”。据马王堆汉墓帛书《周易》之《要》篇所示，孔子曾经说过“德性亡者，神灵之趋；智谋远者，卜筮之蔡”，典型地代表了明白者对于祭祀、卜筮的态度。荀子政治思想核心就是隆礼义、尊贤能。他不反对祭礼，但是主张为政者应该清楚其本质。他更提倡的礼在于明人伦，重民生，践行足国之道，即“君臣之义，父子之亲，夫妇之别”“强本节用”、裕民富民。此处所言“国之命在礼”“隆礼尊贤而王”，主要指的应该就是这些。关于荀子隆礼的思想，在前文中就有类似的表述，如“国无礼则不正。礼之所以正国也”①。东周时期的其他古籍中亦不鲜见，如《左传·隐公十一年》中载“礼，经国家，定社稷，序民人，利后嗣者也”，《国语·晋语四》中载“夫礼，国之纪也”。可互相参照，加深理解。

17.11　大天而思之，孰与物畜而制之[1]？从天而颂之，孰与制天命而用之？望时而待之，孰与应时而使之？因物而多之，孰与骋能而化之？思物而物之，孰与理物而勿失之也？愿于物之所以生，孰与有物之所以成？故错人而思天，则失万物之情[2]。

【注释】

[1]大天而思之，孰与物畜而制之：推崇而思慕天与蓄养控制天相比，如何？

[2]错人而思天，则失万物之情：舍人事而祈天赐，就会失去万物的实情，难遂人意。错，通“措”，放弃。情，实情。

【品读】

本章仍立足于重视人的主观能动性，发扬人类改造自然的巨大潜能一面，提出制万物、用天命、应时而动、骋能而化、理物而勿失、有物所以成，达到“万物皆备于我”的境界。人能弘道，道为物总，故人亦能弘万物，而不是为物所囿，所谓“物而不物，故能物物”②。否则，人而为物所化，则导致人的异化，成为庄子所说“丧己于物，失性于俗”的“倒置之民”③。在这里，荀子指

① 《荀子·王霸》。
② 《庄子·应帝王》。
③ 《庄子·大宗师》。

出和谐地处理人与天地、自然万物之间的关系的基本前提就是立足于人本位。如本篇前章所论“知其所为，知其所不为”，以使“其行曲治，其养曲适，其生不伤”，不失万物之情，则“天地官而万物役矣”。

17.12　百王之无变，足以为道贯[1]。一废一起，应之以贯，理贯不乱。不知贯，不知应变，贯之大体[2]未尝亡也。乱生其差，治尽其详。故道之所善，中则可从，畸则不可为，匿则大惑。水行者表深，表不明则陷；治民者表道，表不明则乱。礼者，表也。非礼，昏世也；昏世，大乱也。故道无不明，外内异表，隐显有常[3]，民陷乃去。

【注释】

[1]贯：纲纪、体统。

[2]大体：根本。

[3]隐显有常：或隐蔽或显明，皆有常规。

【品读】

本章荀子论述百王一以贯之的治民之道——礼，与上文所述观点“国之命在礼”相呼应，宣扬其隆礼思想。战国时期比春秋时期更甚，礼坏乐崩，诸国争霸。虽然“道无不明”“隐显有常”，但是人们很难认识到其明、常之处，反为其“外内异表”所惑，能知而行礼、治国驭民者少之又少，故“民陷乃去”。或许在乱世，对于士人而言，以礼治国只是一个画饼充饥、聊以慰藉的理想而已。荀子力倡任用积礼义之君子、以礼治国的治政模式，终生都未能实现，就是例证。

17.13　万物为道一偏[1]，一物为万物一偏。愚者为一物一偏，而自以为知道，无知也。慎子有见于后，无见于先[2]；老子有见于诎[3]，无见于信[4]；墨子有见于齐，无见于畸[5]；宋子有见于少，无见于多。有后而无先，则群众无门[6]；有诎而无信，则贵贱不分；有齐而无畸，则政令不施；有少而无多，则群众不化。《书》曰：“无有作好，遵王之道；无有作恶，遵王之路。”[7]此之谓也。

【注释】

[1]偏：方面、部分。

[2]慎子有见于后，无见于先：慎子只看到后发事物，看不到先发者。

[3]诎：通“屈”，弯曲、忍让。

[4]信：通“伸”，伸展、舒展。

[5]畸：不齐、差别。

[6]门：门径。

[7]语出《尚书·洪范》。大意指治国不要有私好，不要行邪恶，要遵循先王之道。

【品读】

本章论述道、物之间的关系，并站在道的立场上，高屋建瓴地指出慎子、老子、墨子、宋子思想的长短优劣之处，可与此前的《非十二子》和此后的《正论》《礼论》《乐论》《解蔽》等篇相关部分对读，加深理解。

另外，关于道、物之间的关系，荀子的前辈与后学皆有所论，如老子云“道者万物之奥”[①]，韩非子云“道者，万物之所然也，万理之所稽也。理者，成物之文也；道者，万物之所以成也”[②]。道、物之论题的讨论，似乎在三人之间存在一个发展的链条，荀子居中，客观上起到一种承前启后的作用。

① 《老子》第六十二章。

② 《韩非子·解老》。

正论篇第十八

18.1　世俗之为说者曰："主道利周[1]。"

"是不然。主者，民之唱[2]也；上者，下之仪[3]也。彼将听唱而应，视仪而动。唱默则民无应也，仪隐则下无动也，不应不动，则上下无以相有[4]也。若是，则与无上同也，不祥莫大焉。故上者，下之本也。上宣明，则下治辨[5]矣；上端诚，则下愿悫矣；上公正，则下易直矣。治辨则易一，愿悫则易使，易直则易知。易一则强，易使则功，易知则明，是治之所由生也。上周密，则下疑玄[6]矣；上幽险，则下渐诈矣；上偏曲，则下比周矣。疑玄则难一，渐诈则难使，比周则难知。难一则不强，难使则不功，难知则不明，是乱之所由作也。故主道利明不利幽，利宣不利周。故主道明则下安，主道幽则下危。故下安则贵[7]上，下危则贱上。故上易知，则下亲上矣；上难知，则下畏上矣。下亲上则上安，下畏上则上危。故主道莫恶乎难知，莫危乎使下畏己。传曰：'恶之者众则危。'《书》曰：'克明明德。'[8]《诗》曰：'明明在下。'[9]故先王明之，岂特[10]玄[11]之耳哉？"

【注释】

[1]主道利周：君主隐藏自己的意图，更有利于治国之道的推行。周，密。

[2]唱：同"倡"，倡导。

[3]仪：立木以示人称作"仪"，此处代指准则。

[4]有：通"佑"，帮助。

[5]治辨：治理。辨，通"办"，治理。

[6]玄：同"眩"，惑。

[7]贵：尊崇。

[8]克明明德：能彰明美德。《尚书·尧典》作"克明俊德"。

[9]明明在下：语出《诗经·大雅·大明》，大意为赞颂周文王、周武王的美德普照天下。

[10]特：只。

[11]玄：通"炫"，炫耀。

【品读】

本章力斥俗说"主道利周"之谬，指出君主治理天下之道"利明不利幽，利宣不利周”，即君主对臣民下属要做到公开、诚信、公正，诚如前文所言“公生明，偏生闇，端悫生通，诈伪生塞，诚信生神，夸诞生惑”①。归结为一句话，就是为政以德，治国以礼。在中国传统的君主专制社会里，当政者特别是最高权力统治者对民众的言行有统驭和垂范的作用，影响广大。这里所言“主者，民之唱也；上者，下之仪也”“上者，下之本也”皆与孔子所言“君子之德风，小人之德草。草上之风必偃”②相类，当为相承而来。

不过，需要指出的是，尽管荀子在此明确反对主道利周、利幽，但在其说之前与之后，持此论调者不乏其例。如商鞅曾语秦孝公“愚者暗于成事，知者见于未萌。民不可与虑始而可与乐成。论至德者不和于俗，成大功者不谋于众”③；老子曾言“古之善为道者，非以明人，将以愚之”④；孔子曾曰“民可使由之，不可使知之”⑤；韩非亦云“君无见其所欲，君见其所欲，臣自将雕琢；君无见其意，君见其意，臣将自表异”，主张君主“道在不可见，用在不可知”⑥；等等。这些言论或隐或显地指出君主在某些事情和场合中，要适当地隐藏自己的想法，不要表现出率尔操觚、有失稳重之举。当然，凡事有度，勿过；过则不及，就是做作。太做作而有失分寸者，不管是何等身份的人，都会面临一些难堪之境。

18.2 世俗之为说者曰：“桀、纣有天下，汤、武篡而夺之。”

“是不然。以桀、纣为常[1]有天下之籍[2]则然，亲有天下之籍则不然，天下谓在桀、纣则不然。古者，天子千官，诸侯百官。以是千官也，令行于诸夏之国，谓之王；以是百官也，令行于境内，国虽不安，不至于废易遂[3]亡，谓之君。圣王之子也，有天下之后也，势籍[4]之所在也，天下之宗室也。然而不材不中[5]，内则百姓疾[6]之，外则诸侯叛之，近者境内不一，遥者诸侯不听，令不行于境内，甚者诸侯侵削之、攻伐之。若是，则虽未亡，吾谓之无天下矣。圣王没[7]，有势籍者罢不足以县天下[8]，天下无君，诸侯有能德明威积，海内

① 《荀子·不苟》。

② 《论语·颜渊》。

③ 《史记·商君列传》。

④ 《老子》第六十五章。[学界对此语的译解不一，本书采纳辛战军之说，指君王“从不把自己的聪明才智显露于民众，而总是闭塞其聪明，显现出无私无欲、无知无能的愚昧之态”(辛战军:《老子译注》，中华书局 2008 年版，第 256 页)]

⑤ 《论语·泰伯》。[学界对此语亦有不同说法，本书采纳黄怀信先生之说:“(必要的时候，)老百姓可以使(他们)沿着所指的路走，不可以使(他们)知道为什么。”(黄怀信:《论语新校释》，三秦出版社 2006 年版，第 189 页)]

⑥ 《韩非子·主道》。

之民莫不愿得以为君师[9]。然而暴国独侈[10]，安[11]能诛之必不伤害无罪之民？诛暴国之君，若诛独夫。若是，则可谓能用[12]天下矣。能用天下之谓王。汤、武非取天下也，修其道，行其义，兴天下之同利，除天下之同害，而天下归之也。桀、纣非去天下也，反禹、汤之德，乱礼义之分，禽兽之行，积其凶，全其恶，而天下去之也。天下归之之谓王，天下去之之谓亡。故桀、纣无天下而汤、武不弑君，由此效[13]之也。汤、武者，民之父母也；桀、纣者，民之怨贼也。今世俗之为说者，以桀、纣为君，而以汤、武为弑，然则是诛民之父母而师民之怨贼也，不祥莫大焉。以天下之合为君，则天下未尝合于桀、纣也。然则以汤、武为弑，则天下未尝有说也，直堕[14]之耳。

故天子唯其人。天下者，至重也，非至强莫之能任；至大也，非至辨[15]莫之能分；至众也，非至明莫之能和。此三至者，非圣人莫之能尽。故非圣人莫之能王。圣人，备道全美[16]者也，是县[17]天下之权称也。桀、纣者，其知[18]虑至险也，其志意至暗也，其行之[19]为至乱也。亲者疏之，贤者贱之，生民怨之。禹、汤之后也，而不得一人之与，刳比干，囚箕子，身死国亡，为天下之大僇[20]，后世之言恶者必稽[21]焉，是不容妻子之数也[22]。故至贤畴[23]四海，汤、武是也；至罢不能容妻子，桀、纣是也。今世俗之为说者，以桀、纣为有天下而臣汤、武，岂不过甚矣哉？譬之是犹伛巫、跛匡[24]大自以为有知也。

故可以有夺人国，不可以有夺人天下；可以有窃国，不可以有窃天下也。可以夺之者可以有国，而不可以有天下；窃可以得国，而不可以得天下。是何也？曰：国，小具也，可以小人有也，可以小道得也，可以小力持也；天下者，大具也，不可以小人有也，不可以小道得也，不可以小力持也。国者，小人可以有之，然而未必不亡也；天下者，至大也，非圣人莫之能有也。”

【注释】

[1]常：通“尝”，曾经。

[2]籍：位。或曰通“藉”，本义指草垫，代指位置。

[3]遂：通“坠”，坠落。

[4]势籍：势位。

[5]不材不中：无才、不正。材，通“才”。

[6]疾：憎恨。

[7]没：同“殁”，去世。

[8]罢不足以县天下：没有才能不足以掌控天下。罢，通“疲”，无德无能。县，通“悬”，维系、掌控。

[9]君师：君长。

[10]侈：奢侈放纵。

[11]安：怎么。

[12]用：治理、主宰。

[13]效：验证。

[14]堕：诋毁。

[15]辨：察辨、明白。

[16]备道全美：德行完备，尽善尽美。

[17]县：即“悬”，权衡。

[18]知：同“智”。

[19]之：或为衍字。

[20]僇（lù）：同“戮”，辱。

[21]稽：考查。

[22]是不容妻子之数也：这是（因不善治理天下而）不能庇护妻子儿女之道。容，庇护。

[23]畴：保有。

[24]伛巫、跛匡：驼背跛脚的巫师。

【品读】

本章力纠世俗观点“汤、武篡”之偏，认为汤、武是替天行道，为民谋利：“汤、武非取天下也，修其道，行其义，兴天下之同利，除天下之同害，而天下归之也。”类似赞颂汤、武之道的言论，屡见于前文，如《王霸》篇中多处言“汤、武之仁义”“汤、武之功”“汤、武存，则天下从而治”“汤、武者，修其道，行其义，兴天下同利，除天下同害，天下归之”“以国齐义，一日而白，汤、武是也”；《臣道》篇中亦言“夺然后义，杀然后仁，上下易位然后贞，功参天地，泽被生民，夫是之谓权险之平，汤武是也”；等等。这里荀子又以拨乱反正的形式大篇幅正式讨论汤、武得天下的正当性，与儒家的从道不从君、有德者有其位、得民心者有天下的思想一脉相承。对汤、武得天下是否合法的问题，孟子也有过讨论。史载，齐宣王问：“汤放桀，武王伐纣，有诸？”孟子对曰：“于传有之。”又问：“臣弑其君，可乎？”对曰：“贼仁者谓之贼，贼义者谓之残，残贼之人谓之一夫。闻诛一夫纣矣，未闻弑君也。”[①]《易传·彖传》中亦云：“天地革而四时成，汤武革命，顺乎天而应乎人。革之时大矣哉！”荀子的思想除了承袭儒学先贤之外，也受到齐学的影响。如对汤、武的评价，《管子·宙合》中赞曰“章道以教，明法以期，民之兴善也如此，汤武之功是也”，与荀子的评价并无二致。

这里列的世俗之说，在荀子加以辨别之后，并未销声匿迹，从后世汉儒

---

① 参见《孟子·梁惠王下》。

对汤、武篡夺的争议中可见一斑。《史记·儒林列传·辕固生传》中载：景帝时期有两位学者，一为齐地儒者辕固生，一为朝廷学士黄生。二人在景帝面前争论汤、武得天下是受命还是弑篡，各持己见。黄生坚持汤、武弑君而得的观点，辕固生则反驳道："当时桀、纣虐乱，天下人心归向汤、武，汤、武是代表天下民意诛杀暴君。桀、纣统治下的民众不为原来的君王服务而归于汤、武，汤、武不得不立国治理天下，这不是受命又是什么？"而黄生仍不以为然，说："头上的冠帽虽旧，必定要加在头上；鞋子虽新，必定在脚下。这是因为上下有分别。当时桀、纣虽然失道，但仍是君上；汤、武虽为圣贤，却是臣下。如果君主有失妥之行，臣下不能以正言来匡改其过，表示尊敬，反而趁火打劫，因为其过错而诛杀他，并代之而为新的君主，这不是弑君又是什么呢？"辕固生说："如果一定如你所言，那么汉高祖代替秦而履天子之位，就不对了吧？"讨论至此，在一旁的景帝沉不住气了，马上出来打圆场说："吃肉不吃可能带毒的马肝，不能说他不知道马肝的味道；讨论学术如果不论汤、武受命与否，没人会以为他是傻子。"二人于是中止了争论。此事过后，朝廷学者都不敢再当众讨论汤、武是受命还是弑君的问题了。从这个故事中可知，儒家认为的汤、武革命得民得道得天下的观点，在一些学者眼里仍然难圆其说。辕固生最终"说服"对方也只是用归谬法，或利用当时敏感的政治话题如汉高祖得天下的正当性来反驳对方，难以从正面论证其观点的绝对正确。此需读者留意。

18.3　世俗之为说者曰："治古无肉刑而有象刑[1]，墨黥[2]，慅婴[3]，共、艾毕[4]，菲、对屦[5]，杀、赭[6]衣而不纯[7]。治古如是。"

"是不然。以为治邪？则人固莫触罪，非独不用肉刑，亦不用象刑矣。以为人或触罪矣，而直轻其刑，然则是杀人者不死，伤人者不刑也。罪至重而刑至轻，庸人不知恶矣，乱莫大焉。凡刑人之本，禁暴恶恶[8]，且征其未[9]也。杀人者不死，而伤人者不刑，是谓惠暴而宽贼也，非恶恶也。故象刑殆非生于治古，并起于乱今也。治古不然。凡爵列、官职、赏庆、刑罚，皆报也，以类相从者也。一物失称[10]，乱之端[11]也。夫德不称[12]位，能不称官，赏不当功，罚不当罪，不祥莫大焉。昔者，武王伐有商，诛纣，断其首，县之赤旆[13]。夫征暴诛悍，治之盛也。杀人者死，伤人者刑，是百王之所同也，未有知其所由来者也。刑称罪，则治；不称罪，则乱。故治则刑重，乱则刑轻，犯治之罪固重，犯乱之罪固轻也。《书》曰：'刑罚世轻世重。'[14]此之谓也。"

【注释】

[1]治古无肉刑而有象刑：古代太平时代没有残害身体的刑罚，只有象征性的惩罚。

[2]墨黥：用墨涂面代替黥刑。据王天海先生云：依文义，墨黥属于肉刑，疑"黥"乃"巾"字音误。即墨刑用黑巾蒙头代替，或然。黥，脸上刺字并涂以墨的刑罚。

[3]慅婴：即"草缨"，以草绳作帽带。

[4]共、艾(yì)毕：以割掉衣服上的蔽膝代替宫刑。共，借为"宫"，宫刑，男子去势，女子幽闭。艾，通"刈"，割。毕，同"韠"，蔽膝。

[5]菲、对屦：以去掉草鞋代替砍掉小腿的刑罚。菲，通"剕"，砍掉小腿的刑罚。对屦，草鞋。

[6]赭(zhě)：红褐色。

[7]纯(zhǔn)：衣服的镶边，此代指衣领。

[8]恶(wù)恶(è)：憎恶作恶者。

[9]征其未：惩戒祸患于未然。征，同"惩"。

[10]失称(chèn)：失当。

[11]端：开始。

[12]称(chèn)：相称。

[13]县之赤旆(pèi)：悬挂在红色旌旗上。县，同"悬"。

[14]刑罚世轻世重：语出《尚书·吕刑》，意指刑罚随着时代的变化而或轻或重。

【品读】

本章纠正俗论之误，指出象刑起于当今乱世而非古代，任何刑罚的本质都在于禁暴惩恶，惩前毖后，即"禁暴恶恶，且征其未也"。并且遵循有罪必罚、刑罪相称的原则："杀人者死，伤人者刑"；"刑称罪，则治；不称罪，则乱"。以刑法治国，是百王之所同也，亘古不变。在荀子看来，"征暴诛悍"是国家强盛的标志。学界一般将荀学概括为隆礼重法，本章论刑即是其重法的表现。

18.4　世俗之为说者曰："汤、武不能禁令。"是何也？曰："楚越不受制。"

"是不然。汤、武者，至天下之善禁令者也。汤居亳，武王居鄗，皆百里之地也，天下为一，诸侯为臣，通达之属莫不振[1]动从服以化顺之，曷为楚、越独不受制也？

彼王者之制也，视形势而制械用，称远迩而等贡献[2]，岂必齐哉？故鲁人以糖[3]，卫人用柯[4]，齐人用一革[5]，土地形制不同者，械用、备饰不可不异也。故诸夏之国同服同仪，蛮、夷、戎、狄之国同服不同制。封内甸服，封外侯服，侯卫宾服，蛮夷要服，戎狄荒服[6]。甸服者祭，侯服者祀，宾服者享，要服者贡，荒服者终王。日祭、月祀、时享、岁贡、终王[7]，夫是之谓视形势而制械用，称远近而等贡献，是王者之制[8]也。彼楚、越者，且时享、岁贡，终王之属也，必齐之日祭、月祀之属，然后曰受制邪？是规磨之说[9]也。沟中之瘠[10]也，则未足与及王者之制也。语曰：'浅不足与测深，愚不足与谋知，坎井之蛙，不可与语东海之乐。'[11]此之谓也。"

【注释】

[1]振：通"震"，恐惧。

[2]称远迩而等贡献：衡量亲疏远近而分别纳贡的等次。称，衡量。等，分等。

[3]榶：碗。

[4]柯：盂。或曰同"榼"，盛酒之器。

[5]革：一种皮制酒器。或曰通"鬲"，鼎。

[6]封内甸服，封外侯服，侯卫宾服，蛮夷要服，戎狄荒服：这是先秦时期体现中原大国与周边小郡藩属关系的五服制，根据距离远近而分亲疏不等，确定不同邦国部族朝觐中原王朝大国的次数和进贡物品的多寡，开展邦国交往。①

[7]终王：此二字《集解》本无，据上下文义补之。

[8]制：《集解》本作"至"，据上下文义改之。

[9]规磨之说：偏差之说。或曰"估摸揣测之说"。

[10]瘠：通"胔(zì)"，腐肉。喻鄙陋不化之辈。

[11]浅不足与测深，愚不足与谋知，坎井之蛙，不可与语东海之乐：此语出自《庄子·秋水》，大意指不可对愚陋浅薄者讲论大道。知，通"智"。坎井，废井。

【品读】

本章论述汤、武时治理天下的制度。荀子力驳俗说南方边地不受商周政治约束，认为当时王者以礼乐治天下，实行"诸夏之国同服同仪，蛮、夷、戎、狄之国同服不同制"的五服制，"封内甸服，封外侯服，侯卫宾服，蛮夷要服，戎狄荒服。甸服者祭，侯服者祀，宾服者享，要服者贡，荒服者终王。日祭、月祀、时享、岁贡、终王"，以此实现王朝对中原与边地部落族群的治理。这种制度在《尚书》《国语》《左传》等古籍中也有记载，应该是上古三代中原大国治理天下的一种礼制，荀子借之来证明自己的观点。

末句语曰："坎井之蛙，不可与语东海之乐。"《庄子·秋水》篇等记载中亦见类似语，如"井蛙不可以语于海者，拘于虚也""坎井之蛙""东海之大乐"等。此语作为一种流行于战国时期的俗语，已难究其源，故荀子以"语曰"称之，庄子则借"北海若""公子牟"之口说出。在《荀子》中有数处"语曰"，均指当时民间流传之语，此处亦然。

---

① 参见《尚书·禹贡》《国语·周语》等。

18.5 世俗之为说者曰:“尧、舜擅让[1]。”

“是不然。天子者,势位至尊,无敌于天下,夫有[2]谁与让矣?道德纯备,智惠[3]甚明,南面而听天下,生民之属莫不振动从服以化顺之。天下无隐士,无遗善,同焉者是也,异焉者非也。夫有恶[4]擅天下矣?”

曰:“死而擅之。”

“是又不然。圣王在上,图德而定次,量能而授官,皆使民载[5]其事而各得其宜;不能以义制利,不能以伪[6]饰[7]性,则兼[8]以为民。圣王已没[9],天下无圣,则固莫足以擅天下矣。天下有圣而在后子者,则天下不离,朝不易位,国不更制。天下厌然与乡[10]无以异也,以尧继尧,夫又何变之有矣?圣不在后子而在三公,则天下如归,犹复而振之矣,天下厌然与乡无以异也,以尧继尧,夫又何变之有矣?唯其徙朝改制为难。故天子生则天下一隆[11],致顺而治,论德而定次;死则能任天下者必有之矣。夫礼义之分尽矣,擅让恶用矣哉?”

曰:“老衰而擅。”

“是又不然。血气筋力则有衰,若夫知虑取舍则无衰。”

曰:“老者不堪其劳而休也。”

“是又畏事者之议也。天子者势至重而形至佚[12],心至愉而志无所诎[13],而形不为劳,尊无上矣。衣被则服五采,杂间色,重文绣,加饰之以珠玉;食饮则重大牢而备珍怪,期臭味[14],曼而馈[15],代睪而食[16],《雍》而彻乎五祀[17],执荐者百人侍西房,居则设张容,负依而坐[18],诸侯趋走乎堂下。出户而巫觋有事,出门而宗祝有事,乘大路[19]、趋越席以养安,侧载睪芷以养鼻,前有错衡以养目,和鸾之声,步中《武》、《象》,驺[20]中《韶》、《护》以养耳,三公奉轭、持纳[21],诸侯持轮、挟舆、先马,大侯编后[22],大夫次之,小侯、元士次之,庶士介而夹道[23],庶人隐窜,莫敢视望。居如大神,动如天帝,持老养衰,犹有善于是者与不[24]?老者,休也,休犹有安乐恬愉如是者乎?故曰:诸侯有老,天子无老。有擅国,无擅天下,古今一也。”

夫曰“尧、舜擅让”,是虚言也,是浅[25]者之传、陋[26]者之说也,不知逆顺之理,小大、至不至之变者也,未可与及天下之大理者也。

【注释】

[1]擅让:禅让。擅,通“禅”。

[2]有:通“又”。

[3]惠:通“慧”。

[4]恶:疑问词,哪里、为何。

[5]载：任、承担。

[6]伪：同“为”，人为，即后天努力。

[7]饰：通“饬”，整治。

[8]兼：皆、全。

[9]没：通“殁”，去世。

[10]乡：同“向”，从前。

[11]一隆：专门尊崇。

[12]佚：通“逸”。

[13]诎：通“屈”，委屈、挫折。

[14]期臭(xiù)味：香味极浓。期，通“綦”，极。臭，香味。

[15]曼而馈：伴以轻歌曼舞而进膳。

[16]代睾(gāo)而食：击鼓而食。代，当为“伐”，敲击。睾，通“皋”，“鼛”之借字，大鼓。

[17]五祀：指祭祀金、木、水、火、土五行之神，为王者所供奉。

[18]居则设张容，负依而坐：天子居朝听政，设仪仗，背依屏风而坐。张，同“仗”。依，同“扆”，绘有斧形的屏风。

[19]大路：即“大辂”，天子乘坐的大车。

[20]驺(zōu)：通“趋”，小步速行。

[21]奉軶、持纳：扶軶执缰，即扶车牵马。軶，车辕前套在牲口脖子上的曲木。纳，同“軜”，外侧拉车的两匹马内侧的缰绳。

[22]编后：列后。

[23]庶士介而夹道：军士披甲夹道护卫。

[24]犹有善于是者与不(fǒu)：还有比这更好的吗？与，同“欤”。

[25]浅：少闻。

[26]陋：少见。

【品读】

本章力辩俗说之非，认为尧、舜禅让都是浅陋者的传说之辞，不足为信。主宰天下者未必非要禅让于他姓，继承王业者亦可为后代子嗣或臣属，至于何者最终问鼎最高权力宝座，当以有无德能、是否恪守礼义为标准。换言之，尧、舜禅让也有其不得已之处。这种解释为后来禹传位于子而非相提供了一定的依据。对于尧、舜禅让及禹传位于贤还是子的问题，孟子也有过相当充分的讨论。他将三代圣王传位方式不同的原因归结为：“天与贤，则与贤；天与子，则与子”；“舜、禹、益相去久远，其子之贤不肖，皆天也，非人之所能为也”。[①] 三王传位把握的原则是传贤于后，至于是其子嗣还是他人并不

① 《孟子·万章上》。

重要。这和荀子本章所论如出一辙。当然，荀子在这里没有将弓拉满，说过犹不及的话，毕竟禅让制在历史上曾经存在过，而且在荀子生活的时代也有禅让权位于人的例子（如燕国国君让位于臣）。故而，荀子在章末又补充道："有擅国，无擅天下。"

在中国传统社会，稳定压倒一切。最高政治权力的掌握者国君子承父位、代际交权之时，最需要稳定，尽量不改变旧制。故孔子曰："三年无改于父之道，可谓孝矣。"①荀子则说："唯其徙朝改制为难。"②然而像汤武革命这样的事情，还是会在历朝历代发生，而冠以"禅让"之名取天下的人也不少见，如王莽、曹操等。他们之中有成功者，亦有失败者。这些政治家也从孟子、荀子那里找到理论依据，来证明自己权位的合法性、正当性。

18.6 世俗之为说者曰："尧、舜不能教化，是何也？曰：朱、象[1]不化。"

"是不然也。尧、舜，至天下之善教化者也。南面而听天下，生民之属莫不振动从服以化顺之。然而朱、象独不化，是非尧、舜之过，朱、象之罪也。尧、舜者，天下之英也；朱、象者，天下之嵬[2]、一时之琐[3]也。今世俗之为说者，不怪朱、象而非尧、舜也，岂不过甚矣哉？夫是之谓嵬说。羿、蠭门者，天下之善射者也，不能以拨弓、曲矢中[4]；王梁、造父者，天下之善驭者也，不能以辟马、毁舆[5]致远；尧、舜者，天下之善教化者也，不能使嵬琐化。何世而无嵬？何时而无琐？自太皞、燧人莫不有也。故作者[6]不祥，学者受其殃，非者有庆。《诗》曰：'下民之孽，匪降自天。噂沓背憎，职竞由人。'[7]此之谓也。"

【注释】

[1]朱、象：指尧子丹朱和舜异母弟象，都是顽劣不化之辈。

[2]嵬：怪诞、险诈。

[3]琐：卑微。

[4]不能以拨弓、曲矢中：不能用坏弓、弯箭去射中目标。拨弓，坏弓。"中"下或脱"微"字（陈奂说）。

[5]辟（bì）马、毁舆：瘸腿的马、损坏的车。辟，同"躄"，腿瘸。

[6]作者：品行嵬琐、险诈之小人。

[7]语出《诗经·小雅·十月之交》。大意指百姓遭灾不是天意，而是那些当面美言、背后诬陷的小人所致。

---

① 《论语·学而》。

② 《荀子·正论》。

【品读】

本章仍针对儒家崇奉的榜样尧、舜而论，反驳俗说言其“不能教化”。荀子认为：“何世而无嵬？何时而无琐？”正如孔子所言：“唯上知与下愚不移。”①所以有顽劣不化者，亦有可教化成功者。前者如嵬琐不肖的朱、象，后者如悔过而改的太甲（三人事俱见《孟子·万章上》）。但象不被舜感化向善，是因为人“有性善，有性不善”②吗？至少孟子不这样认为，他起而反驳当时的这种误识，云凡人皆有仁、义、礼、智四端，人性本善，不善者是其放其善心而不觉。后来，荀子反对并猛烈地批判孟子性善说（详见《性恶》），以为凡人之性本不善，能够向善全因礼义教化之功，积善成德者为士君子，否则就是纵性情而为的小人，即如后文所言“积文学，道礼义者为君子；纵性情，安恣孳，而违礼义者为小人”③。从这个角度而论，在荀子的眼里，“朱、象独不化”是因为他们不注重诵读诗书经籍，学习先王礼义之道，难以自正自化，无法克服人性好恶的劣根性一面。而身为一代明君的父亲或兄长对他们的影响，只是其弃恶从善的促进性外因，并非根本性内因。最后，荀子对这种错误说法之危害作如此评价：“作者不祥，学者受其殃，非者有庆。”入骨三分的评语警告世人：学习一定要诵习先王之道、六艺经籍，就有道而正，以成士君子乃至圣人。否则，任性而为，“纵性情，安恣孳”，终会沦落为小人之属，难以成才。

18.7　世俗之为说者曰：“太古薄葬，棺厚三寸，衣衾三领，葬田不妨田，故不掘也；乱今厚葬饰棺，故扣[1]也。”

“是不及知治道，而不察于扣不扣者之所言也。凡人之盗也，必以有为[2]，不以备不足，足则以重[3]有余也。而圣王之生民也，皆使富厚优犹知足[4]，而不得以有余过度。故盗不窃，贼不刺[5]，狗豕吐菽粟[6]，而农贾皆能以货财让。风俗之美，男女自不取于涂[7]，而百姓羞拾遗。故孔子曰：‘天下有道，盗其先变乎！’虽珠玉满体，文绣充棺，黄金充椁，加之以丹矸[8]，重之以曾青，犀象以为树，琅玕、龙兹、华觐[9]以为实，人犹且莫之扣也。是何也？则求利之诡[10]缓，而犯分之羞大也。

夫乱今然后反是。上以无法使[11]，下以无度行，知者不得虑，能者不得治，贤者不得使。若是，则上失天性，下失地利，中失人和。故百事废，财物

① 《论语·阳货》。

② 《孟子·告子上》。

③ 《荀子·性恶》。

诎[12]而祸乱起。王公则病[13]不足于上，庶人则冻餧羸瘠于下。于是焉桀、纣群居，而盗贼击夺以危上矣，安禽兽行，虎狼贪，故脯巨人[14]而炙婴儿矣。若是，则有[15]何尤[16]扣人之墓、抉[17]人之口而求利矣哉？虽此倮[18]而薶[19]之，犹且必扣也，安得葬埋哉？彼乃将食其肉而龁[20]其骨也。夫曰：'太古薄葬，故不扣；乱今厚葬，故扣也。'是特[21]奸人之误于乱说，以欺愚者而潮[22]陷之，以偷[23]取利焉。夫是之谓大奸。传曰：'危人而自安，害人而自利。'此之谓也。"

【注释】

[1]扣(hú)：掘。

[2]为：缘故。

[3]重(chóng)：增加。

[4]皆使富厚优犹知足：都使民众生活富裕，知足常乐。富，《集解》本作"当"，疑非，不从。犹，通"裕"。"犹"后《集解》本有一"不"字，疑为衍字。

[5]刺：杀。

[6]狗豕吐菽粟：狗、猪吐弃大豆、粟谷。指太平盛世，粮食充溢，连牲畜都吃不了。

[7]不取于涂：不在路上聚会。取，通"聚"。涂，通"途"。

[8]丹矸(gān)：丹砂。

[9]琅(láng)玕、龙兹、华觐：皆珠玉类。

[10]诡：责、欲求。

[11]无法使：不依法行使权力。

[12]诎：通"屈(jué)"，尽。

[13]病：担忧。

[14]脯(fǔ)巨人：把人处死，制成肉干。

[15]有：通"又"。

[16]尤：指责。

[17]抉(jué)：撬开。

[18]倮：同"裸"。

[19]薶：同"埋"。

[20]龁(hé)：咬、啃。

[21]特：只。

[22]潮：当为"淖(nào)"，泥潭。

[23]偷：苟且。

【品读】

本章针对当时有人认为葬俗之厚与盗墓活动猖獗有必然联系的错误认识而论。荀子通过比较古今变化，认为国家真正道洽政治，民众富足而又以礼义相约，有耻且格，则不会有盗墓这样令人羞耻的事情发生。反之，如果国家治理混乱,“上以无法使,下以无度行,知者不得虑,能者不得治,贤者不得使”,人人不能安守其业,社会的贫富差距无限拉大,出现“王公则病不足于上,庶人则冻馁羸瘠于下”的情形,则会招致人人相食、掘墓求财。在此,荀子还是强调以礼治国、上行下效,即国家循礼义而治,上下俱富,但要富而好礼,为政者不可贪婪,要多给民众以好的示范。正如孔子所言:“君子之德风,小人之德草。草上之风,必偃”①;“上好礼则民莫敢不敬,上好义则民莫敢不服,上好信则民莫敢不用情”②。如此教化民众,社会上下才会安定,才可能出现天下无贼、盗墓现象灭绝的情形。

18.8 子宋子曰:“明见[1]侮之不辱,使人不斗。人皆以见侮为辱,故斗也;知见侮之为不辱,则不斗矣。”应之曰:“然则亦以人之情为不恶侮乎?”曰:“恶而不辱也。”曰:“若是,则必不得所求焉。凡人之斗也,必以其恶之为说,非以其辱之为故也。今倡优、侏儒、狎徒詈[2]侮而不斗者,是岂钜[3]知见侮之为不辱哉?然而不斗者,不恶故也。今人或入其央渎[4],窃其猪彘,则援剑戟而逐之,不避死伤,是岂以丧猪为辱也哉?然而不惮斗者,恶之故也。虽以见侮为辱也,不恶则不斗;虽知见侮为不辱,恶之则必斗。然则斗与不斗邪,亡于[5]辱之与不辱也,乃在于恶之与不恶也。夫今[6]子宋子不能解人之恶侮,而务说[7]人以勿辱也,岂不过甚矣哉?金舌弊口,犹将无益也。[8]不知其无益,则不知[9];知其无益也,直以欺人,则不仁。不仁不知,辱莫大焉。将以为有益于人,则与[10]无益于人也,则得大辱而退耳!说莫病是矣。”

【注释】

[1]见:被。

[2]詈(lì):辱骂。

[3]钜:通“讵”,岂。与“岂”同义连用,意指难道、哪里。

[4]央渎:洞穴。央,通“缺”。渎,通“窦”。或曰阳沟(王天海说)。

[5]亡于:不在于。亡,通“无”。

[6]今:如果。

[7]说(shuì):劝说。

[8]金舌弊口,犹将无益也:即便伶牙俐齿,说破了嘴,也无济于事。

[9]知:通“智”。

[10]与:通“愈”,更加。

---

① 《论语·颜渊》。

② 《论语·子路》。

【品读】

本章中，荀子针对子宋子（即宋国学者宋钘）“见侮之不辱”的非斗论层层设问，并提出自己的观点：被人侮辱而与之斗，不是宋子所说的不以为辱就可以不与人斗，与人斗的真正原因是被辱这件事本身非常可恶。进而言之，施辱方如轻佻无礼、无事生非、可恶之至，受辱者必与之斗。他举了丢猪的例子，认为要与偷猪者争斗，肯定不是因为丢猪是件多么不光彩的事，而是因为偷猪这件事是可恶的，谁去追而击斗之，都是正义之举。由此而观，宋子解决人与人之间的斗争只解其末而未及其本，难以达到消弭争斗的目的。所以，荀子视其说为“不仁不知”的欺人之谈，不足与人道。

18.9 子宋子曰：“见侮不辱。”

应之曰：“凡议必将立隆正[1]，然后可也。无隆正则是非不分，而辨讼不决。故所闻曰：‘天下之大隆，是非之封界，分职名象之所起，王制是也。’故凡言议期命[2]、是非，以圣王为师，而圣王之分，荣辱是也。”

“是有两端矣，有义荣者，有势荣者；有义辱者，有势辱者。志意修，德行厚，知虑明，是荣之由中出者也，夫是之谓义荣。爵列尊，贡禄厚，形势胜，上为天子、诸侯，下为卿、相、士、大夫，是荣之从外至者也，夫是之谓势荣。流淫、污僈，犯分、乱理，骄暴、贪利，是辱之由中出者也，夫是之谓义辱。詈侮捽搏[3]，捶笞、膑脚，斩断枯磔[4]，藉靡、舌绁[5]，是辱之由外至者也夫，是之谓势辱。是荣辱之两端也。故君子可以有势辱，而不可以有义辱；小人可以有势荣，而不可以有义荣。有势辱无害为尧，有势荣无害为桀。义荣、势荣，唯君子然后兼有之；义辱、势辱，唯小人然后兼有之。是荣辱之分也。圣王以为法，士大夫以为道，官人以为守，百姓以成俗，万世不能易也。今子宋子案[6]不然，独诎容[7]为己，虑一朝而改之，说必不行矣。譬之，是犹以抟涂[8]塞江海也，以焦侥而戴太山[9]也，蹎[10]跌碎折，不待顷矣。二三子之善于子宋子者，殆不若止之，将[11]恐得伤其体也。”

【注释】

[1]隆正：最高准则。

[2]期命：约定命令。

[3]詈侮捽(zuó)搏：责骂侮辱，揪发打击。捽，揪住头发。

[4]斩断枯磔(zhé)：斩首断腰，车裂分尸。枯，作“辜”，分裂肢体。磔，车裂。

[5]藉靡、舌绁(jǔ)：用绳索、桎梏捆住，使其双手被缚而吊起。藉，绳。靡，通“縻”，缚系。舌，当为“告”之误（郭沫若、徐复说）。告，通“梏”，即桎梏，捆束手脚的刑具。

[6]案：则。

[7]诎容：即"屈容"，忍受屈辱。

[8]抟(tuán)涂：堆聚泥土。抟，通"抟"，堆聚。涂，泥土。

[9]太山：即泰山。

[10]蹎(diān)：同"颠"，跌倒。

[11]将：犹"抑"，不然。

【品读】

本章承上章而来，继续批判宋子的"见侮不辱"论。不同于前文，本章从天下之大隆、圣人之分——荣辱之别来正面剖析宋子观点的错误。从理论上讲，"君子可以有势辱，而不可以有义辱；小人可以有势荣，而不可以有义荣"。所谓义荣指"荣之由中出者"，即"志意修，德行厚，知虑明"。义辱是"辱之由中出者"，即"流淫、污侵，犯分、乱理，骄暴、贪利"。相应的势荣、势辱，是由外而出者，"爵列尊，贡禄厚，形势胜，上为天子、诸侯，下为卿、相、士、大夫"，"詈侮捽搏，捶笞、膑脚，斩断枯磔，藉靡、舌绊"在荀子看来，见辱与否，当区别对待。君子是有道之士，将道义放在世俗力量之上，所谓"志意修则骄富贵，道义重则轻王公，内省而外物轻矣"①。故君子有可忍之辱，亦有不可忍之辱。与道义相悖，涉及根本信仰的辱不可忍，而要起来争辩、争斗，其他则可另当别论。

需要指出的是：历来不少儒家以志于道自居，在自己的学术思想领域建立高高在上的道统，以之与世俗之政统相抗衡，求得一种独立。这种情形在先秦儒家孔子、孟子、荀子身上体现得尤其明显，故有儒家文献中所言"儒有可亲而不可劫也，可近而不可迫也，可杀而不可辱也"②、"三军可夺帅也，匹夫不可夺志也"③、"天下有道，以道殉身；天下无道，以身殉道"④、"志意修则骄富贵，道义重则轻王公"⑤等各种主张。这些都是需要当代儒者抉发和践行的宝贵精神资源。如果无视这些，亦无心体行，则儒学或儒家终将沦为政统与世俗权力控驭下的"婢女"或犬儒之流，丧失仅有的一点独立性。如果这样的话，儒还能称其为"儒"吗？

18.10 子宋子曰："人之情欲寡，而皆以己之情为欲多，是过也。故率其群徒，辨[1]其谈说，明其譬称，将使人知情欲之寡也。"

---

① 《荀子·修身》。

② 《礼记·儒行》。

③ 《论语·子罕》。

④ 《孟子·尽心上》。

⑤ 《荀子·修身》。

应之曰："然则亦以人之情为欲，目不欲綦色，耳不欲綦声，口不欲綦味，鼻不欲綦臭[2]，形不欲綦佚[3]。此五綦者，亦以人之情为不欲乎？"

曰："人之情，欲是已[4]。"

曰："若是，则说必不行矣。以人之情为欲，此五綦者而不欲多，譬之，是犹以人之情为欲富贵而不欲货也，好美而恶西施也。古之人为之不然。以人之情为欲多而不欲寡，故赏以富厚而罚以杀损[5]也。是百王之所同也。故上贤禄天下，次贤禄一国，下贤禄田邑，愿悫之民完衣食。今子宋子以是之情为欲寡而不欲多也，然则先王以人之所不欲者赏而以人之所欲者罚邪？乱莫大焉。今子宋子严然[6]而好说，聚人徒，立师学，成文曲，然而说不免于以至治为至乱也，岂不过甚矣哉？"

【注释】

[1]辨：分辨、辨析。

[2]綦臭：綦，极。臭，气味，此指香味。

[3]佚：通"逸"，安逸。

[4]已：犹"矣""也"。

[5]杀(shài)损：减少损耗。

[6]严然：庄矜的样子。严，同"俨"。

【品读】

本章仍针对宋子的人情欲寡说而论，使用归谬法和譬喻法力斥其非。另外，荀子从古代治国厉行赏罚的心理学基础，来说明情欲多之事实存在的必然性。荀子以其特有的理性思维和敏锐的政治觉悟揭示了贤人政治得以运作的内在动因包括物质利益，即"上贤禄天下，次贤禄一国，下贤禄田邑，愿悫之民完衣食"，耐人寻味。儒家论政治，向来物质利益与精神教化相辅相成，刚性力量与柔性约束相互结合。如孔子曾谈到国家治理的三部曲——"庶之"，"富之"，"教之"①；孟子亦云"养生丧死无憾，王道之始也"②。于荀子而言，更是如此。一般而论，在国家政治层面上，儒家奉行先教化而后诛罚的原则，先义后利，但并非绝利唯义。

① 《论语·子路》。

② 《孟子·梁惠王上》。

礼论篇第十九

19.1　礼起于何也？曰：人生而有欲，欲而不得，则不能无求，求而无度量分界，则不能不争。争则乱，乱则穷[1]。先王恶其乱也，故制礼义以分[2]之，以养人之欲，给[3]人之求。使欲必不穷乎物，物必不屈[4]于欲，两者相持而长，是礼之所起也。

【注释】

[1]穷：窘困。

[2]分(fèn)：名分，此处作动词，确定名分。

[3]给(jǐ)：供给。

[4]屈：通"诎(qū)"，竭尽、穷尽。

【品读】

本章讲礼的起源问题。荀子认为，礼是先王为实现物与欲的"相持而长"而制定的。即为了让人之欲和物两者相持而长，达到既满足人的欲望，也不会导致争则乱、乱则穷的恶果之目的，旨在强调社会制度建构的重要性。根据荀子人性恶的理论，人生来就有无限的欲望，也会积极去满足之。可是，我们经常在生活中见到这样的现象：人为满足自己的欲望而迷失了自我，为无止无休的私欲所累，不择手段，最终滑向罪恶的深渊。我们应该如何看待人的欲望？或者说，欲望之于人的价值何在？又应该如何去看待人为实现自己的欲望而采取的行为？

一方面，荀子认识到欲望一旦管理不当，会招致可怕的后果。正是出于对人的无限欲望以及为之而行不善的危害的担忧，宋儒程颐说："一念之欲不能制，而祸流于滔天。"①而早在先秦时期，墨家就对人的欲望保持着足够的警惕，主张人节制自己的欲望，即"节用""节葬""非乐""非攻"等，充满禁欲主义的宗教色彩。墨学曾与儒学同为"显学"，影响巨大，同样成为荀子批判的首当其冲者。另一方面，荀子更强调肯定欲望之于人的必要性、正当

① (明)薛瑄：《读书录》卷七。

性，认为欲望本身并不是洪水猛兽，有其存在的价值。对于欲望，应以礼来管理，要“养人之欲，给人之求”，而不是简单地采取禁欲的办法来消除它。历史上，无论是“存天理，灭人欲”，还是“狠斗私字一闪念”，无不以失败告终。

其实，从心理发生学上来看，欲望作为一种缺乏的感觉与求得满足的愿望，并不必然是恶的。美国著名心理学家 A. 马斯洛在《动机与人格》一书中，把人的欲望分为五个层次：基本生理需要、安全的需要、归属和爱的需要、尊重的需要、自我实现的需要。作为人类最高层次的欲望——自我实现的需要，包括对真、善、美的追求，以及实现自己理想与抱负的欲望。两相比较，我们大致认为这实际上就是儒家所讲的自我完善的道德修养过程。人的这种高级欲望的存在自然是有积极价值的。即使对于基本的物质欲求，儒家也并非一概否定，只是以道义为标准决定取舍。正如孔子所说：“富与贵，是人之所欲也；不以其道得之，不处也。”①可见，儒家不是致力于禁止或消除人的欲望及追求，而是强调实现欲望手段的正当性或正义性，此即先王制礼的必要性。从孔子至荀子皆然。至于到宋儒那里发生了某种程度的异化或嬗变，提出“存天理，灭人欲”之类的绝对的观点，另当别论。

19.2 故礼者，养[1]也。刍豢[2]稻粱，五味[3]调香，所以养口也；椒兰芬苾[4]，所以养鼻也；雕琢、刻镂，黼黻、文章[5]，所以养目也；钟鼓、管磬、琴瑟、竽笙，所以养耳也；疏房[6]、檖[7]貌[8]、越席、床笫[9]、几筵[10]，所以养体也。故礼者，养也。

【注释】

[1]养：治养、调养。

[2]刍豢：指牛、羊、猪、狗等牲畜之肉，代指肉食。刍，指牛、羊等食草反刍动物。豢，指狗、猪等动物。

[3]五味：酸、甘、苦、辛、咸。

[4]苾(bì)：芳香。

[5]黼黻、文章：指礼服上色彩绚丽的花纹。依古解，白与黑谓之黼，黑与青谓之黻，青与赤谓之文，赤与白谓之章。

[6]疏房：通房。

[7]檖(suì)：古通“邃”，深邃。

[8]貌：通“貌”，指宗庙、宫殿。

① 《论语·里仁》。

[9]笫(zǐ):床上的竹席,代称床。

[10]几筵:指放在座位边的小桌子和竹编坐垫。

【品读】

正如前文所说,荀子认为人生而有欲,不能禁灭,要"养人之欲",正视人的必要欲望的正当性。那么,如何养人之欲呢?荀子从养口、养鼻、养目、养耳、养体这些方面来加以说明。这些"养"的内容,从表面上来看,已经超出人的基本生活资源的需求,实际上是针对士人以上的贵族之流,尤其是君王而言。毕竟,儒家对现实政治的关怀是极其深切的。当然,从社会文明史的角度来看,这也未尝不是人类物质文明进步的重要体现。然而,这种进步能否带来幸福的生活?

对这一问题的回答,先秦学者不尽一致。至少道家持否定观点。如老子深刻地揭示了人类文明的负面影响,极力抨击了文明进程中的异化现象,指出文明危机是文明自身造成的,主张回归自然,回到人的朴实本性、原始状态,消除已有的人类文明,进而消除已存在的人类丑恶现象。在道家看来,物质文明不仅不是人类走向幸福的重要保障和重要体现,反而是人类社会灾难的源头。而儒家的看法迥异于道家,这鲜明地体现在其文质观上。孔子曾说:"质胜文则野,文胜质则史,文质彬彬,然后君子。"①这里的"文"指的是以礼乐形式存在的社会规范,"质"则是指人的原始质朴的状态。对此,美国汉学家赫伯特·芬格莱特有一段解释:"孔子所说的精神贵族也就是君子,就是那种为把社会规范(礼)和原生态的(raw)个人的存在熔铸在一起而辛勤劳作的'炼金术士'(alchemy),他们以这样一种潜移默化的方式,把原生态的个人转化成为实现人所特有的美德或力量的德性存在。"②儒家认为礼乐有助于人的道德修养过程。荀子在此提出的贵族修养意义上的生活规范,也是从人文的角度大做文章,以下数段皆然。

19.3 君子既得其养,又好其别。曷谓别?曰:贵贱有等,长幼有差,贫富轻重皆有称者也。故天子大路越席,所以养体也;侧载睪芷[1],所以养鼻也;前有错衡[2],所以养目也;和鸾[3]之声,步中《武》、《象》,趋中《韶》、《护》,所以养耳也;龙旗九斿[4],所以养信也;寝兕、持虎、蛟韅、丝末、弥龙[5],所以养威也;故大路之马必倍至教顺[6],然后乘之,所以养安也。孰知夫出死要[7]节之所以养生也?孰知夫出费用之所以养财也?孰知夫恭敬辞让之所以养

① 《论语·雍也》。

② [美]赫伯特·芬格莱特著,彭国翔等译:《孔子:即凡而圣》,江苏人民出版社2002年版,第7页。

安也？孰知夫礼义文理之所以养情也？故人苟生之为见[8]，若者必死；苟利之为见，若者必害；苟怠惰偷懦之为安，若者必危；苟情说[9]之为乐，若者必灭。故人一之于礼义，则两得之矣；一之于情性，则两丧之矣。故儒者将使人两得之者也，墨者将使人两丧之者也，是儒、墨之分也。

【注释】

[1]侧载睪芷：旁置泽兰香草。睪，通“泽”。

[2]前有错衡：车前有涂金文饰的横木。

[3]和鸾：车铃。

[4]九斿（liú）：指天子之旗。斿，通“旒”，古代旌旗下垂挂之物。

[5]寝兕（sì）、持虎、蛟韅（xiǎn）、丝末、弥龙：伏犀踞虎装饰车轮，蛟形皮带系于马腹，丝制簾布覆于车轼，雕龙刻于车耳。兕，雌性犀牛。蛟，通“鲛”，鲨鱼。韅，马腋之革。末，通“幦（mì）”，车前挡风的帷帘。弥，通“弭”，车耳。

[6]顺：驯顺。

[7]要（yāo）：约束。

[8]生之为见：见生，即只看到生的一面。“之为”是宾语前置的复合助词。

[9]说：通“悦”。

【品读】

在本章，荀子重点阐述了“儒、墨之分”问题。荀子前文讲“礼者，养也”，强调礼是要节制和调和人的欲望，使其符合社会道德规范。在这一点上，礼具有普遍满足个人欲望的内在属性。但是，人的欲望又存在差异性，不同的人有着不同的欲求，即使同一个人在不同的时间、空间内也会有不同的欲求。那么，礼又该如何？更何况在现实世界里，人还存在政治身份、社会等级的差别。如果礼要满足每个人的欲望，欲望的实现结果就必然表现为不平等。那么，应该如何看待这种不平等性呢？荀子将其与人在现实社会中存在的等级差异挂钩，使其合理化。人的这种等级差异，既有阶级政治意义上的，即贵贱尊卑之别，也有生理身份上的，即长幼之别，还有经济上的，即贫富之别。儒家承认这种等级差异的合理性，并以此为基础来构建秩序社会，要求不同等级的人各守其“位”，各守其“分”。从这个意义上讲，礼的本质就是“别异”，使其合情合理。如儒家所言：“夫礼者，所以定亲疏，决嫌疑，别同异，明是非也。”①实际上，礼就是将人的情性的差异性合理化，表现为具体的礼仪制度规范，以指导人们的日常生活，进而保障人们在各自的范围内实现自在的生活。

但是，墨家否定将这种现实存在的差异性合理化的企图，想通过“兼相爱，交相利”的路径来消弭人与人之间的差异性，追求一种绝对化的平等。

① 《礼记·曲礼上》。

他们尤其追求上位者与下位者在生活需求上要具有一致性，要同甘共苦。这就是儒、墨的区别。墨家追求人与人之间的平等，其思想极具现代性，似乎有些超越和普适性甚至是先验的意味。但是，只简单地以平等的号召来消除人与人之间客观存在的各种差异，可能会导致更大的不公平。因为，墨家忽略了人获得的权利实则是与其应该承担的责任相一致的原则。如果过分强调人人应获得的权利、利益的平等，也就必然要求其承担的社会责任、义务的平等，这难道不也是一种不平等吗？而儒家承认、接受人的情性存在差异性，并将其合理化，使其各自按照相应的轨道自在生活，这反而是一种相对的平等，至少是更合乎人情。

……………………………………

19.4 礼有三本：天地者，生之本也；先祖者，类[1]之本也；君师者，治之本也。无天地，恶[2]生？无先祖，恶出？无君师，恶治？三者偏亡焉，无安人。故礼上事天，下事地，尊先祖而隆君师，是礼之三本也。

【注释】

[1]类：族类。

[2]恶：同"乌"，怎么。

【品读】

在本章，荀子认为天地、先祖、君师是礼的三个本源，而事天地、尊先祖、隆君师是礼的三个根本。在传统中国，人们要敬拜"天地君亲师"。直到近现代，仍可见普通人家于居室之内供奉写有类似字样的牌位。鲁迅先生在《我的第一个师父》中曾说："我家的正屋的中央，供着一块牌位，用金字写着必须绝对尊敬和服从的五位：'天地君亲师'。"①而对五者的尊敬和理论上的论证，荀子可算是先行者了。事实上，伴随着儒家思想的政治意识形态化和社会伦理化的过程，中国社会崇拜和祭祀的对象混合为一，既成为中国人的精神寄托和心灵安顿之处，也成为传统中国伦理道德的合法性和合理性的依据所在。这一精神信仰，支配着每一个古代中国人的思想行为。不只是知识分子，上至君王显贵，下至普通民众，都将其尊奉为天经地义的信条，甚至于将其符号化。

……………………………………

19.5 故王者天[1]太祖，诸侯不敢坏，大夫士有常宗[2]，所以别贵始。贵始，得[3]之本也。郊[4]止乎天子而社[5]止于诸侯，道[6]及士大夫，所以别尊

---

① 《鲁迅全集》第6卷，人民文学出版社2005年版，第598页。

者事尊，卑者事卑，宜大者巨，宜小者小也。故有天下者事七世[7]，有一国者事五世，有五乘之地[8]者事三世，有三乘之地者事二世，持[9]手而食者不得立宗庙，所以别积厚，积厚者流泽广，积[10]薄者流泽狭也。

【注释】

[1]天：意动用法，以太祖来配天。

[2]常宗：百世不迁的大宗。

[3]得：通“德”。

[4]郊：古代君王祭天的仪式。

[5]社：祭祀地神的仪式。

[6]道：通“禫”，祭祀路神。

[7]事七世：据《礼记·祭法》，天子立七庙，即天子要立七代祖先的神庙来祭祖。七，《集解》本作“十”，依杨倞考证改作“七”。

[8]五乘(shèng)之地：即五个一乘之地。依古代兵赋定制，从每六里或十里见方的土地的民众中，要征集兵车一乘，即一车四马。此处以乘代指土地面积。

[9]持：同“恃”，凭借。

[10]积：通“绩”，功业。

【品读】

此章讲的是礼制对天子、诸侯、大夫、士、庶人等不同社会阶层祭祀祖先仪式规格的严格界定，各阶层要各守其分，不可混同，否则就会出现不礼的现象，最终导致“礼崩乐坏”的失序状态。在此，荀子要求天子、诸侯、大夫、士、庶人等皆要守礼，依礼而行，最终实现礼治社会。这是儒家共同的社会政治理想，较易理解。此章的关键在于如何理解荀子的“贵始”思想。

在荀子看来，严格的礼制界定，是为了“别贵始”，并将“贵始”视为“得之本”。所谓“贵”，实则指“尊”，主要是政治地位、身份的尊贵，此即儒家讲的上下尊卑之别。所谓“始”，实际就是血亲，讲的是宗法血缘体现的亲疏之别。礼是亲亲、尊尊、贤贤三位一体。在荀子那里，亲亲、尊尊不只是实现礼治秩序的工具，更是人之自然情感的展现。在现实世界，人要做到尊尊就要诚敬事上，尤其是忠君；而要做到亲亲就要孝亲，这是仁爱的基点。荀子讲“贵始”，也是要从家庭亲情开始，从祖先开始，从血缘开始，向外推及，此即儒家的仁爱思想。可见，荀子也是讲差等之爱的，这与墨家的“兼爱”是有区别的。就此而论，足可见荀子仍属于正宗的儒家系统。同时，荀子又与曾子、子思等孝治派不同，他将亲亲与尊尊置于同等重要的地位，体现了其尊君的倾向。

··

19.6 大飨[1]，尚玄尊[2]，俎[3]生鱼，先大羹[4]，贵食饮之本也。飨[5]，尚玄尊而用酒醴[6]，先黍稷而饭稻粱；祭，齐[7]大羹而饱庶羞[8]，贵本而亲用也。贵本之谓文，亲用之谓理，两者合而成文[9]，以归大一[10]，夫是之谓大隆。故尊之尚玄酒也，俎之尚生鱼也，豆[11]之先大羹也，一也。利爵[12]之不醮[13]也，成事之俎不尝也，三臭[14]之不食也，一也。大昏[15]之未发齐[16]也，太庙之未入尸也，始卒之未小敛[17]也，一也。大路之素未[18]集[19]也，郊之麻绕[20]也，丧服之先散麻也，一也。三年之丧，哭之不文[21]也；清庙[22]之歌，一倡而三叹也。县一钟，尚拊之膈[23]，朱弦而通越也，一也。

【注释】

[1]大飨(xiǎng)：太庙祭祖的祭品。

[2]尚玄尊：供上盛清水的酒杯。尚，同“上”，供上。玄尊，盛清水的酒杯。

[3]俎(zǔ)：祭器，盛载鱼肉。

[4]大(tài)羹：不加调味的肉汁。

[5]飨：通“享”，把祭品献给鬼神。此指四季举行的祭祀。

[6]酒醴：甜酒。

[7]齐(jī)：通“跻”，进献。

[8]庶羞：指各种美味。

[9]文：文饰。指礼的形式。

[10]大一：太一，太古之时。大，同“太”。

[11]豆：古代盛食物的器皿。《集解》本作“俎”，疑有误，据《史记·礼书》改之。

[12]利爵：指利者献上的酒。利，古代指在祭祀时帮忙把祭品端给尸的人。爵，指一种酒器。

[13]醮(jiào)：喝尽。

[14]臭：通“侑”，劝食。

[15]昏：通“婚”。

[16]发齐：也称“发醮”，是古代婚礼的一种仪式。在结婚时，父亲先为儿子行以酒祭神之礼，然后命之迎亲。齐，通“醮”。

[17]敛：通“殓”。所谓大殓，是指尸首入棺，并被钉上棺盖。而所谓小殓，是指给死者换上寿衣。

[18]素未：当作“素末”。素末即上文讲的素[illegible]。

[19]集：当为衍文。

[20]绕：通“冕”，礼帽。

[21]文：他本作“反”。今从古本。

[22]清庙：《诗经·周颂》篇名，用来祭祀周文王。

[23]拊、膈：都是古代丧礼用的打击乐器。拊，即拊搏，此乐器是在熟皮制的皮囊中

塞满谷糠，然后捆扎袋口而成，形如小鼓，拍打时声音沉闷。

【品读】

本章从祭祖的角度谈各种祭礼仪式的要求，指出礼的内涵在于贵本亲用、文理相合，其至境在于恢复上古礼乐昌盛时代——太一之境。

荀子讲“贵本亲用”，就是讲礼之本与礼之用，或者说是讲礼义与礼仪。那么，何为礼之本与礼之用？两者之间又是什么关系呢？在此，荀子以具体的礼仪予以说明。在“礼崩乐坏”的社会现实生活中，礼义与礼仪在多数情况下呈现两分，即不一致的状态。对此，《论语》里面多有探讨，如孔子与其弟子关于“三年之丧”的讨论即是一例。与孔子相仿，荀子也认为礼之本是不变的，而礼之用则会随着时代的演变而发生相应改变，此即孔子所说的“损益”二字之义。

19.7　凡礼，始乎棁[1]，成乎文，终乎悦校[2]。故至备，情文俱尽；其次，情文代胜；其下，复情以归大一也。天地以合，日月以明，四时以序，星辰以行，江河以流，万物以昌，好恶以节，喜怒以当，以为下则顺，以为上则明，万物变而不乱，贰之则丧也。礼岂不至矣哉？立隆以为极，而天下莫之能损益也。本末相顺，终始相应，至文以有别，至察以有说。天下从之者治，不从者乱；从之者安，不从者危；从之者存，不从者亡。小人不能测也。

【注释】

[1]棁(tuō)：脱略、简略。

[2]校：通“恔(xiào)”，称心、满足。

【品读】

本章第一句点题，指出礼的形成、演变及终极关怀。礼是在物质文明和精神文明较粗糙的基础上产生的，形之于文是其中间过程，最终是悦纳人情。和上章礼分文、理二维相似的是，此处礼有情、文二端，其终为“复情以归大一”，即“悦校”。从自然万物至人的喜怒好恶，礼无处不在，皆以合和节当、中道而行为准，突显了本篇的中心思想：隆礼。所谓“天下从之者治，不从者乱；从之者安，不从者危；从之者存，不从者亡”，和之前篇章所言“人无礼则不生，事无礼则不成，国家无礼则不宁”①等思想，是一脉相承的。

---

① 《荀子·修身》。

19.8 礼之理诚深矣，“坚白”、“同异”[1]之察入焉而溺；其理诚大矣，擅作典制辟[2]陋之说入焉而丧；其理诚高矣，暴慢、恣睢、轻俗以为高之属入焉而队[3]。故绳墨诚陈矣，则不可欺以曲直；衡诚县[4]矣，则不可欺以轻重；规矩诚设矣，则不可欺以方圆；君子审于礼，则不可欺以诈伪。故绳者，直之至；衡者，平之至；规矩者，方圆之至；礼者，人道之极也。然而不法礼，不足礼，谓之无方之民；法礼，足礼，谓之有方之士。礼之中焉能思索，谓之能虑；礼之中焉能勿易，谓之能固。能虑、能固，加好之者焉[5]，斯圣人矣。故天者，高之极也；地者，下之极也；无穷者，广之极也；圣人者，道之极也。故学者固学为圣人也，非特学为无方之民也。

【注释】

[1]“坚白”、“同异”：指“离坚白”“合同异”，是先秦名家公孙龙和惠施等提出的观点。在此代指那些深奥难懂的辩论命题。

[2]辟：通“僻”，邪僻。

[3]队：通“坠”，坠落。

[4]县：通“悬”。

[5]加好之者焉：《集解》本作“加好者焉”，据王先谦考证当作“加好之者焉”。

【品读】

此章意在说明“礼之理”深、大、高，是人人皆要遵循的社会规范，是“人道之极”。关于最后一点，其实在前面的《劝学》篇中就有很清楚的阐述：“学恶乎始？恶乎终？曰：其数则始乎诵经，终乎读《礼》；其义则始乎为士，终乎为圣人。真积力久则入，学至乎没而后止也。”

19.9 礼者，以财物为用，以贵贱为文，以多少为异，以隆杀[1]为要。文理繁，情用省，是礼之隆也。文理省，情用繁，是礼之杀也。文理、情用相为内外表里，并行而杂[2]，是礼之中流也。故君子上致其隆，下尽其杀，而中处其中，步骤、驰骋、厉鹜不外是矣，是君子之坛宇、宫廷也。人有[3]是，士君子也；外是，民也；于是其中焉，方皇[4]周挟[5]，曲得其次序，是圣人也。故厚者，礼之积也；大者，礼之广也；高者，礼之隆也；明者，礼之尽也。《诗》曰：“礼仪卒度，笑语卒获。”[6]此之谓也。

【注释】

[1]隆杀（shài）：隆重、简省。

[2]杂：通“集”，兼用。

[3]有：通“域”，限定。

[4]方皇：同“彷徨”。

[5]周挟：周旋。挟，通“浃”。

[6]此诗见于《诗经·小雅·楚茨》。

【品读】

与上章相似，本章仍在阐述礼的精义。礼讲等差同异、文理、情用，荀子认为中礼而行的原则就是“文理、情用相为内外表里，并行而杂”。前文言积礼义者为君子，制礼乐者为圣人。此处亦言君子、圣人与礼的密切关系。礼不积厚、不广大、不隆高、不尽明则不足以成其为礼；同样，如无财无物、无贵无贱、无多无少、无隆无杀亦不能成其为礼。对于如何行礼，做一位文质彬彬的礼义君子，此章提出不少可操作的原则、方式，读来启示良多，可用心体悟、践行。

19.10 礼者，谨于治生死者也。生，人之始也；死，人之终也；终始俱善，人道毕矣。故君子敬始而慎终。终始如一，是君子之道、礼义之文也。夫厚其生而薄其死，是敬其有知而慢其无知也，是奸人之道而倍[1]叛之心也。君子以倍叛之心接臧谷[2]，犹且羞之，而况以事其所隆亲乎？故死之为道也，一而不可得再复也，臣之所以致重其君，子之所以致重其亲，于是尽矣。故事生不忠厚、不敬文，谓之野；送死不忠厚、不敬文，谓之瘠[3]。君子贱野而羞瘠，故天子棺椁十重，诸侯五重，大夫三重，士再重，然后皆有衣衾[4]多少厚薄之数，皆有翣菨[5]文章之等，以敬饰之，使生死终始若一，一足以为人愿，是先王之道，忠臣孝子之极也。天子之丧动四海，属诸侯；诸侯之丧动通国，属大夫；大夫之丧动一国，属修士；修士之丧动一乡，属朋友；庶人之丧合族党，动州里；刑余罪人之丧不得合族党，独属妻子，棺椁三寸，衣衾三领，不得饰棺，不得昼行，以昏殣[6]，凡缘[7]而往埋之，反无哭泣之节，无衰[8]麻之服，无亲疏月数之等，各反其平，各复其始，已葬埋，若无丧者而止，夫是之谓至辱。

【注释】

[1]倍：同“背”，背叛。

[2]臧谷：臧，指奴仆；谷，指小孩。

[3]瘠(jí)：菲薄。

[4]衣衾：当作“衣食”，意为衣被(卢文弨说)。

[5]翣(shà)菨(jiē)：当作“菨(jiē)蒌(lóu)”，古代棺木上的一种饰物。

[6]殣(jìn)：埋葬、掩埋。

[7]凡缘：指寻常服装。古代送葬时要穿特制丧服，以示尊重和悲戚，若穿寻常衣服，

一般被视为待人不尊的无礼之举。

[8]衰(cuī):古代用粗麻布制成的毛边丧服。

【品读】

荀子对礼之“治生死”的社会功能进行了阐述。在儒家看来,人之生有道,人之死亦有道,无论事生还是事死,皆要遵守相应的礼制规范。否则,人们将陷入厚薄难以取舍的困境。墨家就曾批评儒家之丧礼过于奢华、烦琐。可是,子女对于逝去父母的不舍情感,总需要必要的形式加以表达,此即儒家之丧礼。如取消或过于简化丧礼,可能会使子女无法顺利而真实地表达自己的情感。当然,子女表达情感的程度超过礼制规定,也不是儒家所提倡的,如有的子女伤心到毁伤自己的身体,这就违背了儒家的孝道。可见,儒家要求事生和事死都依礼而行,过或不及都不合适,不仅会给自己带来不便,亦会给父母带来羞辱。

19.11 礼者,谨于吉凶不相厌者也。纩纩听息[1]之时,则夫忠臣孝子亦知其闵已,然而殡敛之具未有求也;垂涕恐惧,然而幸生之心未已,持生之事未辍[2]也;卒矣,然后作、具之。故虽备家,必逾日然后能殡,三日而成服。然后告远者出矣,备物者作矣。故殡,久不过七十日,速不损五十日。是何也?曰:远者可以至矣,百求可以得矣,百事可以成矣,其忠至矣,其节大矣,其文备矣。然后月朝卜日,月夕卜宅,然后葬也。当是时也,其义止,谁得行之?其义行,谁得止之?故三月之葬,其貌以生设饰死者也,殆非直留死者以安生也,是致隆思慕之义也。

【注释】

[1]纻(zhù)纩(kuàng)听息:古代判断病人是否死亡的方法之一,即把新棉絮放在临死者的鼻前,观棉絮动静,以察生死。

[2]辍(chuò):停止。

【品读】

承上章之末而来,本章讲儒家殡葬之礼,尤其是对礼制时间、程序加以解释,指出其用意在于抒发思念悼怀之情,“致隆思慕之义”。

儒家的丧礼,经常面临烦琐、耗时、奢华之类的质疑。这种批评不仅来自于儒家之外的思想流派,如墨家,亦有儒家内部的声音,如孔子弟子子贡对“告朔饩羊”制度的质疑(事见《论语·八佾》)。对此,孔子、孟子等儒学大师都曾进行过解释。本章中荀子也具体解释了各种礼制的时间、程序的相应特殊功用,指出其并不是可有可无的,最终都是为了更好地表达生者对逝者的真实情感。

19.12 丧礼之凡：变[1]而饰[2]，动而远[3]，久而平。故死之为道也，不饰则恶，恶则不哀；尔[4]则玩，玩则厌，厌则忘，忘则不敬。一朝而丧其严亲，而所以送葬之者不哀不敬，则嫌于禽兽矣，君子耻之。故变而饰，所以灭恶也；动而远，所以遂敬也；久而平，所以优生也。

【注释】

[1]变：死丧。

[2]饰：装饰，指整理死者仪容以入殓。如饭唅（把珠、玉、米等放入死者口中）、小敛（为死者穿寿衣）、大敛（入棺）等。

[3]动而远：举行仪式时使死者逐步远离，直至埋葬在远处坟墓中。

[4]尔：通“迩”，近。

【品读】

在儒家宣扬的礼文化中，丧礼占据很大的篇幅和很高的地位。从《仪礼》《礼记》和《荀子》多谈丧祭即可见知。这里荀子谈到丧礼的要义所在，勾勒出“哀”“敬”二字，与《论语》中所论生荣死哀、慎终追远相类。此外，《孝经》《大戴礼记》中论孝为至道要德，指出对在世或谢世的双亲要爱之敬之、毁不灭性。凡类此者，皆表明战国时期部分儒家学者对丧葬之礼保持了一种难得的理性认识。后来人们大讲厚葬之奢侈，甚至视之为虚伪，并归到孔子或儒家的头上，似乎有点错怪意味。儒家讲礼都是为了更好地表达行礼者的真诚情感，这才是礼之本。

19.13 礼者，断长续短，损有余，益不足，达爱敬之文，而滋成行义之美者也。故文饰、粗恶、声乐、哭泣、恬愉、忧戚，是反也，然而礼兼而用之，时举而代御。故文饰、声乐、恬愉，所以持平奉吉也；粗衰、哭泣、忧戚，所以持险奉凶也。故其立文饰也，不至于窕[1]冶；其立粗衰也，不至于瘠弃；其立声乐、恬愉也，不至于流淫惰慢；其立哭泣、哀戚也，不至于隘慑伤生，是礼之中流也。

【注释】

[1]窕（yáo）：通“姚”，妖艳。

【品读】

儒家讲“礼之用，和为贵”，中和为天下之达道。此处继上章论丧礼之凡，又论其中流，实质上就是论如何达到中正、中和、中庸的行礼境界。本章首句给出了一个具有可操作性的方案："断长续短，损有余，益不足，达爱敬之文，而滋成行义之美。"当然，严格来说，此句与其说是方案，不如说更像是对礼的要义作了一个尝试性阐述，或者二者皆有，给读者以解析的双重角度。荀子论述服饰、声音、乐哭、喜忧等形式上表现礼的事象，给出一个"不至于"的原则，提醒人们循礼而为，把握分寸、尺度。《中庸》中所言"发乎情于衷，止乎礼而致中和"，与此处荀子所论如何行礼有异曲同工之妙。

19.14 故情貌之变足以别吉凶，明贵贱亲疏之节，期[1]止矣。外是，奸也，虽难，君子贱之。故量食而食之，量要[2]而带之，相高以毁瘠，是奸人之道也，非礼义之文也，非孝子之情也，将以有为者也。故说豫[3]娩泽，忧戚萃[4]恶，是吉凶忧愉之情发于颜色者也。歌谣謷[5]笑，哭泣谛[6]号，是吉凶忧愉之情发于声音者也。刍豢、稻粱、酒醴，餰鬻[7]、鱼肉、菽藿、酒浆，是吉凶忧愉之情发于食饮者也。卑绕[8]、黼黻、文织，资粗[9]、衰绖[10]、菲繐[11]、菅屦[12]，是吉凶忧愉之情发于衣服者也。疏房、檖貌、越席、床笫、几筵，属茨、倚庐、席薪、枕块[13]，是吉凶忧愉之情发于居处者也。两情者，人生[14]固有端焉。若夫断之继之，博之浅之，益之损之，类之尽之，盛之美之，使本末终始莫不顺比，足以为万世则。则是礼也，非顺孰[15]修为之君子莫之能知也。

【注释】

[1]期：当作"斯"，就。

[2]要：同"腰"。

[3]说豫：愉悦高兴。说，通"悦"。豫，通"娱"。

[4]萃：通"顇"，面色黄瘦。

[5]謷(áo)：戏谑。

[6]谛(tí)：通"啼"。

[7]餰(zhān)鬻：餰，同"饘"，稠粥。鬻，同"粥"，稀粥。

[8]卑绕：通"裨冕"，指礼服、礼帽。

[9]资粗：资，通"齐"，丧服中的齐衰。粗，此指守丧时穿的粗布衣。

[10]绖(dié)：丧期系在腰上或头上的麻带。

[11]繐：即繐衰，用细麻布制成的丧服。

[12]菅屦：草鞋。

[13]属(zhǔ)茨(cí)、倚庐、席薪、枕块：古礼对居丧为父母守孝者居住环境的要求，以从简就陋为原则。属茨、倚庐，用芦苇、茅草建构的陋屋。席薪，以柴草为席。枕块，以土块为枕。

[14]生：通"性"。

[15]孰：同"熟"。

【品读】

此章承上章而论礼形之于音容笑貌、衣食住行，皆因时制宜，使人性固有之“两情”相反相成、相得益彰。礼之精义为君子之道所向，至于何义何向，荀子所言“情貌之变足以别吉凶，明贵贱亲疏之节”是一种答案。在论者看来，人生祸福无常、喜忧参半，在什么样的场合以什么样的形式来体现什么样的心情，这就是礼的作用所在。

19.15 故曰：性者，本始材朴也；伪者，文理隆盛也。无性则伪之无所加，无伪则性不能自美。性伪合，然后成圣人之名，一天下之功于是就也。故曰：天地合而万物生，阴阳接而变化起，性伪合而天下治。天能生物，不能辨[1]物也；地能载人，不能治人也；宇中万物、生人之属，待圣人然后分也。《诗》曰：“怀柔百神，及河乔岳。”[2]此之谓也。

【注释】

[1]辨(bàn)：通“办”，治理。

[2]引诗见《诗经·周颂·时迈》。

【品读】

本章论性伪之别、性伪之用，实则仍是对上述礼之文理情用、情文本末的进一步阐述，而其中所论性伪之合，当与前文所言“文理相为内外表里”、孔子所言“文质彬彬”意同。另外，首句之说“性者，本始材朴也”，被当今学者参以其他篇章，如《正名》中所言“生之所以然者谓之性。性之和所生，精合感应，不事而自然谓之性”，引申衍化出荀子的人性朴论，以与传统的性恶论相颉颃。此说可能道出荀子人性论之一面，但未能完全还原荀子人性论之本来面貌。

我们知道，在荀子人性论中，既有针对人性善旧说而大倡人性恶的一面，也有化性起伪的一面。而此处的人性朴说，到底是荀子人性恶论的底色与本来，还是对人性恶说的补充？如果是前者，此说或可成立；不然，“皮之不存，毛将焉附”？在《解蔽》篇中有言：“今人之性，生而离其朴，离其资，必失而丧之。用此观之，然则人之性恶明矣。”可见荀子认为人生下来就是离“朴”离“资”，好逸恶劳，有其偏私性，非如孟子所言本性善良。荀子主张性恶说，于此明矣。

19.16　丧礼者，以生者饰死者也，大象其生以送其死也。故事死如生，事亡如存，终始一也。始卒，沐浴、鬠[1]体、饭唅[2]，象生执也。不沐则濡栉三律而止，不浴则濡巾三式[3]而止。充耳而设瑱[4]，饭以生稻，唅以槁骨，反生术矣。设亵衣[5]，袭三称[6]，缙绅[7]而无钩带矣。设掩面[8]儇目[9]，鬠而不冠笄[10]矣。书其名[11]，置于其重，则名不见而柩独明矣。荐器则冠有鍪而毋縰[12]，瓮、庑[13]虚而不实，有簟席而无床笫，木器不成斫，陶器不成物，薄器不成内[14]，笙竽具而不和，琴瑟张而不均，舆藏[15]而马反，告不用也。具生器以适墓，象徙之道也。略而不尽，貌而不功，趋舆而藏之，金革辔靷而不入，明不用也。象徙道，又明不用也，是皆所以重哀也。故生器文而不功，明器貌而不用。

【注释】

[1]鬠(kuò)：同"髻"，束发。

[2]饭唅：古丧礼仪式之一，把珠、玉、贝、米等物放在死者口中，所含之物视其贵贱有别。

[3]式：通"拭"。

[4]瑱(tiàn)：为死者耳中所塞之物。

[5]亵(xiè)衣：贴身内衣。

[6]称(chèn)：计算衣服的量词，套。

[7]缙绅：搢笏，指把笏插在腰带上。

[8]掩面：指古代丧礼中，以白色熟绢为死者裹头。

[9]儇(xuān)目：指蒙在死者眼上的黑色方巾。儇，通"缳(xuàn)"，绕。

[10]笄：古代固定发髻或别住帽子用的簪子，为成年男女通用。

[11]书其名：古代丧礼程序之一，需将死者之名写在铭旌上。

[12]荐器则冠有鍪而毋縰(shǐ)：荐陈明器，则有像兜鍪的帖子而无裹头的缁帛。荐，献。器，指明器，古代用竹、木、陶土等制作的随葬器物。縰，同"纚"，古时包头发的丝巾。

[13]庑(wǔ)：通"瓶"，一种陶制酒器。

[14]内：同"纳"。

[15]藏：通"葬"。

【品读】

丧礼作为礼的重要组成部分，也是人道的重中之重。致隆思慕、哀敬有加是丧葬之要义，表现于形的就是此章首句点题的"以生者饰死者也，大象其生以送其死也。故事死如生，事亡如存，终始一也"，随后的阐发亦围绕"大象其生以送其死""事死如生，事亡如存，终始一也"的主题而论。循此脉络去理解荀子的相关思想，可窥得其奥妙所在。

……………………………………

19.17　凡礼，事生，饰欢也；送死，饰哀也；祭祀，饰敬也；师旅，饰威也。是百王之所同、古今之所一也，未有知其所由来者也。故圹垄，其貌象室屋也；棺椁，其貌象版、盖、斯象、拂也[1]；无、帾、丝、歶、缕、翣[2]，其貌以象菲、帷、帱、尉[3]也；抗折[4]，其貌以象槾茨、番、阏[5]也。故丧礼者，无它焉，明死生之义，送以哀敬而终周藏也。故葬埋，敬藏其形也；祭祀，敬事其神也；其铭、诔、系世[6]，敬传其名也。事生，饰始也；送死，饰终也。终始具而孝子之事毕，圣人之道备矣。刻[7]死而附[8]生谓之墨[9]，刻生而附死谓之惑，杀生而送死谓之贼。大象其生以送其死，使死生终始莫不称宜而好善，是礼义之法式也，儒者是矣。

【注释】

[1]其貌象版、盖、斯象、拂也：棺椁的外貌好像车厢板、车顶盖、车轼皮盖、车后门皮帘。版，通"轓"，车两旁挡风尘的厢板。斯象，与作"轼蒙"，车轼上的皮革覆盖物。拂，通"茀"，遮蔽车后门的皮帘。

[2]无、帾(zhǔ)、丝、歶(yú)、缕、翣(shà)：指棺木上覆盖着的各种装饰。无，通"幠"，覆盖于尸体上的单被。帾，同"褚"，覆盖于棺上的红布。丝，遮盖棺材的丝织品。歶，铜鱼，丧车饰物。翣，垂于棺两旁的羽饰。

[3]菲、帷、帱(chóu)、尉：门帘帷帐。菲，指户扇。帷，帐子。尉，通"罻(wèi)"，小网，此处指网状的帷帐。

[4]抗折：指抗木、折木，都是在棺木下葬后加入用来承抗防土的。

[5]槾(màn)茨、番、阏(è)：墙壁、屋顶、篱笆和门户。槾，通"墁"，粉刷过的墙壁。茨，用茅草盖的屋顶。番，通"藩"，篱笆。阏，堵塞，此指挡风的门。

[6]铭、诔(lěi)、系世：铭文、悼词、谱牒世系。铭，在钟鼎等器物上铭刻、记述某人生平功德或一国要事的文字。诔，追述死者功德的哀悼之词。系世，记载帝王与诸侯氏族世系的谱牒，如《帝系》《世本》。

[7]刻：减损。

[8]附：增益。

[9]墨：昏昧。

【品读】

本章承上章从道义的高度来论述包括丧礼在内的礼之要义，还从历史的角度说明礼的功用性、永恒性和神秘性："凡礼，事生，饰欢也；送死，饰哀也；祭祀，饰敬也；师旅，饰威也。是百王之所同、古今之所一也，未有知其所由来者也。"此处"未有知其所由来者"语焉不详。其实在本篇中多多少少讲到这个问题，而且在《小戴礼记》的《礼器》《礼运》篇中也有相关论述，如认为礼是源于政治有序的需要、亲亲尊贤的需要、等级分层的需要、优化初民饮食的需要、克制欲望的需要，等等。感兴趣的读者可作对比阅读，当有收获。

本章临末之句，将事生送死的孝道上升至圣人之道、儒者所守之礼义法式，似乎告诉我们：荀子所言人道非天道、地道，亦非凡人之道，实则为圣人之道，至少是君子之道。在本篇前文中可见诸如“礼者，人道之极”“生，人之始也；死，人之终也。终始俱善，人道毕矣。故君子敬始而慎终。终始如一，是君子之道、礼义之文也”“圣人者，道之极也”等论述，两相对读，可互为发明。类似者还可参见《儒效》篇之言：“先王之道，仁之隆也，比中而行之。曷谓中？曰：礼义是也。道者，非天之道，非地之道，人之所以道也，君子之所道也。”

末句的意思与前相类，作为呼应，指出儒家的生死关怀是在“谨于治生死”的前提下哀敬有度，循礼义法式，做到“大象其生以送其死，使死生终始莫不称宜而好善”，而不是偏执以至流于“墨”“惑”“贼”。

19.18　三年之丧何也？曰：称情而立文，因以饰[1]群别、亲疏、贵贱之节而不可益损也。故曰无适不易之术也。创巨者其日久，痛甚者其愈迟，三年之丧，称情而立文，所以为至痛极也。齐衰、苴杖[2]、居庐[3]、食粥、席薪、枕块，所以为至痛饰也。三年之丧，二十五月而毕，哀痛未尽，思慕未忘，然而礼以是断之者，岂不以送死有已、复生有节也哉？凡生乎天地之间者，有血气之属必有知，有知之属莫不爱其类。今夫大鸟兽则失亡其群匹，越月逾时则必反铅[4]过故乡，则必徘徊焉，鸣号焉，踯躅[5]焉，踟蹰焉，然后能去之也。小者是燕爵[6]，犹有啁噍[7]之顷焉，然后能去之。故有血气之属莫知于人，故人之于其亲也，至死无穷。将由夫愚陋淫邪之人与？则彼朝死而夕忘之，然而纵之，则是曾鸟兽之不若也，彼安能相与群居而无乱乎？将由夫修饰之君子与？则三年之丧，二十五月而毕，若驷之过隙，然而遂之，则是无穷也。故先王圣人安为之立中制节，一使足以成文理，则舍之矣。

【注释】

[1]饰：通“饬”，整治。

[2]苴杖：居丧行孝用的竹杖。

[3]庐：即“倚庐”，居丧住的陋屋。

[4]铅：通“沿”，遵循。

[5]踯躅：驻足不前，来回走动。

[6]爵：同“雀”。

[7]啁(zhōu)噍(jiào)：同“啁啾”，指鸟悲鸣声。

【品读】

本章关怀的仍是礼特别是丧礼如何做到称情而立文，实际上还是前文所言情文俱尽，性伪相合。荀子从人性生而有仁爱之心的角度论证丧礼存在的合理性："凡生天地之间者，有血气之属必有知，有知之属莫不爱其类。"这一点和孔子的仁者爱人、孟子的亲亲仁民爱物有异曲同工之妙。但儒家谈的爱似乎不是博爱或无节制的爱。在行丧爱亲上，荀子认为"送死有已、复生有节"，要兼顾死生二者，做到有礼有度，中和而行。谁为此"度"立法则呢？荀子的回答是先王圣人，即"先王圣人安为之立中制节，一使足以成文理"。从传统历史的层面来论证礼文化的源远流长和正当合理性，实为礼学思想找到了一个支点。或许从深层次而论，这一支点有不经推敲之处，但毕竟在理论层面，荀子的论证为礼学的理论高度和深度都做出了卓异的贡献，这一点不容忽视。

19.19　然则何以分之？曰：至亲以期[1]断。是何也？曰：天地则已易矣，四时则已遍矣，其在宇中者莫不更始矣，故先王案以此象之也。然则三年何也？曰：加隆焉，案使倍之，故再期也。由九月以下，何也？曰：案使不及也。故三年以为隆，缌、小功以为杀，期、九月以为间。上取象于天，下取象于地[2]，中取则于人，人所以群居和一[3]之理尽矣。故三年之丧，人道之至文[4]者也，夫是之谓至隆。是百王之所同、古今之所一也。

【注释】

[1]期(jī)：一年。

[2]上取象于天，下取象于地：指服丧三年取法于农历每三年置一闰月，服丧一年取法于天时每年循环变化一次，服丧九月取法于天地之阳数(九为阳数)，服丧五月取法于地有东、西、南、北、中五方或金、木、水、火、土五行，服丧三月取法于天时之一季(依张觉说)。

[3]和一：和谐合一。

[4]至文：最重要的礼义。

【品读】

本章从道法自然、取象天地而寻求"群居和一之理"的角度论述丧礼最长期以三年为期的合理性，是承接上文所论"送死有已、复生有节"。在儒家看来，生者为逝者举行丧礼，当然是为了表达自己不舍、报恩等复杂而又真实的情感，同时也是为了成就逝者的完整人生，因为只有举行完丧礼，逝者才算真正走完自己的人生，做到“有始有终”。至此，生者要继承先人遗志，继续完成自我的人生修炼，此即儒家“生生不息”之意。在这个意义上，儒家反对殉葬、过礼等尽孝行为。

19.20 君之丧所以取三年，何也？曰：君者，治辨[1]之主也，文理之原也，情貌之尽也，相率而致隆之，不亦可乎？《诗》曰：“岂弟君子，民之父母。”[2]彼君子者，固有为民父母之说焉。父能生之，不能养之；母能食[3]之，不能教诲之；君者，已能食之矣，又善教诲之者也，三年毕矣哉！乳母，饮食之者也，而三月；慈母，衣被之者也，而九月；君，曲备之者也，三年毕乎哉！得之则治，失之则乱，文之至也。得之则安，失之则危，情之至也。两至者俱积焉，以三年事之，犹未足也，直无由进之耳。故社，祭社也；稷，祭稷也；郊者，并百王于上天而祭祀之也。

【注释】

[1]辨：通“办”，治理。

[2]引诗见《诗经·大雅·泂酌》。

[3]食：通“饲”，哺育。此处指提供俸禄。

【品读】

在本章，荀子对臣民要为君王守三年之丧的制度进行了解释。以常理而论，子女为父母守三年之丧，以报答父母的生养大恩，是天经地义的，况且他们之间还有血缘亲情。可是，君王之于臣民，既无血缘联系，也无生养恩德，那么，臣民为何还要为君王守三年之丧呢？在荀子看来，君王不只是民众的政治领袖，还是“民之父母”。既然如此，民众依据为父母守丧的标准来为君王守三年之丧，也就顺理成章了。君王与臣民之间本是纯粹的政治关系，是统治与被统治的关系，但是，荀子的“民之父母”说使得君王与臣民之间具有了某种道德温情，此即开启了儒家政治的道德化过程。

还有一个问题，君王为何就成了“民之父母”呢？荀子认为，对于臣民而言，君王有着与父母相同，甚至更为重要的角色和作用。“父生”“母食”“君教”，对于一个有道德的人而言，这三者缺一不可。这里的君主是理想的治国者，是恪守礼义、造福民生的“岂弟君子”。守君道的君主，方可为“治辨之主也，文理之原也，情貌之尽也”。当然，在历史上，像这样的君主并不多见。儒家的政治理想多寄托于先王身上，而后王只是一种一厢情愿的期望。

19.21　三月之殡，何也？曰：大之也，重之也，所致隆也，所致亲也，将举错之，迁徙之，离宫室而归丘陵[1]也，先王恐其不文也，是以繇[2]其期，足之日也。故天子七月，诸侯五月，大夫三月，皆使其须[3]足以容事，事足以容成，成足以容文，文足以容备，曲容备物之谓道矣。

【注释】

[1]丘陵：土山之小者称“丘”，大者为“陵”。此处代指坟墓。

[2]繇：通“遥”，远。

[3]须：等待。

【品读】

正如《礼记》中有对人道的精辟论述一样（如《礼记·丧服四制》云：“仁、义、礼、知，人道具矣。”），在荀子对丧礼的论述中，也有关于道的精要概括，如“须足以容事，事足以容成，成足以容文，文足以容备，曲容备物之谓道矣”。二者皆足观，引人深思。

19.22　祭者，志意思慕之情也。愅诡[1]、唈僾[2]而不能无时至焉。故人之欢欣和合之时，则夫忠臣孝子亦愅诡而有所至矣。彼其所至者甚大动也，案屈然已，则其于志意之情者惆然不嗛，其于礼节者阙然不具。故先王案为之立文，尊尊亲亲之义至矣。故曰：祭者，志意思慕之情也，忠信爱敬之至矣，礼节文貌之盛矣，苟非圣人，莫之能知也。圣人明知之，士君子安行之，官人以为守，百姓以成俗。其在君子，以为人道也；其在百姓，以为鬼事也。故钟鼓、管磬、琴瑟、竽笙，《韶》、《夏》、《护》、《武》、《汋》、《桓》、《箾》、《简》、《象》[3]，是君子之所以为愅诡其所喜乐之文也。齐衰、苴杖、居庐、食粥、席薪、枕块，是君子之所以为愅诡其所哀痛之文也。师旅有制，刑法有等，莫不称罪，是君子之所以为愅诡其所敦[4]恶之文也。卜筮视日[5]，斋戒修涂[6]，几筵、馈荐、告祝[7]，如或飨[8]之；物取[9]而皆祭之，如或尝之；毋利举爵，主人有尊[10]，如或觞之；宾出，主人拜送，反[11]易服，即位而哭，如或去之。哀夫敬夫！事死如事生，事亡如事存，状乎无形影，然而成文。

【注释】

[1]愅（gé）诡：变更诡异。

[2]唈（yì）僾（ài）：呼吸不畅。

[3]《韶》、《夏》、《护》、《武》、《汋》、《桓》、《箾》、《简》、《象》：相传是上古三代的乐章和舞曲名。《简》，疑为衍文。

[4]敦：通“憝(duì)”，憎恨。

[5]视日：看日期时辰来预测吉凶。

[6]修涂：通“修除”，指修饰整理。

[7]告祝：以言告神祈福。祝，男巫，祠庙中管祭礼的人。

[8]飨：通“享”，鬼神享用祭品。

[9]物取：指事先准备的祭品。取，通“聚”。

[10]有尊：劝酒，指劝尸饮酒。有，通“侑”，劝。尊，一种酒器。

[11]反：通“返”。

【品读】

本章在末尾谈丧葬之中与之后的祭祀，言其本在于抒发“志意思慕之情”，扩而言之，“志意思慕之情也，忠信爱敬之至矣，礼节文貌之盛矣”，实质上还是围绕事亲善始善终、诚心实意而谈，即“哀夫敬夫！事死如事生，事亡如事存”。这是所有丧礼的真精神。

乐论篇第二十

20.1 夫乐者，乐也[1]，人情之所必不免也。故人不能无乐，乐则必发于声音，形于动静，而人之道，声音、动静、性术之变尽是矣。故人不能不乐，乐则不能无形，形而不为道，则不能无乱。先王恶其乱也，故制《雅》、《颂》[2]之声以道之，使其声足以乐而不流，使其文足以辨[3]而不諰[4]，使其曲直、繁省、廉肉[5]、节奏足以感动人之善心，使夫邪污之气无由得接焉。是先王立乐之方也，而墨子非之，奈何？

【注释】

[1]乐（yuè）者，乐（lè）也：音乐就是使人欢乐的事物。

[2]《雅》、《颂》：《诗经》中的两部分内容。《雅》指当时宫廷在公开场合所奏正声雅乐，分为《大雅》和《小雅》。《颂》为天子祭祀宗庙所奏舞曲，包括《周颂》《鲁颂》《商颂》。

[3]辨：通"辩"。

[4]諰（xǐ）：通"息"，灭失。

[5]繁省、廉肉：声音的复杂与简单、清晰与饱满。

【品读】

荀子讲乐生发于情感的自然流露，以论证其产生的合理性和存在的必然性。既然乐根植于人的内在心理与自然情感，那么，其反作用于人之情性，对人产生某种影响力，也就是再正常不过的了。在此基础上，荀子认为乐对人具有极其重要的意义，绝非像墨子所说的可有可无，这也是圣人尤其重视乐的依据所在。人通过乐来表达自己的内心世界，它是人人需要之物，不能没有。

乐很重要，但是，并非所有的乐都是好的。因为人的自然情感外发而为音乐存在多种可能性，有可能表现为负面作用。在这种情况下，若对乐不加以认识、引导、规范，就可能招致不良的影响，即"形而不为道，则不能无乱"。为此，圣王制定了以《雅》《颂》为代表的具有正能量的乐，来引导人的情感依据合乎礼义的方式适度表露。进而言之，圣王作乐的目的，绝不只是使自己能够合理地显现情感，更重要的是通过制作以《雅》《颂》为代表的正乐来激发人的善心，所谓“足以感动人之善心，使夫邪污之气无由得接焉”。《孝经》中亦言：“移风易俗，莫善于乐。”端赖于此，乐在儒家眼里便具有了教化人心的社会功用，这是其乐教思想的理论基础。

20.2　故乐在宗庙之中，君臣上下同听之，则莫不和敬；闺门之内，父子兄弟同听之，则莫不和亲；乡里族长之中，长少同听之，则莫不和顺。故乐者，审一以定和者也，比物以饰[1]节者也，合奏以成文者也，足以率一道，足以治万变。是先王立乐之术也，而墨子非之，奈何？

【注释】

[1]饰：通“饬”，整治。

【品读】

乐教最核心的表现是“和睦”人伦关系。儒家坚持以礼治国，其实质在于建设一个“贵贱有等，长幼有差，贫富轻重皆有称”①的有序社会。但是，人生而平等，贵贱、尊卑、贫富之别都是后世人为的结果，并非生而有之，实则也不符合人之自然情感。严格的等级规定、身份差异（礼）与人之自然情感存在紧张的矛盾关系。如何才能消解这种紧张感，建设真正和谐的社会？答案就是乐。儒家讲“礼别异，乐合同”，只有礼乐相济，才是王道。乐不仅可以使礼得以更好地践行，也可以解决很多礼没有规定、无法解决的问题。乐可使不同等级、不同地位的人在其熏陶之中实现思想的交流和心灵的共鸣。

用今天的话来说，礼与乐的关系大致可对应为国家法律制度与意识形态（道德精神文明建设）的关系。只要国家和民众都守法，自然也能建立起以法律为依据的秩序社会。但是，法律并不能解决所有的社会问题，尤其是在个人利益空间层面，法律经常表现得无能为力。如强行以律法来解决私人问题，反而会招致巨大的危害，此时就需要道德建设予以弥补，需要借助道德手段来解决道德问题。我们经常见到类似的现象：在现代社会，家人之间存在矛盾，经常闹上法庭，诉诸法律解决问题。法律当然能判，但是，判决结果真的就是完美无缺的，能毫无争议地分辨出是非曲直吗？更多的结局是：家人之间不仅没有因判决增进感情，反而心生芥蒂，感情渐薄，甚至彻底决裂，老死不相往来。因此，应将法制能治的交给法制，将道德可为的交给道德。儒家提倡礼乐刑罚，就是着眼于从道德与法制两方面去解决社会政治问题，只是其主张先礼乐教化而后刑罚，有先后、轻重的选择和导向。

---

① 《荀子·富国》。

20.3　故听其《雅》、《颂》之声，而志意得广焉；执其干戚[1]，习其俯仰屈伸，而容貌得庄焉；行其缀兆[2]，要其节奏，而行列得正焉，进退得齐焉。故乐者，出所以征诛也，入所以揖让也。征诛揖让，其义一也。出所以征诛，则莫不听从；入所以揖让，则莫不从服。故乐者，天下之大齐也，中和之纪也，人情之所必不免也。是先王立乐之术也，而墨子非之，奈何？

【注释】

[1]干戚：古代兵器盾与斧。此处指干戚舞，是向人宣示威仪的武舞。

[2]缀兆：舞蹈排列的位置。缀，指行列的标识。兆，指行列的地段。

【品读】

荀子认为乐具有治国的现实功能："乐者，出所以征诛也，入所以揖让也。"征诛与揖让，一出一入，一外一内，一武一文，其目的都是使人们遵从礼乐制度，建设和谐、文明的社会和政治秩序。

20.4　且乐者，先王之所以饰喜也；军旅鈇钺[1]者，先王之所以饰怒也。先王喜怒皆得其齐[2]焉。是故喜而天下和之，怒而暴乱畏之。先王之道，礼乐正其盛者也，而墨子非之。故曰：墨子之于道也，犹瞽之于白黑也，犹聋之于清浊也，犹欲之楚而北求之也。

【注释】

[1]鈇(fū)钺(yuè)：斧、大斧，皆古代武器，此代指刑具。

[2]齐：适中。

【品读】

乐表现了先王的喜悦之情。而先王有喜，天下就会和之。因为先王之喜乐，并不是单纯的个人情感的显现，而是先王与民众一起分享自己的喜乐，以民众的喜乐为自己的喜乐，这是先王仁爱之心的体现。孟子对此有深刻的理解，认为君王不能"独乐乐"而是要"与人乐乐"，不能"与少乐乐"而是要"与众乐乐"，就是要"与民同乐""与百姓同乐"，这是其所讲仁政的实质内容。先王之怒亦须如此理解。在《孟子·梁惠王下》里，孟子以周文王、周武王之怒来揭示先王或圣王之怒的真实含义——"一怒而安天下之民"。其怒或"军旅鈇钺"，不是发泄私愤和满足私欲的工具，而是为天下民众谋福祉之公器。

20.5　夫声乐之入人也深，其化人也速，故先王谨为之文。乐中平则民和而不流，乐肃庄则民齐而不乱。民和齐则兵劲城固，敌国不敢婴[1]也。如是，则百姓莫不安其处，乐其乡，以至足其上矣。然后名声于是白，光辉于是大，四海之民莫不愿得以为师。是王者之始也。乐姚冶[2]以险，则民流僈鄙贱矣。流僈则乱，鄙贱则争。乱争则兵弱城犯，敌国危之。如是，则百姓不安其处，不乐其乡，不足其上矣。故礼乐废而邪音起者，危削侮辱之本也。故先王贵礼乐而贱邪音。其在序官[3]也，曰："修宪命，审诛赏，禁淫声，以时顺修，使夷俗邪音不敢乱雅，太师之事也。"

【注释】

[1]婴：通"撄"，触犯。

[2]姚冶：妖冶、美艳。

[3]序官：叙述官的职责和权限。此指《王制》篇中"序官"那一段。

【品读】

荀子从正、反两方面阐述了不同乐声的不同作用，由此分辨出合乎礼义之雅乐与不合乎礼义之邪音。乐可以表达人的共同情感，但人的情感容易受到外界刺激的影响，会随着不同的音乐而发生改变。"声乐之入人也深，其化人也速"，既然如此，先王制乐，直接关系到民众的精神状态和行为选择。所谓"乐中平则民和而不流，乐肃庄则民齐而不乱"，讲的就是礼乐的正面积极影响；而"乐姚冶以险，则民流僈鄙贱矣"，讲的则是邪音的负面效应。因此，先王制作礼乐的终极关怀在于感化人心，以乐成德，达到俗美政和的目的。

荀子主张王道政治，"贵礼乐而贱邪音"，是有道理的，也符合人们日常的生活理性经验。但到底应如何界定、区别所谓的"礼乐"与"邪音"？又应该由谁来界定？人为地将音乐区分开来，分别贴上善、恶或好、坏的标签是否合适？对这些问题，荀子并未交代清楚，或许他无法给出肯定性答案。从历史上来看，后世对此的认识也常处于混乱之中，时至今日亦复如此。

20.6　墨子曰："乐者，圣王之所非也，而儒者为之，过也。"君子以为不然。乐者，圣人之所乐也，而可以善民心，其感人深，其移风易俗易[1]，故先王导之以礼乐而民和睦。

【注释】

[1]易：《集解》本无"俗"之下之"易"字，今据《汉书·礼乐志》补。

【品读】

墨子持“非乐”的思想，这与以荀子等人为代表的儒家“贵礼乐”的思想形成了鲜明对比，甚至是截然对立。因此，孟子、荀子都曾有激烈抨击墨家思想的行为。其实，只要仔细品味墨子的“非乐”思想与荀子的“贵礼乐”思想，就可发现这两种看似根本对立的思想，实则有着共同的理论依据和社会背景。

荀子“贵礼乐”是为了借助礼乐实现王道政治。而墨子“非乐”亦是出于更好地维护民众的生活利益的需要，他认为制礼作乐只能是劳民伤财。“是故子墨子之所以非乐者，非以大钟、鸣鼓、琴瑟、竽笙之声以为不乐也，非以刻镂华文章之色以为不美也，非以刍豢煎炙之味以为不甘也，非以高台厚榭邃野之居以为不安也。虽身知其安也，口知其甘也，目知其美也，耳知其乐也，然上考之不中圣王之事，下度之不中万民之利。是故子墨子曰：‘为乐非也。’”[①]可见，墨子的“非乐”思想与荀子的“贵礼乐”思想的根本目的都是实现和维护民众的基本权益，都是民本思想的体现。既然如此，两者对乐的价值认知为何会存在如此大的差异呢？这是由两者不同的政治思想理论所决定的，礼乐在其各自的政治思想体系中处于不同的地位。荀子坚信礼乐制度是实现王道政治的必然路径。他认为礼乐不只是实现王道政治的工具，其本身就是王道政治的重要表现和主要内容。因此，荀子坚持“贵礼乐”。而在墨子那里，礼乐具有了阶级性，它只是政治权威的象征，是满足君王贵族享乐的工具，是传统的残存遗留。墨子认为，制礼作乐只能增加民众的负担，而难以使民众从中得到恩泽。要想实现社会大治，统治者要做到兼爱、节用、节葬，自然也包括非乐。

那么，我们究竟应该如何看待这两种关于乐或礼乐的不同思想呢？如仅就荀子和墨子生活的春秋战国时期的社会现实而言，墨子的认知更加理性，更合乎历史事实。在礼崩乐坏的情势下，礼乐的确已经丧失了其“善民心”“感人深”“移风易俗”的价值，徒具形式意义。对此，儒家内部也有类似的认识。在这种情况下，无论是制作还是维护、坚持礼乐，都只会增加民众负担。事实上，无论是儒家还是帝王（如汉武帝、王莽、魏明帝等）的制礼作乐都以失败而告终。因为借助礼乐实现王道政治，关键不在于礼乐制度本身，而在于圣王是否出现。只有圣王的制礼作乐才会通往王道政治，但圣王在现实政治世界里是不存在的，现世君王连君子也难称，何以仅凭礼乐就妄想实现王道政治？在现实权力世界里，儒家的王道政治理想只能归于失败，

---

① 《墨子·非乐上》。

因为其无法突破得君(即圣王)行道的桎梏。

那是否就可以说儒家"贵礼乐"思想毫无意义呢？如仅将礼乐视为某些具体的礼仪制度和音乐演奏，制礼作乐的结果只能是像墨家批评的那样。但是，在儒家那里，礼乐还有着更为深刻的本质——礼义，即正义原则。礼仪正乐都是礼义的表现形式，因为只讲礼义则容易陷入空无。从这个意义上讲，制礼作乐就是实现王道政治的必然路径。即便是就现实权力世界而言，礼乐也是士大夫抗君、正君、谏君的理论依据，此即儒家的以道统抗衡政统。我们不能简单地以失败的结果，而轻易否定儒家士大夫的艰难努力，如没有他们，传统中国将更加黑暗、残暴。

20.7　夫民有好恶之情而无喜怒之应则乱。先王恶其乱也，故修其行，正其乐，而天下顺焉。故齐衰之服，哭泣之声，使人之心悲；带甲婴[1]軸，歌于行伍，使人之心伤；姚冶之容，郑、卫之音，使人之心淫；绅端章甫，舞《韶》歌《武》，使人之心庄。故君子耳不听淫声，目不视女色，口不出恶言。此三者，君子慎之。

【注释】

[1]婴：通"缨"，把帽带系于颈上。

【品读】

荀子在此说的君子三慎——"耳不听淫声，目不视女色，口不出恶言"，也就是孔子所讲的"非礼勿视，非礼勿听，非礼勿言，非礼勿动"①。君子凡事皆依礼而行，民众自然也会向君子学习，这样便自会实现"天下顺"。

此章一开始荀子就提到"民有好恶之情而无喜怒之应则乱"的现象，值得关注。民众皆非圣人，多属于"庸人"，对于天地万物遵行的大道缺乏深刻的认知，也难以做到自然运用。即如其文所言"口不能道善言，心不知邑邑；不知选贤人善士托其身焉以为己忧，动行不知所务，止立不知所定；日选择于物，不知所贵；从物如流，不知所归；五凿为正，心从而坏：如此，则可谓庸人矣"②。庸人不是依道而行，而是以自己的欲望为行为原则和评判标准，这可视为荀子所言的"好恶之情"，类似于一种本能式的反应，即依据自己的本能来确定对某一事物的好恶。但是，这种本能式的好恶之情及相应的反应，多会招致不好的结果。因为，个人的欲望和喜好并不总是符合道义。在这

① 《论语・颜渊》。

② 《荀子・哀公》。

个意义上，荀子才讲“民有好恶之情而无喜怒之应则乱”。此处说的“喜怒”，是上文讲的圣人或君子的“喜怒”。所谓“乐者，先王之所以饰喜也；军旅铁钺者，先王之所以饰怒也。先王喜怒皆得其齐焉。是故喜而天下和之，怒而暴乱畏之”，就是说，民众仍然要以圣王遵行的道和礼来节制自己的欲望，使之处于道与礼的制约之下，依礼而喜而怒。

20.8　凡奸声感人而逆气应之，逆气成象而乱生焉；正声感人而顺气应之，顺气成象而治生焉。唱和有应，善恶相象，故君子慎其所去就也。

【品读】

本章荀子讲“唱和有应，善恶相象，故君子慎其所去就也”，还是在强调主体的能动性。音乐虽有正声与奸声之别，而且听这两种不同的音乐会有不同的效果表现，具体而言，“奸声感人而逆气应之，逆气成象而乱生焉；正声感人而顺气应之，顺气成象而治生焉”，但是否就可以说，只要听正声就必然走正道，而听到奸声就必然走邪道呢？外在的音乐是否必然决定着人的言行的方向呢？

荀子认为，音乐对人产生什么样的影响，关键在于个人的选择。如果他选择一心向道，就会主动选择听正声，也能抵御奸声可能带来的危害，至少不会因此影响自己的向道之心。就像孔子师徒，虽然他们生活在郑、卫靡靡之音的环境里，但这丝毫没能影响他们的弘道、向道之心，反而更坚定了他们守死善道的意志。只有那些对道义心猿意马的人，才会受到奸声的不良影响。因为他们首先放弃了对道义的坚守，让奸声有机可乘。总之，荀子提醒我们，正声与奸声能否实现“感人”，在很大程度上取决于主体的心智和选择。

20.9　君子以钟鼓道[1]志，以琴瑟乐心，动以干戚，饰以羽旄[2]，从以磬管[3]。故其清明象天，其广大象地，其俯仰周旋有似于四时。故乐行而志清，礼修而行成，耳目聪明，血气和平，移风易俗，天下皆宁，美善相乐。故曰：乐者，乐也。君子乐得其道，小人乐得其欲。以道制欲，则乐而不乱；以欲忘道，则惑而不乐。故乐者，所以道乐也。金石丝竹，所以道德也。乐行而民乡方[4]矣。故乐者，治人之盛者也，而墨子非之。

【注释】

[1]道：同“导”，引导。

[2]羽旄：羽，野鸡毛。旄，指牦牛尾。二者皆古代舞蹈中的道具。

[3]磬管：敲击与吹奏乐器，此处代指各种乐器。

[4]乡方：向道。

【品读】

荀子在此为乐具有“和”的功能找到了合法理据——天。先王作乐，就是效法天地。天地秩序是完美和谐的，人间秩序自然要效法天地之法。乐的功能就是使人们皆能依据中和的至上原则来行事，进而实现人间和谐秩序的建设。可见，荀子为乐教思想找到了天这样的法理依据，使其具有了至上的地位。

荀子区分了君子之乐与小人之乐：“君子乐得其道，小人乐得其欲。以道制欲，则乐而不乱；以欲忘道，则惑而不乐。”这里所谓的道就是道德理性，欲就是自然本能，“以道制欲”，就是使自己的欲望置于道义的制约之下，其乐是理性指导下的乐，故乐而不乱。而“以欲忘道”，则是纯粹满足自己的欲望，那么，其乐就只能是情欲之乐，而不是真正意义上的快乐。君子之乐与小人之乐的区别在于：人之欲是否处于道义的制约之下。荀子之乐与孔子之乐是一致的，都是以求仁得道为乐，不断提升自我的精神境界，进而实现对物质欲望的自我超越。正如孔子所向往和称赞的那样：“饭疏食饮水，曲肱而枕之，乐亦在其中矣。不义而富且贵，于我如浮云”①；“一箪食，一瓢饮，在陋巷。人不堪其忧，回也不改其乐”②。

20.10 且乐也者，和之不可变者也；礼也者，理之不可易者也。乐合同，礼别异。礼乐之统，管[1]乎人心矣。穷本极变，乐之情也；著诚去伪，礼之经也。墨子非之，几遇刑也。明王已没[2]，莫之正也。愚者学之，危其身也。君子明乐，乃其德[3]也。乱世恶善，不此听也。於乎[4]哀哉！不得成也。弟子勉学，无所营[5]也。

【注释】

[1]管：通“贯”，贯通。

[2]没：通“殁”。

[3]德：或曰依上下文押韵，宜作“仁”或“人”，聊备一说。

[4]於乎：同“呜呼”。

[5]营：通“荧”，惑乱。

【品读】

荀子以极其精练的语言，再次阐述了礼与乐的不同功能——“乐合同，

---

① 《论语·述而》。

② 《论语·雍也》。

礼别异”。他从正面对乐之价值进行了系统论证，指出“乐”与“礼”作为先王之道，都能够在端正人心、安定国家和统一天下方面发挥重要作用。质言之，乐教与礼教对于治理天下同等重要，且二者密不可分。

20.11 声乐之象：鼓大丽[1]，钟统实[2]，磬廉制[3]，竽笙箫和[4]，筦籥[5]发猛[6]，埙篪翁博[7]，瑟易良，琴妇好[8]，歌清尽，舞意天道兼。鼓，其乐之君邪！故鼓似天，钟似地，磬似水，竽笙、箫和、筦籥似星辰日月，鞉、柷、拊、鞷、椌、楬似万物[9]。曷以知舞之意？曰：目不自见，耳不自闻也，然而治俯仰、诎信[10]、进退、迟速莫不廉制，尽筋骨之力以要钟鼓俯会之节，而靡有悖逆者，众积意谔谔[11]乎！

【注释】

[1]大丽：指鼓音大而远。

[2]统实：充实博厚。统，通“充”。

[3]廉制：声音清晰。廉，本指物体方正有棱，此处形容声音清晰。制，通“晢(zhé)”，明亮。

[4]箫和：当为“肃和”，指竽笙之声既肃穆又和谐（王引之说）。

[5]筦籥(yuè)：筦，同“管”，一种管乐器。籥，古管乐器，似排箫。

[6]发猛：威武奋发。

[7]埙(xūn)篪(chí)翁博：埙篪之声沉闷浑厚。埙，一种陶土烧制的吹奏乐器，上尖、下平、中空，声音悠扬。篪，一种单管横吹乐器。翁，通“瓮”，形容声音沉闷。

[8]妇好：柔婉、美好。

[9]鞉(táo)、柷(zhù)、拊、鞷(gé)、椌(qiāng)、楬(qià)似万物：鞉、柷、拊、鞷、椌、楬这些乐器好像万物。鞉，同“鼗”，有柄小鼓，如今天的拨浪鼓。柷，一种内部有椎、摇动自击而鸣的筒形木制乐器，用于音乐结束。拊，由熟皮制的皮囊中塞满谷糠而成，形如小鼓，拍打的声音较沉闷。鞷，古代钟类乐器，一说为类似拊的乐器。椌、楬，类似柷的打击乐器。

[10]诎信：同“屈伸”。

[11]谔(chí)谔：恳切、谨慎的样子。

【品读】

荀子在此以象论乐，大讲“声乐之象”。在前面的章节里，荀子曾讲乐有君子之乐与小人之乐之分，有正声与奸声之别，而且它们还各与“顺气”“逆气”相对应，实则分别是“顺气”与“逆气”的“成象”。此处荀子所讲的“声乐之象”，就是顺气与逆气的物态化形式。乐是人之情感的显现，人之情感是乐的本源，但情感不等于乐。人之情感只有外在地转换为声即“成象”，才能算得上是乐。具有了声，乐也就具有了基本的表现形式。声来自于不同的乐器发出的不同声音，而不同的声音完美地融为一体，又使得乐具有了美感，好的音乐都是美的。最重要的是，声通过人心体现人的情感。这样，乐也就被赋予了道德伦理的内容，具有了教化人心的功能。在此前提下，乐器和乐曲成为荀子乐教必不可缺的组成部分。此即荀子的乐教思想。

20.12 吾观于乡[1]，而知王道之易易也。主人[2]亲速[3]宾及介，而众宾皆从之，至于门外，主人拜宾及介而众宾皆入，贵贱之义别矣。三揖至于阶，三让以宾升，拜至[4]，献酬[5]，辞让之节繁。及介省矣。至于众宾，升受，坐祭，立饮，不酢而降。隆杀[6]之义辨矣。工入，升歌三终，主人献之；笙入三终，主人献之；间歌三终，合乐三终[7]，工告乐备，遂出。二人扬觯[8]，乃立司正[9]焉。知其能和乐而不流也。宾酬主人，主人酬介，介酬众宾，少长以齿，终于沃洗者[10]焉。知其能弟长而无遗也。降，脱屦，升坐，修爵无数。饮酒之节，朝不废朝，莫[11]不废夕。宾出，主人拜送，节文终遂，焉知其能安燕[12]而不乱也。贵贱明，隆杀辨，和乐而不流，弟长而无遗，安燕而不乱。此五行者，是足以正身安国矣。彼国安而天下安。故曰：吾观于乡，而知王道之易易也。

【注释】

[1]乡：指乡中饮酒礼。此章又见于《礼记·乡饮酒义》。

[2]主人：指乡大夫，主管乡中政教禁令，如《周礼》中所言乡师。

[3]速：召请。

[4]拜至：主人再次拜见宾客。

[5]献酬：古代主客互相敬酒，主先向客敬酒称“献”，客用酒回敬称“酢”，主再敬酒答谢称“酬”。客向主以酒致谢也称“酬”。

[6]隆杀(shài)：指礼的重和轻。

[7]终：将一首歌曲或乐曲从头到尾表演一遍，称“一终”。据《礼记·乡饮酒义》疏可知：升歌三终，指乐工把《诗经·小雅》中的《鹿鸣》《四牡》《皇皇者华》各唱一遍。笙入三终，指吹笙者把《诗经·小雅》中的乐曲《南陔》《白华》《华黍》各奏一遍。间歌三终，指乐工先唱《诗经·小雅·鱼丽》，而后吹笙者接着吹奏《小雅·由庚》，乐工再唱《南有嘉鱼》，而后吹笙者再吹《崇丘》，乐工再唱《南山有台》，而后吹笙者再吹《由仪》。合乐三终，指乐工唱时，吹笙同奏。

[8]觯(zhì)：流行于商周时期的一种饮酒器，圆腹、侈口、圈足，形似尊而小，或有盖。

[9]司正：酒宴监礼者。

[10]沃洗者：负责洗涤酒器者。

[11]莫：同“暮”。

[12]燕：通“宴”，安乐。

【品读】

此章详细介绍了乡饮酒礼的整个流程。需指出的是，此章亦见于《礼记·乡饮酒义》，且为“孔子曰”。这或可证明荀子关于乡饮酒礼的认知与孔子是一致的。乡饮酒礼始于周代，其主旨是尊贤养老、教民王道。正因如此，乡饮酒礼的重点不在于饮酒等吃喝形式，而在于显现礼的本质。正如此章所言：“贵贱明，隆杀辨，和乐而不流，弟长而无遗，安燕而不乱。此五行者，是足以正身安国矣。彼国安而天下安。故曰：吾观于乡，而知王道之易易也。”其意思是：整个乡饮酒礼，宾客尊卑分明；礼数高低有别；一乡之人快乐而不放肆；无论长幼都得到惠泽，没有人被遗忘；安乐而有秩序。做到这五条，就足以正身安国。能做到正身安国，天下也就安定了。可见，乡饮酒礼完美地体现了礼乐秩序的精神实质，再现了荀子所讲的“乐合同，礼别异”。既然如此，践行乡饮酒礼，也就是在追寻王道之路。从乡里外推及国家，若皆然，则王道政治、天下大治也就不期而至了。

从此处所言“吾观于乡，而知王道之易易也”中，或可窥见先秦儒家重建王道政治的路径。即它立足于民间社会的推广，立足于民众日常家庭生活的践行，塑造一大批君子，然后再通过他们去移风易俗，改善社会风气，最终再参与政治、优化政治。儒家实现王道政治的关键在于君子阶层，而从一定程度上而论，君子并不是可以通过国家力量批量生产出来的，关键在于个人主体在日常生活中的修炼。可见，儒家主张的是一条通过自修而为、自下而上来实现王道政治的路径。

20.13　乱世之征：其服组[1]，其容妇[2]，其俗淫，其志利，其行杂，其声乐险，其文章匿[3]而采，其养生无度，其送死瘠墨[4]，贱礼义而贵勇力，贫则为盗，富则为贼。治世反是也。

【注释】

[1]服组：服装妖艳。

[2]容妇：仪容妖媚。

[3]匿(tè)：通“慝”，邪恶。

[4]瘠墨：瘠，薄、少，指葬礼不丰、失敬。墨，通“薄”，刻薄。

【品读】

荀子所谓的“乱世之征”，实则就是礼崩乐坏的具体内容和现实表现。而治世则是礼备乐美的社会。世之治乱关键在礼乐，既如此，只要在传统礼乐文化的基础上有所损益、加以重构，则必能重现治世。

解蔽篇第二十一

21.1 凡人之患[1]，蔽于一曲而暗于大理。治则复经，两疑则惑矣。天下无二道[2]，圣人无两心[3]。今诸侯异政，百家异说，则必惑[4]是惑非，惑治惑乱。乱国之君，乱家之人，此其诚心莫不求正而以自为也，妒缪[5]于道而人诱其所迨[6]也。私其所积，唯恐闻其恶也；倚其所私，以观异术，唯恐闻其美也。是以与治离走[7]而是己不辍也，岂不蔽于一曲而失正求也哉？心不使焉，则白黑在前而目不见，雷鼓在侧而耳不闻，况于使者乎？德[8]道之人，乱国之君非之上，乱家之人非之下，岂不哀哉？

【注释】

[1]凡人之患：人们认知上的通病。凡，句首发语词。

[2]道：即上句所言“大理”“经”，指正确的道理，即礼义。

[3]两心：两种判断标准。

[4]惑：陷入是非和治乱的迷惑。

[5]缪(miù)：通“谬”，迷误。

[6]迨：通“怡”，喜爱。

[7]离走：背道而驰。离，《集解》本作“虽”，今据文义改。

[8]德：通“得”。

【品读】

荀子所讲的“蔽”，可解释为蒙蔽、遮蔽。人之患，就是“蔽于一曲而暗于大理”，即人的认识一旦被事物的一部分蒙蔽了，就难以明白大道理。在现实生活中，许多人不能知晓大道，盖因其“蔽于一曲而失正求也”。“蔽于一曲”导致他们的思想存在主观的片面性和表面性，缺乏全面而正确的认识。在此种片面而表面的思想指导下，人们的行为选择自然难以达道，甚至会陷入做得越多错得越多的尴尬境地，因为他们没有正确的思想作为指引。换句话说，只要人不“蔽于一曲”，就能知晓“大理”，再以此为思想理论来指导自己的言行，最终会实现达道。这才是人应走的认识正道，也就是荀子所讲的“正求”。

荀子坚信先王之道才是实现天下大治的王道，并以此为据来评判各国君王以及各家思想的优劣、是非。在他看来，当政者不能真正地、全面地认识王道政治，故无法行之。他们各自依据私心、私欲来思考、做事，导致“诸侯异政”“百家异说”的情形出现。而标榜为“得道之人”的荀子等儒家不能得到君王信任、重用，盖由于此。

战国时期，各国争霸，多国都曾通过变法、改革来实现富国强军。最为典型者当属商鞅变法，数年之内使得秦国迅速跃升至强国之列，为六世之后的一统天下奠定了坚实基础。但荀子认为变法后的秦国是“驳而霸”，走的并非王道。细而论之，他以为秦的问题不在于是否以霸道兴国，而在于没有实现由霸道到王道的最终转化。《荀子·强国》篇有言：“力术止，义术行。曷谓也？‘曰：‘秦之谓也。威强乎汤、武，广大乎舜、禹，然而忧患不可胜校也，諰諰然常恐天下之一合而轧己也，此所谓力术止也。”可见，荀子对于秦政曾寄予厚望，可惜秦国最终没有完成由霸道到王道的转化，反而在霸道之路上越走越远。更让荀子难以接受的是，“德道之人”理应救助、导引后知后觉之人，但现实情况却是他们有救世之心，亦不乏救世之术，却得不到执政者的信用，甚至还遭受不公正的对待，“乱国之君非之上，乱家之人非之下”。或许，这正是荀子等儒家生存现状的真实写照吧！

21.2　故[1]为蔽：欲为蔽，恶[2]为蔽，始为蔽，终为蔽，远为蔽，近为蔽，博为蔽，浅为蔽，古为蔽，今为蔽。凡万物异则莫不相为蔽，此心术之公患也。

【注释】

[1]故：犹“胡”，哪些。

[2]恶（wù）：憎恨。

【品读】

在此，荀子从认识方法上具体分析了“蔽”产生的原因。他认为事物之间存在差异，各自有着不同的性质，即使是同一事物内部也存在多方面的矛盾，如不能全面把握这些复杂的关系，而只是片面地抓住其中某一方面，不及其余，并以之作为事物的根本性质，必然导致“蔽于一曲”。荀子在此列出五对相互矛盾的因素——欲恶、始终、远近、博浅、古今，认为没有任何前提地简单推定孰优孰劣，必会受到蒙蔽。仅以古今为例，君王到底是应该“法先王”，还是应该“法后王”，很难作出决断（在荀子的思想里就是如此）。因为这一问题本身就将先王与后王置于对立的立场，使得二者之中只能选一，这不符合事实，也远非荀子本意。

荀子讲道："凡万物异则莫不相为蔽，此心术之公患也。"事物的差异性是诸蔽产生的根源，而事物的差异性又是客观存在的，且具有某种绝对性，那么，蔽的产生也就是不可避免的了，因为其产生的根源永远存在。从这个意义上讲，人受到蒙蔽的可能性是恒久的，解蔽的任务也是如此。故对解蔽之事，不可有丝毫的懈怠。这与儒家的终身道德修行的要求是一致的。或者说，儒家坚持的成己、成人本身就是不断解蔽、去恶向善的过程和结果。

21.3 昔人君之蔽者，夏桀、殷纣是也。桀蔽于末喜、斯观[1]而不知关龙逢[2]，以惑其心而乱其行；纣蔽于妲己、飞廉[3]而不知微子启，以惑其心而乱其行。故群臣去忠而事私，百姓怨非而不用，贤良退处而隐逃，此其所以丧九牧[4]之地而虚[5]宗庙[6]之国也。桀死于亭山[7]，纣县于赤旆[8]，身不先知，人又莫之谏，此蔽塞之祸也。成汤监[9]于夏桀，故主其心而慎治之，是以能长用伊尹而身不失道，此其所以代夏王而受九有[10]也。文王监于殷纣，故主其心而慎治之，是以能长用吕望而身不失道，此其所以代殷王而受九牧也。远方莫不致其珍，故目视备[11]色，耳听备声，口食备味，形居备宫，名受备号，生则天下歌，死则四海哭，夫是之谓至盛。《诗》曰："凤凰秋秋，其翼若干，其声若箫。有凤有凰，乐帝之心。"[12]此不蔽之福也。

【注释】

[1]末喜、斯观：分别是夏桀的宠妃、佞臣。末喜，又作"妺嬉"。

[2]关龙逢(páng)：又作"关龙逄"，传说是夏桀的贤臣，因力谏而被杀。

[3]妲(dá)己、飞廉：分别是商纣王的宠妃、佞臣。

[4]九牧：即九州，代指全国。

[5]虚：通"墟"，这里用作使动词，使……成为废墟。

[6]宗庙：天子、诸侯祭祀祖先之地，象征着国家政权。

[7]亭山：即历山，今称"历阳山"，在今安徽和县西北四十里。相传桀曾被流放于此。

[8]县于赤旆(pèi)：悬挂在红色的旗子上。县，通"悬"，挂。赤旆，红色的旗子。

[9]监：通"鉴"，借鉴。

[10]九有：即九州。有，通"域"。

[11]备：完备，引申为完美。

[12]引诗不见于今本《诗经》，为逸诗。秋秋，犹"跄跄"，飞舞的样子。

【品读】

荀子以夏桀、商纣为例来说明"人君之蔽"，又以成汤、文王为例来说明"不蔽之福"。一国之主的蔽与不蔽，直接关系到国家的兴衰存亡。君王要治理好国家，关键在于去私蔽而亲贤能、远佞人。需指出的是，从表面上看，夏桀、商纣是受到奸佞之臣的蒙蔽才有“蔽塞之祸”，他们也是受害者。实则不然，根子还在他们自己身上。夏桀、商纣之蔽，不在于识人不明，而在于受到私欲的蒙蔽或诱惑。他们喜爱末喜、妲己等人，不就是自己的情欲在作祟吗？所谓“欲为蔽”使之然也。而周文王等圣王则是以天下为念，坚持以道义来节制自我私欲，故能站在国家利益的高度来选贤任能，使身安国强。

21.4 昔人臣之蔽者，唐鞅、奚齐[1]是也。唐鞅蔽于欲权而逐载子[2]，奚齐蔽于欲国而罪申生[3]，唐鞅戮于宋，奚齐戮于晋。逐贤相而罪孝兄，身为刑戮，然而不知，此蔽塞之祸也。故以贪鄙、背叛、争权而不危辱灭亡者，自古及今，未尝有之也。鲍叔、宁戚、隰朋[4]仁知且不蔽，故能持管仲而名利福禄与管仲齐；召公、吕望[5]仁知且不蔽，故能持周公而名利福禄与周公齐。传曰：“知贤之谓明，辅贤之谓能。勉之强之，其福必长。”此之谓也。此不蔽之福也。

【注释】

[1]唐鞅、奚齐：唐鞅，战国时宋康王之臣。奚齐，晋献公宠妃骊姬之子。

[2]载子：当作“戴子”，指宋国太宰戴驩(huān)。

[3]申生：晋国太子，奚齐的异母兄。据《左传》载，骊姬为使其子奚齐继承君位，以诡计挑拨晋献公、申生的父子关系，迫使申生自杀。奚齐被立为太子，但后来又被晋大夫里克所杀。

[4]鲍叔、宁戚、隰朋：皆为辅佐齐桓公成为春秋霸主的大臣。

[5]召(shào)公、吕望：指周武王异母弟姬奭(shì)和大臣姜尚(即姜子牙)。姬奭因封地在召故得称“召公”。姜尚，姓姜，名望，因被赐姓吕故得称“吕望”。

【品读】

此章讲“人臣之蔽”。人臣尤其是那些握有极大权势的重臣，辅佐君王，掌控政事，其贤愚、优劣不仅关系到自身的政治命运，也关系到国家的兴衰。奸佞之臣只顾及自身私利，排除异己，打击贤良。如果他们从政掌权，不仅自身难保，更于国有害。所谓“以贪鄙、背叛、争权而不危辱灭亡者，自古及今，未尝有之也”。贤良之臣则不然，他们既仁又智，忠心为公，克制私欲，宽容待人，为国举贤，最终国强身荣。如齐国鲍叔牙举荐管仲的故事就是如此。据史载：鲍叔牙曾与管仲一起共事，常被管仲欺骗，但鲍叔牙仍以善相待。后鲍、管二人各事齐国的公子小白和公子纠。在齐国国君之位的争斗中，公子纠败亡，管仲沦为阶下囚。后鲍叔牙向桓公(即公子小白)求情，管仲由囚犯而升为国宰，遂得大用，协助齐桓公九合诸侯，一匡天下，完成霸业。鲍叔牙也以知贤推能而留名于世。

如鲍叔牙之类的贤者，他们有智，故有自知之明，既深知自己的能力，又明了他人的能力，能做到明知进退；他们有仁，一切为公，故能为国举贤，造福国民，而自己则甘居其后，能做到可进可退。此即“仁知且不蔽”。不过，我们在夸赞鲍叔牙知人之能时，更要看到齐桓公此时的“不蔽”，他恰当地安排了鲍叔牙、管仲等诸多贤臣，使其皆能发挥最大的效能，最终实现了国家的强盛。可惜后来他任用佞臣，晚节不保，使自己未得善终。

21.5 昔宾孟[1]之蔽者，乱家[2]是也。墨子蔽于用[3]而不知文[4]，宋子[5]蔽于欲而不知得，慎子[6]蔽于法而不知贤，申子[7]蔽于势而不知知[8]，惠子[9]蔽于辞而不知实，庄子[10]蔽于天而不知人。故由用谓之道，尽利矣；由俗[11]谓之道，尽嗛[12]矣；由法谓之道，尽数矣；由势谓之道，尽便矣；由辞谓之道，尽论矣；由天谓之道，尽因矣：此数具者，皆道之一隅也。夫道者，体[13]常而尽变，一隅不足以举之。曲知之人，观于道之一隅而未之能识也，故以为足而饰[14]之，内以自乱，外以惑人，上以蔽下，下以蔽上，此蔽塞之祸也。孔子仁知且不蔽，故学乱术[15]足以为先王者也。一家得周道，举而用之，不蔽于成积也。故德与周公齐，名与三王[16]并，此不蔽之福也。

【注释】

[1]宾孟：宾客，指往来于各诸侯国之间的游士。孟，通“氓”，民。

[2]乱家：指“百家争鸣”的诸子各家。

[3]用：实用、功用。

[4]文：文饰，指礼乐制度。

[5]宋子：即宋钘，战国时期宋国学者，学杂，史家或将其列入小说家。

[6]慎子：即慎到，战国时期赵国学者，学杂道法。

[7]申子：即申不害，战国时期韩国学者，法家代表人物。

[8]知：通“智”。

[9]惠子：即惠施，战国时期宋国学者。

[10]庄子：即庄周，战国中期宋国人，道家主要代表。

[11]俗：通“欲”。

[12]嗛(qiè)：通“慊”，满足。

[13]体：通“履”，履行。

[14]饰：通“饬”，整饬、治理。

[15]乱术：治国之术。乱，治理。

[16]三王：三代之王，即夏禹、商汤、周文王和周武王。

【品读】

荀子讲“宾孟之蔽”,实际上是对诸子百家的批评。虽然诸子都是为了寻求大道,但荀子认为诸子学说未能把握“周道”,而只是“道之一隅”,体现了“道”的一个侧面:“墨子蔽于用而不知文,宋子蔽于欲而不知得,慎子蔽于法而不知贤,申子蔽于势而不知知,惠子蔽于辞而不知实,庄子蔽于天而不知人。”更严重的是,诸子不仅没有意识到问题之所在,反而偏执于己说,坚信己学绝对正确,于道了然。在荀子看来,这是一种无知的表现,因为“万物为道一偏,一物为万物一偏,愚者为一物一偏,而自以为知道,无知也”①。不仅无知,且谬种流传,有害于世,所谓“曲知之人,观于道之一隅而未之能识也,故以为足而饰之,内以自乱,外以惑人,上以蔽下,下以蔽上,此蔽塞之祸也”。

春秋战国时期,百家争鸣,各家为“得君行道”,积极宣扬自己的思想学说的同时,也对其他学说展开了激烈的批评。孟子以好辩闻名,而荀子有过之而无不及。他批判的对象广泛,既有外于儒家的诸子,亦有儒家内部的流派。当然,这种批判并非全盘否定,而是客观地认同诸子各家还是能得“道之一隅”的,仍有值得学习、参考之处。从这个意义上讲,荀子对于诸子的批评,实则也是一种学习、吸收、融合的过程。荀子希望通过论其他家派学说之非来证明自己学说之正,体现了他对先秦诸子百家学说进行总结和拨乱反正的趋向。

在批评诸子的基础上,荀子认为只有孔子做到了“仁知且不蔽”,儒家“一家得周道”。推而论之,君王要想实现天下太平,就得重用孔子儒学思想。可是,历史现实是,各国君王都不曾重用“得周道”的孔子及其后学以实现自己富国强兵的政治理想。至于其中缘由,我们或许可从荀子的论述中窥得一二。荀子讲孔子“德与周公齐,名与三王并”,只讲“德”与“名”,而未讲各国君王最迫切需要的“功”,如一统天下之类的政治功业。这是孔子所没有的。各国君王只重视“功”,而未能弄清楚其与“德”之内在关系,这正是儒家不能被重用的原因。在儒家看来,有德者必有名,也必有功,德是根本,名、功都是有德的结果,周公、三王即是明证。但是,各国君王却多数想有其功,而不愿意修其德。对德与功之间的内在逻辑关系认识不清,在荀子看来,也是“一蔽”。正因如此,各国君王再怎么努力也难以取得周公之功,而他们还不知原因何在。就像梁惠王询问孟子那样,“寡人之于国也,尽心焉耳矣。……察邻国之政,无如寡人之用心者”,而“邻国之民不加少,寡人之民不加多,何也?”②显然,梁惠王之“尽心”与民众心甘情愿依附于周公、三王仍然有着天壤之别,道理即在于此。

---

① 《荀子·天论》。

② 《孟子·梁惠王上》。

21.6 圣人知心术之患，见蔽塞之祸，故无欲、无恶、无始、无终、无近、无远、无博、无浅、无古、无今，兼陈万物而中县衡[1]焉。是故众异不得相蔽以乱其伦也。何谓衡？曰：道。故心不可以不知道。心不知道，则不可道而可非道。人孰欲得恣而守其所不可，以禁其所可？以其不可道之心取人，则必合于不道人[2]，而不知合于道人。以其不可道之心，与不可道之人论道人，乱之本也。夫何以知？曰：心知道，然后可道。可道，然后能守道以禁非道。以其可道之心取人，则合于道人，而不合于不道之人矣。以其可道之心，与道人论非道，治之要也。何患不知？故治之要在于知道。

【注释】

[1]县衡：挂起来称重的秤，此处代指用一定标准权衡。县，通"悬"，挂。衡，秤。

[2]不道人：不守正道之人。

【品读】

以上几章，荀子通过举正、反两方面的例子来证明"为蔽之端"的害处。对于如何去除这种危害，他抬出"兼陈万物而中县衡焉"的圣人。他认为人要解蔽，就需多方了解情况，全面掌握信息，然后依据"县衡"来加以权衡取舍，以破除一偏之"蔽"，使"众异不得相蔽以乱其伦也"。

讲至此，另外的问题又来了：何为"中县"之"衡"？荀子明确指出衡即道，也就是礼义。礼义才是实现大治的正道、解蔽的良方。在此，荀子以道为标准，将人分为两类：心知道之"道人"和心不知道之"不道人"。因为道是"治之理"，"道人"的言行处处合乎"治"的原则，自然有益于"治"，而"不道人"的言行有悖于"治"的要求，自然有害于"治"。儒家讲"德不孤""各求其类"，那么，知道之人必会去求"道人"而远离"不道人"，"以其可道之心与道人论非道"，真诚践行礼义而抵制非礼非义之行，区分善恶，尽力惩奸去恶，免受"一曲之蔽"之害。总之，治世、解蔽的关键就在于知道。

需指出的是，荀子在此并未论证为何会存在"中县"之"衡"。当然，这在儒家看来是一个无需论证的问题。因为，世间存在一个绝对至上的唯一真理——道，道自然可以作为"中县"之"衡"。道的存在及其作用是一个不证自明的事实。荀子强调绝对真理存在，以此作为论证的基础性前提，这对于要求人们去遵循、践行，是非常有利的。但绝对真理存在，就存在一个对绝对真理的解释权问题。到底谁具有或掌握这种权利呢？各家各派为此展开了激烈的争斗。正因如此，荀子才向其他各家甚至向儒家内部开火，拿起批判的武器，争夺真理的解释权，以确立己说的绝对正确性。

21.7 人何以知道？曰："心。"心何以知？曰："虚壹而静。"心未尝不臧[1]也，然而有所谓虚；心未尝不两[2]也，然而有所谓一；心未尝不动也，然而有所谓静。人生而有知[3]，知而有志。志也者，臧也，然而有所谓虚，不以所已臧害所将受谓之虚。心生而有知，知而有异。异也者，同时兼知之，同时兼知之，两也，然而有所谓一，不以夫一害此一谓之壹。心，卧则梦，偷则自行，使之则谋。故心未尝不动也，然而有所谓静，不以梦剧[4]乱知谓之静。未得道而求道者，谓之虚壹而静。作之，则将须道者之虚则人[5]，将事道者之壹则尽，尽将思道者静则察。知道察，知道行，体道者也。虚壹而静，谓之大清明。万物莫形而不见，莫见而不论，莫论而失位。坐于室而见四海，处于今而论久远，疏观万物而知其情，参稽治乱而通其度，经纬天地而材官万物，制割大理而宇宙里[6]矣。恢恢广广[7]，孰知其极？睪睪[8]广广，孰知其德？涫涫纷纷[9]，孰知其形？明参日月，大满八极[10]，夫是之谓大人。夫恶有蔽矣哉？

【注释】

[1]臧：同"藏"，储藏。

[2]两：古本作"满"。

[3]知：通"智"。

[4]剧：嚣烦。

[5]人：当为"入"字之误（据王引之说），意为"使……入"。

[6]里：依杨倞说，当为"理"。

[7]恢恢广广：恢宏宽广。

[8]睪（hào）睪：通"昊昊"，广大的样子。

[9]涫（guàn）涫纷纷：沸腾纷繁的样子。

[10]八极：八方（东、南、西、北、东南、东北、西南、西北），形容极其广大。

【品读】

在上一章，荀子就"治之要在于知道"的道理进行了阐述，并明确指出"知道"就是解蔽之方。反过来说，解蔽也是"知道"的必要前提。那么，如何才能做到"知道"呢？荀子给出了具体的实现之法："虚壹而静。"接下来，荀子对"虚壹而静"进行了详细解释。

首先要"虚"，就是"不以所已臧害所将受"，要人悬置心中的成见，把心空出来，接受新知。人们在面对新事物、新知识时，心中不可能空无一物，总会多多少少存在一些旧知，这容易成为人们获取新知的阻碍，此即一蔽。解蔽就是要摒弃旧知对自己的禁锢，以开放心态接受新知，是为"虚"的过程。

其次要"壹",就是要"不以夫一害此一",要求人们在认识、区别不同事物时,既做到兼顾,又有所专一。我们认识事物时,会了解到事物的不同方面,但不能以某一方面的认识去排斥、否定其他方面的认识,而是要将各种方面的认识融汇起来,形成对事物的整体认识,这就是"壹"的过程。如以获取知识讲,面对旧知和新知,人并不是一定要彻底弃旧纳新,而是要将旧知和新知统一起来,变为"壹",这才是对待传统的正确态度和方式。

最后是"静",就是要"不以梦剧乱知"。此处的"静",可理解为我们常说的"心静"。人只有让自己的心安静下来,才能专心,不受各种杂念的干扰,从而正确地认识事物并作出正确的判断。

荀子认为,只要做到"虚壹而静",就能达到大清明的境界。至此,世间的万事万物就会以其本来面目呈现在我们面前。"未得道而求道者,谓之虚壹而静。作之,则将须道者之虚则人,将事道者之壹则尽,尽将思道者静则察。知道察,知道行,体道者也。虚壹而静,谓之大清明。"可见,"虚壹而静"是荀子为"未得道而求道者"制定的达道大法。做到"虚壹而静",就能实现求道,进而"知道"。儒家强调知行合一,"知道"也就会行道,从知而行就是得道的过程。人既然已经得道,达到大清明境界,自然能洞察万物,完全掌握治乱之道,体察世间万物之虚实与奥妙,所谓"万物莫形而不见,莫见而不论,莫论而失位。坐于室而见四海,处于今而论久远,疏观万物而知其情,参稽治乱而通其度,经纬天地而材官万物,制割大理而宇宙里矣",从而"明参日月,大满八极"。

解蔽需要"知道","知道"需要人心"虚壹而静",而心又如何做到"虚壹而静"呢?这就是荀子接下来要回答的问题,即治心之道。

21.8 心者,形之君也,而神明之主也,出令而无所受令。自禁也,自使也,自夺也,自取也,自行也,自止也。故口可劫而使墨[1]云,形可劫而使诎申[2],心不可劫而使易意,是之则受,非之则辞。故曰:心容其择也,无禁必自见,其物也杂博,其情[3]之至也不贰。《诗》云:"采采卷耳,不盈顷筐。嗟我怀人,寘彼周行。"[4]顷筐易满也,卷耳易得也,然而不可以贰周行。故曰:心枝则无知,倾则不精,贰则疑惑。以赞稽之,万物可兼知也。身尽其故则美,类不可两也,故知者择一而壹焉。

【注释】

[1]墨:通"默"。

[2]诎申:同"屈伸"。

[3]情:通"精",精专、纯一。

[4]引诗见《诗经·周南·卷耳》。卷耳,又名“苍耳”,一种食用、入药皆可的植物。顷筐,后高前低、类似畚箕的斜口竹筐,浅而易满。寘,同“置”,放。

【品读】

接着上面两章所言心“虚壹而静”则可“知道”、以致“大清明”的境界而来,本章从“择一而壹”的角度,继续探讨如何达道。二者所论,类似于《劝学》中所言“全之尽之”,无非是礼义之统、先王之道。如合读三章,当能更全面地理解荀子所言心为何“知道”、何以“知道”的哲学命题之奥妙。

不过,观本篇前几章,尤其是“故为蔽”一章谈心术之公患——“欲为蔽,恶为蔽,始为蔽,终为蔽,远为蔽,近为蔽,博为蔽,浅为蔽,古为蔽,今为蔽。凡万物异则莫不相为蔽,此心术之公患也”,我们发现眼睛被时空、好恶等遮蔽,归根结底是心智和见识不广、不全、不深、不精所致。既然为物所蔽不可避免,那么正心诚意、虚壹而静、择一而壹、从礼而行就显得至为关键。心知正道、礼义之所在,才能免于被遮蔽的厄运。人为外物所蔽,根本上是心被蒙蔽,那么,如何“救出”这颗时时可能被偏见、蒙昧遮蔽的心呢?光靠礼义仁信可以吗?恐怕更多的刚性的规范不可或缺。行万里路、走万座桥、食百家饭、学百家艺,以通古今之变、融中外之术,方可在多数情况下不为物蔽,心近正道。而仁义礼法、先王之道,只是其中的一部分资源而已。

21.9 农精于田而不可以为田师,贾精于市而不可以为贾师,工精于器而不可以为器师。有人也,不能此三技[1]而可使治三官[2],曰:“精于道者也,非[3]精于物者也。”精于物者以物物,精于道者兼物物。故君子壹于道而以赞稽物。壹于道则正,以赞稽物则察;以正志行察论,则万物官矣。

【注释】

[1]三技:指农、贾、工三种技巧。

[2]三官:指田师、市师、器师。

[3]非:《集解》本无此字,今据文义而增。

【品读】

就像孔子所论的君子、仁有等级性,多就某一特定阶层(即士君子)而言一样,荀子所言之道也是有针对性的。在由士、农、工、商组成的四民社会中,农、工、商精于物,“精于物者以物物”,与道不相干涉,至少不精于道;只有士阶层中人精于道,“精于道者兼物物”。末句所言“君子壹于道而以赞稽物。壹于道则正,以赞稽物则察;以正志行察论,则万物官矣”,可与《论语·学而》中所言“就有道而正焉”、《中庸》中所言“唯天下至诚,为能尽其性；能尽其性，则能尽人之性；能尽人之性，则能尽物之性；能尽物之性，则可以赞天地之化育；可以赞天地之化育，则可以与天地参矣”互相发明，对读理解。

21.11 昔者舜之治天下也，不以事诏而万物成。处一之危[1]，其荣满侧；养一之微，荣矣而未知。故《道经》曰：“人心之危，道心之微。”危微之几，惟明君子而后能知之。故人心譬如槃[2]水，正错[3]而勿动，则湛浊[4]在下而清明在上，则足以见须眉而察理矣。微风过之，湛浊动乎下，清明乱于上，则不可以得大形[5]之正也。心亦如是矣。故[6]导之以理，养之以清，物莫之倾，则足以定是非、决嫌疑矣。小物引之，则其正外易；其心内倾，则不足以决庶理矣。故好书者众矣，而仓颉[7]独传者，壹也；好稼者众矣，而后稷[8]独传者，壹也；好乐者众矣，而夔[9]独传者，壹也；好义者众矣，而舜独传者，壹也。倕[10]作弓，浮游[11]作矢，而羿精于射；奚仲[12]作车，乘杜[13]作乘马，而造父精于御。自古及今，未尝有两而能精者也。曾子曰：“是[14]其庭[15]可以搏鼠，恶能与我歌矣！”

【注释】

[1]之危：《集解》本作“危之”，今据下文改。

[2]槃：指木盘。

[3]正错：平置。错，通“措”，放置。

[4]湛(chén)浊：指沉淀的泥滓。湛，通“沉”。

[5]大形：人的形体。

[6]故：如果。

[7]仓颉(jié)：相传是黄帝史官，曾造汉字。

[8]后稷：指弃，传说为尧时农官，周族始祖。“后”指君长，“稷”是一种谷物。弃被任命为农师，主管农业，故有“后稷”之号。

[9]夔(kuí)：传说为舜时的乐官。

[10]倕(chuí)：相传为尧、舜时的工师，造耒耜、规矩、弓等。

[11]浮游：或作“牟夷”，黄帝时人，传说中的造箭者。

[12]奚仲：传说为夏禹时的车正，善于造车。

[13]乘杜：即《世本》中所言“相土”，商契之孙。因其发明“乘马”，故有“乘杜”之称。

[14]是：通“视”。

[15]庭：通“筳”，唱歌打拍子的小棍。

【品读】

儒家青睐上古三代的政治文化，祖述尧舜、宪章文武，追慕先王之道、先王之政，此处论舜时的治政之状即是一例。但本章更多的仍是继上几章，阐

述心能“知道”和难以“知道”的悖论式困境。荀子用水易清易浊的譬喻形容心易受外界干扰、道不易得的现实，并提出“导之以理，养之以清，物莫之倾”的解决方案，继而推出专精于壹、达至道的方法，这与上文所言虚壹而静、择一而壹、君子精于道是一脉相承的。《庄子·人间世》中所言“道不欲杂”及荀子所论“壹于道”之“道”，即人心之道、先王之道、仁义礼法。

21.12 空石[1]之中有人焉，其名曰觙[2]。其为人也，善射[3]以好思。耳目之欲接则败其思，蚊虻[4]之声闻则挫其精，是以辟[5]耳目之欲，而远蚊虻之声，闲居静思则通。思仁若是，可谓微乎？孟子恶败而出妻，可谓能自强矣；有子[6]恶卧而淬掌[7]，可谓能自忍矣，未及好也。辟耳目之欲，可谓能自强矣，未及思也。蚊虻之声闻则挫其精，可谓危矣，未可谓微也。夫微者，至人也。至人也，何强？何忍？何危？故浊明外景，清明内景。圣人纵[8]其欲，兼其情，而制焉者理矣。夫何强？何忍？何危？故仁者之行道也，无为也；圣人之行道也，无强也。仁者之思也恭，圣者之思也乐。此治心之道也。

【注释】

[1]空石：石洞。或曰即穷石，古地名，在今山东省德州市南，曾为后羿居住地。

[2]觙：人名。同“伋”。

[3]射：猜度。

[4]虻(méng)：俗称“虻蝇”，雄者吸食花蜜等，雌者吸人畜血液。

[5]辟：通“避”。

[6]有子：孔子的学生有若。

[7]淬(cuì)掌：用火烧烤手掌，言其学习刻苦。

[8]纵：当为“从”字(王先谦说)。

【品读】

荀子在此说明了解蔽的可能性及其实践过程。他认为心天生具有认知的能力，因为心是人的主宰，支配其言行举止。所谓“心者，形之君也，而神明之主也，出令而无所受令。自禁也，自使也，自夺也，自取也，自行也，自止也。故口可劫而使墨云，形可劫而使诎申，心不可劫而使易意，是之则受，非之则辞。故曰：心容其择也，无禁必自见，其物也杂博，其情之至也不贰”①。可见，心是人整个形体、言行、思想的主宰者。

心具有认知事物的本能，但是这并不意味着心天然具有“知道”的能力，能分辨出善恶、是非。换句话说，心的认知并不必然合乎道。为此，荀子强

① 《荀子·解蔽》。

调通过“虚壹而静”的办法来实现“知道”。他认为人在认知事物时，要保持一种专一的状态，不能用旧知来扰乱当下的认知，不能用对其他事物的认知来扰乱当下的认知，不能用自己的杂乱之心来扰乱当下的认知。

为解决这三种弊端，荀子提出了“虚”“壹”“静”三种办法，这些前文已有论述。归根结底，这些方法是要求以专一来修心养心，志于道。君子要实现“知道”，只需要做到专一于这唯一的道——“君子壹于道”。这样，君子就能做到“精于道者兼物物”。同理，其他的具体事务也就由其他的人去专门负责，实现人各有职，事各有任，实现“精于物者以物物”。而且，“精于道者”是要管理、控制“精于物者”的。因为“精于道者”（即君子）“壹于道”而实现了“知道”，不会受到蒙蔽，“以赞稽物”。为此，荀子还以古代圣王舜为例加以说明。舜就是因为能“精于道”，不需事事亲力亲为，而只需要委任好贤良之臣，使其各居其位、各司其职，由此实现了垂拱而治：“昔者舜之治天下也，不以事诏而万物成。”因此，舜之治在于其能“精于道”。

基于上述，荀子提出了自己的养心理论：“圣人纵其欲，兼其情，而制焉者理矣。夫何强？何忍？何危？故仁者之行道也，无为也；圣人之行道也，无强也。仁者之思也恭，圣者之思也乐。此治心之道也。”圣人“精于道”，就能实现以心“知道”，自然也就能行道，其言行也就皆合乎于道。圣人以礼乐来养心，须臾不离礼乐之道，自然也会真诚地践行礼乐。

值得关注的是，荀子“精于道者”与“精于物者”的表述实则与孟子的“劳心者与劳力者”的说法基本一致，都是为了说明儒家的历史使命和社会职责是“知道”、求道、行道，即“壹于道”，而不是其他具体事务。他们以此来论证君子或儒家“志于道”的合理性和必要性。如就社会阶层而言，“精于道者”“劳心者”基本上对应于士阶层，“劳力者”“精于物者”则基本上对应于农、工、商三者。这是社会分工的正常体现。就像农民种地、商人经商一样，士人以求道、传道为己任。但是这种社会分工，或者说荀子关于“精于道者”与“精于物者”的划分，一旦与政治权力结合起来，则会发生变异。“精于道者”不再“精于道”，而是以所谓的“道”作为获取高官厚禄的工具，实则背离了道。后世曲学阿世者（如公孙弘等人）就是典型代表。

21.13 凡观物有疑，中心不定，则外物不清。吾虑不清，则未可定然否也。冥冥而行者，见寝石[1]以为伏虎也，见植林以为后[2]人也，冥冥蔽其明也。醉者越百步之沟，以为跬步之浍[3]也；俯而出城门，以为小之闺[4]也，酒乱其神也。厌[5]目而视者，视一以为两；掩耳而听者，听漠漠[6]而以为哅哅[7]，势乱其官也。故从山上望牛者若羊，而求羊者不下牵也，远蔽其大也；

从山下望木者，十仞之木若箸，而求箸者不上折也，高蔽其长也。水动而景[8]摇，人不以定美恶，水势玄[9]也。瞽者仰视而不见星，人不以定有无，用精[10]惑也。有人焉，以此时定物，则世之愚者也。彼愚者之定物，以疑决疑，决必不当。夫苟不当，安能无过乎？

【注释】

[1]寝石：古本作“寝木”。从上下文来看，“寝石”似更符合后文“伏虎”之意。今从之。

[2]后：通“厚”，多。

[3]跬步之浍(kuài)：半步可跨过的小沟。

[4]闺：上圆下方的小门。

[5]厌：按压。

[6]漠漠：通“寞寞”，静然无声。

[7]哅(xiōng)哅：喧闹之声。

[8]景：同“影”。

[9]玄：通“眩”，使人眼花。

[10]精：通“睛”，眼睛、视力。

【品读】

承本篇第二章而来，本章论人的感官心智为外物所蒙蔽的原因很多。如第二章中抽象所论：“欲为蔽，恶为蔽，始为蔽，终为蔽，远为蔽，近为蔽，博为蔽，浅为蔽，古为蔽，今为蔽。凡万物异则莫不相为蔽……”此处则举例形象地指出“冥冥蔽其明”“酒乱其神”“势乱其官”“远蔽其大”“高蔽其长”等。综合此前几章来看，本章仍着力论证心能“知道”，但易为物蔽，故难“知道”，需加强心性方面的修养。荀子批评以不稳固的前提推出不可靠的结论，视之为愚行：“愚者之定物，以疑决疑，决必不当。夫苟不当，安能无过乎？”这一观点闪现出一种理性与睿智之光，值得当今置身浮华之世的学人深思，引以为鉴。

21.14　夏首[1]之南有人焉，曰涓蜀梁。其为人也，愚而善畏。明月而宵行，俯见其影，以为伏鬼也，卬[2]视其发，以为立魅也，背而走，比至其家者，失气而死。岂不哀哉？凡人之有鬼也，必以其感忽之间、疑玄[3]之时正之。此人之所以无有而有无之时也，而已以正事。故伤于湿而击鼓鼓痹，则必有敝鼓丧豚之费矣，而未有俞[4]疾之福也。故虽不在夏首之南，则无以异矣。

【注释】

[1]夏首：夏水之口，今汉水入长江之口。

[2]卬：同“仰”，抬头。

[3]玄：通“眩”，迷惑。

[4]俞：通“愈”，病愈。

【品读】

在《礼记》中多见儒家谈鬼神。孔子、孟子不谈或少谈，而荀子则谈得较多。此处，荀子指出世上之鬼多为人心中之“鬼”，人在疑惑重重、神经衰弱时才会见到“鬼”。所以荀子认为如果得病，以大酒大肉祭鬼神、祈福祉是徒劳无功的。这是对世俗盲信鬼神、信其万能之观点的批评，可谓切中肯綮。

21.15 凡以知，人之性也；可以知，物之理也。以可以知人之性，求可以知物之理，而无所疑止[1]之，则没世穷年不能遍也。其所以贯理焉虽亿万，已[2]不足以浃[3]万物之变，与愚者若一。学，老身长子而与愚者若一，犹不知错[4]，夫是之谓妄人。故学也者，固学止之也。恶乎止之？曰：止诸至足。曷谓至足？曰：圣王。圣也者，尽伦者也；王也者，尽制者也。两尽者，足以为天下极矣。故学者以圣王为师，案以圣王之制为法，法其法，以求其统类，以务象效其人。向是而务，士也；类是而几，君子也；知之，圣人也。故有知非以虑是，则谓之惧；有勇非以持是，则谓之贼；察孰[5]非以分是，则谓之篡；多能非以修荡是，则谓之知；辨利非以言是，则谓之泄[6]。传曰：“天下有二：非察是，是察非。”谓合王制与不合王制也。天下有不以是为隆正也，然而犹有能分是非、治曲直者邪？若夫非分是非，非治曲直，非辨治乱，非治人道，虽能之无益于人，不能无损于人。案直将治怪说，玩奇辞，以相挠滑[7]也；案强钳而利口，厚颜而忍诟，无正而恣睢，妄辨[8]而几[9]利；不好辞让，不敬礼节，而好相推挤。此乱世奸人之说也，则天下之治说者方多然矣。传曰：“析辞而为察，言物而为辨，君子贱之；博闻强志，不合王制，君子贱之。”此之谓也。

【注释】

[1]疑止：休止。疑，通“凝”，固定。

[2]已：终、终究。

[3]浃(jiā)：周遍。

[4]错：通“措”，搁置、舍弃。

[5]孰：同“熟”，详细。

[6]泄(yì)：多言。

[7]挠滑(gǔ)：扰乱。

[8]辨：通“辩”。

[9]几：通“冀”，希求。

【品读】

此章意蕴颇丰。第一，首先谈及人类的认知能力与生俱来，万物可以被认知也是理所当然。但具体到一个人，其精力有限，不可能完成认识所有事物的理想。庄子对此也有同感："吾生也有涯，而知也无涯。以有涯随无涯，殆已！已而为知者，殆而已矣！"①

第二，荀子主张有所学、有所不学，学要有所"疑止之""学止之"。于是他列出圣王之伦制作为学习对象，从而实现"士—君子—圣人"的修为历程。这一点在《劝学》篇也有相近表述："学恶乎始？恶乎终？曰：其数则始乎诵经，终乎读《礼》；其义则始乎为士，终乎为圣人。真积力久则入，学至乎没而后止也。"

第三，前文亦论积礼义、堪为人道之极者为君子、圣人，那么圣王之伦制即礼义而已。以礼义作为一个人在发挥诸如"知"、勇、察、能、"辨"等才干时的指导方针，方可达到人事相谐，立于不败之地。

第四，从章首至章末谈圣王之制，洋溢着浓重的尊君敬王思想，既有对上古先王的追慕，也有对后王的期望在内。

在荀子看来，"学"可以解疑去惑。首先要学"物之理"。但是世间的事物万万千千，而每种事物又都有各自的理，从何学起？如果事事之理都要学，"以可以知人之性，求可以知物之理，而无所疑止之，则没世穷年不能遍也"。在荀子看来，人具有认知天下万物之理的可能，而且学习、积累这些"物之理"也是达道的必要过程，但并不是各种"物之理"的简单相加就达道、知晓万物之理了。要先知晓天下大道，然后才能知天下"物之理"。君子要精于道，而不要满足于精于物。在此认识前提下，荀子提出了一个学的止境问题："故学也者，固学止之也。"学该止于何处呢？止于圣王。因为圣王是儒家最完美、最高级的人格道德形象，所谓"圣也者，尽伦者也；王也者，尽制者也。两尽者，足以为天下极矣"。而且，儒家认为历史上尧、舜、禹等圣王曾经实现了太平之世，因此人们必须要效法圣王："故学者以圣王为师，案以圣王之制为法，法其法，以求其统类，以务象效其人。向是而务，士也；类是而几，君子也；知之，圣人也。"但是，圣王在现实世界已不存在，而且圣王之道也多有抽象玄远之感。那么，到底怎么样才能做到向圣王学习呢？圣王之道难以捉摸，但在现实世界存在"圣王之制"、礼乐文明。世人可通过学习现实存在的礼乐文明来掌握圣王之道，这为荀子隆礼重法找到了理论依据。荀子主张人们要以王制作为评判是非、曲直的最高标准，也是由此而来。

---

① 《庄子·养生主》。

可见，荀子所说的解蔽，是世人“知道”、求道和力行王道的过程，而知行王道也需要解除认识上的遮蔽。换言之，解蔽与达道是一个相辅相成的实现过程。

21.16　为之无益于成也，求之无益于得也，忧戚之无益于几[1]也，则广[2]焉能弃之矣。不以自妨也，不少顷干之胸中。不慕往，不闵[3]来，无邑[4]怜之心，当时则动，物至而应，事起而辨[5]，治乱可否，昭然明矣。

【注释】

[1]几：通“冀”，希望、祈求。

[2]广：通“旷”，远。

[3]闵：忧虑。

[4]邑：通“悒”，忧愁。

[5]辨：通“办”，治理。

【品读】

本章中依稀透露出荀子思维中的理智性，所言“不以自妨也，不少顷干之胸中。不慕往，不闵来，无邑怜之心，当时则动，物至而应，事起而辨”，为后世做人行事提供了一个很好的指导性提示。俗谚云：事来心应，事去心止。能做到一份从容与理智，必有足够的学识、涵养和胸怀去承担一切阳光朝露、阴风恶雨。对于世上纷扰之事，大可不必太在意。荀子曰：“为之无益于成也，求之无益于得也，忧戚之无益于几也，则广焉能弃之矣。”这是有何等襟怀才能做到的通达？此可作为正心、诚意、修身、立世之大法。

21.17　周而成，泄而败，明君无之有也；宣而成，隐而败，暗君无之有也。故君人者周则谗言至矣，直言反[1]矣，小人迩而君子远矣。《诗》云：“墨以为明，狐狸而苍。”[2]此言上幽而下险也。君人者宣则直言至矣，而谗言反矣，君子迩而小人远矣。《诗》曰：“明明在下，赫赫在上。”[3]此言上明而下化也。

【注释】

[1]反：通“返”，返回。

[2]引诗不见于今本《诗经》，当为逸诗。

[3]引诗见《诗经·大雅·大明》。但此处断章取义，与原诗意思不尽相同。类似情形，亦见于《荀子》他处。

【品读】

此章论君王治国要最大限度地做到开诚布公，广拓民意表达渠道，表现出一种可贵的民主意识。而从根本上来说，荀子提倡的是开明专制，主张君主要有礼法制约，德刑兼施。此处设想的“宣则直言至矣，而谗言反矣，君子迩而小人远矣”的明君执政理想，主要就君道、君德而论，是儒家自上而下推行以礼法治国之政的重要组成部分。

正名篇第二十二

22.1　后王[1]之成名[2]：刑名从商，爵名从周，文名从《礼》。散名之加于万物者，则从诸夏之成俗曲期[3]，远方异俗之乡则因之而为通。

散名之在人者：生之所以然者，谓之性。性之和所生，精合[4]感应，不事而自然，谓之性。性之好、恶、喜、怒、哀、乐，谓之情。情然而心为之择，谓之虑。心虑而能为之动，谓之伪。虑积焉，能习焉而后成，谓之伪。正利而为，谓之事。正义而为，谓之行。所以知之在人者，谓之知。知有所合，谓之智。所以能之在人者，谓之能。能有所合，谓之能。性伤，谓之病。节遇，谓之命。是散名之在人者也，是后王之成名也。

【注释】

[1]后王：针对尧、舜、禹等先王而言，指周文王、周武王之后的君主。

[2]成名：确定的名称。

[3]曲期：多方约定。

[4]精合：精气交合。

【品读】

荀子所讲的"正名"，就是定名，即为事物制定正确的名称，以做到名实相符，便于人们获取正确认识，进而作出正确的善恶、是非判断。从学术渊源上讲，它承孔子的正名论而来。《论语·子路》载："子路曰：'卫君待子而为政，子将奚先？'子曰：'必也正名乎！'子路曰：'有是哉，子之迂也！奚其正？'子曰：'野哉，由也！君子于其所不知，盖阙如也。名不正，则言不顺；言不顺，则事不成；事不成，则礼乐不兴；礼乐不兴，则刑罚不中；刑罚不中，则民无所措手足。故君子名之必可言也，言之必可行也。君子于其言，无所苟而已矣。'"孔子强调正名，关注的不只是语言逻辑问题。他指出正名是人进行价值判断的依据和工具，直接关系到"言"是否顺、"事"是否成、"礼乐"是否兴、"刑罚"是否中、"民众"是否有所依等重要问题，因而具有道德的、伦理的、政治的意义，与现实政治问题密切相关。荀子也是站在"治"的立场上来论名的，与孔子一脉相承。当然，比起孔子只用一句话来论名，荀子论名的内容更加完善、丰富，理论性更强，哲学思辨色彩也更浓厚。从孔子至荀子强调正名理论，重视正名的作用，形成儒家正名的传统，多为现实政治和秩序社会建设的需要，因而有着强烈的政治伦理色彩。

当然，春秋战国时期也存在以惠施、邓析、尹文、公孙龙等为代表的名家，他们从语言学、逻辑学层面上来论名，具有极高的抽象思辨性，如“白马非马”等哲学命题。但是，这类名家在当时的学界并不受重视，尤其遭到儒家的批判。如荀子就在本篇下文对惠施等人的学说进行了猛烈批评，斥之为“奇辞”“邪说”“辟言”“奸言”。他从现实功用“治”的角度来批评别家的名学思想，视之为有害无益之物。

这里值得注意的是，荀子正名并不是大而无当，遇名必正。他限定的范围是人事之名，即“散名之在人者”，如“性”“情”“虑”“伪”“事”“行”“知”“智”“能”“病”“命”等。因为，“乱正名”的现象和诸子百家的认识差异主要集中于此。后王确定正名的对象在于“散名”，即加在万事万物之上的名。至于其他之名，还是遵循固有之名为宜。故荀子明确指出，“刑名”“爵名”“文名”（即礼之名）不需要变动，因为先王已经将它们确定下来，而且不存在任何问题，只需继承就可。这也是荀子及儒家“夷夏之辨”思想的体现。荀子正名的标准是依从“诸夏之成俗曲期”（即中原华夏地区的旧俗乡约）来确定、整合万物之名，体现了当时中原文明的主导性和主张者的夷夏观。

22.2　故王者之制名，名定而实辨[1]，道行而志通，则慎率民而一焉。故析辞[2]擅作名以乱正名，使民疑惑，人多辨讼，则谓之大奸，其罪犹为符节、度量[3]之罪也。故其民莫敢托为奇辞以乱正名。故其民悫，悫则易使，易使则公[4]。其民莫敢托为奇辞以乱正名，故壹于道[5]法而谨于循令矣。如是，则其迹[6]长矣。迹长功成，治之极也。是谨于守名约之功也。

今圣王没[7]，名守慢，奇辞起，名实乱，是非之形[8]不明，则虽守法之吏，诵数之儒，亦皆乱也。若有王者起，必将有循于旧名，有作于新名。然则所为有名，与所缘[9]以[10]同异，与制名之枢要[11]，不可不察也。

【注释】

[1]辨：分别。

[2]析辞：支离言辞。

[3]度量：量长短、多少的标准器具。

[4]公：通“功”，功绩。

[5]道：遵行。

[6]迹：通“绩”，功业。

[7]没：通“殁”，去世。

[8]形：通“型”，标准。

[9]缘：依照、根据。

[10]以：使。

[11]枢要：关键、大纲。

【品读】

荀子明确指出正名即使名称正确的重要作用：“王者之制名，名定而实辨，道行而志通，则慎率民而一焉。”可见，正名问题不只是一个语言的准确问题，而且是一个现实的政治和道德问题，直接关系到国家的治乱。王者如果不能正名，就会使人丧失区分善恶、是非的标准原则。在此，荀子明确将正名与“符节、度量”“是非”“法”（法度）、“数”（礼制）紧密联系起来，而这些名称又都与原则标准相关，如“符节、度量”是衡量事物的标准尺度，“法”与“数”是考察民众言行的原则。这样，名也就具有了原则标准的性质，成为“名约”“名守”，正名就成了一种有着强烈规定性的，具有规则、准则意义的名称。正名可使民众做到有理可依，有法可依，即“壹于道法而谨于循令”。在这个意义上，正名就与国家建设有了现实联系，正如荀子所讲的“迹长功成，治之极也。是谨于守名约之功也”。而乱正名则必将导致天下大乱，民众疑惑，王者也无法正常统治国家。因此，王者必须要正名。事实上，荀子认为，在其生活的现实世界中，就存在严重的“乱正名”的现象，这是国家混乱的重要表现，也是导致国家混乱的重要原因之一。

荀子首先论证了正名的重要性和必要性，接下来则思考如何才能获取正名。荀子在此提出了总的原则，即“若有王者起，必将有循于旧名，有作于新名。然则所为有名，与所缘以同异，与制名之枢要，不可不察也”。后王因在先王之后，必然会面对已经存在的名，即先王制定的名，也就是“旧名”。后王对于这些“旧名”自然不能一概加以否定，这不现实也无必要，而是要加以继承，继续使用。当然，后王也不能对“旧名”采取完全继承的态度和办法，也要根据现实需求制定一些“新名”。这是非常正常的现象，也是社会不断进步的体现。对于遵循何种“旧名”，制定哪些“新名”，荀子在《正名》开篇就已经讲明。接下来，荀子对后王制定名称的三大原理，即“所为有名”“所缘以同异”“制名之枢要”，分别展开论述。

22.3 异形离心交喻，异物名实玄[1]纽，贵贱不明，同异不别，如是，则志必有不喻之患，而事必有困废之祸。故知[2]者为之分别，制名以指实，上以明贵贱，下以辨同异。贵贱明，同异别，如是，则志无不喻之患，事无困废之祸，此所为有名也。

【注释】

[1]玄:通"眩",迷乱。

[2]知:通"智"。

【品读】

荀子的"所为有名",讲的是制名的意义和目的,即王者为何要制名、正名。对此,荀子答道:"知者为之分别,制名以指实,上以明贵贱,下以辨同异。贵贱明,同异别,如是,则志无不喻之患,事无困废之祸,此所为有名也。"可见,"知者"、王者通过制名来核实、确认事物的内容,做到名实相符。这样,上位者可以用来"明贵贱",区分社会阶层的尊卑贵贱;下位者可以用来"辨同异",辨明不同事物。而"明贵贱,辨同异"正是礼的价值和功能所在,正如荀子在《乐论》中所讲的"礼别异"。在荀子看来,正名与隆礼重法的目的实则是一致的,所谓的正名就是要制定适合国家政治需要的语言表达。反过来说,是否符合政治道德原则,是判断名是否是正名的重要标准,如违背政治道德原则,名就不是正名。

22.4 然则何缘而以同异?曰:缘天官[1]。凡同类、同情者,其天官之意物也同。故比方[2]之疑似[3]而通,是所以共其约名以相期也。形体、色理以目异,声音[4]清浊、调竽[5]奇声以耳异,甘、苦、咸、淡、辛、酸、奇味以口异,香、臭、芬、郁[6]、腥、臊、洒[7]、酸[8]、奇臭以鼻异,疾[9]、养[10]、沧[11]、热、滑、铍[12]、轻、重以形体异,说[13]、故[14]、喜、怒、哀、乐、爱、恶、欲以心异。心有[15]征知。征知则缘耳而知声可也,缘目而知形可也。然而征知必将待天官之当簿[16]其类,然后可也。五官[17]簿之而不知,心征之而无说,则人莫不然,谓之不知。此所缘而以同异也。

【注释】

[1]天官:指耳、目、鼻、口、身体等。

[2]比方:比拟。

[3]疑:通"拟",模拟。

[4]声音:单发五音宫、商、角、徵、羽中的某音称为"声",配合而发的数音为"音"。

[5]调竽:调和竽笙之声。

[6]郁:腐臭。

[7]洒:"漏"字之误,通"蝼",马膻气。

[8]酸:"庮(yóu)"字之误,牛膻气。

[9]疾:同"痛"。

[10]养:通"痒"。

[11]沧(cāng):寒冷。

[12]铍:当为“鈒(sà)”。鈒,通“涩”,不滑爽。

[13]说:通“悦”。

[14]故:通“苦”。

[15]有:犹“能”。

[16]簿:通“薄”,迫近。

[17]五官:指耳、目、鼻、口、身体五种器官。

【品读】

荀子所说的“所缘而以同异”,讲的是制名的依据问题,即王者到底依据什么原理来制定不同的名称。在荀子看来,制名的关键在于确定需定名之事物的同异。那么,怎么样才能区别同异呢?荀子的回答是“缘天官”。所谓的天官,就是荀子在《天论》里讲过的人的耳、目、鼻、口、形体五官,也就是人的感官系统。人正是通过五官来接触、感知和认识天地万物,来体会各种相同或相异的感受,来表达各种相同或相异的欲望,从而获取相应的感性认识,并以之作为制名的依据。由于同类事物有着相同的性质,而人又有着相同的感知器官,有着相同的感知原理,人对于事物的感知也应该是相同的。这样,王者的制名也就能为人们所普遍接受了,即荀子所讲的“约名”。

人通过五官来感知外部世界,来接受信息,但如何才能保障这些接受的信息都是正确的呢?如何才能保障你接受的信息就是大家公认的信息呢?比如说,瞎子摸象,他看不到大象的实体,只能依靠手摸、耳听、鼻闻等来获取信息。如何能使得这些分散的信息整合起来,使其判断出这是一只大象,而不是其他东西呢?荀子提出“心有征知”的办法。就是人对事物的认知、对各种情感的区别,都必须经过心的反复验证、确认。因为,心是五官的主宰,而且具有道德性,正如荀子在《解蔽》里讲的“心者,形之君也,而神明之主也,出令而无所受令”。荀子认为王者要制名,就要做到感性认识(五官的感觉)与理性认识(心的逻辑思考)的统一,然后才能真正区别出事物的同异,进而为事物制定出正确的名称——正名。荀子在此强调,理性认识必须要以感性认识作为基础和本源,心之征知如果离开人的天官的感性认知,便是无效的。人之心的征知必须建立在人的感官系统对于事物的认识、反应的基础之上,这样,人指定的名称就与现实的客观事物建立起对应关系,而不是一种逻辑创造的产物,而这种现象就存在于名家的诡辩之中。而且,这些正名也是可以为人所共同接受的。这才是最重要的。因为,荀子正名的目的就是要纠正“乱正名”的现象,使人们都能接受正名,并以此来重建合理秩序。

22.5 然后随而命之：同则同之，异则异之。单足以喻则单[1]，单不足以喻则兼[2]；单与兼无所相避则共[3]，虽共，不为害矣。知异实者之异名也，故使异实者莫不异名也，不可乱也，犹使同实[4]者莫不同名也。

故万物虽众，有时而欲遍举之，故谓之物。物也者，大共名也。推而共之，共则有共[5]，至于无共然后止。有时而欲遍举之，故谓之鸟兽。鸟兽也者，大别名也。推而别之，别则有别，至于无别然后止。

名无固宜，约之以命，约定俗成谓之宜，异于约则谓之不宜。名无固实，约之以命实，约定俗成谓之实名。名有固善，径易而不拂，谓之善名。

物有同状而异所[6]者，有异状而同所[7]者，可别也。状同而为异所者，虽可合，谓之二实。状变而实无别而为异者，谓之化。有化而无别[8]，谓之一实。此事之所以稽[9]实定数[10]也。此制名之枢要也。后王之成名，不可不察也。

【注释】

[1]单：单名，如“马”。

[2]兼：复名，如“白马”。

[3]共：指共用。如“马”与“白马”共同使用“马”这一名称。

[4]同实：《集解》本作“异实”。依杨倞说改之。

[5]共则有共：共名之上又有共用的名称。

[6]同状而异所：形状相同而实体不同。

[7]异状而同所：形状不同但实体相同。

[8]有化而无别：有变化但无实质区别，仍是原来的事物。

[9]稽：考察。

[10]定数：确定名实相符的法度。

【品读】

此处荀子讲的是“制名之枢要”问题，即正名的原则和纲领。对此，荀子的论述最为详尽，也最具抽象逻辑色彩。在此，荀子对正名原则提出了四点要求①：

一是要做到事物之实与事物之名的统一。事物之名是要说明事物之实的，这样，名之确定就要依据于实，自然也要以实为转移。实相同，名自然也要相同；实相异，名自然也要相异。由于事物之间存在种类的差异，既可以用单名、复名，也可以用共名来区分出同名与异名之别。

① 参见孔繁：《荀子评传》，南京大学出版社1997年版，第183～186页。

二是分辨正名的种类。荀子将正名的概念分为"大共名""大别名""共名"和"别名"。具体而言,所谓"大共名"是指最高的类概念在其之上不会再有更高的类概念可以涵盖它。而"大别名"则是指最低的类概念,其实就是指独立个体的概念,其下不能再分类了。这样,在"大共名"与"大别名"之间就存在很多层次的类概念,就是所谓的"共名"。荀子凭借概念的分类,建立起了正名的种属关系,使得人们对于事物的认识更加科学、有实效,而不至于陷入"白马非马"这类的哲学诡辩之中难以自拔。

三是制名过程中"约定俗成"的思想。制名就要做到名实相符,名之制定要依据实。这是总的原则。但是,在具体的制名过程中,什么实用什么名才适宜,什么名才能代表什么实,并非是固定不变的,而是约定俗成的结果,因为实也不是一成不变的,"约定俗成谓之实名"。就是说名是社会成员在长期的生产实践和共同生活过程中逐渐积累的结果。荀子所说的实名,就是要求制名要符合事物之实、事物之理,即据实定名。同时,荀子还强调制名必须符合人们的现实需要,必须符合人们的真实情感,只有如此,才是"善名"。荀子此一认识就为人随意改变名提供了某种可能性。当然,这也是由荀子正名的政治性、道德性目的所决定的。

四是名之"稽实定数",即通过考查事物的实际数量,确定名称的多寡及变化,使名实相符。前面讲到,制名要做到名实相符,但事物复杂多变,做到这一点有时候并不容易。比如说,河水和海水的形状是相同的,但是,它们存在于不同的环境空间,也有着不同的实质。这样,河水与海水就存在两个不同的实,就不能制定为一个名。再比如,一个叫小强的人从少年成长到壮年,再由壮年成长到老年,在这一成长过程中他的形体是会发生变化的,但是,无论怎么变,他仍然是他,主体并没有发生改变,即事物之实没有变,那么,小强之名也就不能变。这就要求人们要依据实际情况认真分辨。具体而言,荀子提出从空间("所")、时间("化")和事物的性质、属性("状")诸方面去分析、确定事物实体的数量。这是荀子为了应对复杂多变的现实世界而提出的应对之策,以之完善自己的正名理论。

接下来,荀子用在此讲的制名原则来批判名辩思想。

22.6 "见侮不辱","圣人不爱己","杀盗非杀人也"[1],此惑于用名以乱名者也。验之所以为有名而观其孰行,则能禁之矣。

"山渊平","情欲寡","刍豢不加甘,大钟不加乐"[2],此惑于用实以乱名者也。验之所缘无[3]以同异而观其孰调,则能禁之矣。

"非而谒楹有牛,马非马也"[4],此惑于用名以乱实者也。验之名约,以其所受悖其所辞，则能禁之矣。

凡邪说辟[5]言之离正道而擅作者，无不类于三惑者矣。故明君知其分而不与辨[6]也。

【注释】

[1]“见侮不辱”，“圣人不爱己”，“杀盗非杀人也”：宋钘、墨子等人的观点。见《庄子·天下》《墨子·大取》《墨子·小取》等。

[2]“山渊平”，“情欲寡”，“刍豢不加甘，大钟不加乐”：惠施、宋钘、墨子等人的说法。见《庄子·天下》《墨子·辞过》等。

[3]无：衍字。

[4]“非而谒楹有牛，马非马也”：墨子的说法。见《墨子·经说》上、下篇。

[5]辟：通“僻”，邪僻。

[6]辨：通“辩”。

【品读】

这几章主要讲荀子对于名辩思想的批判。荀子认为名辩思想混淆了名实关系，乱了正名，迷惑了民众，扰乱了秩序。荀子主要归结了名辩思想三方面的危害，是为“三惑”，即“惑于用名以乱名”“惑于用实以乱名”“惑于用名以乱实”。荀子对这“三惑”进行了激烈的批评，并提出了自己的破除方法。

一是“惑于用名以乱名”。荀子列举了宋钘的“见侮不辱”及墨子的“圣人不爱己”“杀盗非杀人”的观点，认为这些观点是用名词之间的含混或多义来迷惑人们，使人们不能正确把握名称的含义。墨子就是将“圣人”“盗”排斥在“人”的概念之外，即“圣人”非人，“盗”非人，才有了“圣人不爱己”“杀盗非杀人”的观点。可是，无论是从思维逻辑还是从基本常识上来讲，“圣人”“盗”都是人。可见，墨子的观点是不符合事实的，他是借由否定“圣人”“盗”之名与“人”之名之间的从属关系来混淆人们对这两类名的认知的，这就是“用名以乱名”。荀子指出，人们只要坚持“制名以指实”的原则，就能破除这一迷惑。

二是“惑于用实以乱名”。荀子列举的例子是惠施的“山渊平”、宋钘的“情欲寡”及墨子的“刍豢不加甘，大钟不加乐”。荀子认为这些观点是在用某些实在的现象来扰乱实名，主要是将个别存在的现象等同于普遍现象或一般现象，比如说“情欲寡”。不可否认，在现实生活中的确存在“情欲寡”的人，但是这并不符合人之常情，不是一般情况。人生而有欲，而且欲求不容易满足，这样的人和现象更普遍。这些观点的错误之处在于以个别取代一般。既然这些观点是用实在的现象来蛊惑人们，那最好的破除办法就是用“所缘而以同异”的原则，即用人们对现象的正常感知反应来检验它们的真实性，考查它们是否符合一般性规律和基本事实，以事实来说话最具说服力。

三是“惑于用名以乱实”。荀子列举了墨子的“非而谒楹有牛，马非马也”的观点。此应与“白马非马”的观点相似。荀子认为，这些观点是在用不同的名称来混淆、否定事物之实。比如说，牛就是牛，马就是马，牛马之类属自然也应该包括牛和马，这是人们普遍认同、使用的实名。但是，墨子认为，牛、马两个不同之名相加的牛马，不再是牛，也不再是马，而是另一个事物之名，这就是以名乱实。墨子的说辞违背人们使用名词的习惯，混淆了个性与共性的区别。因此，荀子提出以约定名称的原则来审视此说及其推理，使其陷入自我矛盾之中，不攻而破。

22.7　夫民易一以道[1]而不可与共故，故明君临之以势，道之以道，申之以命，章[2]之以论，禁之以刑。故其民之化道也如神，辨说[3]恶用矣哉？今圣王没，天下乱，奸言起，君子无势以临之，无刑以禁之，故辨说也。

实不喻然后命，命不喻然后期，期不喻然后说，说不喻然后辨。故期、命、辨、说也者，用之大文也，而王业之始也。名闻而实喻，名之用也。累而成文，名之丽也。用丽俱得，谓之知名。名也者，所以期累实也。辞也者，兼异实之名以论一意也。辨说也者，不异实名以喻动静之道也。期命也者，辨说之用也。辨说也者，心之象道也。心也者，道之工宰也。道也者，治之经理也。心合于道，说合于心，辞合于说。正名而期[4]，质请[5]而喻。辨异而不过，推类而不悖。听则合文，辨则尽故。以正道而辨奸，犹引绳以持曲直。是故邪说不能乱，百家无所窜。有兼听之明而无奋矜之容，有兼覆之厚而无伐德之色。说行则天下正，说不行则白道而冥穷[6]。是圣人之辨说也。《诗》曰：“颙颙卬卬，如珪如璋，令闻令望，岂弟君子，四方为纲。”[7]此之谓也。

【注释】

[1]易一以道：容易用正道统一。

[2]章：同“彰”，彰明。

[3]辨说：《集解》本作“辨势”，疑非，今据下文改。

[4]期：适当。

[5]请：通“情”，实情，指名称表示的实际内容。

[6]冥穷：幽隐其身，默默无闻。穷，通“躬”。

[7]引诗见《诗经·大雅·卷阿》。大意指君子温良恭敬、气宇轩昂，德行堪比宝玉，美名在外，可为天下仪常。

【品读】

荀子认为基本上所有的“邪说”“辟言”的炮制原理都与前文所讲的“三

惑”大同小异，都是悖逆正道的“非正名”，都是在“乱正名”。对此，自然应该加以拨乱反正。荀子重点强调了明君在反正过程中的作为，是治乱之关键。荀子认为，面对这些“邪说”“辟言”，明君的正确做法是“知其分而不与辨也”，也是针对名辩思想而论。因为，名辩思想家认为真理掌握在论辩的胜利者手里，谁具有辩的能力，并取得最后的胜利，谁就掌握了真理。具体到制名来说，获得正名，只能通过“辨说”来实现。而一旦制名权掌握在辩士手里，就容易导致人们认识上的混乱。因为，辩士制名不是依据某种客观的标准，而是依赖于辩者的论辩能力。这是荀子所不能容忍的。荀子认为制名、正名只能由王者来实现，而且，王者也不需要与人“辨说”，其已然深知邪说与正道的区别，能够以正道来抵制邪说的迷惑。那么，明君只需要根据正道原则来制名即可，正名一确立，自然也就抵制了邪说的危害。可见，荀子的逻辑是明君要以立正名来破除邪说之害，而不是通过“辨说”来消解邪说之害。

荀子谈了明君“知其分而不与辨也”，进而消解邪说之惑，那么民众该怎么办呢？大多数民众并不能真正做到知“道”、知“分”，容易受到迷惑。荀子认为，解决民之惑的关键在君不在民。民众不知邪说与正道之分别原理，君王用正道来教化他们，告知他们应该怎么做，并采取措施使他们只能这样做就可以了，民众也就不需要“知其分”的道理了，即“夫民易一以道而不可与共故”。这也就是儒家特别强调民众要“法先王”“法后王”的原因——真理、正道就掌握在他们手里，只有效法、遵循他们的教化，才能够走上正途。

荀子还列举了王者的教化手段：“临之以势，道之以道，申之以命，章之以论，禁之以刑。”势、道、命、论、刑这几种手段相结合，就能保障民众法道、行道，“故其民之化道也如神，辨说恶用矣哉？”而“乱正名”现象的猖獗，就在于君王这几种手段的失效，“无势以临之，无刑以禁之”。

需指出的是，荀子在此特别强调了“势”与“刑”的作用，而这多是法家言说的内容，这也体现了荀子要求以政治强制力来解决思想文化问题的专制倾向。其学生李斯就继承和发扬了他的这一思想，并加以实践，具有文化专制和文化霸权的倾向。

荀子认为明君不需要参与“辨说”，但是在“圣人没，天下乱，奸言起”的情势下，为正名又不得不与人“辨说”，以求反正。为此，荀子就担负起“辨说”的重任，这体现了荀子等儒者的担当精神和无畏勇气。

既然要与人“辨说”，就要有自己的论辩方法，就要掌握一些基本的论辩规律和方法，尤其是也要知晓论辩对手的根底。怎么样才能更好地阐发自己的正名理论，更好地批评论辩对手呢？荀子在此特别指出“期”“命”“辨”

"说"四种方法在论辩中的重要性。荀子认为，名是用来说明实的，名实相应才能志意相通，这样"辨说"才可以进行。在荀子看来，人面对万事万物，要想加以认识，就要根据其基本属性为其命名，这类制名的工作主要是由王者完成的，此即荀子所说的"命"。如还不能做到名实相符，就要继之以"期"，也就是约定俗成，以实现"约名"。如果社会上还不能普遍达成一致，那就要加以解说、说明，使人们能够知晓其中的道理，这就是荀子所言的"说"。如果宣说还不能统一认识，那就进行论辩，寻求真实，这就是荀子所言的"辨"。经过这四个过程，基本上就能做到消除邪说、确立正名了。

荀子还论证了"期""命""辨""说"之间的内在关联。"期""命"是制定事物之名来说明事物之实，说的是名的作用、价值。而"辨""说"是不改变事物之实名、约名来说明事物之变化的道理。可见，"期""命"是"辨""说"的基础和缘由，只有先存在实名，才有"辨""说"的可能和必要，而"辨""说"则是为了更好地完成"期""命"这一制名过程，最终确立正名。

与"期""命""辨""说"相关联，荀子还提出了"名""辞""辨说"三种概念。"名"是"命"所产生的直接结果。"名也者，所以期累实也。""名"就是从事物的联系中抽绎出它的本质联系。"辞"是"期"所产生的直接结果。"辞也者，兼异实之名以论一意也。""辞"不是简单地指称某一事物，而是表示一种思想，就是用许多名来表达和论证一个意思。而"辨说"则是"说""辨"所产生的直接结果。"辨说也者，不异实名所喻动静之道也。""辨说"就是推理论证，以求作出正确的分析和判断。

荀子认为，与人"辨说"要有自己的根本原则，才能站得住脚。这关系到"辨说"的目的——求得对道的正确认识。"辨说也者，心之象道也。"荀子是为了"知道"而与人"辨说"，自然也要以"正道"为原则来与人"辨说"。而道又受到心的主宰——"心也者，道之工宰也"，而且是治国的常理——"道也者，治之经理也"。经此转化，可见荀子在"辨说—道—心—治"之间建立了内在关联，在"名辨"之说与政治治道之间建立起联系。在他看来，"辨说"的根本目的就是治国。

荀子讲"心合于道，说合于心，辞合于说"，认为使事物的名实相应，确立正名，就能实现名与心的契合，最后实现心与道的融通。此即荀子所言"圣人之辨说"要达到的至高境界。荀子认为"辨说"是为了正名，而正名又是为了"知道"、明道、行道，可见"辨说"的最终落脚点还是道，而能够"知道"的只有圣人。所以荀子"辨说"的本质就是为王道、圣制提供某种理论工具或论证方式。

22.8　辞让之节得矣，长少之理顺矣。忌讳不称，祆[1]辞不出。以仁心说，以学心听，以公心辨。不动乎众人之非誉，不治观者之耳目，不赂贵者之权势，不利传辟[2]者之辞。故能处道而不贰，吐而不夺，利而不流，贵公正而贱鄙争，是士君子之辨说也。《诗》曰："长夜漫兮，永思骞兮，大古之不慢兮，礼义之不愆兮，何恤人之言兮？"[3]此之谓也。

【注释】

[1]祆（yāo）：同"妖"。

[2]辟：通"僻"，邪僻不正。

[3]引诗不见于今本《诗经》，是逸诗。骞，通"愆"，过错。大，通"太"。大古，远古。

【品读】

荀子在此论说士君子之"辨说"。正如他将道德人格分为圣人、君子、士三层一样，在论说"辨说"之时，他也将之分为圣人之"辨说"、士君子之"辨说"、小人之"辨说"。而圣人之"辨说"更多的是一种理想境界，难以存在于现实生活中。因此，荀子将重点放在士君子之"辨说"上。这是人通过主观努力可以实现的。若仔细考察荀子关于士君子之"辨说"的论述，如"辞让之节""长少之理""仁心""学心""公心""处道而不贰""利而不流""贵公正而贱鄙争"等，会发现其实他是在教人如何修养道德，成为一名君子。可见荀子"辨说"的根本目的是使人明道、向善，具有强烈的伦理道德色彩。

22.9　君子之言，涉然而精，俛[1]然而类，差差然[2]而齐。彼正其名，当其辞，以务白其志义者也。彼名辞也者，志义之使也，足以相通则舍之矣；苟之，奸也。故名足以指实，辞足以见[3]极，则舍之矣。外是者谓之讱[4]，是君子之所弃，而愚者拾以为己宝。故愚者之言，芴然[5]而粗，啧然[6]而不类，諮諮然而沸[7]。彼诱其名，眩其辞，而无深于其志义者也。故穷藉[8]而无极，甚劳而无功，贪[9]而无名。故知者之言也，虑之易知也，行之易安也，持之易立也，成则必得其所好而不遇其所恶焉。而愚者反是。《诗》曰："为鬼为蜮，则不可得。有靦面目，视人罔极。作此好歌，以极反侧。"[10]此之谓也。

【注释】

[1]俛：同"俯"，贴切。

[2]差（cī）差然：错落有致。

[3]见：同"现"，表现。

[4]讱(rèn):出言缓慢。此指故意讲话艰涩,使人费解。

[5]芴(wù)然:肤浅的样子。

[6]啧(zé)然:高声争吵的样子。

[7]誻(tà)誻然而沸:七嘴八舌的样子,如水沸腾一般。沸,沸腾,喻言语嘈杂。

[8]穷藉:穷极探究。

[9]贪:求多。

[10]引诗见于《诗经·小雅·何人斯》。蜮(yù),相传是一种短狐,有害于人。靦(tiǎn),形容面部严肃正经的样子。

【品读】

荀子在此分析了君子之言、"知者"之言与愚者之言的区别,主要体现在他们对于名辞的使用态度上。荀子认为,君子对于名辞,只要求做到名与实相应,辞足以达意即可。而愚者则反其道行之,扰乱名实之相应关联,乱正名,惑民众,"诱其名,眩其辞,而无深于其志义者也"。在荀子看来,如果名辞不能正确地表达人的思想,不能使人正确地认识世界,不能为人轻易掌握和普遍接受,那就没有存在的价值。因为,名辞归根结底是为人服务的。荀子关于名辞、语言的功能的认知及其价值的评判标准,有着很强的功利目的,仍然是服务于其治道。

22.10 凡语治而待去欲[1]者,无以道[2]欲而困于有欲者也。凡语治而待寡欲[3]者,无以节欲而困于欲多者也。有欲无欲,异类也,生死也,非治乱也。欲之多寡,异类也,情之数也,非治乱也。欲不待可得,而求者从所可。欲不待可得,所受乎天也;求者从所可,所[4]受乎心也。所受乎天之一欲,制于所受乎心之多,固难类所受乎天也。人之所欲生甚矣,人之所恶死甚矣,然而人有从[5]生成死者,非不欲生而欲死也,不可以生而可以死也。故欲过之而动不及,心止之也。心之所可中理,则欲虽多,奚伤于治?欲不及而动过之,心使之也。心之所可失理,则欲虽寡,奚止于乱?故治乱在于心之所可,亡于情之所欲。不求之其所在,而求之其所亡,虽曰我得之,失之矣。

【注释】

[1]去欲:道家老子的观点,主张无欲、不欲。

[2]道:通"导",引导。

[3]寡欲:儒家孟子的观点。

[4]所:《集解》本无此字,今据上下文义补之。

[5]从:通"纵",放弃。

【品读】

荀子在此批评了老子、墨子、孟子、宋钘等人的治国需“去欲”“寡欲”的观点。与他们不同，荀子把人的欲望视为合理的、正常的需求，正如在《礼论》中所讲的“人生而有欲”。如何对待人的欲望呢？一方面，荀子主张“养人之欲，给人之求”，满足人的正常的欲望需求；另一方面，他认为不能任由人的欲望无限制地扩张，需加以约束，“使欲必不穷于物，物必不屈于欲，两者相持而长”，也就是将人的欲望置于礼义的制约之下。荀子认为，只要通过心（实则也是礼义，“心合于道”）的作用，控制好人的欲望需求，人就不会受到欲望的役使，不会造成现实的危害。“求者从所可，所受乎心也”，就是说，只要人的欲求合乎道理，即使再多，也不会危及政治；反之，欲求不合乎道理，即使再少，也会有害于政治。欲望的危害不在于它的多少，而在于它是否合乎道理，所谓“心之所可中理，则欲虽多，奚伤于治？”由此，荀子得出自己的结论：国家的治乱取决于人心所求的内容是否符合道理，而不在于人的情欲之多寡。

22.11 性者，天之就也；情者，性之质也；欲者，情之应也。以所欲为可得而求之，情之所必不免也；以为可而道之，知[1]所必出也。故虽为守门，欲不可去，性之具也。虽为天子，欲不可尽。欲虽不可尽，可以近尽也；欲虽不可去，求可节也。所欲虽不可尽，求者犹近尽；欲虽不可去，所求不得，虑者欲节求也。道者，进则近尽，退则节求，天下莫之若也。

【注释】

[1]知：通“智”。

【品读】

荀子在上章论证了欲望多寡与国家治乱没有必然联系，接下来又进一步阐发追求欲望满足的正当性和正确的实现途径。荀子首先论述了性、情、欲三者的内在关系。性是上天赋予的，是天生的，情是人之本性的实质，而欲则是情的自然反应。这样，人之欲也就获得了正当性，是人生来就有的必要需求，而且后天也须臾不可离。既然欲望是正当的，那么，追求欲望也就是正当的，而且还是智者所为。

虽然求欲是正当的，但是如何求是很关键的问题，因为既要保障最大限度地满足个人的欲望，又不能违背道理。荀子给出的办法是：“道者，进则近尽，退则节求。”即进能接近于完全满足自己的欲望，退能节制自己的欲望，做到进退有据。其实，这与孔子的“无可无不可”的思想具有某种相似性。

22.12 凡人莫不从其所可而去其所不可。知道之莫之若也而不从道者,无之有也。假之有人而欲南无多,而恶北无寡,岂为夫南者之不可尽也,离南行而北走也哉?今人所欲无多,所恶无寡,岂为夫所欲之不可尽也,离得欲之道而取所恶也哉?故可道而从之,奚以损之而乱?不可道而离之,奚以益之而治?故知者论道而已矣,小家珍说[1]之所愿者皆衰矣。

【注释】

[1]小家珍说:荀子对诸子异说的称呼。

【品读】

在本章,荀子指出求欲之正道就是人心之"所可"。荀子认为,"凡人莫不从其所可而去其所不可",这是人之常情。人在生活中所做的行为选择,多依从于自己的主观判断。主体认可,就会选择依从;反之,则会远离。求欲亦是这个道理。人只要认可求欲正道并依从于它,那么,欲望再多都不会危害政治,因为这些欲望都是合乎道理的;反之,欲望再少也会危害政治,因为这些欲望都是违背道理的。可见,求欲之心必须受到道的引导。

22.13 凡人之取也,所欲未尝粹[1]而来也;其去也,所恶未尝粹而往也。故人无动而不可以不与权[2]俱。衡[3]不正,则重县[4]于仰而人以为轻,轻县于俛而人以为重,此人所以惑于轻重也。权不正,则祸托于欲而人以为福,福托于恶而人以为祸,此亦人所以惑于祸福也。道者,古今之正权也,离道而内自择,则不知祸福之所托。

【注释】

[1]粹:纯粹。

[2]权:秤锤,此指衡量行为的准则,即礼义之道。

[3]衡:衡量东西轻重的器具。

[4]县:同"悬",挂。

【品读】

在本章,荀子继续论证人心要受到道的引导,不能须臾偏离正道。荀子在此以权、衡来比拟道之于心的标准作用。人们在日常生活中都是通过权、衡来正确辨别事物的轻重。如果权、衡失效,或者说人不再依据权、衡来评定轻重,那么,人就不能正确认识事物的轻重。同理,人心远离道的引导,就会走向邪路、歧路，迷失方向。“道者，古今之正权也，离道而内自择，则不知祸福之所托。”人皆有趋利避害的本能，自然会选择正道而远离邪道。

22.14 易者以一易一，人曰无得亦无丧也；以一易两，人曰无丧而有得也；以两易一，人曰无得而有丧也。计者取所多，谋者从所可。以两易一，人莫之为，明其数也。从道而出，犹以一易两也，奚丧？离道而内自择，是犹以两易一也，奚得？其累百年之欲，易一时之嫌[1]，然且为之，不明其数也。

【注释】

[1]嫌：通“慊(qiè)”，满足。

【品读】

本章荀子以利益交换为喻来说明心要受道的指引。人多有算计得失之心。通常而言，以一物换一物，属于不赔不赚，人不喜不忧；用两物换一物，属于不赚反赔，人多会不愿意；用一物换两物，则属于不赔反赚，人多会高兴。在现实生活中，我们也经常碰到这样的情况，至于到底是赔还是赚，则需要具体分析，在此只是就人的一般心理而言。人在面对利益交换时，到底应该依据何种原则作出选择？是算计之心还是理智之心？所谓算计之心，就是“离道而内自择”，而理智之心就是“从道而出”。荀子的意思是不能因为局部和一时的利益而放弃整体和长远的利益。但是，在现实中总是有人会这样做。

22.15 有[1]尝试深观其隐而难其察者：志轻理而不重物者，无之有也；外重物而不内忧者，无之有也；行离理而不外危者，无之有也；外危而不内恐者，无之有也。心忧恐则口衔刍豢而不知其味，耳听钟鼓而不知其声，目视黼黻而不知其状，轻暖平[2]簟[3]而体不知其安。故向[4]万物之美而不能嗛[5]也，假而得间[6]而嗛之，则不能离也。故向万物之美而盛忧，兼万物之利而盛害，如此者，其求物也？养生也？粥[7]寿也？故欲养其欲而纵其情，欲养其性[8]而危其形，欲养其乐而攻其心，欲养其名而乱其行。如此者，虽封侯称君，其与夫盗无以异；乘轩戴绕[9]，其与无足[10]无以异。夫是之谓以己为物役矣。

【注释】

[1]有：通“又”。

[2]平：蒲草席。

[3]簟(diàn):竹席。

[4]向:通"享"。

[5]嗛(qiè):通"慊",满足。

[6]间(jiàn):《集解》本作"问",疑非,今据文义改为"间"。

[7]粥(yù):通"鬻",卖。

[8]性:通"生"。

[9]乘轩戴絻(miǎn):乘轩车、戴官帽。絻,通"冕",卿大夫等贵族所戴礼帽。

[10]无足:指受刖刑而失去双脚者。

【品读】

本章荀子借由"尝试深观其隐而难其察"的现象,来说明人之求欲之心必须要有正道的引导。否则,人不仅不能获得因欲望满足而带来的快乐,反而会成为欲望的奴隶,"以己为物役"。此种事例在现实生活中比比皆是。

22.16 心平愉,则色不及佣[1]而可以养目,声不及佣而可以养耳,蔬食[2]菜羹而可以养口,粗布之衣、粗紃[3]之履而可以养体,屋室、庐庾、葭稿蓐[4]、尚机筵[5]而可以养形。故无万物之美而可以养乐,无势列之位而可以养名。如是而加天下焉,其为天下多,其私[6]乐少矣。夫是之谓重己役物。

【注释】

[1]佣:通"庸",平常。

[2]蔬食:同"疏食",粗食。

[3]粗紃(xún):粗麻绳。

[4]葭(jiā)稿(gǎo)蓐:草席蓐。葭,初生芦苇。稿,禾秆。蓐,草垫。

[5]尚机筵:破小桌、旧度垫。尚,当为"敝"字之误,"敝"通"敝",破旧。机,通"几",小桌。筵,竹制席垫。

[6]私:《集解》本作"和",疑非,今据文义改作"私"。

【品读】

此章荀子阐述了"重己役物"。人之求欲之心,只要合乎正道,就不会执着于物的多寡,而是关注自己的心是否得到了满足。人之乐,在于己,不在于外在的物。物只能是实现自我满足的工具,而不能成为自我的主宰。心合于道就能做到"重己役物"。

22.17 无稽之言,不见之行,不闻之谋,君子慎之。

【品读】

本章列出君子"三慎",主张有德学之如君子者,当不盲信盲从自己视听之外、无据可考的事情。这既体现出荀子思想的理性色彩,也体现了其正名理论重视经验事实的重要性。而在经验主义(Empiricism)裹挟下的功利性倾向,从某种程度上而言,不利于抽象逻辑思维的发展。但是,它有利于确定善恶、是非的判断标准,有利于整合人们的思想意识,有利于社会秩序的建设和国家的治理。荀子的正名论本质上是为现实政治服务的,这也就决定和限制了其在纯粹的逻辑语言理论方面可能达到的高度。其实,这本就不是荀子关注的重点所在。如何构建理想的社会秩序,正名思想又能在其中发挥何种作用,才是他思考的中心问题。

性恶篇第二十三

23.1　人之性恶，其善者伪[1]也。

今[2]人之性，生而有好利焉，顺是，故争夺生而辞让亡焉；生而有疾恶焉，顺是，故残贼生而忠信亡焉；生而有耳目之欲，有好声色焉，顺是，故淫乱生而礼义文理亡焉。然则从[3]人之性，顺人之情，必出于争夺，合于犯分乱理而归于暴。故必将有师法之化、礼义之道[4]，然后出于辞让，合于文理，而归于治。用此观之，然则人之性恶明矣，其善者伪也。

【注释】

[1]伪：通“为”，人为。

[2]今：发语词，犹“夫”。

[3]从：通“纵”，放纵。

[4]道：同“导”，引导。

【品读】

开篇首章，荀子开宗明义：“人之性恶，其善者伪也。”这里要重点区别“性”与“伪”两个概念。荀子在《正名》篇里已经就性、情、欲的概念进行了阐述，如“性者，天之就也”“生之所以然谓之性，不事而自然谓之性”。他认为人之性是与生俱来的自然属性，包括人的生理需求和心理需求，也就是我们通常说的情欲。对于性、情、欲之间的内在关联，荀子亦说：“性者，天之就也；情者，性之质也；欲者，情之应也。”可见，性就是人与生俱来的各种情欲。而人的情欲如果不受控制，必然会招致不良后果，趋向于恶。荀子在此说的人的“好利”“疾恶”“耳目之欲”，实际上是人先天的“性”推动情欲恶性发展所致。而这些人欲的放纵必然导致“辞让亡”“忠信亡”“礼义文理亡”“孝衰”“信衰”“忠衰”的局面。祸根就是人顺性而为，所谓“从人之性，顺人之情，必出于争夺，合于犯分乱理而归于暴”。正是基于此，荀子得出人性恶的结论。

但是，如果人性本恶，荀子就必须回答另一个问题：善是怎么来的？因为善、恶是并举的，有恶必有善，有善才有恶，二者是相反相成的。孟子认为善本就存在于人性之中。而荀子认为，善来自于后天之人为（即“伪”），是人被“师法之化、礼义之道”熏陶、改造的结果。“伪”就是用来改变人性恶的，目的是“合于文理，而归于治”。人性本不善，故人性本恶，这是荀子拨乱反正的基本认识。当然，这只是他本人眼里的人性观，未必全然正确，需要辩证地看待、理解。

23.2　故枸[1]木必将待檃、栝[2]、烝矫[3]然后直，钝金[4]必将待砻、厉[5]然后利。今人之性恶，必将待师法然后正，得礼义然后治。今人无师法，则偏险而不正；无礼义，则悖乱而不治。古者圣王以人之性恶，以为偏险而不正，悖乱而不治，是以为之起礼义，制法度，以矫饰[6]人之情性而正之，以扰化人之情性而导之也。始皆出于治、合于道者也。今之人化师法、积文学、道礼义者为君子；纵性情，安恣睢，而违礼义者为小人。用此观之，然则人之性恶明矣，其善者伪也。

【注释】

[1]枸(gōu)：通“钩”，弯曲。

[2]檃(yǐn)栝(kuò)：使曲木变直的工具。

[3]烝(zhēng)矫：用蒸气熏烤竹木，以便矫正其形状。烝，同“蒸”，蒸烤。

[4]金：金属之器。

[5]砻(lóng)、厉：磨炼、砥砺。厉，通“砺”。

[6]饰：通“饬”，整治。

【品读】

荀子以比喻来说明师法礼义教化对于改变人之性恶的重要性。圣人因为人之性恶，制定礼义法度来“矫饰”和驯化人之情性，并加以启发诱导，从而使其归化圣治王道。以圣人制定的礼义法度为标准来审视当今之人，荀子区分出君子与小人之别。圣人需要制定礼义法度来教化民众，自然说明人之性恶，否则就没有必要做这些事了。这里似乎暗含一个问题，即圣人之性是否也是本恶的？如果是，圣人又是怎么做到改变性恶，进而制定出礼义法度的？对此，荀子在后文作了进一步的解答。

23.3　孟子曰：“人之学者，其性善。”

曰：是不然。是不及知人之性，而不察乎人之性、伪之分者也。凡性者，天之就也，不可学，不可事；礼义者，圣人之所生也，人之所学而能、所事而成者也。不可学、不可事而在人者，谓之性；可学而能、可事而成之在人者，谓之伪。是性、伪之分也。今人之性，目可以见，耳可以听。夫可以见之明不离目，可以听之聪不离耳，目明而耳聪，不可学明矣。

【品读】

荀子批评孟子"不及知人之性，而不察乎人之性、伪之分"，从而得出错误的结论。他认为，性是天生的自然属性，是人不可学、不可事的；伪即礼义法度，是圣人制定的外在规范，是可学、可事的。也就是说，性与伪是两分的，一在内（在己）一在外（在他）。这样，礼义法度只能通过学习获得。而孟子认为礼义法度内在于人心，天生即具，后天的学习只能使人保持、激发、寻回善性。这是两人所持性恶、性善论的根本分歧，贯穿了本篇荀子批驳孟子性善论的始末。

……………………………………

23.4 孟子曰："今[1]人之性善，将[2]皆失丧其性，故恶[3]也。"

曰：若是则过矣。今人之性，生而离其朴，离其资，必失而丧之。用此观之，然则人之性恶明矣。所谓性善者，不离其朴而美之，不离其资而利之也。使[4]夫资朴之于美，心意之于善，若夫可以见之明不离目，可以听之聪不离耳，故曰目明而耳聪也。今人之性，饥而欲饱，寒而欲暖，劳而欲休，此人之情性也。今人饥，见长而不敢先食者，将有所让也；劳而不敢求息者，将有所代也。夫子之让乎父，弟之让乎兄，子之代乎父，弟之代乎兄，此二行者，皆反于性而悖于情也。然而孝子之道，礼义之文理也。故顺情性则不辞让矣，辞让则悖于情性矣。用此观之，然则人之性恶明矣，其善者伪也。

【注释】

[1]今：发语词，犹"夫"。

[2]将：犹"必"。本章下文同此。

[3]恶：《集解》本无此字，今据杨倞注增之。

[4]使：犹"夫"，提示词。

【品读】

本章主要讲荀子对孟子性善论的批评。孟子认为人性本善，现实中不善者是因为其丧失了故有的本性。荀子不以为然，反驳说：现实中的人生来就脱离其本来的禀赋、材质，丧失本性，人性恶不证自明。在他看来，性善就是不离其本来，就是美善，天生美质、心向善意，应该像可看清东西的视觉离不开眼睛一样，可听清声音的听觉离不开耳朵一样，出自天成。而事实上，人的性情欲望又使人很难做到这一点。

遵循这种逻辑，荀子批评孟子"今人之性善，将皆失丧其性，故恶也"（即善性与生俱来，恶是善性丧失所致）的观点，来说明自己的观点：人努力求善求美,不仅不能证明人天生就有善性,反而证明人自身的不善,即人性本恶。荀子认为"饥而欲饱,寒而欲暖,劳而欲休"是人的本性、本能,因此,儿子对父亲谦让、弟弟对哥哥谦让,儿子代父亲劳作、弟弟代哥哥劳作,这两种行为都是违反人性而背离人情的,却是孝子的行为准则和礼义的规章制度。顺从情性就不会辞让,辞让就一定是悖于情性而为,故荀子得出结论"人之性恶明矣"。不过,荀子的观点也有牵强之处,他的人性恶只是指出人作为动物具有的本能的一面,这种动物本能用人性恶概括究竟是否恰当、周全,值得商榷。

23.5　问者曰:"人之性恶,则礼义恶[1]生?"

应之曰:凡礼义者,是生于圣人之伪,非故[2]生于人之性也。故[3]陶人埏埴[4]而为器,然则器生于工人之伪,非故生于人之性也。故工人斫[5]木而成器,然则器生于工人之伪,非故生于人之性也。圣人积思虑,习伪故,以生礼义而起法度。然则礼义法度者,是生于圣人之伪,非故生于人之性也。若夫目好色,耳好声,口好味,心好利,骨体肤理好愉佚[6],是皆生于人之情性者也,感而自然,不待[7]事而后生之者也。夫感而不能然,必且待事而后然者,谓之生于伪。是性、伪之所生,其不同之征也。

故圣人化性而起伪,伪起而生礼义,礼义生而制法度。然则礼义法度者,是圣人之所生也。故圣人之所以同于众,其不异于众者,性也;所以异而过众者,伪也。夫好利而欲得者,此人之情性也。假之人有弟兄资财而分者,且顺情性,好利而欲得,若是,则兄弟相怫夺矣;且[8]化礼义之文理,若是,则让乎国人矣。故顺情性则弟兄争矣,化礼义则让乎国人矣。

【注释】

[1]恶(wū):通"乌",疑问词,如何。
[2]故:通"固",本来。
[3]故:犹"夫"。
[4]埏(shān)埴(zhí):以水和黏土制造用具。
[5]斫(zhuó):砍削。
[6]佚:同"逸",安闲。
[7]待:通"恃",依靠。
[8]且:如果。

【品读】

荀子认为人性本恶,那么,代表着"善"的礼义从何而来是一个必须解答的问题。孟子认为礼义天然存在于人心之内,指出"羞恶之心,义之端也;辞让之心，礼之端也”①。而荀子则认为“凡礼义者，是生于圣人之伪，非故生于人之性也”，即礼义是由圣人制作的，不是人本性的产物。他巧妙地借用两个譬喻对“伪”与“性”作了区别：“故陶人埏埴而为器，然则器生于工人之伪，非故生于人之性也。故工人斫木而成器，然则器生于工人之伪，非故生于人之性也。”即礼义之于人性，就像木器之于木材或陶器之于黏土一样。木器或陶器是人为制作的结果，而不是木材与黏土天然生就。同理，礼义也是人为之作。

圣人也是人，既然人本恶，圣人自然也本恶，那么为何圣人还能制作出礼义呢？圣人是如何改变自己本恶之性的？荀子认为，圣人与众人有同有异。圣人之性与众人之性相同，即所谓“圣人之所以同于众，其不异于众者，性也”。因此，圣人也不能自动、自发地改变自己的本性而创制出礼义。圣人能制礼作乐，主要是因为圣人还有与众不同之处，即“所以异而过众者，伪也”，圣人能够“化性起伪”。这种化起之功就是荀子说的在后天学习中亲近贤师良友，熏陶改良人性，小心对待社会礼俗，积累礼义修养，就有道君子而正已身心，只有经过磨炼、积累而后方可能成贤成圣。此即首篇《劝学》中所言“积善成德而神明自得，圣心备焉”之谓也。

23.6　凡人之欲为善者，为性恶也。夫薄愿厚，恶愿美，狭愿广，贫愿富，贱愿贵，苟无之中者，必求于外；故富而不愿财，贵而不愿势，苟有之中者，必不及[1]于外。用此观之，人之欲为善者，为性恶也。今人之性，固无礼义，故强学而求有之也；性不知礼义，故思虑而求知之也。然则生[2]而已，则人无礼义，不知礼义。人无礼义则乱，不知礼义则悖。然则生而已，则悖乱在己。用此观之，人之性恶明矣，其善者伪也。

【注释】

[1]及：寻求。

[2]生：通“性”。下文“然则生而已”之“生”亦然。

【品读】

按荀子的讲法，圣人之所以要制作礼义，就是因为“人无礼义则乱，不知礼义则悖”。乱来自于人的争夺，而人之所以要争夺，就是因为某种社会资源的稀缺或分布不均导致资源的分配有无、多寡不均。如果自己本就有且多，就不会争了。因此人要学习礼义、求仁善，说明人本性里本没有礼义，只能通过学习来外求、获取。说到底，荀子只是为其人性恶溯源，确认其合理性。

① 《孟子·公孙丑上》。

23.7 孟子曰:“人之性善。”

曰:是不然。凡古今天下之所谓善者,正理平治也;所谓恶者,偏险悖乱也。是善恶之分也已。今诚以人之性固正理平治邪,则有[1]恶用圣王,恶用礼义矣哉?虽有圣王礼义,将曷加于正理平治也哉?今不然,人之性恶。故古者圣人以人之性恶,以为偏险而不正,悖乱而不治,故为之立君上之势以临之,明礼义以化之,起法正以治之,重刑罚以禁之,使天下皆出于治、合于善也。是圣王之治而礼义之化也。今当试[2]去君上之势,无礼义之化,去法正之治,无刑罚之禁,倚而观天下民人之相与也。若是,则夫强者害弱而夺之,众者暴寡而哗之,天下之悖乱而相亡不待顷矣。用此观之,然则人之性恶明矣,其善者伪也。

故善言古者,必有节[3]于今;善言天者,必有征于人。凡论者贵其有辨合,有符验。故坐而言之,起而可设,张而可施行。今孟子曰:“人之性善。”无辨合符验,坐而言之,起而不可设,张而不可施行,岂不过甚矣哉?故性善则去圣王、息礼义矣,性恶则与[4]圣王、贵礼义矣。故檃栝之生,为枸木也;绳墨之起,为不直也;立君上,明礼义,为性恶也。用此观之,然则人之性恶明矣,其善者伪也。

直木不待檃栝而直者,其性直也;枸木必将待檃栝、烝矫然后直者,以其性不直也。今人之性恶,必将待圣王之治、礼义之化,然后皆出于治、合于善也。用此观之,然则人之性恶明矣,其善者伪也。

【注释】

[1]有:通“又”。

[2]当试:与“尝试”“当使”相通,意同“倘使”。

[3]节:古人出入门关时的凭证。符节由竹片或玉石制成,一分为二,行人需出示官府发放的一半符节,与守关者所持另一半符节完全吻合,方可过关。此处引申为验证。

[4]与:通“举”,推举。

【品读】

本章荀子仍然用反证法论证人性之恶。古今天下所谓的善都是“正理平治”,而恶就是“偏险悖乱”,此为善恶之别。按孟子人性善说,人皆有善性,那圣王就没必要制定礼义了。恰恰相反,荀子认为只有人性恶,才需要圣人制定礼义,惩治“偏险悖乱”,实现“正理平治”。当然,如果返回到孟子那里,他认为人本善,不善是在后天不善的环境熏陶下丢失善心所致。故圣人还是要以王道仁政教化民众,使迷途之民众找回失落的仁义之心。孟、荀二人都注意到现实中恶的一面,只是孟子认为这是表面的暂时现象,是人性善被丢失、扭曲所致的反常状态，故要通过学习找回礼义仁爱；而荀子则认为这种现象产生的根本原因是人本初即性恶，必须以礼义规范甚至刑法矫正，使之向善而为，有利于社会政治中各类群体的安定团结。

接着，荀子阐述了圣王之治与圣王之化的具体内容和实现途径："为之立君上之势以临之，明礼义以化之，起法正以治之，重刑罚以禁之，使天下皆出于治、合于善也。是圣王之治而礼义之化也。"在此，他将法正和刑罚提高到与礼义教化并重的地位，推崇刑法在治政中的作用。这也是荀子重法精神的体现。

韩愈曾言，"人之能为人，由腹有诗书"①，这里的人显然已经不是纯粹的自然生理意义上的人，而是指融入社会，被文化熏陶、改造过的文明人。《礼记·曲礼上》言："今人而无礼，虽能言，不亦禽兽之心乎？夫唯禽兽无礼，故父子聚麀。是故圣人作，为礼以教人，使人以有礼，知自别于禽兽。"此处关于礼的观点，也是遵循以下逻辑推理而成：人与禽兽的差别很小，所以人需要被教之以礼而成为文明人。这和荀子的人性恶说类似，可参照理解。

本章中所言"今人之性恶，必将待圣王之治、礼义之化，然后皆出于治、合于善也"，将《劝学》篇中的"积善成德而神明自得，圣心备焉"过程化、详细化，给出了一个相对明确的解释，可两相比照而读。

23.8 问者曰："礼义积伪者，是人之性，故圣人能生之也。"

应之曰：是不然。夫陶人埏埴而生瓦，然则瓦埴岂陶人之性也哉？工人斫木而生器，然则器木岂工人之性也哉？夫圣人之于礼义也，辟[1]亦陶埏而生之也。然则礼义积伪者，岂人之本性也哉？凡人之性者，尧、舜之与桀跖，其性一也；君子之与小人，其性一也。今将以礼义积伪为人之性邪？然则有[2]曷贵尧、禹，曷贵君子矣哉？凡所贵尧、禹君子者，能化性，能起伪，伪起而生礼义。然则圣人之于礼义积伪也，亦犹陶埏而为之也。用此观之，然则礼义积伪者，岂人之性也哉？所贱于桀、跖小人者，从其性，顺其情，安恣睢，以出乎贪利争夺。故人之性恶明矣，其善者伪也。

天非私曾、骞、孝己而外众人也，然而曾、骞、孝己独厚于孝之实而全于孝之名者，何也？以綦于礼义故也。天非私齐、鲁之民而外秦人也，然而于父子之义、夫妇之别，不如齐、鲁之孝具[3]敬文[4]者，何也？以秦人之从情性、安恣睢、慢于礼义故也，岂其性异矣哉？

① （唐）韩愈：《韩愈集·符读书城南》，岳麓书社2000年版，第77页。

【注释】

[1]辟:通“譬”。

[2]有:通“又”。

[3]具:通“俱”,全。

[4]文:礼义。《集解》本作“父”字,据杨倞注改。

【品读】

本章论述有人质疑礼义的来源(即正当性)问题。既然人性恶,圣人自然也是性恶,那么,圣人为何能够制作礼义呢?礼义是否来自于圣人之性?如礼义是由人为积累而成,这能否说明礼义是从圣人之性中自发而生的?荀子给出了否定答案,并作了缜密的分析与论证,得出的结论就是“所贵尧、禹君子者,能化性,能起伪,伪起而生礼义”。这里仍在突出后天学习、修为过程(即“伪”)是人能化其性恶、积善成德的关键。如本篇首章和本书其他篇章所示荀子的论证逻辑一样,只要肯下功夫,潜心学习仁义礼法、先王之道,来来往往于道路上的普通人都可以成为大禹般的圣人。这种思路横亘于荀子头脑中,也常闪烁于《荀子》中的各个角落。细心捕捉,俯拾皆是。

23.9 “‘涂之人[1]可以为禹’,曷谓也?”

曰:凡禹之所以为禹者,以其为仁义法正也,然则仁义法正有可知、可能之理。然而涂之人也,皆有可以知仁义法正之质,皆有可以能仁义法正之具,然则其可以为禹明矣。今以仁义法正为固无可知可能之理邪?然则唯[2]禹不知仁义法正,不能仁义法正也。将使涂之人固无可以知仁义法正之质,而固无可以能仁义法正之具邪?然则涂之人也,且内不可以知父子之义,外不可以知君臣之正。不然。今涂之人者皆内、可以知父子之义,外可以知君臣之正,然则其可以知之质、可以能之具,其在涂之人明矣。今使涂之人者以其可以知之质、可以能之具,本夫仁义法正[3]之可知之理、可能之具,然则其可以为禹明矣。今使涂之人伏[4]术为学,专心一志,思索孰察,加日县久[5],积善而不息,则通于神明、参于天地矣。故圣人者,人之所积而致矣。

【注释】

[1]涂之人:路人,代指普通民众。涂,通“途”。

[2]唯:通“虽”,即使。

[3]法正:《集解》本无此二字,据上下文增之。

[4]伏:通“服”,从事。

[5]县久:时间久远。县,通“悬”。

【品读】

针对问者提出的为什么说"涂之人可以为禹"这样的问题，荀子答疑解惑。荀子借此阐述了以下观点："仁义法正"为人之固有，是成贤成圣的正途，只要普通人有知道人伦的资质，"内可以知父子之义，外可以知君臣之正"，然后"伏术为学，专心一志，思索孰察，加日县久，积善而不息，则通于神明，参于天地矣。故圣人者，人之所积而致也"。从本质上来说，这种观点与荀子在《劝学》中曾经宣扬过的"积善成德而神明自得，圣心备焉""（学）始乎诵经，终乎读《礼》；其义则始乎为士，终乎为圣人"等观点息息相通，与其一再申述的化性起伪、积礼义可为圣人别无二致。荀子在《儒效》篇中所言"积土而为山，积水而为海，旦暮积谓之岁。至高谓之天，至下谓之地，宇中六指谓之极；涂之人、百姓积善而全尽谓之圣人。彼求之而后得，为之而后成，积之而后高，尽之而后圣。故圣人也者，人之所积也"，可与本章对照理解。后世有诗人追慕"六亿神州尽舜尧"的理想，与荀子主张的"涂之人可以为禹"形成一定的呼应，值得思索。

23.10　曰："圣可积而致，然而皆不可积，何也？"

曰：可以而不可使也。故小人可以为君子而不肯为君子，君子可以为小人而不肯为小人。小人、君子者，未尝不可以相为也，然而不相为者，可以而不可使也[1]。故涂之人可以为禹，然；涂之人能为禹，未必然也。虽不能为禹，无害可以为禹。足可以遍行天下，然而未尝有能遍行天下者也。夫工匠、农、贾，未尝不可以相为事也，然而未尝能相为事也。用此观之，然则可以为，未必能也；虽不能，无害可以为。然则能不能之与可不可，其不同远矣，其不可以相为明矣。

尧问于舜曰："人情何如？"舜对曰："人情甚不美，又何问焉？妻子具而孝衰于亲，嗜欲得而信衰于友，爵禄盈而忠衰于君。人之情乎！人之情乎！甚不美，又何问焉？"唯贤者为不然。

【注释】

[1]可以而不可使也：可以为而不可以使之为。

【品读】

本章紧接上章的提问而来。圣人可积礼义而致，为何鲜有人达到？荀子给出的答案是："小人可以为君子而不肯为君子；君子可以为小人而不肯为小人。"一个"肯"与"不肯"，将小人、君子和圣贤、凡俗划分开来。这似乎有点唯心，但与孔子宣扬的求仁得仁之说非常相似。随后，荀子又辩证地分析了应然与实然出现的差距问题——“可以为，未必能也；虽不能，无害可以为”，这与孟子说的“是不为也，非不能也”①大致相同。

另外，这里荀子假托尧、舜之口，言“人情甚不美”，从一个侧面论证其人性恶的观点。因为，性、情之间有密切的关系：“生之所以然者，谓之性；性之和所生，精合感应，不事而自然，谓之性。性之好、恶、喜、怒、哀、乐，谓之情。”②另外，此处言“人情甚不美”，可能是说人是一种矛盾的产物，很难在假恶丑与真善美、喜乐幸与悲忧殃中寻求相反相成的平衡，在孝亲与爱妻、私欲与公义、财富与忠诚之间找到契合点，往往失之于纵一己私欲而忘天下之公德。荀子是从私心太重的意义上来说“人情甚不美”的。他讲过的“两情者，人生固有端焉”③，似乎与此处观点相仿，可对读。

对于情，要结合荀子的性情观来整体理解。这里摘录《儒效》篇中的一段话，作为理解荀子“人情甚不美”的参照：“性也者，吾所不能为也，然而可化也；情也者，非吾所有也，然而可为也。注错习俗，所以化性也；并一而不二，所以成积也。习俗移志，安久移质，并一而不二，则通于神明、参于天地矣。”

23.11 有圣人之知[1]者，有士君子之知者，有小人之知者，有役夫之知者。多言则文而类，终日议其所以，言之千举万变，其统类一也，是圣人之知也。少言则径而省，论[2]而法，若佚[3]之以绳，是士君子之知也。其言也谄[4]，其行也悖，其举事多悔，是小人之知也。齐给、便敏[5]而无类，杂能、旁魄[6]而无用，析速、粹孰而不急[7]，不恤是非，不论曲直，以期胜人为意，是役夫之知也。

有上勇者，有中勇者，有下勇者：天下有中[8]，敢直其身；先王有道，敢行其意；上不循于乱世之君，下不俗于乱世之民；仁之所在无贫穷，仁之所亡无富贵；天下知之，则欲与天下同苦乐之；天下不知之，则傀然[9]独立天地之间而不畏，是上勇也。礼恭而意俭[10]，大齐信焉而轻货财，贤者敢推而尚[11]之，不肖者敢援而废之，是中勇也。轻身而重货，恬祸而广解，苟免，不恤是非、然不然之情，以期胜人为意，是下勇也。

【注释】

[1]知：通“智”。下同。

[2]论：通“伦”，条理。

---

① 《孟子·梁惠王上》。

② 《荀子·正名》。

③ 《荀子·礼论》。

[3]佚(zhì):次序。

[4]谄:佞。

[5]齐给、便敏:口齿伶俐敏捷。

[6]旁魄:通"磅礴",广博。

[7]析速、粹孰而不急:分析迅速、纯熟但无关紧要。粹,通"萃",精。孰,通"熟"。

[8]中:中正之道,指礼义。

[9]傀然:通"岿然",独立自处的样子。

[10]俭:通"谦"。

[11]尚:尊崇。

【品读】

智、勇和仁一样,是儒家君子之道的重要组成部分。在此章,荀子把智分为圣人之智、士君子之智、小人之智和役夫之智四类,把勇分为上勇、中勇、下勇①三类,并一一加以论述。其目的仍在于宣传或者证明他的学说是由士君子而至圣贤的学问,这与孔子在《论语》中申述其学说为君子之学如出一辙。大体而论,孔子的君子之学本乎仁孝,以礼义为标准,而荀子的士君子之学则本乎礼义,辅之以法度,故二位先儒同样讲仁义礼智、向德首善,但侧重点有所不同。

23.12 繁弱、钜黍,古之良弓也,然而不得排檠[1]则不能自正。桓公之葱,太公之阙,文王之录,庄君之曶,阖闾之干将、莫邪、钜阙、辟闾[2],此皆古之良剑也,然而不加砥厉[3]则不能利,不得人力则不能断。骅骝、骐、骥、纤离、绿耳[4],此皆古之良马也,然而前必有衔辔之制,后有鞭策之威,加之以造父之驭,然后一日而致千里也。夫人虽有性质美而心辩知,必将求贤师而事之,择良友而友之。得贤师而事之,则所闻者尧、舜、禹、汤之道也;得良友而友之,则所见者忠信敬让之行也。身日进于仁义而不自知也者,靡使然也。今与不善人处,则所闻者欺诬诈伪也,所见者污漫、淫邪、贪利之行也,身且加于刑戮而不自知者,靡使然也。传曰:"不知其子,视其友;不知其君,视其左右。"靡而已矣,靡而已矣。

【注释】

[1]排檠(qíng):矫正弓弩的器具。

---

① 关于勇,在《荣辱》篇中就有分为"狗彘之勇""贾盗之勇""小人之勇""士君子之勇"之说。如果大致对应而论,下勇无疑指前三者,而中勇与上勇则指士君子之勇。在《庄子·秋水》中也有假托孔子言其勇者,将勇分为渔父之勇、猎夫之勇、烈士之勇和圣人之勇:"夫水行不避蛟龙者,渔父之勇也;陆行不避兕虎者,猎夫之勇也;白刃交于前,视死若生者,烈士之勇也;知穷之有命,知通之有时,临大难而不惧者,圣人之勇也。"

[2]桓公之葱，太公之阙，文王之录，庄君之曶(hū)，阖闾之干将、莫邪、钜阙、辟闾：分别为齐桓公、姜太公、周文王、楚庄王、吴王阖闾的剑名。

[3]砥厉：以砥石来磨刀剑，使之锋利。厉，通“砺”。

[4]骅骝、骐、骥、纤离、绿耳：皆周穆王骏马之名。西晋时出土的《穆天子传》载周穆王拥有八匹神骏，分别为赤骥、盗骊、白义、逾轮、山子、渠黄、骅骝、绿耳。

【品读】

此章先举例说明如果良弓无排檠、良剑无砥砺、良马无衔辔鞭策及一流的驭手，难以成为良器宝物，继而引出主旨：人人有美质智慧，可以通过亲贤敬师，德学双修。所谓“得贤师而事之，则所闻者尧、舜、禹、汤之道也；得良友而友之，则所见者忠信敬让之行也。身日进于仁义而不自知也者，靡使然也”。这种亲贤师、近良友、积善成德的治学成才之路，在《劝学》《修身》《儒效》等篇中也有阐述。如：“学莫便乎近其人。《礼》、《乐》法而不说，《诗》、《书》故而不切，《春秋》约而不速。方其人之习君子之说，则尊以遍矣，周于世矣”；“君子隆师而亲友，以致恶其贼。好善无厌，受谏而能诫，虽欲无进，得乎哉”；“礼者，所以正身也；师者，所以正礼也”；“有师法者，人之大宝也”；“注错习俗，所以化性也；并一而不二，所以成积也。习俗移志，安久移质，并一而不二，则通于神明、参于天地矣”；等等。习惯是人的第二天性，性不可移易，但习可改易。一个人里仁为美，与德比邻，亲师近友，就能化性起伪，德才兼备，成为优秀的人才，这是荀子关于学习的主要观点。

君子篇第二十四

24.1 天子无妻[1]，告人无匹[2]也。四海之内无客礼，告无适[3]也。足能行，待相者[4]然后进；口能言，待官人然后诏。不视而见，不听而聪，不言而信，不虑而知，不动而功，告至备也。天子也者，势至重，形至佚，心至愈[5]，志无所诎[6]，形无所劳，尊无上矣。《诗》曰："溥天之下，莫非王土；率土之滨，莫非王臣。"[7]此之谓也。

【注释】

[1]妻：通"侪"，同辈。

[2]无匹：无人可匹敌。

[3]适(dí)：对等。

[4]相者：君王身边辅助行礼的人。

[5]愈：通"愉"。

[6]诎：通"屈"，压抑。

[7]引诗见《诗经·小雅·北山》。

【品读】

在古代君权专制政治中，"溥天之下，莫非王土；率土之滨，莫非王臣"，天下所有土地、所有民众都属于君王，可谓君权至上。这种思想在西周时期就已有之。为了体现和维护君权的至上性，君主在各方面都表现出与众不同，而这一切都属于礼制的范畴。如在政治权力上，君王拥有至尊无上的权威，决定着国家和臣民的命运。国家制定了相应机制，成立了相应政府机构来为君王服务，实践君王的意志。再如在身份地位上，全天下的人都是君王的臣民，不存在与其平等的人。甚至在生活行为上，礼制也为君王制定了许多规范以突显其至上地位。如君王要住在与民隔绝的辉煌的宫廷里，其衣食住行皆有特制，就像荀子所言"足能行，待相者然后进；口能言，待官人然后诏"。

君权的至上性和神圣性是由国家礼制所赋予的。礼制的重要目的之一就是维护以君王为核心的社会等级制度，这是在强调礼有“分”的一面。当然，礼制规范的社会等级制度，绝不仅仅是为了维护君王的至高权威，也服务于秩序社会的建构，这是在强调礼有“养”的一面。

24.2 圣王在上，分义行乎下，则士大夫无流淫之行，百吏官人无怠慢之事，众庶百姓无奸怪之俗，无盗贼之罪，莫敢犯[1]上之禁，天下晓然皆知夫盗窃之人不可以为富也，皆知夫贼害之人不可以为寿也，皆知夫犯上之禁不可以为安也。由其道则人得其所好焉，不由其道则必遇其所恶焉。是故刑罚綦省而威行如流，世晓然皆知夫为奸，则虽隐窜逃亡之由不足以免也，故莫不服罪而请。《书》曰：“凡人自得罪。”[2]此之谓也。

【注释】

[1]《集解》本“犯”字下有一“大”字，今据上下文义删之。

[2]引文见《尚书·康诰》。此处断章取义，文义与《尚书》不尽相同。

【品读】

荀子在这里强调的是：圣王遵行礼治，臣民自会效仿。上下相谐以礼，则太平盛世指日可待。礼治立足于民众的自知、自觉、自为，而圣王尊礼为民众树立了学习榜样。在这种前提下，刑政的价值和作用是有限的。古人有言：“画地为狱，议不入；刻木为吏，期不对。”意思是说，即便是在地上画个圆圈当监狱，人们也不愿意踏进去；即便是用木头雕刻一个法官，人们也不愿意站在他前边。这也就是儒家所讲的“德主刑辅”的治国思想。

圣王治世，奉行“分义行乎下”的方针，以礼为政，任命贤能，放手让他们去做，而自己只需要抓大放小、不妄为即可。正如孔子所说的“无为而治”“恭己正南面而已者”①，孟子所说的“尧舜之道，孝弟而已矣”②。圣王无为而治并不是真的毫无作为，而是有所为有所不为。正如孟子所言“无为其所不为，无欲其所不欲，如此而已矣”③。

上古三代圣王的“无为”，与后世帝王的某些功绩形成鲜明对比。如秦皇汉武、唐宗宋祖这些雄才大略之君，他们的丰功伟绩为人熟知，都将古代中国的发展推向盛世。但不容否认的事实是，这些功绩后来又多毁于他们自己或后代手里，难以善终。主要原因在于其解决旧有问题的同时，也带来

① 《论语·卫灵公》。

② 《孟子·告子下》。

③ 《孟子·尽心上》。

了不少新问题，有的新问题愈演愈烈，危及政治与社会稳定。如宋太祖为解决五代武人拥兵自重、地方权力坐大之弊，优待文人，收夺地方各种权力，但此举却带来冗官、冗兵、冗政和经济、军事上积贫积弱的恶果，即便有庆历新政、熙宁新法等变革自救活动，也难以阻止国势颓危之势。从某种程度上而言，他们做得越多，成就越大，积累的矛盾也越多、越严重。其中的关键在于，他们并不是真正以社会民众的根本利益为基点来决定自己的政治行为，或者只是以自以为有利于民众的认识来决定自己的行为，所以，他们的丰功伟业最终只能是以损害民众的根本利益为代价。

当然，三代圣王除了儒家眼里的孝悌、"恭己正南面"之外，还做了许多诸如生产劳动、政治建设、提拔贤能、制礼作乐、治理水患、平定叛乱、四处巡视等大事要事，才取得一时的太平，并非如某些后儒口头上所描述的那么轻松。这一点在《史记》等史书中有详细记载，我们当留意之，方可全面认识圣王之政，不至于偏听儒家一面之词而陷入偏执之域。

24.3 故刑当罪则威，不当罪侮；爵当贤则贵，不当贤则贱。古者刑不过罪，爵不逾德，故杀其父而臣其子，杀其兄而臣其弟。刑罚不怒罪，爵赏不逾德，分然各以其诚通。是以为善者劝，为不善者沮，刑罚綦省而威行如流，政令致[1]明而化易[2]如神。传曰："一人有庆，兆民赖之。"[3]此之谓也。

乱世则不然：刑罚怒罪，爵赏逾德，以族论罪，以世举贤。故一人有罪而三族[4]皆夷，德虽如舜，不免刑均，是以族论罪也。先祖当[5]贤，后子孙必显，行虽如桀纣，列从必尊，此以世举贤也。以族论罪，以世举贤，虽欲无乱，得乎哉？《诗》曰："百川沸腾，山冢崒崩，高岸为谷，深谷为陵。哀今之人，胡憯莫惩。"[6]此之谓也。

【注释】

[1]致：同"至"，极。

[2]易：通"施"，施行。

[3]引文见《尚书·吕刑》。

[4]三族：指父族、母族、妻族。

[5]当：通"尝"，曾经。

[6]引诗见《诗经·小雅·十月之交》。冢(zhǒng)，山顶。崒，通"猝"，突然。憯(cǎn)，语气助词，曾、怎。惩，止。

【品读】

荀子是一位对现实具有超强批判性的思想家。此处他借描述自己眼里的乱世之契机，对从殷周流传下来的世卿世禄制有所针砭，宣扬儒家举贤思想，批评乱世中司法不公（如“以族论罪”）的现象。

荀子探讨了刑、爵与治国的关系。刑罚、爵位是君王的两种重要的治国手段：以刑罚来打击无礼与非法行为，以爵位来选拔、笼络贤能之人。一打一拉，一罚一赏，一硬一软，用今天的话说，就是“一手大棒，一手胡萝卜”。所谓“张而不弛，文、武弗能也。弛而不张，文、武弗为也。一张一弛，文、武之道也”①、“宽以济猛，猛以济宽，政是以和”②，说的正是这个道理。君王使用刑与爵的恰当与否，直接关系到治国的成败。正如荀子所说，古时治世是“刑不过罪，爵不逾德”，即刑法得当，爵位得人；而后来的乱世是“刑罚怒罪，爵赏逾德”，即刑罚失当，爵位失人。

荀子重点论述了乱世的“以族论罪，以世举贤”，这是君王使用刑、爵失当的重要表现。所谓“以族论罪”，就是一人犯罪全族受刑，以严刑峻法来控制国家；所谓“以世举贤”，就是依据门第高低来选才，而门第的高低又取决于其家族的社会政治地位。我们知道，夏、商、周三代选举官吏基本上都遵循宗法原则指导下的世卿世禄制，并没有单独的官吏选拔制度。宗法制支配着整个国家权力的配置。在政治层面，家国同构，亲贵合一；在行政管理体制上，血缘关系和宗亲关系决定官吏的考选。虽然此时也偶有吕尚、傅说、百里奚等所谓“贱民”之类获得重用，但并不能从根本上改变占主导地位的“身份式”世卿世禄制。

伴随着周王朝的衰败和礼崩乐坏局面的来临，在春秋战国时期，世卿世禄制度也逐渐瓦解、消亡。诸侯国为了争霸，在经济、政治、军事等各方面都迫切需要贤能之才，而世卿世禄选官制度不能适应新形势的需求，故面向全天下来选才的新官僚制势在必行。选拔的原则也随之发生改变，由完全以血缘为据改为以贤能为据，确立贤贤、亲亲、尊尊等多维的举才制度，而又以贤贤为主。荀子在本章所论，就是反对以族取士，主张以贤取士。这体现了儒家贤贤的传统。

……………………………………

24.4 论法圣王，则知所贵矣；以义制事，则知所利矣。论知所贵，则知所养矣；事知所利，则动知所出矣。二者，是非之本、得失之原也。故成王之于周公也，无所往而不听，知所贵也。桓公之于管仲也，国事无所往而不用，知所利也。吴有伍子胥而不能用，国至于亡，倍[1]道失贤也。故尊圣者王，

① 《礼记·杂记》。

② 《左传·昭公二十年》。

贵贤者霸，敬贤者存，慢贤者亡，古今一也。故尚贤使能，等贵贱，分亲疏，序长幼，此先王之道也。故尚贤使能，则主尊下安；贵贱有等，则令行而不流[2]；亲疏有分，则施行而不悖；长幼有序，则事业捷[3]成而有所休。故仁者，仁此者也；义者，分此者也；节者，死生此者也；忠者，惇慎[4]此者也。兼此而能之，备矣。备而不矜，一自善也，谓之圣。不矜矣，夫故天下不与争能而致善用其功。有而不有也，夫故为天下贵矣。《诗》曰："淑人君子，其仪不忒；其仪不忒，正是四国。"[5]此之谓也。

【注释】

[1]倍：通"背"，违背。

[2]流：通"留"，停滞。

[3]捷：通"接"，接续。

[4]惇(dūn)慎：敦厚真诚。

[5]引诗见《诗经·曹风·鳲鸠》。

【品读】

治国有四种情况：王、霸、存、亡。王道和霸道有别，这在此前的《王霸》篇中就有详述。简言之，王道是最完美的政治理想，只能通过尊圣者或由圣王亲手来实现。霸道则等而下之，需要君王尚贤使能，君臣相谐相得，所谓"尊贤者霸"。君王"知所利"（如政治理性考量、现实功利需求、个人喜好等），比较容易重用贤人。如齐桓公重用管仲，"国事无所往而不用"，终成就五霸之首的伟业。但齐桓公并不是"无所往而不听"于管仲，他在执政晚年，特别是管仲死后重用易牙等佞臣，最终国衰不说，去世后尸体腐臭多时都无人打理，实在是咎由自取。故在荀子看来，以"利"来实现君臣相得，不如以"道"稳固可靠。以私利来权衡是否用贤，君王可能会因利而用之，也因利而废之。而且在君主专制时代，容易出现君王或主事者"人存政举，人亡政息"的情况。这种悲哀和困局，在中国古代的政治史上不知演绎了多少遍。

与孔子、孟子一样，荀子以王道为理想政治的终极追求，但其很清醒地认识到在乱世实现此政治理想的可能性微乎其微，故其又赞成先从霸道做起，由此过渡至理想之境。现在的学者多争论荀子到底是主王道还是主霸道，我想从高低境界上论，荀子肯定崇奉王道，希望圣贤毕集，无为而治；而在先后路径上，他又主张由容易实现的霸道开始，明德慎罚，尚贤使能，步步为营地靠近王道。荀子的霸道与法家的霸道不同，因为在他的霸道思想中尊贤还是尊儒家式的贤才，提倡隆礼重法、先礼后法，坚持仁、礼义等儒家的核心价值理念；而法家如韩非、李斯等人则唯刑威、君威乃至暴察之威为首，置道德仁义于次要地位。两者的区别也是后世循吏与酷吏之差异的理念来源之一。

成相篇第二十五

25.1　请成相[1]，世之殃，愚暗愚暗堕[2]贤良！人主无贤，如瞽无相，何伥伥[3]！请布基，慎圣人，愚而自专事不治。主忌苟胜，群臣莫谏必逢灾。论臣过，反其施，尊主安国尚贤义。拒谏饰非，愚而上同国必祸。曷谓罢[4]？国多私，比周还[5]主党与施。远贤近谗，忠臣蔽塞主势移。曷谓贤？明君臣，上能尊主爱下民。主诚听之，天下为一海内宾。主之孽，谗人达，贤能遁逃国乃蹶。愚以重愚，暗以重暗，成为桀。世之灾，妒贤能，飞廉知政任恶来。卑其志意，大其园囿高其台。武王怒，师牧野，纣卒易乡启乃下。武王善之，封于宋，立其祖。世之衰，谗人归，比干见刳箕子累[6]。武王诛之，吕尚招麾殷民怀。世之祸，恶贤士，子胥见杀百里[7]徙。穆公[8]任之，强配五伯、六卿施。世之愚，恶大儒，逆斥不通孔子拘。展禽三绌[9]，春申[10]道缀[11]基毕输。请牧基，贤者思，尧在万世如见之。谗人罔极，险陂倾侧[12]此之疑。基必施，辨贤、罢，文、武之道同伏戏[13]。由之者治，不由者乱，何疑为？

凡成相，辨法方，至治之极复后王。复慎、墨、季、惠[14]，百家之说诚不详[15]。治复一，修之吉，君子执之心如结。众人贰之，谗夫弃之，形是诘[16]。水至平，端不倾，心术如此象圣人。人[17]而有势，直而用抴[18]必参天。世无王，穷贤良，暴人刍豢，仁人糟糠。礼乐灭息，圣人隐伏墨术行。治之经，礼与刑，君子以修百姓宁。明德慎罚，国家既治四海平。治之志，后势富，君子诚之好以待。处之敦固，有[19]深藏之能远思。思乃精，志之荣，好而壹之神以成。精神相反[20]，一而不贰为圣人。治之道，美不老，君子由之佼以好。下以教诲子弟，上以事祖考。成相竭辞不蹶，君子道之顺以达。宗其贤良，辨其殃孽[21]。

【注释】

[1]成相：指民众合作从事大型劳役时，为同心协力而呼喊的简单号子，是当时的说唱文学，后世弹词之祖。其词押韵，句式较工整，与诗相近，只念诵而不配乐歌唱。大致情形是：一边念诵一边拍打拊搏（即简单的打击类伴奏乐器“相”）作节拍。

[2]堕(huī)：通"隳"，毁、陷害。

[3]伥伥：茫然无所适从之貌。

[4]罢：通"疲"，无德无才无能者。

[5]还：通"环"，环绕，引申为蒙蔽。

[6]累：通"缧"，指捆绑犯人的绳索。此处代指囚禁。

[7]百里：指春秋时期虞国大夫百里奚。他在国灭后被俘，作为晋公嫁女的陪臣被送至他国，又被楚人抓住。秦穆公听说他有才，用五张黑羊皮将其赎回，授以国政。他不负众望，帮秦建立霸业，名传后世。

[8]穆公：即秦穆公(前659～前621年在位)，春秋时期秦国国君。从他开始，秦国开始走向强盛。六世之后，秦一统天下。

[9]展禽三绌：春秋时，鲁国大夫展禽任士师(掌管刑狱的官)时，曾三次被废黜。绌，通"黜"，废黜。因封于柳下，谥号"惠"，故展禽又被后人称作"柳下惠"。

[10]春申：楚国贵族春申君黄歇。考烈王十五年(前248年)曾受封于吴(今苏州)，号春申君。公元前238年，为王舅李园所杀。他生前曾任荀子为兰陵令。

[11]缀：通"辍"，废止。

[12]险陂(bì)倾侧：偏邪不正。陂，通"诐"，邪僻。

[13]伏戏：即伏羲，古代传说中的"三皇"之一，被后世奉为人文初祖。

[14]慎、墨、季、惠：即慎到、墨子、季真、惠施，分别为战国前期法、墨、道、名诸家的代表。

[15]详：通"祥"，好。

[16]形是诘：以刑罚问罪犯法者。形，通"刑"。

[17]人：《集解》本无此字，据上下文义增之。

[18]抴(yè)：短桨，以之来接引船客登舟。

[19]有：通"又"。

[20]反：反复不离散，引申为守一。

[21]孽：此字之后疑脱字若干。

【品读】

本章主旨在于告诫君王重用贤良，疏远奸佞。无数历史经验教训证明：君王如得贤臣辅佐，宽容开明，国必大治；反之，任用佞人，拒谏饰非，则国必衰乱。明君贤臣治国是荀子眼中的理想政治，一如柏拉图设想的哲学家治国。这种政治下的君臣都遵循先王之道，推仁守礼，辅以刑罚。"宗其贤良，辨其殃孽"，是君王必须明白的道理。

在战国百家争鸣时期，诸子学说兴起，儒家眼中的大道——上古三代礼乐文明、圣王之政逐渐被边缘化，殆于消亡。故荀子起而振之，劝说君臣必须摒弃异端邪说，专意于就有道而正。和《非十二子》《正名》等篇一样，荀子对诸子中的"慎、墨、季、惠"诸家之说又作批判，以拨乱反正，显明大道。

25.2 请成相，道圣王，尧、舜尚贤身辞让，许由、善卷[1]重义轻利行显明。尧让贤，以为民，泛利兼爱德施均。辨[2]治上下，贵贱有等明君臣。尧授能，舜遇时，尚贤推德天下治。虽有贤圣，适不遇世，孰知之？尧不德，舜不辞，妻以二女任以事。大人哉舜！南面而立万物备。舜授禹，以天下，尚得[3]推贤不失序。外不避仇，内不阿亲[4]，贤者予。禹劳心[5]力，尧有德，干戈不用三苗[6]服。举舜甽亩[7]，任之天下身休息。得后稷，五谷殖；夔为乐正[8]鸟兽服；契[9]为司徒，民知孝弟尊有德。禹有功，抑下鸿[10]，辟除民害逐共工[11]。北决九河[12]，通十二渚[13]，疏三江[14]。禹傅[15]土，平天下，躬亲为民行劳苦。得益、皋陶、横革、直成[16]为辅。契玄王[17]，生昭明[18]，居于砥石[19]迁于商[20]，十有四世，乃有天乙[21]是成汤。天乙汤，论举当，身让卞随举牟光[22]。道[23]古贤圣基必张。

【注释】

[1]许由、善卷：尧舜时人。传说他们不受禅让，逃至深山，归隐不仕，被后人奉为高士。

[2]辨：通“办”，治理。

[3]得：通“德”。

[4]外不避仇，内不阿亲：指舜杀死治水无功的禹的父亲鲧，但继续重用、传位于禹，未传其子。

[5]心：或为衍字（王念孙说）。

[6]三苗：又称“有苗”，古代南方部族，大约有三支，分布于今湖南岳阳、湖北武昌、江西九江一带。

[7]畎亩：田间。

[8]乐正：古代乐官名。

[9]契：帝喾之子，舜时司徒，赐姓子氏，封于商，为商族始祖。

[10]鸿：通“洪”，洪水。

[11]共工：禹时主管水利的官，曾为东夷部落首领。

[12]九河：古代黄河从大陆泽（在今河北任县东北，今已湮没）向北分为九道，此处代指黄河。

[13]十二渚：相传禹治水后，分中国为九州：冀州、兖州、青州、徐州、荆州、扬州、豫州、梁州、雍州。后舜又从冀州分出幽州、并州，从青州分出营州，共十二州。

[14]三江：据《禹贡》韦昭注，三江指松江、钱塘、浦阳江。

[15]傅（fū）：通“敷”，分布。

[16]益、皋陶、横革、直成：皆为禹的良佐。

[17]玄王：简狄吞玄鸟卵后受孕生子契，故契又被称为“玄王”。

[18]昭明：契的儿子。

[19]砥石：塞外山名，辽水的发源地。

[20]商：指今河南商丘。

[21]天乙：对成汤的尊称。

[22]卞随、牟光：传说夏桀亡于汤后，二人认为汤杀君不义，不受其禅让，投水而死。

[23]道：此字之前疑脱字若干。

【品读】

在本章，荀子重点论述了尧、舜、禹、汤等圣王以天下为公，心念苍生，重义轻利，尚贤推德，"外举不避仇，内举不避亲"，使得圣君贤臣相谐相得，天下大治。圣王建立流芳百世的伟业，既有其自身努力奋斗之功，如大禹治水三过家门而不入，更有他们身边优秀的人才辅佐之功。令人遗憾的是，孔、孟、荀诸儒虽为不世之大贤，时时刻刻都在祈盼圣王的降临，进而实现得君行儒道、以仁礼治国的理想，却苦于未遇圣王而无法施展其政治抱负。

25.3 愿陈辞[1]，世乱恶善不此治。隐讳疾[2]贤，良由奸诈鲜无灾。患难哉！阪[3]为先，圣知不用愚者谋。前车已覆，后未知更何觉时？不觉悟，不知苦，迷惑失指[4]易上下。忠[5]不上达，蒙揜[6]耳目塞门户。门户塞，大迷惑，悖乱昏莫[7]不终极。是非反易[8]，比周欺上恶正直。正直恶，心无度，邪枉辟[9]回[10]失道途。己无邮[11]人，我独自美，岂独无故[12]？不知戒，后必有，恨[13]后[14]遂过不肯悔。谗夫多进，反覆言语生诈态[15]。人之态，不知[16]备，争宠嫉贤相[17]恶忌。妒功毁贤，下敛党与上蔽匿。上壅蔽，失辅势，任用谗夫不能制。郭公长父之难，厉王流于彘[18]。周幽、厉，所以败，不听规谏忠是害。嗟我何人，独不遇时当乱世。欲衷对，言不从，恐为子胥身离[19]凶；进谏不听，刭而独鹿[20]弃之江。观往事，以自戒，治乱是非亦可识。托[21]于成相以喻意。

【注释】

[1]辞：此字之后疑脱三字。

[2]疾：嫉恨。

[3]阪(bǎn)：斜坡，代指邪道。

[4]指：指向。

[5]忠：《集解》本作"中"，今据文义改。

[6]揜：通"掩"，掩蔽。

[7]莫：即"暮"字，指昏暗愚昧。

[8]易：颠倒。

[9]辟：通"僻"，邪僻。

[10]回：违背。

[11]邮：通“尤”，指责。

[12]故：过错。

[13]恨：同“很”。

[14]后：繁体作“後”，当为“復”字之误。“復”，通“愎”，固执。

[15]态：通“慝”，奸邪。

[16]知：《集解》本作“如”，据杨倞注改之。

[17]相：《集解》本作“利”，据王念孙说改之。

[18]郭公长父之难，厉王流于彘：指虢公长父牟取私利，导致国人暴动，厉王被迫离开王都，奔逃至彘地。郭，通“虢(guó)”。郭公长父即虢公长父。《集解》本中“郭”作“孰”，非也。彘(zhì)，在今山西霍县。

[19]离：通“罹”，遭受。

[20]独鹿：同“属镂”，古剑名。相传吴王将此剑赐给伍子胥自杀。

[21]托：此字之前疑脱字若干。

【品读】

在本章，荀子通过史鉴来说明国家治乱的缘由，还是循其一贯的逻辑，着重强调一国大臣的重要性，认为国乱多因君王重用、亲近奸佞蠢庸之臣而不重用、亲近贤能良明之臣。另外值得注意的是，荀子有言“欲衷对，言不从，恐为子胥身离凶；进谏不听，刭而独鹿弃之江”，可见他面对乱世也想忠心直对，劝谏君王，以尽臣僚之责。但他并没有这样做，也有以史为鉴、明哲保身的考虑在内。这与“孔孟”所说的“杀身成仁”“舍生取义”“威武不能屈”有所区别。究其原因，荀子身逢战国晚期，其时，国君集权、专制的趋势越来越明显，士的自由生存空间远不及春秋末期与战国初、中期，他们面临的来自王权的压力更大，挑战王权就意味着随时有生命危险。正是因为荀子与“孔孟”面临的形势有如此差别，所以在面对黑、恶之乱世时，荀子选择了退让，或者说努力在道统与政统中间走一条平衡的路线。上述尊君爱下的思想，就是在君权与民权的张力中寻求合作、平衡的表现。

……………………………………

25.4　请成相，言治方，君论有五约以明。君谨守之，下皆平正国乃昌。臣下职，莫游食，务本节用财无极。事业听上，莫得相使一民力。守其职，足衣食，厚薄有等明爵服。利往[1]卬[2]上，莫得擅与孰私得？君法明，论有常，表仪[3]既设民知方。进退有律，莫得贵贱孰私王？君法仪，禁不为，莫不说[4]教名不移。修之者荣，离之者辱，孰它师？刑称陈，守其银[5]，下不得用轻私门。罪祸有律，莫得轻重威不分。请牧祺，明有基[6]，主好论议必善谋。五听循领，莫不理续[7]主执持。听之经，明其请[8]，参伍[9]明谨施赏刑。显者必得，隐者复显民反[10]诚。言有节，稽其实，信诞以分赏罚必。下不欺上，皆以情言[11]明若曰。上通利，隐远至，观法不法见不视。耳目既显，吏敬法令莫敢恣。君教出，行有律，吏谨将之无铍滑[12]。下不私请，各以所[13]宜舍巧拙。臣谨修，君制变，公察善思论[14]不乱。以[15]治天下，后世法之成律贯[16]。

【注释】

[1]往：据王引之说当为“隹”，“唯”的古字。

[2]卬：同“仰”。

[3]表仪：古代立木以测时间，此处代指法度、标准。

[4]说：通“悦”。

[5]银：通“垠”，界限。

[6]请牧祺，明有基：当作“请牧基，明有祺”（俞樾说）。祺，福祉。

[7]续：据文义当为“绩”。

[8]请：通“情”，实情。

[9]参伍：同“三五”，意指反复。

[10]反：通“返”。

[11]情言：实话。

[12]无铍(pī)滑：没有偏颇与欺诈。铍，通“颇”，偏颇。滑，通“猾”，狡诈。

[13]所：《集解》本无此字，据杨倞注补。

[14]论：通“伦”，人伦纲常、道德规范。

[15]以：此字之前疑脱字若干。

[16]律贯：律例条贯。

【品读】

本章主要阐述了君主的治国之方，其核心仍是隆礼重法。与“孔孟”相比，荀子的治政思想有几个特点需要注意：第一，礼的教化色彩逐渐淡去，礼法的强制性倾向加强，推崇明德慎罚的同时彰显法的重要性；第二，荀子开始站在君王的立场思考如何在未来的大一统政权中实现社会秩序的重建。荀子的这些转变，并非其身为儒者的主动选择，而是在新时代形势下进行理性思考的结果。当然，他和孔、孟一样，仍在尽最大努力去维护儒家固有的核心价值理念，如仁义、民本、贤贤、孝忠等。但是，一旦走上向王权妥协的道路，就难以避免与儒家核心价值观脱轨，即便荀子本人坚决避免这种趋势。荀子门下出现一意为专制王权服务的韩非子、李斯之类弟子，应与荀学中有浓厚的尊君思想特别是为君王集权提供理论支持的成分密切相关。现代有学者视荀子为儒、法兼具的儒法家或法儒家，甚至直呼其为法家，并非完全没有道理。即使称荀子为杂家或儒家的学者，亦非常重视对其法制思想的研究。

赋篇第二十六

26.1　爰[1]有大物，非丝非帛，文理成章；非日非月，为天下明。生者以寿，死者以葬，城郭以固，三军以强。粹而王，驳而伯，无一焉而亡。臣愚不识，敢请之王。王曰：此夫文而不采者与[2]？简然易知而致[3]有理者与？君子所敬而小人所不者与？性不得则若禽兽，性得之则甚雅似者与？匹夫隆之则为圣人，诸侯隆之则一四海者与？致明而约，甚顺而体，请归之礼。礼。

【注释】

[1]爰(yuán)：在此。

[2]与：通"欤"。

[3]致：通"至"，非常。

【品读】

本章荀子以隐语的形式阐述了自己隆礼的思想，涉及礼的内容、价值、特点、功用等。这在前面各章中已有专论，此不赘述。

26.2　皇天隆[1]物，以施[2]下民，或厚或薄，常[3]不齐均。桀、纣以乱，汤、武以贤。涽涽淑淑[4]，皇皇穆穆[5]，周流四海，曾不崇日[6]。君子以修，跖以穿室。大参乎天，精微而无形。行义[7]以正，事业以成。可以禁暴足穷，百姓待之而后宁泰[8]。臣愚不识，愿问[9]其名。曰：此夫安宽平而危险隘者邪？修洁之为亲，而杂污之为狄[10]者邪？甚深藏而外胜敌者邪？法禹、舜而能弇[11]迹者邪？行为动静，待之而后适者邪？血气之精也，志意之荣也，百姓待之而后宁也，天下待之而后平也，明达纯粹而无疵也，夫是之谓君子之知。知[12]。

【注释】

[1]隆：通"降"。

[2]施：《集解》本作"示"，今据《艺文类聚》卷二十一引文改。

[3]常：《集解》本作"帝"，今据《艺文类聚》卷二十一引文改。

[4]涽(hūn)涽淑淑：指头脑混乱或清醒。

[5]皇皇穆穆：指庄重盛美。

[6]崇日：成天、终日。崇，通"终"。

[7]义：通"仪"，容貌、态度。

[8]宁泰：安宁。

[9]问：通"闻"，知。

[10]狄：通"逖"，远离。

[11]弇(yǎn)：通"掩"，掩盖。

[12]知：通"智"。

【品读】

荀子以隐语论君子之智。智是儒家的核心范畴之一。孔子推崇仁、智、勇的君子之道，孟子举出人性四端——仁、义、礼、智，智都占据了重要的位置。儒学是讲德慧的学问，也是讲智慧的思想。在荀子看来，智不仅可以使人"知"，而且可以使人由"愚"变为"智"。智能使人明辨是非曲直，从而真正知晓、践行礼乐。智为人所共有，但因学的程度不同而表现出某种差异。《中庸》中的一段话说明学习是祛除愚昧、达到明智的重要途径："博学之，审问之，慎思之，明辨之，笃行之。有弗学，学之弗能，弗措也；有弗问，问之弗知，弗措也；有弗思，思之弗得，弗措也；有弗辨，辨之弗明，弗措也；有弗行，行之弗笃，弗措也。人一能之己百之，人十能之己千之。果能此道矣，虽愚必明，虽柔必强。"

26.3　有物于此，居则周静致下，动则綦[1]高以钜，圆者中规，方者中矩，大参天地，德厚尧、禹，精微乎毫毛，而充盈[2]乎大宇。忽兮其极之远也，攭[3]兮其相逐而反[4]也，卬卬[5]兮天下之咸蹇[6]也。德厚而不捐，五采备而成文，往来惛憊[7]，通于大神，出入甚极[8]，莫知其门。天下失之则灭，得之则存。弟子不敏，此之愿陈，君子设辞，请测意之。

曰：此夫大而不塞者与？充盈大宇而不窕[9]，入郄[10]穴而不偪[11]者与？行远疾速而不可托讯者与？往来惛憊，而不可为固塞者与？暴至杀伤而不亿[12]忌者与？功被天下而不私置[13]者与？托地而游宇，友风而子雨，冬日作寒，夏日作暑，广大精神，请归之云。云。

【注释】

[1]綦(jí)：通"极"。

[2]充盈：《集解》本作"大盈"，今据《艺文类聚·天部上》改。

[3]攭(lì)：通"劙"，分割。

[4]反：通“返”。

[5]卬(áng)卬：同“昂昂”，高高在上。

[6]蹇(jiǎn)：通“磋”，感叹。

[7]惛(hūn)憊：昏暗隐蔽。

[8]极：通“亟”，急。

[9]窕(tiǎo)：间隙。

[10]郄(xì)：通“隙”，空隙。

[11]偪(bī)：狭窄。

[12]亿：通“意”，考虑。

[13]置：通“德”，以为有德。

【品读】

本章荀子借物喻德，这里选择了云。在荀子眼里，凡外物无所不借，真正达到了“上取象于天，下取象于地，中取则于人”①。确切地说，是上下取法天地，以喻人事，阐发己说。就像古代其他学者所言盗亦有道，玉有五德、九德，水有五德，甚或鸡、蝉、猫乃至人体各部位都有五德②，荀子巧用多种譬喻来阐述自己的学说。这种譬喻说理的论证方式在荀子和其他儒家的著述中应用得相当广泛，值得关注和进一步研究。

26.4　有物于此，儽儽[1]兮其状，屡化如神，功被天下，为万世文。礼乐以成，贵贱以分，养老长幼，待之而后存。名号不美，与暴为邻。功立而身废，事成而家败。弃其耆老[2]，收其后世。人属所利，飞鸟所害。臣愚而不识，请占[3]之五泰[4]。

五泰占之曰：此夫身女好[5]而头马首者与？屡化而不寿者与？善壮而拙老者与？有父母而无牝牡[6]者与？冬伏而夏游，食桑而吐丝，前乱而后治，夏生而恶暑，喜湿而恶雨，蛹以为母，蛾以为父，三俯三起，事乃大已。夫是之谓蚕理。蚕。

【注释】

[1]儽(luǒ)儽：同“裸裸”，此指蚕无毛、羽。

[2]耆(qí)老：年长者，此处代指蚕蛾。耆，六十岁的老年人。

[3]占：推测。

[4]五泰：即五帝，指分管五方之神。

---

① 《荀子·礼论》。

② 参见肖扬：《中国文化中的五德——泛道德主义的文化透视》，《烟台大学学报》2001年第2期。

[5]女好：优美。

[6]牝（pìn）牡：雌雄。

【品读】

此章荀子仍借物喻德，通过蚕引申出与礼乐相关的大道理。或许正是由于战国时期猜谜文化兴盛，荀子才会以此种形式来阐发自己的学说。

26.5 有物于此，生于山阜[1]，处于室堂。无知无巧，善治衣裳。不盗不窃，穿窬[2]而行。日夜合离，以成文章。以[3]能合从[4]，又善连衡[5]。下覆百姓，上饰帝王。功业甚博，不见[6]贤良。时用则存，不用则亡。臣愚不识，敢请之王。

王曰：此夫始生钜，其成功小者邪？长其尾而锐其剽[7]者邪？头铦达[8]而尾赵缭[9]者邪？一往一来，结尾以为事。无羽无翼，反覆甚极[10]。尾生而事起，尾邅[11]而事已。簪以为父，管以为母。既以缝表，又以连里。夫是之谓箴理。箴。

【注释】

[1]生于山阜：针用铁制，而铁矿出于山中，故言针"生于山阜"。

[2]穿窬（yú）：打通洞。此指针钻洞缝纫的动作。窬，洞。

[3]以：通"已"，既。

[4]从：通"纵"，南北竖向。此指针能缝合竖向的衣物。

[5]衡：通"横"，东西横向。此指针能缝合横向的衣物。

[6]见：同"现"，显现。

[7]剽（piāo）：末稍，此指针尖。

[8]铦（xiān）达（tà）：锐利畅通。

[9]赵缭：摇曳缠绕的样子，形容线长。赵，通"掉"，摇。

[10]极：通"亟"，急速。

[11]邅（zhān）：停止、回旋，指打结。

【品读】

本章论针，认为针对于使用者，需要时非常有用，不需要时就静处于一地。君子之于君王也是如此。即达则兼善，穷则独善。君王和国家需要，君子出山；不然就退于野，或独善其身，或收徒授业，或著书立说，或教化乡里，即使不做官，还是有益于国家政治。就如荀子在《儒效》中所言："儒者在本朝则美政，在下位则美俗。"小人则不同，无论在朝还是在野，都汲汲功利以满足私欲，无疑会给君权和国家带来或显或隐的危害。

26.6 天下不治，请陈佹[1]诗：天地易位，四时易乡[2]。列星殒[3]坠，旦暮晦[4]盲。幽晦登昭，日月下藏。公正无私，反见[5]从横，志爱公利，重楼[6]疏堂，无私罪人，憼[7]革[8]贰兵。道德纯备，谗口将将[9]。仁人绌[10]约，敖[11]暴擅强，天下幽险，恐失世英。螭[12]龙为蝘蜓[13]，鸱枭[14]为凤皇。比干见刳，孔子拘匡。昭昭乎其知之明也，郁郁乎其遇时之不祥也，拂乎其欲礼义之大行也，暗乎天下之晦盲也，皓天不复，忧无疆也。千岁必反，古之常也。弟子勉学，天不忘也。圣人共[15]手，时几将矣。与[16]愚以疑，愿闻反辞。

【注释】

[1]佹(guǐ)：同“诡”，诡异反常。

[2]乡：通“向”。

[3]殒：通“陨”，坠落。

[4]晦：暗。

[5]反见：反而陷入。见，通“陷”。

[6]重(chóng)楼：重叠而建的楼房。

[7]憼(jǐng)：同“儆”，戒备。

[8]革：兵革。

[9]将(qiāng)将：同“锵锵”，象声词，形容声音嘈杂。

[10]绌：通“黜”，贬退。

[11]敖：通“傲”。

[12]螭(chī)：传说中一种没有角的龙，喻指圣贤。

[13]蝘(yǎn)蜓(tíng)：壁虎，喻指低劣的庸才。

[14]鸱(chī)枭(xiāo)：猫头鹰，喻指凶残邪恶之人。

[15]共：同“拱”，拱手。

[16]与：通“予”，我。

【品读】

本章佹诗为我们描述了荀子眼中的战国乱世，寄予了作者的愤懑之情，颇类屈原《离骚》的意味。其中举出种种黑暗的历史现象或残酷现实，如“比干见刳，孔子拘匡”。同时似乎意有所指地陈述其自身遭遇：“公正无私，反见从横，志爱公利，重楼疏堂，无私罪人，憼革贰兵。道德纯备，谗口将将。仁人绌约，敖暴擅强，天下幽险，恐失世英。螭龙为蝘蜓，鸱枭为凤皇。”古来圣贤皆落寞，荀子自信己说是济世大法，“千岁必反，古之常也”；自白为人坦荡磊落，光风霁月；自悲生不逢时，有才而无用武之地。可能在某些时候，恰恰是理想与现实的张力促使一个个凡俗之辈超脱成为大家学者。西谚云：不幸酿就甜蜜。诚哉是言。

26.7　其小歌曰：念彼远方，何其塞矣。仁人诎约，暴人衍矣。忠臣危殆，谗人服[1]矣。琁[2]、玉、瑶、珠，不知佩也。杂布[3]与锦[4]，不知异也。闾娵、子奢[5]，莫之媒也；嫫母、力父[6]，是之喜也。以盲为明，以聋为聪，以危为安，以吉为凶。呜呼上天，曷维其同！

【注释】

[1]服：被任用。

[2]琁（xuán）：同“璇”，指美玉。

[3]布：麻布。

[4]锦：有彩纹的丝织品。

[5]闾（lǘ）娵（jū）、子奢：分别为战国时魏国的美女、春秋时郑国的美男。此处代指貌美者。

[6]嫫（mó）母、力父：古代丑女，传说为黄帝时人，皆以丑而有德闻名。

【品读】

本章仍在讲战国社会乱象：天下失序，“礼崩乐坏”，导致是非不分，黑白颠倒，善恶不明，“以盲为明，以聋为聪，以危为安，以吉为凶”。君王治国，也是亲小人而远贤能，故国家不治。在此黑暗时刻，圣贤如荀子者要做到得君行道，或行道得君，是一件很难的事情。可是，国家混乱至此，不是更需要“明灯”指引吗？而荀子这些以淑世弘道、泛爱苍生为使命的大儒，于乱中求治，其真正的永恒价值不正在于此吗？“天下之无道也久矣，天将以夫子为木铎。”①此之谓也。

① 《论语·八佾》。

大略篇第二十七

27.1　大略[1]。

【注释】

[1]大略：略举其概要。

【品读】

从此以下各章，皆围绕荀学的主旨而论。

27.2　君人者，隆礼尊贤而王[1]，重法爱民而霸，好利多诈而危。

【注释】

[1]王(wàng)：称王。

【品读】

荀子认为君王只要做到隆礼尊贤，就能实现王道政治，君王也能成为圣王，这是儒家共同的政治理想。儒者的最终追求都是王道政治，荀子也不例外。但在对王道政治和霸道政治的认识上，荀子和此前其他儒家有所区别，主要是因为荀子坚持现实主义原则，认为霸道也是实现社会有序、王道政治的一个选项。另外，有学者认为，本篇开始所谈君人之道、治国大法"大体可以总括全篇主要意思"①，的确如此。扩大而论，此语也在很大程度上点出了荀子对于政治哲学的深切关怀。本章之下数章，皆谈治国之礼。读者如留意，则会发现《大略》篇并非全然杂乱无章，而是依然有规可循。

27.3　欲近四旁，莫如中央，故王者必居天下之中，礼也。天子外屏[1]，诸侯内屏，礼也。外屏，不欲见外也；内屏，不欲见内也。诸侯召其臣，臣不俟驾，颠倒衣裳而走，礼也。《诗》曰："颠之倒之，自公召之。"[2]天子召诸侯，

① 张法祥、柯美成：《荀子解说》，华夏出版社2009年版，第440页。

诸侯辇[3]舆就马，礼也。《诗》曰："我出我舆，于彼牧矣。自天子所，谓我来矣。"[4]天子山冕，诸侯玄冠，大夫裨[5]冕，士韦弁[6]，礼也。天子御珽[7]，诸侯御荼[8]，大夫服笏[9]，礼也。天子雕弓，诸侯彤弓，大夫黑弓，礼也。诸侯相见，卿为介，以其教士[10]毕行，使仁居守。聘[11]人以珪[12]，问士以璧[13]，召人以瑗[14]，绝人以玦[15]，反[16]绝以环[17]。

【注释】

[1]屏：对门小墙，即后来的照壁。设在门外者称"外屏"，设在门内者则称"内屏"。

[2]引诗见《诗经·齐风·东方未明》。

[3]辇(niǎn)：用人拉车。

[4]引诗见《诗经·小雅·出车》。

[5]裨：古代次等礼服。

[6]韦弁：皮制礼服。

[7]御珽(tǐng)：君王所用的珽。御，天子所用称"御"。珽，古代天子所持玉笏，长三尺，上呈尖锥形，下部宽方。

[8]荼(shū)：上圆下方的玉板。

[9]服笏：用笏。服，地位较低下的人所用之物称为"服"。笏，古时大臣朝见君主时所执手板，作记事用，因等级不同而规制、质地有异。

[10]士：《集解》本作"出"，今据《大戴礼记·虞戴德》改。

[11]聘：指古代诸侯之间或诸侯与天子之间互派使节、致以问候的礼节。

[12]珪：同"圭"，上圆(或尖)下方的玉器，用作信符。

[13]问士以璧：君王走访贤士时要带一块璧玉，以示来意。问，指小规模、不定期的互访。士，通"事"。璧，中心有孔的扁圆形玉器，外部边缘大于内孔一倍。

[14]瑗(yuàn)：大孔的璧玉。

[15]玦(jué)：环形而有缺口的佩玉。

[16]反：通"返"。

[17]环：扁圆形玉圈。

【品读】

本章论王侯、大夫、卿、士等各级统治者在衣食住行和交往上皆有礼制方面的规定，体现出荀学中的隆礼思想。

27.4 人主仁心设焉，知[1]其役也，礼其尽也，故王者先仁而后礼，天施然也。

【注释】

[1]知：通"智"。

【品读】

在这一章，荀子讲了君主的仁、智、礼三者之间，尤其是仁与礼之间的关系问题。这也是孔子、孟子等思考的核心问题。荀子认为，仁更具本体性质，是礼的基础和本质，而智是仁爱之心的运用，礼是仁爱之心的完备表现，是仁爱之心由内往外推衍的结果。在这个意义上讲，荀子讲先仁后礼。在强调人的本体价值方面，荀子与孔子、孟子并未有根本性区别。

27.5 《聘礼》志曰："币厚则伤德，财侈则殄礼。"[1]礼云礼云，玉帛云乎哉？[2]《诗》曰："物其指矣，唯其偕矣。"[3]不时宜，不敬文[4]，不驩[5]欣，虽指，非礼也。

【注释】

[1]与《仪礼·聘礼》中所载"多货则伤于德，币美则没礼"形异实同。殄(tiǎn)，灭绝。

[2]此语亦见于《论语·阳货》。

[3]引诗见《诗经·小雅·鱼丽》。指，通"旨"，美好。偕，通"谐"，协调。

[4]文：《集解》本作"交"，今据《劝学》篇改。

[5]驩：通"欢"。

【品读】

此处所讲重礼是要重其内在的精神实质，而非外在的表现形式。要把握好相见聘礼的分寸，如合适的时机、情文并茂、尽欢而散等。这也就是先秦时期经常讨论的礼义与礼仪，即礼的内容与形式的关系问题。

27.6 水行者表深，使人无陷；治民者表乱，使人无失。礼者，其表也，先王以礼表天下之乱。今废礼者，是去表也，故民迷惑而陷祸患，此刑罚之所以繁也。

【品读】

礼是君民行为的标准，也是国家社会秩序的标杆。因此，君民皆依礼而行则国治，反之则国乱。礼崩乐坏之后，国人的行为失范，国家失序，这也不是执政者所乐见的局面。为实现社会由无序走向有序，执政者不是不想实行礼治，实则他们根本做不到，只好选择以暴制暴的方式，以严刑峻法来控制民众，管理国家。这种方式虽也能实现某种秩序，但并不稳固，因为民众对这样的体制缺乏亲近感。

27.7　舜曰："维予从欲而治。"故礼之生，为贤人以下至庶民也，非为成圣也，然而亦所以成圣也。不学不成，尧学于君畴，舜学于务成昭，禹学于西王国[1]。

【注释】

[1]君畴、务成昭、西王国：三者皆曾为王者师，生平不详。

【品读】

圣王坚持礼治，而礼是由圣王制作的，因此，圣王因深知礼所蕴含的道理而自然地遵循礼，即舜所说的"从欲而治"。圣王制礼，自然是为了教化百姓，但又不仅仅是针对百姓，自己也要严格遵守。行礼不可能使人人都成为圣王，只是在向圣王学习，因为圣王就是这样做的，他们也需要向人学习。圣可学而致，是荀子一贯的思想主张。

27.8　五十不成丧，七十唯衰[1]存。

【注释】

[1]衰(cuī)：通"缞"，古代一种级别较低的丧服。

【品读】

儒家重视为亡亲守丧尽孝，事死为大，但也有所权变，如对于年老体弱、有病之躯者，可加以变通，不行或少行守丧之礼。秦汉之后，有的孝子孝女割肉事亲、毁己求孝，都是因拘泥于礼制，不能权变，身心被礼制束缚。这有违礼的真正精神，非礼本身所致。

27.8　亲迎[1]之礼，父南乡[2]而立，子北面而跪，醮[3]而命之："往迎尔相[4]，成我宗事，隆率以敬先妣之嗣，若则有常。"子曰："诺！唯恐不能，不敢忘命[5]。"

【注释】

[1]亲迎：古婚"六礼"中最后环节，新郎亲自迎接新娘回家。

[2]乡：通"向"。

[3]醮(jiào)：古代婚礼斟酒祭神的仪式。

[4]相：助，有贤内助之意，此指未婚妻。

[5]不敢忘命：《集解》本作"敢忘命矣"，今据《仪礼・士昏礼》改。

【品读】

儒家重视夫妇之道，认为人伦之道始于夫妇。《礼记・中庸》中载，"君子之道,造端乎夫妇"。《易传·序卦》中亦言,"有天地然后有万物,有万物然后有男女,有男女然后有夫妇,有夫妇然后有父子,有父子然后有君臣,有君臣然后有上下,有上下然后礼义有所错。夫妇之道不可以不久也,故受之以《恒》,《恒》者久也",指出先有夫妇关系,后有父子关系,再有兄弟关系,进而向外才有君臣乃至朋友关系等,故夫妇之道非常重要。正因夫妇关系重要,儒家才特别重视婚礼。

27.9　夫行也者,行礼之谓也。礼也者,贵者敬焉,老者孝焉,长者弟[1]焉,幼者慈焉,贱者惠焉。

【注释】

[1]弟:同"悌"。

【品读】

这里讲礼的精神实质在于行。关于礼、行的关系,其他儒家文献中也有相通的论述。如孔子认为所谓行就是"言忠信,行笃敬"①;孟子则言"非礼无行也"②;《易传》中释履卦,言"君子以非礼弗履"③、"履者,礼也"④,皆指出礼、行的密切关系。在荀子看来,礼不只是一种严格的等级制度和社会规范,同样也具备仁爱精神和敬、孝、悌、慈、惠等具体内容。

27.10　赐予其宫室,犹用庆赏于国家也;忿怒其臣妾,犹用刑罚于万民也。

【品读】

此处要求君王赏赐要公正无私、以和为贵,在内宫要如在外廷一样谨慎处事。

27.11　君子之于子,爱之而勿面,使之而勿貌,导之以道而勿强。

【品读】

此处言君子教育子女遵循的原则:爱护子女,但不必完全形于脸色,毫

① 《论语·卫灵公》。
② 《孟子·离娄下》。
③ 《易传·象传》。
④ 《易传·序卦》。

无节制，易流于溺爱；使唤子女时，也不能轻易在言辞上表现出苛严或宽容之色；教育子女时，要用正确的道理引导而不是强迫其接受。这些建议对于当下很多父母来说，仍然是需要注意和反思的。孔子曾言"爱之，能勿劳乎"①，同样也可理解为在育子方面要爱之有道。凡此，皆需为人父母者留意、瞩目。

27.12　礼以顺人心为本，故亡[1]于《礼经》[2]而顺人心者，皆礼也。

【注释】

[1]亡（wú）：通"无"。

[2]《礼经》：指《仪礼》。

【品读】

礼关乎人情、管乎人心。如《礼记·乐论》中所言："且乐也者，和之不可变者也；礼也者，理之不可易者也。乐合同，礼别异，礼乐之统，管乎人心矣。"礼与乐一样，以顺人心为本。即使在原始典籍中未形诸文字，它仍以满足人们的精神需求和生活需求为大本大根。这是我们理解礼、践行礼的关键，而不应依据所谓的《礼经》来审视一切，教条式地去搞本本主义。从这个意义上说，孔子说的"人而不仁如礼何"②，孟子说的"恭俭岂可以声音笑貌为哉"③，"恭敬而无实，君子不可虚拘"④，以及《礼记·礼器》中所言"苟无忠信之人，则礼不虚道"等，皆与荀子此处之言一脉相通。

27.13　礼之大凡：事生，饰欢也；送死，饰哀也；军旅，施威也。

【品读】

承上文而来，此处仍在阐述礼之大体，可与《礼论》《乐论》中的部分语句相对读。如："凡礼，事生，饰欢也；送死，饰哀也；祭祀，饰敬也；师旅，饰威也"；"乐者，先王之所以饰喜也；军旅铁钺者，先王之所以饰怒也"。推而言之，《大略》篇各处所言，多可从前文中找到相同、相通或类似之语。今人言《大略》篇为杂凑之作，展现了荀学的大概面貌，原因正在于此。

---

① 《论语·宪问》。

② 《论语·八佾》。

③ 《孟子·离娄上》。

④ 《孟子·尽心上》。

27.14　亲亲、故故、庸庸、劳劳，仁之杀[1]也。贵贵、尊尊、贤贤、老老、长长，义之伦也。行之得其节，礼之序也。仁，爱也，故亲。义，理也，故行。礼，节也，故成。仁有里，义有门。仁，非其里而处[2]之，非仁[3]也。义，非其门而由之，非义也。推恩而不理，不成仁；遂理而不敢，不成义；审节而不和[4]，不成礼；和而不发，不成乐。故曰：仁、义、礼、乐，其致一也。君子处仁以义，然后仁也；行义以礼，然后义也；制礼反[5]本成末，然后礼也。三者皆通，然后道也。

【注释】

[1]杀(shài)：差等。

[2]处：《集解》本作"虚"，疑为"處"。

[3]仁：《集解》本作"礼"，依上下文义改之。

[4]和：《集解》本作"知"，据杨倞注改之。

[5]反：通"返"。

【品读】

荀子在此讲了仁、义、礼、乐、道等儒家核心理念范畴之间的内在关系。自孔子以来，儒者认为人皆有之仁爱之心，以等差之爱为基，推己及人。他们反对墨家的兼爱，认为其对所有人施以毫无差别的爱，是一种不仁。儒家提倡的仁者爱人，需要某种道义即义的节制。这种以义为言行标准的思想，可以说是继承了孔子、孟子所说的"义之于比""居仁由义"、由仁义行而非行仁义的思想。最终，仁爱以合乎道义的方式展现，呈和谐状态，就是礼。而使礼能够完美地存在、施行于生活之中，就是乐。礼乐不二，所谓"礼乐相须以为用，礼非乐不行，乐非礼不举"①。从整体上论，仁、义、礼、乐的目标是一致的，都是指向善德，使天、地、人三才同处一种尽善尽美的境界，达至人道。总之，儒学是一门首善崇德、中道而行的学问。

27.15　货财曰赙，舆马曰赗，衣服曰襚，玩好曰赠，玉贝曰唅。[1]赙、赗，所以佐生也；赠、襚，所以送死也。送死不及柩尸，吊生不及悲哀，非礼也。故吉行五十，奔丧百里，赗、赠及事，礼之大也。

【注释】

[1]货财曰赙(fù)，舆马曰赗(fèng)，衣服曰襚(suì)，玩好曰赠，玉贝曰唅(hán)：亲友赠送丧家治丧的财物，如钱财、车马、衣物、乐器、珠玉等。

---

① (宋)郑樵撰：《通志二十略》，中华书局1987年版，第883页。

【品读】

在儒家的眼里，礼是"所以养生、送死、事鬼神之大端也，所以达天道、顺人情之大窦也"①，"礼者，谨于治生死者也"②，且"养生者不足以当大事，惟送死可以当大事"③。故对于丧礼，儒家尤其重视。这一点，从《礼论》篇后半部分大多论丧礼服制即可见之。同样的情形亦见于《礼记》的篇章安排上。此处所讲奔丧、赗赠等佐生送死之事，只是儒家繁缛丧礼中的一小部分内容。因为主张重丧厚葬，儒家曾招致墨家、道家等学派的诟病。

27.16　礼者，政之挽也。为政不以礼，政不行矣。

【品读】

此处以形象的譬喻阐述荀子的以礼治国思想。重视礼治，是战国时期很多学者的共识。如《管子·牧民》中言"国有四维"，而礼居其首；《左传·隐公十一年》中言"礼，经国家，定社稷，序民人，利后嗣者也"；《国语·晋语四》中载"夫礼，国之纪也"。

27.17　天子即位，上卿进曰："如之何忧之长也？能除患则为福，不能除患则为贼。"授天子一策[1]。中卿进曰："配天而有下土者，先事虑事，先患虑患。先事虑事谓之接[2]，接则事优成；先患虑患谓之豫[3]，豫则祸不生。事至而后虑者谓之后，后则事不举；患至而后虑者谓之困，困则祸不可御。"授天子二策。下卿进曰："敬戒无怠，庆者在堂，吊者在闾。祸与福邻，莫知其门。豫哉！豫哉！万民望之！"授天子三策。

【注释】

[1]策：通"册"，成编的竹简，用以书写记录。

[2]接：通"捷"，敏捷。

[3]豫：同"预"，预见。

【品读】

这里讲君主如何认识祸与福的关系问题，体现了儒家的忧患意识，目的在于劝诫君王勤勉为政、"先天下之忧而忧。"《礼记·中庸》中载，"凡为天下国家有九经，所以行之者一也。凡事豫则立，不豫则废"，说的也是此理。

① 《礼记·礼运》。
② 《荀子·正论》。
③ 《孟子·离娄下》。

27.18　禹见耕者耦立而式[1]，过十室之邑必下。

【注释】

[1]式：通"轼"，古代车厢前用作扶手的横木，此处指扶轼低首示敬。

【品读】

荀子等儒家都非常崇拜尧、舜、禹等先王其人、其道、其政，念兹在兹。此处所言主要是谈禹言行守礼，勉励后世儒者或为政者以此为榜样。

27.19　杀大蚤[1]，朝大晚，非礼也。治民不以礼，动斯陷矣。

【注释】

[1]杀大蚤：狩猎太早。杀，狩猎。大，同"太"。蚤，通"早"。

【品读】

荀子强调君王要以礼治民，以礼治国，施行德政。"杀"，此处指狩猎，多属于君王个人享乐一层（之前具有的军事功能已经逐渐消亡），而上朝则属于国事、公事，关系到民众根本利益。对于狩猎、上朝两者之间孰轻孰重、孰先孰后，君王理应有着清醒的认知和区分。对此的不同选择，实则也是所谓明君与昏君的重要表现。明君自然处处以民众和国事为重，而昏君则相反，不但不以民为本，反而与民争利。

27.20　平衡[1]曰拜[2]，下衡[3]曰稽首[4]，至地曰稽颡[5]。大夫之臣拜不稽首，非尊家臣也，所以辟[6]君也。

【注释】

[1]平衡：指弯腰至头与腰成水平状的拜礼，像秤杆平衡时一样。

[2]拜：两手相拱、低头弯腰以示恭敬之礼。

[3]下衡：指行礼时，头低于腰。

[4]稽首：跪下后两手拜至地，头低至地。

[5]稽颡(sǎng)：跪下后两手伏地，前额着地。

[6]辟：通"避"。

【品读】

在人际关系中，古代讲究以礼相拜，类于后来的作揖、握手。作为家臣，不能行稽首大礼于大夫，这是为避免大夫与国君地位同等，有僭越之嫌。古时有九拜之说，如《周礼·春官·大祝》载："一曰稽首，二曰顿首，三曰空首，四曰振动，五曰吉拜，六曰凶拜，七曰奇拜，八曰褒拜，九曰肃拜。"从一至九，规格和表示的敬意依次递减。此处只说其三。稽颡不在九拜之列，多用于父母丧礼上，是一种级别较高的丧拜。

……………………………………

27.21　一命[1]齿[2]于乡，再命齿于族，三命，族人虽七十，不敢先。上大夫[3]，中大夫，下大夫。吉事尚尊，丧事尚亲。

【注释】

[1]命：周朝的官爵等级。一命指公侯之士。再命指大夫一级官员。三命指卿一级官员。

[2]齿：按年龄大小排列次序。

[3]大夫：周王室及各诸侯国官员大致分卿、大夫、士三等，大夫又分上、中、下三级。这种情形在《周礼》中描述至详，可参照。

【品读】

此处或谈饮酒之礼，或讲践行礼制过程中"贵"（政治身份的贵贱）与"长"（年龄的长幼）的关系，反映出古代仪礼讲究等级的特点，同时涉及"尊尊"与"亲亲"原则的关系问题。行礼是坚持以年长还是以尊贵为第一原则，体现了儒家思想中血缘亲情与政治理性两大因素之间的角力和妥协。二者在家庭伦理和政治伦理两个层面，既有冲突之处，也有弥合之处。礼讲求经权之变，在通常情况下，以"尊尊"或"亲亲"为行事原则，如"吉事尚尊，丧事尚亲"，但是也有通融之时。

……………………………………

27.22　君臣不得不尊，父子不得不亲，兄弟不得不顺，夫妇不得不欢。少者以长，老者以养。故天地生之，圣人成之。

【品读】

荀子也认为，礼就是规范人伦关系的道德制度，即"人道之极"。在此，荀子提出君臣、父子、兄弟、夫妇四种人伦关系。对此，孟子亦有精深论说："人之有道也，饱食、暖衣、逸居而无教，则近于禽兽。圣人有忧之，使契为司徒，教以人伦：父子有亲，君臣有义，夫妇有别，长幼有序，朋友有信。"①对于圣人以礼来协和人伦，荀子与孟子的认知是一致的。但是，在论述过程中，荀子是先君臣后父子，而孟子是先父子后君臣，其他顺序则是一致的。这种

① 《孟子·滕文公上》。

顺序上的差别，正体现了两人面对王权的不同压力时采取的不同态度。

另外，末句谈的“天地生之，圣人成之”，被近代一些学者化约为“天生人成”，以描述荀子的天人观或思想内容，多有可取之处。但一定要注意，化约之后的“人”仍旧是指圣王、君子、明君贤臣之流，绝非指普通人。

27.23　聘，问也。享[1]，献也。私觌[2]，私见也。言语之美，穆穆皇皇[3]。朝廷之美，济济铃铃[4]。为人臣下者，有谏而无讪[5]，有亡而无疾[6]，有怨而无怒。君于大夫，三问其疾，三临其丧；于士，一问一临。诸侯非问疾吊丧，不之臣之家。

【注释】

[1]享：指使者把礼品献给天子、诸侯。

[2]私觌(dí)：使者以私人身份拜见所在国国君。

[3]穆穆皇皇：恭敬正大。穆穆，恭敬。皇皇，正大。

[4]济济铃铃：仪式隆重，举止威严。济济，威仪隆盛。铃铃，通“跄跄”，行有威严。

[5]讪(shàn)：诽谤。

[6]疾：通“嫉”，嫉恨。

【品读】

在本章，荀子主要论述了人君、人臣在相见、言语、慰问等方面的礼仪要求。表面上看这是礼制的约束使然，实则已经体现出君与臣之间责任关系的不平等。从某种程度上来说，它透露出先秦末期儒家在面对逐渐强大的王权时已表现出某种妥协之势。

27.24　既葬，君若父之友，食[1]之则食矣，不辟[2]粱肉，有酒醴[3]则辞。

【注释】

[1]食(sì)：通“饲”。

[2]辟：通“避”。

[3]醴(lǐ)：甜酒。

【品读】

此章又见于《礼记・丧大记》，讲的是依儒家丧礼之制，父母葬后，禁止守孝之子沾染荤腥酒肉。但礼制也有权变通融之处，如父亲的朋友等长者宴请时，可酌情食肉，但不可饮酒。

27.25　寝[1]不逾庙[2]，燕衣[3]不逾祭服，礼也。

【注释】

[1]寝：居住的房屋。

[2]庙：诸侯、大夫祭祀祖先的地方。

[3]燕衣：君主退朝闲居时穿的衣服。燕，通“宴”。《集解》本作“设”，据《礼记·王制》改。

【品读】

儒家重视丧祭，从建筑和衣服的礼制规定上可以体现出来。如此处所讲寝宫规制不可超过祖庙，闲居之服不可优于祭祀礼服。

27.26　《易》之《咸》[1]，见[2]夫妇。夫妇之道，不可不正也，君臣父子之本也。咸，感也，以高下下，以男下女，柔上而刚下。

【注释】

[1]《咸》：《周易》六十四卦之一。

[2]见：同“现”。

【品读】

儒家非常重视夫妇之道，甚至将夫妇关系置于五伦关系之首，认为其是“君臣父子之本”。此处所说的《周易》之《咸卦》，其卦象为艮下兑上，艮表示少男，兑表示少女。《彖传》曰“柔上而刚下，二气感应以相与，止而说，男下女，是以亨，利贞，取女吉也”，以阴阳来比喻夫妇。阴阳交感，则天地万物生；夫妇和睦，则人伦始。故《易传·序卦》有语曰：“有男女然后有夫妇，有夫妇然后有父子，有父子然后有君臣。”

27.27　聘士之义，亲迎之道，重始也。

【品读】

此章讲君王聘士、新郎亲迎，都是礼重起始的核心要义之表现。《荀子·礼论》中的一段话亦揭示了礼中敬始慎终之义：“礼者，谨于治生死者也。生，人之始也；死，人之终也，终始俱善，人道毕矣。故君子敬始而慎终。终始如一，是君子之道、礼义之文也。”若二者相互参照理解，或可相得益彰。

27.28 礼者，人之所履也，失所履，必颠蹶陷溺。所失微而其为乱大者，礼也。礼之于正国家也，如权衡之于轻重也，如绳墨之于曲直也。故人无礼不生，事无礼不成，国家无礼不宁。

【品读】

此处重点强调礼的重要性，指出无论是个人还是国家，都要重礼、行礼，从效果论上来警示世人："人无礼不生，事无礼不成，国家无礼不宁。"类似之语亦集中或散见于本书前文，较典型者如下："凡用血气、志意、知虑，由礼则治通，不由礼则勃乱提僈；食饮、衣服、居处、动静，由礼则和节，不由礼则触陷生疾；容貌、态度、进退、趋行，由礼则雅，不由礼则夷固僻违，庸众而野。故人无礼则不生，事无礼则不成，国家无礼则不宁。"①荀子思想中向有隆礼重礼的成分，这一点体现在《荀子》一书的各处。

27.29 和鸾[1]之声，步中《武》、《象》，趋中《韶》、《护》。君子听律习容而后出[2]。

【注释】

[1]鸾：《集解》本为"乐"，据《礼论》《正论》改。

[2]出：《集解》本为"士"，据《礼记・玉藻》改。

【品读】

此处谈论君子关于乐的修养和规制。如古人所言，礼、乐相须为用，不可分裂而观，因为古代礼乐文明是一体的。此章论乐，与上章论隆礼可相互参照理解。

27.30 霜降逆女[1]，冰泮[2]杀止[3]。内十日一御[4]。

【注释】

[1]逆女：迎送女子，代指嫁娶。

[2]泮(pàn)：化开。

[3]止：《集解》本无此字，据他书记载与王引之等人考证而补。

[4]御：凡天子所用，一般称"御"，此处指其行房。十日一御，指天子嫔妃甚多，但对正妻要尽到规制范围内的夫妇之礼，如至少十天行房一次。

① 《荀子・修身》。

【品读】

这些关于夫妻生活的礼制规定，体现了儒家对夫妻关系、婚姻的重视。夫妻生活是否和谐，直接关系到家庭的和睦、家族的繁衍，甚至还会影响到社会、国家的安定，不只是夫妻两人的事情。

在儒家经典里，贵族夫妻之事是鲜有论及的，这与传统中国人讳言“性”有关。但这种知识一般可以通过医书或文学作品甚至是俚谚、惯制等秘密渠道来传播。此类情况，至今仍多少存在，似乎与民族特有的思维性格有关。而在此处，荀学一派对贵族夫妻之事有所涉及，主要是因为此事亦关乎礼，如天子十日一御之礼，亦见于《礼记·内则》相关篇章。故后人有以周公之礼雅称夫妻之事者，与此或许多少有些关系。

27.31　坐视膝，立视足，应对言语视面。立视前六尺而大之，六六三十六，三丈六尺。

【品读】

此处是对贵族坐、立等平常礼仪的硬性要求，类似的例子亦见于《礼记》相关篇章。

27.32　文貌情用，相为内外表里。礼之中焉，能思索谓之能虑。礼者，本末相顺，终始相应。礼者，以财物为用，以贵贱为文，以多少为异。

【品读】

此章集中论述了礼的实质、境界和内容，大部分内容亦见于本书《礼论》篇，如“礼之中焉能思索，谓之能虑；礼之中焉能勿易，谓之能固。能虑、能固，加好者焉，斯圣人矣”“礼者，以财物为用，以贵贱为文，以多少为用，以隆杀为要。文理繁，情用省，是礼之隆也。文理省，情用繁，是礼之杀也。文理情用相为内外表里，并行而杂，是礼之中流也”，只是顺序不一，本章对其有所删节、改易。以往论者称《大略》篇是杂凑之作，此处所载可以证实这一点。

27.33　下臣事君以货，中臣事君以身，上臣事君以人。

【品读】

此处，荀子谈到臣子在侍奉君主时凭依的根据因人而异。关于事君之道，在《荀子》中多有论述，尤见于《臣道》篇。对事君的关怀，在儒家中是有传统的。如从孔子时就主张事君以道、以礼、以忠。后来，孟子等儒家也讲为臣者如何以道义事君。《易传》中有“上交不谄，下交不渎”之语。《礼记》在《儒行》等篇中更是大量地谈到作为一个儒者如何事君，是所有先秦文献中论述事君最多者。

……………………………………

27.34 《易》曰：“复自道，何其咎？”[1]《春秋》贤穆公，以为能变也。[2]

【注释】

[1]引文见《周易·畜·初九》。

[2]事见《春秋·文公十二年》所记“秦伯使遂来聘”。《公羊传》解释道：“遂者何？秦大夫也。秦无大夫，此何以书？贤缪公也。何贤乎缪公？以为能变也。”

【品读】

孔子所作《春秋》，依据儒家的道德观对历史人物事件加以褒贬，被史家称为“春秋大义”。此处就是对秦穆公知错能改的行为加以褒奖，主要指公元前628年，秦穆公不听老臣蹇叔的劝告，派兵袭郑，结果于次年被沉浸在国丧之中的晋伏击，败于崤山。事后，穆公痛改前非，营救败将，励精图治，四年之后一血崤山之仇，并告诫秦军国有大事要与老成人商量，以免犯错。

……………………………………

27.35 士有妒友，则贤交不亲；君有妒臣，则贤人不至。蔽公者谓之昧，隐良者谓之妒，奉妒昧者谓之交谲[1]。交谲之人，妒昧之臣，国之薉[2]孽也。

【注释】

[1]交谲(jué)：狡诈。交，通“狡”。

[2]薉：同“秽”，污秽。

【品读】

此章讲君王要“亲贤臣，远小人”。贤良之臣与妒昧之臣有着不同的政治素养，也有着不同的政治思想，更有着不同的政治操守。在大多数情况下，两者是无法共存的，他们都以将对方排挤、清理出朝堂之上、君王之旁为奋斗目标。从这个意义上来说，传统中国政治史实际上也是贤良之臣与妒昧之臣的斗争史，他们斗争的结果直接关系到国家的兴衰存亡。以齐桓公为例，其在位前期重用诸如管仲、隰朋、鲍叔牙等贤良人臣，从而成就了春秋五霸之首的伟业；晚年则信任易牙、竖刁等妒昧之臣，最终惨死于易牙等人之手，齐国也迅速衰落。此等历史事例比比皆是。

27.36　口能言之，身能行之，国宝也。口不能言，身能行之，国器也。口能言之，身不能行，国用也。口言善，身行恶，国妖也。治国者敬其宝，爱其器，任其用，除其妖。

【品读】

对于礼法，荀子自然希望人人皆能言之，也能行之。但在现实层面，人与人之间存有差异，这使其对礼法的认知也存有差异。荀子对此进行了分类，并要求执政者对其采取不同的态度。既能言说又能践行礼法者，是国宝，自然是要敬重的。不能言说却能真诚践行礼法者，是国器，他们对礼法的道理还不能完全知晓，却真心信服并遵循圣人之法，可做榜样，自然是要爱护的。口能言说而身不遵循礼法者，是国用，他们粗知礼法的道理，可以用以宣扬礼法，还是有用的，但因其不遵循礼法，无法成为道德表率。那些既不能言说也不能践行礼法者，是国妖，是国家的祸害，是要除掉的。执政者善于知人，才能做到善用。当然，执政者首先要自己做好道德表率。

27.37　不富无以养民情，不教无以理民性。故家五亩宅，百亩田，务其业而勿夺其时，所以富之也。立太学[1]，设庠序[2]，修六礼[3]，明七教[4]，所以道之也。《诗》曰："饮之食之，教之诲之。"[5]王事具矣。

【注释】

[1]太学：古代国家的最高学府。太，《集解》本作"大"，古字通。

[2]庠(xiáng)序：古代地方所设学校。

[3]六礼：指冠礼、婚礼、丧礼、祭礼、乡饮酒礼、相见礼。

[4]七教：指有关父子、兄弟、夫妇、君臣、长幼、朋友、宾客七个方面的伦理道德教育，可参见《礼记·王制》相关内容。七，《集解》本作"十"，疑非，今据他本改之。

[5]引诗见《诗经·小雅·绵蛮》。

【品读】

荀子在此发展了孔子"富之""教之"的民本思想，儒家孜孜以求的王道政治即在于此。《论语·子路》中载："子适卫，冉有仆。子曰：'庶矣哉！'冉有曰：'既庶矣，又何加焉？'曰：'富之。'曰：'既富矣，又何加焉？'曰：'教之。'"需特别注意的是，儒家讲的"富之"与"教之"并非平行的关系，而是有严格的先后顺序。要先做到使民众富裕，然后再加以教化，提升民众的整体素养。在民众还未解决温饱问题之时，执政者应将施政重点放在富民上面，而不应不切实际地追求教民、化民，要求民众有较高的素养。否则，最终的结果只能是适得其反。后世君王和儒者的教化之举多归于失败或失效，根本原因即在于此。而西汉循吏能在一定程度上做到教民，也是以富民、养民为前提的。继孔子之后，管子的“仓廪实而知礼节”①、孟子的“养生丧死无憾，王道之始也”②、荀子的“不富无以养民情”③，直到后来史家认为的“盖闻治国之道，富民为始”④，皆将民生放在治政之首，可视为古代民本思想的一个体现。儒家提倡尊君爱民，希望达到道洽政治的理想境界。既有此目标，他们自然会将富民、化民作为实现此目的的重要途径，而不是像后人理解的那样仅仅依靠高倡仁义道德来教化民众，达到万世太平。

27.38　武王始入殷，表商容之间，释箕子之囚，哭比干之墓，天下乡[1]善矣。

【注释】

[1]乡：通“向”，向往。

【品读】

武王伐纣灭商后采取的这些措施自然是为了笼络殷人，减少矛盾，有益于恢复社会秩序。这些也是武王仁爱之心的体现，与商纣的暴政形成鲜明对比。后世开国君王皆有此类举措。这里还有个重要的原因：周作为边陲小邦，要想以最小的成本、柔和的方式收拾殷商留下的疆土，特别是对付尚保存实力的商都之外的殷族势力，打起只反对残暴的纣王、不反对其他人的旗号，并恤问受害的忠臣和贫弱的大众，是一个明智的选择。全面体察历史，力求看清真相，应该是每一个读史、治史者应有的素养。

27.39　天下、国有俊士，世有贤人。迷者不问路，溺者不问遂[1]，亡人好独。《诗》曰：“我言维服，勿用为笑。先民有言，询于刍荛。”[2]言博问也。

【注释】

[1]遂：同“隧”，河中可以涉水而过的路。

[2]引诗见《诗经·大雅·板》。

① 《管子·牧民》。

② 《孟子·梁惠王上》。

③ 《荀子·大略》。

④ 《史记·平津侯主父列传》。

【品读】

中国人有句俗语："淹死的都是会游泳的。"荀子在此讲的"迷者不问路，溺者不问遂，亡人好独"，即为此类现象。有些人对问题不求甚解，稍有了解就自以为已然知晓，过分自信，不再求教于贤人，最终走入歧途。学无止境，不能自满，自满则容易自毁前程，甚至危及性命。

27.40 有法者以法行，无法者以类举。以其本知其末，以其左知其右，凡百事异理而相守也。庆赏刑罚，通类而后应；政教习俗，相顺而后行。

【品读】

此章反映了荀子类、法相合的政教思想，实则指礼治理论。因为从本书《劝学》篇中"《礼》者，法之大分、类之纲纪也"一语，可见荀子的法、类实际上从属于礼经、礼治。儒家主张礼治、德治，那么，如何才能使君民愿意行礼呢？儒家的答案是通过政与教两种方式，而且伦理教化和政治刑法紧密联系，共为一体，即荀子所讲的礼法。其实，这就是后世所谓"霸王道杂之"的汉家制度的蓝本，被此后历代君王奉为治国大法。当然，荀子的主张与这种汉家制度还是有根本区别的，他坚持以道德教化为主、刑罚为辅，以教为本、政为末。

27.41 八十者一子不事，九十者举家不事，废疾非人不养者一人不事。父母之丧，三年不事。齐衰大功，三月不事。从诸侯来[1]，与新有昏[2]，期[3]不事。

【注释】

[1]来：《集解》本作"不"，今据文义改之。

[2]昏：通"婚"。

[3]期(jī)：一年。

【品读】

"八十者一子不事，九十者举家不事，废疾非人不养者一人不事"，指对有老年人或残疾人的家庭，国家规定可免除一定的公差劳役。这体现了当时尊老、恤孤的思想，是我国传统社会保障思想的重要组成部分。对弱势群体的关怀，是古今任何一个文明社会都必须考虑的社会问题，是人类进步的标志。现在，国家提倡尊老爱幼，不仅是从公德上而论，也要有相应的制度保障。

27.42　子谓子家驹[1]续然[2]大夫，不如晏子；晏子功用之臣也，不如子产；子产惠人也，不如管仲；管仲之为人，力功不力义，力知[3]不力仁，野[4]人也，不可以为天子大夫。

【注释】

[1]子家驹：春秋时鲁国大夫，其事迹主要见《左传》昭公二十五年到定公元年之间的记载。

[2]续然：指子家驹对其君鲁昭公能补续其过。

[3]知：通"智"。

[4]野：缺乏礼仪修养。

【品读】

子家驹、晏子、子产、管仲都是历史上的名臣贤才，荀子对他们一一作了评判。管仲最为上乘，但仍不完美，因其缺乏仁义。对于管仲，先秦儒家对他评价不一。如孔子曾言其不知礼，称其"器小"①，但是仍许其为有益苍生的仁人："管仲相桓公，霸诸侯，一匡天下，民到于今受其赐。微管仲，吾其被发左衽矣。岂若匹夫匹妇之为谅也，自经于沟渎而莫之知也？"②而此处，荀子讲管仲"不力仁"。如何认识两位儒者对同一历史人物的矛盾性评价呢？孔子是从管仲尊王攘夷、安民安天下的功业出发，赞其有仁行。但管仲并不是通过"修己"的方式来实现这些的，他还有种种"不礼"的行为。换言之，管仲并不是自发地去求仁，而是如孟子所言行仁义，非由仁义行。荀子批评管仲力功智不力仁义，也是肯定其功业，而微词其仁义。从根本上来说，其与孔子的论说并无实质性的矛盾。

在荀子看来，管仲"不力仁""不力义"的重要表现就是其不能将其功业或事业延续至身后，不能举贤荐能，导致齐桓公后来任用奸佞，葬送霸业。对此，宋人苏洵在《管仲论》里有一段精彩论述，可为此章作注脚："夫天下未尝无贤者，盖有有臣而无君者矣。威公在焉，而曰天下不复有管仲者，吾不信也。仲之书，有记其将死，论鲍叔、宾胥无之为人，且各疏其短。是其心以为数子者，皆不足以托国。而又逆知其将死，则其书诞谩不足信也。吾观史鳅，以不能进蘧伯玉而退弥子瑕，故有身后之谏。萧何且死，举曹参以自代。

① 事见《论语·八佾》。

② 《论语·宪问》。

大臣之用心，固宜如此也。夫国以一人兴，以一人亡。贤者不悲其身之死，而忧其国之衰，故必复有贤者，而后可以死。彼管仲者，何以死哉？”①

27.43 孟子三见宣王，不言事。门人曰：“曷为三遇齐王而不言事？”孟子曰：“我先攻其邪心。”

【品读】

儒家追求得君行道。如何得君？辩证而论，就是要行道得君。此道何在？儒家认为：首先要让君王真正接受儒家礼义仁道治国的思想，这是一种先王之道，而不只是治国的手段。但现实中，乱世中的国君无一不把兵、法家之术作为首选，对于儒学则仅将其视作治国之术，而非长久之道。这种理想与现实的矛盾使孔子、孟子、荀子等大儒都不能在现实中实现得君行道。孟子所言的君之“邪心”，实则正是君主充满功利色彩的“私心”、不择手段扩充国家实力的“野心”，要改变之，谈何容易。《孟子》开篇梁惠王向孟子求利，即为当时君王之“邪心”，而孟子大谈“王何必曰利”，三致其辞，大讲仁义，就是要“攻其邪心”。但堂堂大梁之王，对孟子所讲似乎并没有太大的兴趣。尽管现实冰冷而残酷，儒家仍然一以贯之地将道义的旗帜高祭在修己安人、辅君治国之坛上，不断地调适理论与现实的差距，以期在某种平衡中实现行道得君、得君行道。荀子在这方面向前跨进一步，使其理论具有很大的现实品格，但又不乏理想色彩。真正完成这项工作，可能要推迟至董仲舒之时了。

27.44 公行子之[1]之燕，遇曾元[2]于涂[3]，曰：“燕君何如？”曾元曰：“志卑。志卑者轻物，轻者不求助。苟不求助，何能举？氐、羌[4]之虏也，不忧其系垒[5]也，而忧其不焚[6]也。利夫秋豪，害靡国家，然且为之，几[7]为知计哉？”

【注释】

[1]公行子之：原为齐国大夫，后奔燕为其国相，终被伐燕的齐军所杀。

[2]曾元：孔子弟子曾参的儿子。

[3]涂：通“途”。

[4]氐、羌：我国古代西疆的少数民族，代指荒蛮不化之域。

① 阴法鲁主编：《古文观止译注》，北京大学出版社 2001 年版，第 710～711 页。

[5]系垒：捆绑，即被俘。垒，通“纍”。

[6]焚：指氐族、羌族死后火葬的风俗。

[7]几：通“岂”。

【品读】

身为君王，不念天下苍生、国家社稷，而只算计自身利益，必将正道不行，民心尽失，家国难保，自家性命亦危在旦夕。

27.45 今夫亡箴者，终日求之而不得，其得之，非目益明也，眸而见之也。心之于虑亦然。

【品读】

宋人辛弃疾有词云：“众里寻他千百度，蓦然回首，那人却在灯火阑珊处。”荀子表达的即是此意，只是他以人用眼找针的生活经验来说明，不如辛弃疾来得有诗意。生活中总有些东西你越想得到，越得不到；放下了，反而得到了。舍得舍得，有舍方有得。如果放松心态，坦然观事，做到事来心应，事去心止，或许生活中处处有惊喜。这种“踏破铁鞋无觅处，得来全不费工夫”的偶然与意外之喜，正是生活的独特魅力之处。

27.46 义与利者，人之所两有也。虽尧、舜不能去民之欲利，然而能使其欲利不克其好义也。虽桀、纣亦不能去民之好义，然而能使其好义不胜其欲利也。故义胜利者为治世，利克义者为乱世。上重义则义克利，上重利则利克义。故天子不言多少，诸侯不言利害，大夫不言得丧，士不通货财。有国之君不息牛羊，错质[1]之臣不息鸡豚，冢卿[2]不修币，大夫不为场园，从士以上皆羞利而不与民争业，乐分施而耻积臧[3]。然故民不困财，贫窭[4]者有所窜其手。

【注释】

[1]错质：即“委质”，指古代臣子把自己的名字写在策书上，委于君主，以表忠心。错，通“措”。

[2]冢卿：即上卿。

[3]臧：通“藏”。

[4]窭（jù）：贫寒。

【品读】

此章讲义与利的关系，主要有两点。一是义与利是人所固有的两种欲望，对于两者的态度，尤其是对欲的态度，不能简单立足于消除，而只能引导。这与后世所谓的“存天理，灭人欲”有所不同。在荀子看来，义与利不仅共同存在，而且相互作用，但两者又存在竞争、斗争。两者斗争的结果决定着主体的道德修养程度和人生追求方向。求义之心克制逐利之心，则人走向正道；反之，则容易走向歧途。在这个意义上讲，儒家成己之学就是以义克利的过程和结果。二是荀子反对执政者与民争利。在等级社会里，民众供养着国家和官员，而国家和官员则承担着为民谋利的责任。在儒家看来，这是天经地义的。正如孟子所言：“或劳心，或劳力。劳心者治人，劳力者治于人。治于人者食人，治人者食于人，天下之通义也。”① 荀子的政治思想也是建立在这种等级认知之上的。因此，国家征收赋税，官员领取俸禄，都是正当之举，不违背道义。但是，儒家坚决反对执政者与民争利，获取俸禄以外的不义之财。用今天的话说，这是腐败行为，也违背“君子爱财，取之有道”的基本道德原则。

其实，荀子讲的这两点之间存在内在关联。荀子主张官僚不能与民争利，那么，执政者如何做到这一点呢？荀子的解决办法仍然是道德，就是上面讲的官员要做到以义克利，以道德之心来克制、约束自已的逐利之欲。可见，即使是隆礼重法之荀子，在解决政治问题之时，也未能走出儒家以道德伦理为根本之道的路子，而是回归到修己的基点上面。但历史证明，单纯依靠道德伦理是无法从根本上解决官员腐败问题的。

27.47　文王诛四[1]，武王诛二[2]，周公卒业，至成、康则案无诛已。

【注释】

[1]诛四：指文王消灭了密须、耆、邘、崇四个小国。

[2]诛二：指武王消灭了商和奄两国。

【品读】

虽然儒家主张德治，以礼来教化天下，但他们并没有彻底放弃必要时以武力手段保障和强化和平事业。即使是圣王，如周之文、武二王和周公，也曾有诛杀之事。当然，这些受诛者都不是无辜之人，都是罪有应得。这样，作为子孙的周成王、周康王就不需诛杀了，而只需礼乐教化。

27.48　多积财而羞无有，重民任而诛不能，此邪行之所以起，刑罚之所以多也。

① 《孟子·滕文公上》。

【品读】

此章讲邪行、刑罚起源于社会上、下层人士的风尚，即君上与臣民重利嗜利，尚能尚智。事实上，这是一种思想维度上的分析，非纯粹的事实剖析。邪行与刑罚主要起源于物质财富的增加和贫富差距的加大。

27.49 上好羞则民暗饰矣，上好富则民死利矣，二者治乱之衢也。民语曰："欲富乎？忍耻矣，倾绝[1]矣，绝故旧矣，与义分背矣。"上好富，则人民之行如此，安得不乱？

【注释】

[1]倾绝：倾身绝命而求。

【品读】

儒家认为治国的关键在于君而不在于民，因为上行下效。君在上若做得尽善尽美，民在下自然就会仿效跟随。孔子说："政者，正也"；"子为政，焉用杀？子欲善，而民善矣！君子之德风，小人之德草。草之上风必偃"。① 孟子亦云："上有好者，下必有甚焉者矣。"②在古代社会，君主的喜好、国家的决策都深深地影响到民众的好恶。因为在社会学意义上，民众是一种从众心理极强的群体。至今，当政者或公众人物的好恶仍是时髦一族甚至普通民众的重要参照对象。但是这里有个根本的前提，即在上者必须德才兼备、身心健康，否则只能助长社会歪风邪气。荀子认为，上有明君贤臣、下有待化万民，礼禁于未然、法治于已然，上下相约以仁义礼法、忠信孝慈，积善成德，则天下大治。

27.50 汤旱而祷曰："政不节与[1]？使民疾与？何以不雨至斯极也？宫室荣与？妇谒盛与？何以不雨至斯极也？苞苴[2]行与？谗夫兴与？何以不雨至斯极也？"

【注释】

[1]与：同"欤"。

[2]苞苴：古人赠送礼物时使用的包装，后代指礼物，此处指贿赂。

【品读】

商汤因为天大旱而向上苍祈求降雨，这是他为了自己的子民而做的仁

① 《论语·颜渊》

② 《孟子·滕文公上》。

爱义举。这种祈天降雨以纾灾的方式，从上古三代开始就是历代统治者常用之法，但效果也仅限于安慰惊慌的人心，是一种当政者的积极表态，可得民心。至于最终是否“求”得雨，只能“听天由命”。

商汤祈祷文的具体内容主要是对政事和自我修养的反思，大致包括六个方面：政令不适当吗？民众负担过重吗？宫殿过于奢华吗？后宫干政过多吗？官吏腐败贿赂横行吗？谗佞之臣兴盛吗？商汤认为肯定是自身失礼和政事不修才招致上天降罚。这是由传统中国独特的天人关系理论所决定的救灾纾难思维。由于生产力的低下和科学知识的匮乏，古人难以做到正确地认识自然界中发生的各种现象，揭示其背后的成因，而是普遍地将其归结到天、帝、鬼神等超自然力量之上。他们不仅认同超自然力量的存在，而且将其与自身生活联系到一起。殷商时人们就认为帝或天帝是宇宙间最高等级的神，拥有着至高无上的权威，管理着整个自然界与人类社会。在古人看来，一切自然现象，如风、雨、雷、电等都由天神、天帝来掌管；人间的一切灾难，都是天帝对人类行为进行审判的结果。如果人的行为违背了天帝的意志，天帝就会降灾难于人间，以示惩戒。在这个意义上，各种自然灾害又被称为“天灾”。

在这样的天人关系认识之下，祥瑞灾异之说逐渐成为人们解释天灾的主流思想。孔子等原始儒家也有这种思想倾向。比如《论语·子罕》里就有相关的论述：“孔子曰：‘凤鸟不至，河不出图，吾已矣夫！’”孔子将凤鸟、河图视为一种祥瑞的表现，认为其出现与否代表着世道是清明还是混浊。其他儒家典籍亦有相似论述。如《礼记·中庸》：“国家将兴，必有祯祥；国家将亡，必有妖孽。”《尚书·汤誓》：“有夏多罪，天命殛之。”当然，灾异之说并不是不言“性与天道”的孔子及其他原始儒家的思想重点，故未有深入的阐发。

但是，在儒家的思维或儒家构设的天人关系图景中，天意又取决于民意，上天是根据民意来决定自己降罚还是降祥瑞的。先秦思想家认为“妖由人兴”[①]“妖不胜德”[②]“灾妖不胜善政”[③]，也就是说，人间事务不能完全归结于天命的必然性，政治历史不是完全由天帝所决定的，执政者自身的德行状况也影响、决定着国家命运的吉凶逆顺。因此，儒家认为人们应当从自己的思想行为中探寻政治历史变动的因果关系，即人在灾害面前是可以有所作为的。

---

① 《左传·庄公十四年》。

② 《史记·殷本纪》。

③ 《孔子家语·五仪解》。

27.51　天之生民，非为君也；天之立君，以为民也。故古者列地建国，非以贵诸侯而已；列官职，差爵禄，非以尊大夫而已。

【品读】

“天之生民，非为君也；天之立君，以为民也。”荀子对君民关系的论述，在等级社会的确是振聋发聩之言。这一民本思想，就是以民众作为国家和社会的价值主体。坚持民本思想，是儒家的共同立场，孟子、荀子都是如此。但是，民本思想在传统中国社会更多时候属于异端思想，只是某些进步的政治家和思想家的理想信仰，而始终未能成为国家意识形态和国家行为的主体，民众也始终不曾成为国家政治的主体。在这个前提下，执政者的民本思想行为虽然在客观上有利于维护民众利益，但是这始终表现为君王或国家对民众的赏赐、恩泽，而不是民众应该有的权利。这与现今民主社会下国家与公民的政治关系有着根本性区别。当然，这种民本思想在专制社会仍然有着特殊的价值和意义，部分士大夫和民众正是依据民本思想来抗衡、制约君权的不义行为。

27.52　主道知人，臣道知事。故舜之治天下，不以事诏而万物成。农精于田而不可以为田师，工贾亦然。

【品读】

此章讲的是君臣的职责分工问题和社会阶层的分工问题，前文的《君道》《臣道》和《解蔽》等篇中对此皆有相关论述。儒家甚至传统中国思想大都认为最理想的君王治政方式是无为而治，君王只需选拔出贤能的人才，将其安排至最合理的职位，并赋予其相应的权力，然后放手让其去做具体的事就可以了。但在历史上，专制君王却总是选择大权己揽，独断乾纲，事无巨细，靡不亲为。

27.53　以贤易不肖，不待卜而后知吉。以治伐乱，不待战而后知克。

【品读】

本章言如果有贤良辅佐来治国戡乱，则胜算在握。做好了充分的准备，在事情没出结果之前就能晓知其果。《孙子兵法·谋政》有语云：“不战而屈人之兵，善之善者也。”孟子言：“仁者无敌”①；“君子有不战，战必胜矣”②。皆是同理。这份从容，让人想起一句唐诗：“自是不归归便得，五湖烟景有谁争。”③同样让人想起的是《礼记·中庸》之言：“凡为天下国家有九经，所以行之者一也。凡事豫则立，不豫则废。言前身定则不跲，事前定则不困，行前定则不疚，道前定则不穷。”同时拿来对读，或有益于理解本章之意。

27.54　齐人欲伐鲁，忌卞庄子[1]，不敢过卞。晋人欲伐卫，畏子路，不敢过蒲[2]。

【注释】

[1]卞庄子：春秋时鲁国卞邑（在今山东泗水县东）的大夫，以勇知名。

[2]蒲：春秋时卫国之地（在今河南长垣县西南），子路曾任邑宰。

【品读】

此章以卞庄子、子路为例来说明贤能之臣之于国家的重要性，认为他们甚至能够决定国家的生死兴亡。这体现了儒家“贤贤”思想。

27.55　不知而问尧、舜，无有而求天府[1]。曰：“先王之道，则尧、舜已；六贰[2]之博，则天府已。”

【注释】

[1]天府：天子府库。

[2]六贰：当为“六艺”，即《诗》《书》《礼》《乐》《易》《春秋》。

【品读】

本章或可用来解释中国为何有着悠久的重历史、重典籍的观念和传统。以尧、舜为代表的先王之道、圣王之政是最理想的政治，但毕竟年代久远，难以亲身体验，只能借助于留存下来的上古典籍来加以认识。从这个意义上讲，经典就是先王之道的承载者。当然，这里面还存在一个再创造的过程，即不断诠释经典、创造新典。

27.56　君子之学如蜕，幡然[1]迁之。故其行效，其立效，其坐效，其置

① 《孟子·梁惠王上》。

② 《孟子·公孙丑下》。

③ 彭庆生等主编：《唐诗精品·春夕》，北京燕山出版社2000年版，第371页。

颜色、出辞气效。无留善,无宿问。

善学者尽其理,善行者究其难。

君子立志如穷,虽天子三公问正[2]以是非对。

君子隘穷而不失,劳倦而不苟,临患难而不忘细席[3]之言。岁不寒无以知松柏,事不难无以知君子无日不在是。

雨小,汉[4]故潜[5]。夫尽小者大,积微者著,德至者色泽洽,行尽而声问[6]远。小人不诚于内而求之于外。

【注释】

[1]幡然:迅速彻底的样子。

[2]正:通"政"。

[3]细席:指褥垫。

[4]汉:汉水,在今陕西、湖北境内。

[5]潜:潜水,汉水的分支。

[6]问:通"闻",声誉。

【品读】

以上几章都在讲君子的学习、德行和道义。君子要善于学习,以之来改变气质。宋明儒者多认为学至气质变化方为有功,和此处所言"君子之学如蜕,幡然迁之""德至者色泽洽"实质上别无两样。荀子主张"君子之学也,以美其身"①,在此也体现得较为充分。《礼记》《易传》等先秦文献中也有不少关于德学双修益于身心之语,如"德润身"②、"君子黄中通理,正位居体,美在其中而畅于四支,发于事业,美之至也"③等。另外,在儒家眼里,德学与道志不离,故此处荀子亦言君子要志于道,矢志不渝;对于客观事物的了解要"尽其理",在践行中也要经受得住诸事考验;还要勤于反求诸己,不能怨天尤人;等等。

27.57 言而不称师谓之畔[1],教而不称师谓之倍[2]。倍畔之人,明君不内[3],朝士大夫遇诸涂不与言。

【注释】

[1]畔:通"叛"。

[2]倍:通"背"。

[3]内:同"纳"。

---

① 《荀子·劝学》。

② 《礼记·大学》。

③ 《易传·文言》等。

【品读】

此处谈尊师之道，呼吁对于离经叛道、欺师灭祖者，人人见而远之。这种待师态度，也反映了荀子对于学习中与师友切磋的重要性的深刻认识。此前诸章对师教在求学、悟道方面的作用也有论述，如"学莫便乎近其人"①；"君子隆师而亲友，以致恶其贼"②；"礼者，所以正身也；师者，所以正礼也"③；等等。

27.58 不足于行者说过，不足于信者诚[1]言。故《春秋》善胥命[2]，而《诗》非屡盟[3]，其心一也。

【注释】

[1]诚：通"盛"。

[2]《春秋》善胥命：实指《公羊传·桓公三年》中所说的"胥命者何？相命也。何言乎相命？近正也"。

[3]《诗》非屡盟：实指《诗经·小雅·巧言》中所说的"君子屡盟，乱是用长"。

【品读】

儒家、道家等先贤经常提醒世人要注意那些言过其实、夸夸其谈而常失信于人者，如孔子所言"巧言令色，鲜矣仁"④，老子所言"轻诺必寡信"⑤、"信言不美，美言不信"⑥。但是，俗语道：英雄惯作欺人语，凡夫俗子趋若鹜。以义克利的成己过程何等艰难，由此可见。人应向善而行，积极进取。

27.59 善为《诗》者不说，善为《易》者不占，善为《礼》者不相，其心同也。

【品读】

"善为《诗》者不说，善为《易》者不占，善为《礼》者不相"，以今天的观点来看，这句话有些难以理解。"善为《诗》者""善为《易》者""善为《礼》者"都是各自领域的专家、权威，何以不能以专业知识为自己"说""占""相"呢？究

① 《荀子·劝学》。
② 《荀子·修身》。
③ 《荀子·修身》。
④ 《论语·学而》。
⑤ 《老子》第六十三章。
⑥ 《老子》第八十一章。

其原因，或许是他们悟道、达道后，反而不知道怎么去说。学习、认识任何事行，如果到了“此时无声胜有声”“只可意会，不可言传”的达道境界，一切说辞、表白都是苍白的。这似乎有点像后世谈禅之风。实际上，庄子所言“至道之极，昏昏默默”①、“道，物之极，言默不足以载”②，也与此多有相通、相契之处。

27.60 曾子曰：“孝子言为可闻，行为可见。言为可闻，所以说远也；行为可见，所以说近也。近者说[1]则亲，远者说则附，亲近而附远，孝子之道也。”

【注释】

[1]说：通“悦”。

【品读】

孝子的孝行，只能被周围的人看到，并影响他们。远方的人不具备这样的条件，不能亲眼看到孝子的行为，也不能考察、分辨其行为的真伪，就容易存在疑问。孝子的言语则不一样。即使人们不是亲耳听到的，也可以通过自己的独立思考和生活经验加以辨析，进而受到影响。这也是先贤重视著书立说的缘由。

27.61 曾子行，晏子从于郊[1]，曰：“婴闻之：君子赠人以言，庶人赠人以财。婴贫无财，请假于君子[2]，赠吾子以言：乘舆[3]之轮，太山[4]之木也，示[5]诸檃栝，三月五月，为帱菜[6]敝而不反[7]其常。君子之檃栝不可不谨也、慎之。兰茝、稾本[8]，渐[9]于蜜醴，一佩易之。正君渐于香酒，可谗而得也。君子之所渐不可不慎也。”

【注释】

[1]曾子行，晏子从于郊：据《史记·仲尼弟子列传》载，曾子比孔子小四十六岁。此文所述曾子与晏子见面，恐为古代传说，非实事，是后人假托两人对话来传达时人的思想而已。

[2]假于君子：冒充君子，这是谦虚之辞。

[3]乘(shèng)舆：帝王乘坐的马车。

[4]太山：即泰山。

---

① 《庄子·在宥》。

② 《庄子·则阳》。

[5]示：通“寘(zhì)”，置。

[6]帱(dào)菜：包裹车毂的皮革。菜，当为“革”之误。

[7]反：通“返”，恢复。

[8]兰茝(chǎi)、槀本：皆指香草。

[9]渐：浸染。

【品读】

儒家认为君子要做到“富贵不能淫，贫贱不能移，威武不能屈”①、“出淤泥而不染”，就要“志于道”。不仅仅要“独善其身”，还要积极地“兼善天下”。照此理解，君子不仅不会轻易受到外部不善环境的影响，反而会以己之正来改善它。既然如此，不善的环境只是君子所要经历的某种磨炼。不过，儒家也认识到环境可能对人产生不良影响，因此强调择善而处、里仁而居。可见，理想归理想，儒家也明白道德修养在现实中的艰难。人性难琢磨，人情甚不美，诸多未知因素使很多意志不坚定者与真正的儒家、儒道失之交臂。郑板桥曾经赋诗《题竹石图》，在此读来，颇耐思量：“咬定青山不放松，立根原在破岩中。千磨万击还坚劲，任尔东西南北风。”一份坚忍，换来一份收成；一份谨慎，换来一身宁静。人在适应环境的过程中，应该学会如何选择、改善，而不应总是盲目地被动适应，无意于去优化它。这里儒家谈到的对环境的综合看法，较为全面、公允。

27.62　人之于文学[1]也，犹玉之于琢磨也。《诗》曰：“如切如磋，如琢如磨。”[2]谓学问也。和之璧[3]，井里之厥也，玉人琢之，为天子宝。子赣[4]、季路[5]，故鄙人也，被文学，服礼义，为天下列士[6]。学问不厌，好士不倦，是天府也。君子疑则不言，未问则不言[7]，道远日益矣。多知而无亲、博学而无方、好多而无定者，君子不与。少不讽诵[8]，壮不论议，虽可，未成也。君子壹教，弟子壹学，亟成。

【注释】

[1]文学：此指礼乐文献典籍，即《诗》《书》《礼》《春秋》等。

[2]引诗见《诗经·卫风·淇奥》。

[3]和之璧：春秋时楚人卞和发现一块玉石，经雕琢后成为珍宝，被称作“和氏璧”“和之璧”。

[4]子赣：即子贡。

[5]季路：即子路。

---

① 《孟子·滕文公下》。

[6]列士：当为“显士”，指有名望的人。

[7]言：《集解》本作“立”，今据上下文义改之。

[8]诵：《集解》本无此字，今据他本增之。

【品读】

本章讲学习的重要性和方法，涉及学、问、教、道、知、行、言等。在荀子那里，“学”是个人实现“成已”乃至“成圣”的必然路径，舍此别无他途。他也相信只要人坚持不懈，终会有所收获。在这一追求过程中，韧性、忍耐、坚守等品质尤其重要。因为，人在日常生活中无论是积善，还是除恶（除弊），都是一个日积月累的缓慢过程，不可能一蹴而就。为此，荀子才以“琢磨”二字来比喻这一过程。

27.63　君子进则能益上之誉而损下之忧。不能而居之，诬也；无益而厚受之，窃也。学者非必为仕，而仕者必如学。

【品读】

荀子的某些学习观，如“学者非必为仕，而仕者必如学”，似乎不同于孔子所说的“学而优则仕，仕而优则学”①。前者更通融、灵活，后者有点执着。但二者都深刻阐述了学与仕的关系，值得古今为学者、为政者反思。

27.64　子贡问于孔子曰：“赐倦于学矣，愿息事君。”孔子曰：“《诗》云：‘温恭朝夕，执事有恪。’[1]事君难，事君焉可息哉？”“然则赐愿息事亲。”孔子曰：“《诗》云：‘孝子不匮，永锡尔类。’[2]事亲难，事亲焉可息哉？”“然则赐愿息于妻子。”孔子曰：“《诗》云：‘刑于寡妻，至于兄弟，以御于家邦。’[3]妻子难，妻子焉可息哉？”“然则赐愿息于朋友。”孔子曰：“《诗》云：‘朋友攸摄，摄以威仪。’[4]朋友难，朋友焉可息哉？”“然则赐愿息耕。”孔子曰：“《诗》云：‘昼尔于茅，宵尔索绹，亟其乘屋，其始播百谷。’[5]耕难，耕焉可息哉？”“然则赐无息者乎？”孔子曰：“望其圹[6]，皋[7]如[8]也，嵮[9]如也，鬲[10]如也，此则知所息矣。”子贡曰：“大哉死乎！君子息焉，小人休焉。”

【注释】

[1]引诗见《诗经·商颂·那》。

[2]引诗见《诗经·大雅·既醉》。锡，通“赐”。

[3]引诗见《诗经·大雅·思齐》。刑，通“型”，示范。寡妻，君王对自己嫡妻的谦称。

① 《论语·子张》。

[4]引诗见《诗经·大雅·既醉》。

[5]引诗见《诗经·豳风·七月》。

[6]圹(kuàng):坟墓。

[7]皋:通"高"。

[8]如:犹"然"。

[9]嵮(diān):同"巅",山顶。

[10]鬲(lì):古代炊具,形似鼎而足部中空。

【品读】

本章以问答形式较全面地表达了儒家的生死观,突出"活到老,学到老"的态度,指出学无止境;同时,也强调了达道的艰难。孔子曰:"朝闻道,夕死可矣"①;"志士仁人,无求生以害仁,有杀身以成仁"②。孟子曰:"生,亦我所欲也;义,亦我所欲也。二者不可得兼,舍生而取义者也。"③此即"杀身成仁""舍生取义"。正因为如此,孔孟儒家的伟大才得以凸显。

儒家立足于自我的内在超越,而非外在的上帝的救赎,认为只有不断地进行自我道德修炼,才能慢慢走向真善美。荀子认为,"积善成德而神明自得,圣心备焉",有此心则有此道,得道即为圣人。而此道非天道、非地道,而是包括仁、义、礼、智、信在内的人道。具体的路径,在《劝学》篇中有过描述:"其数则始乎诵经,终乎读《礼》;其义则始乎为士,终乎为圣人。"

....

27.65 《国风》[1]之好色也,传曰:"盈其欲而不愆[2]其止。其诚可比于金石,其声可内于宗庙。"《小雅》[3]不以于污上,自引而居下,疾今之政,以思往者,其言有文焉,其声有哀焉。

【注释】

[1]《国风》:《诗经》第一部分,内容为关东、关西及淮河南北等地的民间歌谣,以描述爱情、婚嫁、愁怨为主。

[2]愆(qiān):超过。

[3]《小雅》:《诗经》的一部分,多为批评时政、抒发怨愤之辞。

【品读】

荀子在此探讨了色(实则是性、欲等人的情感)与礼的关系。好色是人之情欲的重要表现和内容,是人生而有之的东西,并不必然就是有害的。但

---

① 《论语·里仁》。

② 《论语·卫灵公》。

③ 《孟子·告子上》。

是，人对色欲的追求要是不知“止”，不加以限制、约束，就会给个人、国家、社会造成危害、混乱。夏桀、商纣即是例子。节制色欲之心，正是先王制礼的目的所在。正如荀子在《礼论》所讲的，礼的价值就在于调节、节制人之欲，使其合乎相应的法度。可见，荀子对于色的态度，只是要以礼节之，而非要远离乃至于消灭之。须注意的是，即使在儒家内部，也有人对色持排斥的态度。如《礼记·乐记》言“郑音好滥淫志，宋音燕女溺志，卫音趋数烦志，齐音敖辟乔志，此四者，皆淫于色而害于德，是以祭祀弗用也”，直接将色视为道德的对立面。

27.66　国将兴，必贵师而重傅，贵师而重傅则法度存。国将衰，必贱师而轻傅，贱师而轻傅则人有快，人有快则法度坏。

【品读】

此处谈尊师对于国家、法度的重要性。在荀子看来，师尊是礼义法度的传授者、体现者、诠释者和完善者。当前我国推崇科教兴国、尊师重教，如果说找传统，当与儒家有一定的关系。

27.67　古者匹夫五十而士[1]。天子、诸侯子十九而冠[2]，冠而听治，其教至也。

【注释】

[1]士：通“仕”。

[2]冠：指古人一般在二十岁举行的成人礼。天子、诸侯之子在十九岁时举行冠礼，略早于常人，原因不详。

【品读】

此章讲古代平民入仕的一般年龄，同时也谈到贵族子弟行冠礼的年龄和其意义。皆与古礼相关。

27.68　君子也者而好之，其人；其人也而不教，不祥。非君子而好之，非其人也；非其人而教之，赍[1]盗粮，借贼兵也。

【注释】

[1]赍(jī)：送给。

【品读】

此处谈君子之教要适时而行，教之有道、有方。《孟子·尽心上》中曾言君子之教的几种境界，可拿来与此对读："君子之所以教者五：有如时雨化之者，有成德者，有达财者，有答问者，有私淑艾者。此五者，君子之所以教也。"

27.69 不自嗛[1]其行者，言滥过。古之贤人，贱为布衣，贫为匹夫，食则馑粥不足，衣则竖褐[2]不完，然而非礼不进，非义不受，安取此？

【注释】

[1]嗛(qiàn)：通"歉"，不足。

[2]竖褐：短小的粗布衣服，为普通百姓衣着的代称。

【品读】

此处体现了儒家提倡的安贫乐道思想。"孔颜之乐"是这一思想的起源。孔子高足颜渊是贫而乐道的一个典型象征，他"一箪食，一瓢饮，在陋巷，人不堪其忧，回也不改其乐"①。礼义横亘胸中，一时的贫困便不足以使真正的儒者"为五斗米折腰"，委曲求全。故有"非礼不进，非义不受"。如此亦可理解《礼记》中所载齐人不受嗟来之食的原因了。

27.70 子夏贫，衣若县鹑[1]。人曰："子何不仕？"曰："诸侯之骄我者，吾不为臣；大夫之骄我者，吾不复见。柳下惠与后门者同衣而不见疑，非一日之闻也。争利如蚤[2]甲而丧其掌。"

【注释】

[1]衣若县鹑：形容衣衫褴褛，破不遮体，就像悬于树枝上的鹌鹑。县，通"悬"。鹑，即鹌鹑。

[2]蚤：通"爪"。

【品读】

儒家虽然主张"学而优则仕"，但有着自己的入仕原则。比较理想的儒者，一心想做帝王之师，与王者进行平等交往(非政治地位)，以此来保持自己的独立人格和政治思想的纯洁性，否则绝不出仕。他们非常担忧追逐利益会损害其对仁义的坚守。而在我国历史上，一直存在士人与君权相抗争的传统，当与士人自身的儒学修养有关。

① 《论语·雍也》。

27.71　君人者不可以不慎取臣，匹夫不可以不慎取友。友者，所以相有[1]也。道不同，何以相有也？均薪施火，火就燥；平地注水，水流湿。夫类之相从也，如此之著也，以友观人，焉所疑？取友善人，不可不慎，是德之基也。《诗》曰："无将大车，维尘冥冥。"[2]言无与小人处也。

【注释】

[1]有：通"佑"，帮助。

[2]引诗见《诗经·小雅·无将大车》。

【品读】

本章把凡人交友与君主取臣相提并论，指出要保持一种谨慎态度。西方哲人有语云：真正的朋友，是一个灵魂孕育在两个躯体里。此处，荀卿则认为真正的朋友有共同的旨趣、道义的追求。君子会选择"志同道合"的人来做自己在"修齐治平"、成贤成圣路上的同伴，相互砥砺，共同进步。孔子曾经就结交良友提出几个环节："可与共学，未可与适道；可与适道，未可与立；可与立，未可与权。"①其中也非常强调道的重要性。重视友情，是儒家一个非常重要的伦理思想内容，而学、道、义、礼、德、善、志等是友谊中关键的组件。

27.72　蓝苴路作[1]，似知而非。偄[2]弱易夺，似仁而非。悍戆[3]好斗，似勇而非。

【注释】

[1]蓝苴路作：疑当作"滥且略诈"，意指苟且欺诈。

[2]偄(ruǎn)：同"软"。

[3]戆(zhuàng)：刚直而愚蠢。

【品读】

观过知仁，真正的君子是有大智、大仁、大勇者，并非要小聪明、施小仁义、逞小勇敢之辈。

27.73　仁义礼善之于人也，辟[1]之若货财粟米之于家也，多有之者富，少有之者贫，至无有者穷。故大者不能，小者不为，是弃国捐身之道也。

---

①《论语·子罕》。

【注释】

[1]辟:通“譬”。

【品读】

儒者以仁、义、礼、善等道德的优劣、高下、多少作为划分贫富的标准,而普通人则以有形的“货财粟米”之多少为标准。在历史上的某些时候,特别是经济发展到相当高度时,社会各阶层似乎都存在不同程度的金钱至上论。儒家的重义轻利或者说先义后利观是有特定前提的,即它是为那些有德有位者(如君子)立下的规矩。至于是否遵守或践行至何等程度,则另当别论。

27.74 凡物有乘而来,乘其出者,是其反[1]者也。

【注释】

[1]反:通“返”。

【品读】

世界上的事物在其往复、生死、入出之间,会形成一个个或大或小、或隐或显的循环圆圈,如同飞去来器(boomerang)一样。老子说“反者道之动”①,似乎亦有此意。

27.75 流言灭之,货色远之。祸之所由生也,生自纤纤也。是故君子蚤[1]绝之。

【注释】

[1]蚤:通“早”。

【品读】

“流言”“货色”这些有害道德的因素总是防不胜防,不知不觉中就渗透到人们的生活中。因此,应尽早断绝之,有备无患。

27.76 言之信者,在乎区盖[1]之间。疑则不言,未问则不言[2]。

【注释】

[1]区盖:即阙疑、存疑。区,通“丘”。

[2]言:《集解》本作“立”,今据《大戴礼记·曾子立事》改。

① 《老子》第四十章。

【品读】

言有言的好处，但要相时而动。老子说“知者不言”①，这种智慧可能包括荀子此处所说的“疑则不言，未问则不言”。本章亦可视为教学中应当遵循的谨言原则。

27.77　知者明于事，达于数，不可以不诚事也。故曰：“君子难说，说之不以道，不说也。”[1]

【注释】

[1]语见《论语·子路》。说，通“悦”。

【品读】

在《荀子》中，引用或化用孔子和《论语》中所言的地方颇多。此处是对孔门言语的解释，颇到位，若细体会，别有心得涌心头。

27.78　语曰：“流丸[1]止于瓯、臾[2]，流言止于知者。”此家言邪学之所以恶儒者也。是非疑，则度[3]之以远事，验之以近物，参之以平心，流言止焉，恶言死焉。

【注释】

[1]流丸：滚动的圆球。

[2]瓯、臾：瓯和臾都是盛物的瓦器，此处指地面低洼之处。

[3]度（duó）：揣摩。

【品读】

“流言止于智者”这句话已成为后世流行的俗语。在此，荀子提出了消除流言的具体方法：以历史传统加以衡量，以现实加以检验，并且自己要保持平和的心态。他认为，做到这三点，就能使“流言止”“恶言死”。

27.79　曾子食鱼有余，曰：“泔之。”门人曰：“泔之伤人，不若奥[1]之。”曾子泣涕曰：“有异心乎哉？”伤其闻之晚也。

【注释】

[1]奥：通“熬”。

① 《老子》第五十六章。

【品读】

曾子之举应属于因不知甚至无知而导致的好心办坏事之例。这种现象在日常生活中经常出现。圣贤尚且如此，遑论他人？

27.80 无用吾之所短遇人之所长，故塞而避所短，移而从所任[1]。疏知而不法，察辨[2]而操辟，勇果而亡[3]礼，君子之所憎恶也。

【注释】

[1]任：《集解》本作“仕”，据俞樾说改。

[2]辨：通“辩”。

[3]亡：通“无”。

【品读】

“无用吾之所短遇人之所长。”这是一句非常朴实、实用却又常被人忽略的做人做事的准则。扬长避短，择善而为，不光要知之，还需行之。在学习中行动，在行动中学习，做到知己知彼，方可在人生职场上活出独有的风采。

27.81 多言而类，圣人也。少言而法，君子也。多言无法而流湎[1]然，虽辨，小人也。

【注释】

[1]湎：《集解》本作“喆”，今据杨倞说改。

【品读】

对于话多好还是话少好，不能简单评定，而是取决于说的话是否符合法度，是否中的，这样才有了圣人、君子、小人之别。在这个意义上，日常所说的“言多必失”“谨言”等，也未必完全正确。当然，关于这三类人，荀子在前文中也用其他标准来定义过。但总体而论，仍以有无礼义法度、是否忠信有德为准则来定义。

27.82 国法禁拾遗，恶民之串[1]以无分得也。有夫分义，则容天下而治；无分义，则一妻一妾而乱。

【注释】

[1]串：古“贯”字，通“惯”。

【品读】

在路上捡到他人遗失之物的问题上，荀子主张法礼兼施，这与孔、孟所倡不尽相同，值得思量。

27.83 天下之人，唯[1]各特意哉，然而有所共予[2]也。言味者予易牙[3]，言音者予师旷[4]，言治者予三王。三王既以定法度、制礼乐而传之，有不用而改自作，何异于变易牙之和、更师旷之律？无三王之法，天下不待亡，国不待死。

【注释】

[1]唯：通"虽"。

[2]予：通"与"，赞许。

[3]易牙：齐桓公的近臣，掌管国君饮食。

[4]师旷：字子野，晋平公的乐师，精通音乐。

【品读】

在荀子或儒家看来，圣王制礼作乐，建设完美的政治秩序，后人只需效而法之即可，不能不用，也不能随意变动。这是实现治国、平天下的不二法门，否则只能招致身死国灭。

27.84 饮而不食者，蝉也；不饮不食者，浮蝣[1]也。

【注释】

[1]浮蝣：即"蜉蝣"，昆虫名。

【品读】

此章不知为何意，或指人非小虫，亦饮亦食。后世有修道寡饮食者，如按荀子之说，与蝉、浮蝣无异。儒家在饮食男女、世俗生活中寻找人道的真谛，有异于道家对道的感悟。

27.85 虞舜、孝己孝而亲不爱，比干、子胥忠而君不用，仲尼、颜渊知而穷于世。劫迫于暴国而无所辟之，则崇其善，扬其美，言其所长而不称其所短也。

【品读】

在不得志而无法宣扬、实践自己的理想之时，儒家必须解决如何做到坚守理想而且明白自己到底还能做什么的问题。因为，在大多数情况下，儒家都要面临这样的困境。对于类似“孝而亲不爱”“忠而君不用”“知而穷于世”的现象，庄子也思考过，但评价与荀子不尽相同：“人主莫不欲其臣之忠，而忠未必信，故伍员流于江，苌弘死于蜀，藏其血三年而化为碧。人亲莫不欲其子之孝，而孝未必爱，故孝己忧而曾参悲。”①

27.86　惟惟[1]而亡者，诽也；博而穷者，訾也；清之而俞浊者，口也。

【注释】

[1]惟惟：通“唯唯”，假装恭敬。

【品读】

说话是一门艺术，与做人做事休戚相关。此处列出三类谈吐禁忌，铭记此“三忌”，加上孔子所言“欲讷于言而敏于行”②，相信我们就可以做到寡过无尤。当然，在需要多说或适当解释时，一定也要有勇气站出来说，当仁不让。

27.87　君子能为可贵，不能使人必贵己；能为可用，不能使人必用己。

【品读】

此章教导人们首先做好自己，控制能控制的，勿管不能控制的。乍一看，这种观点不无通达之处，表达出儒家思想“躬自厚而薄责于人”、内求诸己、束身寡过的内敛性倾向，这在孔子、孟子、荀子那里是一以贯之的。但是，就更深层次来看，“能”与“不能”的标准在儒家思想中是模糊的，也是难于厘清和操作的，人为地限定“能”与“不能”，极易使某些儒者养成一种消极无为的思想，成为只扫自家门前雪的“自了汉”，而疏于对公共事务的必要关怀，滋生对社会公务特别是现实难题的冷漠。从长远来说，政治的改善和社会的和谐，恰恰需要知其不可为而为之的斗士。

27.88　诰誓[1]不及五帝，盟诅[2]不及三王，交质子不及五伯。

【注释】

[1]诰誓：指君王对下发布的公告、命令。

[2]盟诅：在神前歃血立誓、缔结和约。

① 《庄子·外物》。

② 《论语·里仁》。

【品读】

本章说的是在文明社会之初的不同时期，邦国内部治理和邦国之间交往有不同的规范与制度。“五帝”时没有成文的规定如诰誓等来约束君臣众人，但有约定俗成的不成文法；“三王”时，盟约出现；至“春秋五霸”时产生了互交质子的规定，以保证国与国之间的政治互信。从历史主义的角度来看，这是礼法制度的发展轨迹；从道德主义的角度来看，则体现了一种政治不信任的恶在层级递增，而这种恶是建立文明社会和完善法制的必要条件。

宥坐篇第二十八

28.1　孔子观于鲁桓公[1]之庙，有欹[2]器焉。孔子问于守庙者曰："此为何器？"守庙者曰："此盖为宥坐之器[3]。"孔子曰："吾闻宥坐之器者，虚则欹，中则正，满则覆。"孔子顾谓弟子曰："注水焉。"弟子挹水[4]而注之，中而正，满而覆，虚而欹。孔子喟然而叹曰："吁！恶有满而不覆者哉？"子路曰："敢问持满有道乎？"孔子曰："聪明圣知，守之以愚；功被天下，守之以让；勇力抚世，守之以怯；富有四海，守之以谦[5]。此所谓挹[6]而损之之道也。"

【注释】

[1]鲁桓公：春秋时鲁国国君，公元前711～前694年在位。

[2]欹（qī）：同"攲"，倾斜。

[3]宥坐之器：古时国君置于座右的器具，劝诫当政者言行中正，不要过或不及。宥，同"右"。坐，同"座"。

[4]挹（yì）水：舀水。

[5]谦：通"俭"。

[6]挹（yì）：通"抑"，退让。

【品读】

孔子以宥坐之器的原理来阐述中正而行、卑弱谦让之道。人都有无尽的欲求，易迷失在其中而不能自拔，故孔门师徒侧重论说"持满"之道，即"挹而损之之道"。这与老子主张的以柔克刚、知雄守雌的进退之道有异曲同工之妙。

28.2　孔子为鲁摄相[1]，朝七日而诛少正卯[2]。门人进问曰："夫少正卯，鲁之闻人也，夫子为政而始诛之，得无失乎？"孔子曰："居！吾语[3]女[4]其故。人有恶者五而盗窃不与[5]焉：一曰心达而险，二曰行辟[6]而坚，三曰言伪而辩[7]，四曰记丑而博，五曰顺非而泽。此五者有一于人，则不得免于君子之诛，而少正卯兼有之。故居处足以聚徒成群，言谈足以饰邪营众，强足以反是独立，此小人之桀[8]雄也，不可不诛也。是以汤诛尹谐，文王诛潘止，周公诛管叔，太公诛华仕[9]，管仲诛付里乙，子产诛邓析、史付[10]，此七子者，皆异世同心，不可不诛也。《诗》曰：'忧心悄悄，愠于群小。'[11]小人成群，斯足忧矣。"

【注释】

[1]摄相：代行国相职务。

[2]少正卯：春秋末年人，与孔子同时，曾在鲁讲学，很多人慕名而往，请教学问。鲁定公十四年（前496年），被时任鲁司寇（主管鲁国司法的长官）的孔子以"五恶"的罪名诛杀。

[3]语（yù）：告诉。

[4]女：同"汝"。

[5]与（yù）：参与。

[6]辟：通"僻"，邪僻。

[7]辩：辩解。

[8]桀：通"杰"，才华出众。

[9]华仕：西周初隐居在齐地渤海边上的隐士，因不愿做官而躬耕于乡，后被姜太公所杀（事见《韩非子·外储说右上》）。

[10]史付：与尹谐、潘止、付里乙均为人名，事不详。

[11]引诗见《诗经·邶风·柏舟》。

【品读】

孔子诛少正卯一事，在历史上有很大的争议，其真伪直至今天仍然没有完全厘清，是一桩典型的学术公案。批评孔子及儒学者，认为此事的确存在，并以之批判儒家实行文化专制，以"大棒"杀戮、惩治"异端"。而力挺儒家者则不以为然，想方设法辩白、厘清。古代的朱熹、阎若璩、崔述等，近代的唐君毅、徐复观、钱穆等都曾经对这一事件的真实性提出质疑。

然而，对于此事儒家却百口莫辩。因为，讲此事者不是别人，而是儒家中人。荀子总不能造谣以污蔑先师吧？仅从孔子思想本身来看，孔子诛少正卯的确不符合孔子政治思想的基本逻辑。孔子主张德治、礼治，反对不教而诛。为政伊始就杀人，道理上讲不通。这一做法更像是法家的选择，荀子的学生韩非子、李斯之流当乐于为之。事实上，后世有很多执政者利用孔子诛少正卯的事例来为自己打击、清算政治思想"异端"进行辩护。如曹魏时期，钟会向司马昭进言杀掉嵇康时，就曾说道："嵇康，卧龙也，不可起。公无忧天下，顾以康为虑耳"；"昔齐戮华士，鲁诛少正卯，诚以害时乱教，故圣贤去之"。① 在钟会看来，嵇康就是当世的少正卯，司马氏应像圣人那样诛杀嵇康，这也算是以圣人之道为法。

① （唐）房玄龄等撰：《晋书·嵇康列传》，中华书局1974年版，第1373页。

无论真相如何，孔子诛少正卯一事说明以杀戮的暴力手段和政治手段来清算“异端”，已经成为执政者在治理国家时可能的选项。战国末期，整个社会发展大势是由分裂走向统一，政治文化亦需统一。依托孔子诛少正卯之事为致力于大一统事业的统治者张目，应是荀子讲述此事的一个重要目的。

....

28.3 孔子为鲁司寇[1]，有父子讼者，孔子拘之，三月不别[2]。其父请止，孔子舍之。季孙[3]闻之不说[4]，曰：“是老也欺予，语予曰：‘为国家必以孝。’今杀一人以戮不孝，又舍之。”冉子以告。孔子慨然叹曰：“呜呼！上失之，下杀之，其可乎？不教其民而听其狱，杀不辜也。三军大败，不可斩也；狱犴[5]不治，不可刑也，罪不在民故也。嫚[6]令谨[7]诛，贼也；今生也有时，敛也无时，暴也；不教而责成功，虐也。已此三者，然后刑可即也。《书》曰：‘义刑义杀，勿庸以即，予维曰未有顺事。’[8]言先教也。”故先王既陈之以道，上先服之；若不可，尚贤以綦[9]之；若不可，废不能以单[10]之；綦三年而百姓往矣。邪民不从，然后俟之以刑，则民知罪矣。《诗》曰：“尹氏大师，维周之氐，秉国之均，四方是维，天子是庳，卑民不迷。”[11]是以威厉而不试，刑错[12]而不用，此之谓也。今之世则不然：乱其教，繁其刑，其民迷惑而堕焉，则从而制之，是以刑弥繁而邪不胜。三尺之岸而虚车不能登也，百仞[13]之山任负车登焉，何则？陵迟故也。数仞之墙而民不逾也，百仞之山而竖子冯[14]而游焉，陵迟故也。今夫世之陵迟亦久矣，而能使民勿逾乎？《诗》曰：“周道如砥，其直如矢。君子所履，小人所视。眷焉顾之，潸焉出涕。”[15]岂不哀哉？

【注释】

[1]司寇：主管司法的最高官吏。

[2]别：判决。

[3]季孙：即季桓子、季孙斯，是鲁国定公、哀公时执政的卿（前505～前492年在位）。

[4]说：通“悦”。

[5]狱犴（àn）：古代监狱，此处代指狱讼之事。

[6]嫚：通“慢”，怠慢、松懈。

[7]谨：通“勤”，严苛。

[8]引文见《尚书·康诰》，但文字及其含义与今传《尚书》不尽相同，与《孔子家语》相近。

[9]綦：通“惎（jì）”，教导。

[10]单：通“惮”，使害怕。

[11]引诗见《诗经·小雅·节南山》。大师，即太师，与太傅、太保合称“三公”，是辅

助国君治政的最高官员。均,通“钧”,权势。庳(bēi),通“毗(pí)”,辅佐。卑,通“俾”,使。

[12]错:通“措”,搁置。

[13]仞(rèn):古代测量高度或深度的单位,七尺为一仞。

[14]冯(píng):同“凭”,登。

[15]引诗见《诗经·小雅·大东》。

【品读】

此章讲儒家以德治国,反对不教而诛的礼治思想。季孙氏表面上似乎接受了孔子“为国家必以孝”的治政思想,但是在实践操作层面上却并非全然为孔子所说的孝治。二者的差别体现在如何对待不孝者上。季孙氏主张以严刑峻法杀戮不孝子,以儆效尤,迫使他人不敢以身试法,不得不遵行孝道。此举肯定立竿见影,但这一做法的实质是将个人的情感以及家庭伦理关系置于国家律法的控制之下,以律法来评判情感,这自然会伤害父子亲情。长此以往,终会危及家庭与社会的稳定、和谐。孔子反对以诉讼判决的手段来解决父子之间的矛盾,而是主张给他们留出反省的时间,使其相互认识到各自的错误而重归于好。这一做法需假以时日方可奏效,但是它将国家法律与民众亲情厘清,优先以道德规范来解决道德问题,有利于维护人间情感,也就有利于家庭、社会的稳定、和谐,是值得提倡的治政之法。孔子所言“道之以政,齐之以刑,民免而无耻;道之以德,齐之以礼,有耻且格”①,集中体现了其德政治国方略的优点所在。

28.4 《诗》曰:“瞻彼日月,悠悠我思。道之云远,曷云能来。”[1]子曰:“伊稽首,不[2]其有[3]来乎?”

【注释】

[1]引诗见《诗经·邶风·雄雉》。

[2]不:同“否”。

[3]有:通“又”。

【品读】

《礼记·中庸》曾有言:“道不远人,人之为道而远人,不可以为道。”朱熹对此解释道:“言人人有此道,只是人自远其道,非道远人也。”②后世佛教有一句“道不远人人自远”,也是这个意思。

---

① 《论语·为政》。

② (宋)黎靖德编:《朱子语类》卷六三,中华书局1986年版,第1542页。

28.5 孔子观于东流之水。子贡问于孔子曰："君子之所以见大水必观焉者，是何?"孔子曰："夫水，大遍与诸生而无为也，似德；其流也埤[1]下，裾拘[2]必循其理，似义；其洸洸[3]乎不淈[4]尽，似道；若有决行之，其应佚[5]若声响，其赴百仞之谷不惧，似勇；主[6]量必平，似法；盈不求概[7]，似正；淖[8]约微达，似察；以出以入，以就鲜絜[9]，似善化；其万折也必东，似志。是故君子见大水必观焉。"

【注释】

[1]埤(bēi)：通"卑"，低下。

[2]裾拘(gōu)：通"倨句(gōu)"，曲折。古代称弯曲而呈钝角者为"倨"，曲折很大而呈锐角者为"句"，曲折成直角者为"矩"。

[3]洸(huǎng)洸：通"滉滉""潢潢"，水势浩大深广的样子。

[4]淈：通"屈"，竭尽。

[5]佚(yì)：通"逸"，奔跑。

[6]主：通"注"。

[7]概：古代量谷物时刮平斗斛的木板。

[8]淖：通"绰"，绰约、柔弱。

[9]絜：通"洁"。

【品读】

本章谈及为何君子见大水必观，孔子说出了很多关于水的德行。将自己希望的人才之德移之于物的做法，在《荀子》一书中屡见不鲜，体现了儒家的泛德论。此处孔子以水来阐释君子之德，实则是为"修齐治平"之术张目。儒家有很多以水来阐发自己思想的例子。如孔子曾讲道："知者乐水；仁者乐山。知者动；仁者静。知者乐；仁者寿。"①孟子也曾以水为喻来解释人性："天下之言性也，则故而已矣。故者以利为本。所恶于智者，为其凿也。如智者若禹之行水也，则无恶于智矣。禹之行水也，行其所无事也。如智者亦行其所无事，则智亦大矣"②；"水信无分于东西。无分于上下乎？人性之善也，犹水之就下也。人无有不善，水无有不下。今夫水，搏而跃之，可使过颡；激而行之，可使在山。是岂水之性哉？其势则然也。人之可使为不善，其性亦犹是也"③。

无独有偶，道家也非常重视水的品性。如老子说："上善若水。水善利

① 《论语·雍也》。

② 《孟子·离娄下》。

③ 《孟子·告子上》

万物而不争，处众人之所恶，故几于道”①；“天下莫柔弱于水，而攻坚强者莫之能胜，以其无以易之。弱之胜强，柔之胜刚，天下莫不知，莫能行”②。与儒家不同的是，道家更加重视水的柔弱品行。

不仅中国哲人赞叹水，并以之来阐发自己的学说，外国哲人亦有类似的例子。如前苏格拉底时期的智者泰勒斯就认为水是万物之源，提出宇宙水本论。后来恩培多克勒的万物四根说（土、气、水、火）也把水当作“四根”之一。由此可见，在世界哲学家眼中，水曾经具有格外重要的意义。

28.6　孔子曰：“吾有耻也，吾有鄙也，吾有殆也：幼不能强学，老无以教之，吾耻之；去其故乡，事君而达，卒[1]遇故人，曾无旧言，吾鄙之；与小人处者，吾殆之也。”

【注释】

[1]卒：通“猝”，突然。

【品读】

从孔子至顾炎武，代有儒者论耻，庶几成为一种文化。近代有学者将中国文化称为“耻感文化”，以与西方的罪感文化相对应。这里孔子列出其耻在于“不能学”“无以教”，可见其视教化众生、淑世美俗为己任，至为可贵。“默而识之，学而不厌，诲人不倦”③，是孔子一生追求的理想和最伟大的事业。至于“有鄙”“有殆”，与其同乡党和谐共处、远小人而亲贤者的人际交往思想息息相关。孔子这种自省其耻、其鄙、其殆的精神，让我们看到一位在求道之路上德学精进、永无止境的长者形象。

28.7　孔子曰：“如垤[1]而进，吾与之；如丘而止，吾已矣。”今学曾未如疣赘[2]，则具然欲为人师。

【注释】

[1]垤（dié）：堆在蚂蚁穴口的小土堆。

[2]疣（yóu）赘（zhuì）：指生在皮肤上的肉疙瘩，俗称“瘊子”，此处代指多余无用之物。

【品读】

此章孔子表彰那些好学求进者，不屑那些自满不前者，批评那些没有多少真才实学而好为人师者。

---

① 《老子》第八章。

② 《老子》第七十八章。

③ 《论语·述而》。

28.8　孔子南适楚，厄于陈、蔡之间，七日不火食，藜羹[1]不糂[2]，弟子皆有饥色。子路进而问之曰："由闻之：为善者天报之以福，为不善者天报之以祸。今夫子累德、积义、怀美，行之日久矣，奚居之隐也？"孔子曰："由不识，吾语女。女以知[3]者为必用邪？王子比干不见剖心乎？女以忠者为必用邪？关龙逢不见刑乎？女以谏者为必用邪？吴子胥[4]不磔[5]姑苏东门外乎？夫遇不遇者，时也；贤不肖者，材[6]也。君子博学深谋，不遇时者多矣。由是观之，不遇世者众矣，何独丘也哉？"且夫芷兰生于深林，非以无人而不芳。君子之学，非为通也，为穷而不困，忧而意不衰也，知祸福终始而心不惑也。夫贤不肖者，材也；为不为者，人也；遇不遇者，时也；死生者，命也。今有其人，不遇其时，虽贤，其能行乎？苟遇其时，何难之有？故君子博学、深谋、修身、端行以俟其时。孔子曰："由，居！吾语汝。昔晋公子重耳霸心生于曹，越王句践霸心生于会稽，齐桓公小白霸心生于莒。故居不隐者思不远，身不佚[7]者志不广。女庸安[8]知吾不得之桑落之下[9]！"

【注释】

[1]藜(lí)羹(gēng)：用藜做的野菜汤。

[2]糂(sǎn)：同"糁"，把米掺和到羹中的食物。

[3]知：通"智"。

[4]吴子胥：即伍子胥。

[5]磔(zhé)：古代酷刑，肢解身体。

[6]材：通"才"。

[7]佚：通"逸"，出奔。

[8]庸安：怎么。"庸"与"安"同义。

[9]桑落之下：语出何典，不详。据分析，应为"桑荫之下"，可能指君臣相谐之事。比如《说苑·尊贤》："尧舜相是，不违桑阴。"

【品读】

子路提问："由闻之：为善者天报之以福，为不善者天报之以祸。今夫子累德、积义、怀美，行之日久矣，奚居之隐也？"即天降福于为善者，也降罚于不善者，为什么如夫子(即孔子)般的君子会遭受如此困境？有此惑者当不止子路一人，可以说，这是当时儒家面临的一道难题。如何破解，关系到儒家安身立命、参透人世的大事。解决不好，就会令无数习儒者迷失在对自我价值的怀疑和否定里面。子路就是如此，他开始怀疑长久坚持的"累德、积义、怀美"的行为是错误的，要不然为何不能获得上天的降福，反而要忍受看不见尽头的磨难？孔子在回答中指出践行"累德、积义、怀美"是正确的。而之所以出现这种困境，是时机不合适所致，而时机并非人为可控制，并且类似他们师徒者多有先例，孔子举了比干、伍子胥等例，以此舒缓子路的焦虑、困惑之情。为了提升士气，孔子最后还相当乐观地反问：你怎么知道我的机遇不会马上就来呢？也就是说，"我"的机遇也许很快就来到了，这些承受的苦难只是黎明前的黑暗而已。既然如此，哪里有不继续坚持的道理呢！

看到此，孔子的一份机敏、可爱与苦心跃然纸上，让人不免莞尔。孔门师徒为天下苍生奔波而备受困苦，弘道不已，这种精神值得钦佩。没有一番雄心大志、锐意于道，是很难坚持下来的。孟子曾言："天将降大任于是人也，必先苦其心志，劳其筋骨，饿其体肤，空乏其身，行拂乱其所为，所以动心忍性，曾益其所不能。"①孔子师徒所受的苦难，或可视作对勇担大任者的考验。

28.9 子贡观于鲁庙[1]之北堂，出而问于孔子曰："乡[2]者，赐观于太庙[3]之北堂，吾亦未辍，还复瞻被[4]九盖[5]皆继，被有说邪？匠过绝邪？"孔子曰："太庙之堂亦尝[6]有说，官致良工，因丽节文，非无良材也，盖曰贵文也。"

【注释】

[1]鲁庙：鲁国宗庙，国君祭祖的场所。

[2]乡：通"向"。

[3]太庙：本指天子的祖庙，但鲁国的周公庙也称"太庙"，因为当初周王把伯禽分封至鲁国时，赐予其天子规格的礼乐仪仗和宗庙建制。

[4]被：通"彼"。

[5]九盖：即九门。古代天子庙堂设有九门。为了显示对姬旦功劳的肯定和尊重，成王将周公之庙堂的规格提升，同于天子。盖，通"阖"，门。

[6]尝：通"当"。

【品读】

如果单就文中本义论，师徒二人是在从技术和艺术层面谈建筑文化。但是这里还有皮里阳秋或言外之意在内，需要细心体悟。孔子曾说"觚不觚"，貌似说的是一种酒器的形式有变，实际上是在感叹古礼崩坏。这里的言外之意，或许也是拿礼说事。孔子教育弟子不知礼、不学礼无以立。此处他借回答子贡的问题，对"良材"与"贵文"作了阐述，其实是在说实然与应然、内容与形式的关系。"因丽节文"，"是不为也，非不能也"②。

① 《孟子·告子下》。

② 《孟子·梁惠王上》。

子道篇第二十九

29.1　入孝出弟[1]，人之小行也；上顺下笃，人之中行也；从道不从君，从义不从父，人之大行也。若夫志以礼安，言以类使，则儒道毕矣，虽舜不能加毫末于是矣。

【注释】

[1]弟：通“悌”，敬爱兄长。

【品读】

儒家主张道德修养应该从自己开始。《论语·宪问》中载子路问君子，孔子答以“修己以敬”“修己以安人”“修己以安百姓”。如何得君行道、义之于比是儒家的终极奋斗目标。就此而论，才有了这里的人之小行、中行、大行之别，而道义是高于孝忠之德的。人之大行“从道不从君，从义不从父”，如黄钟大吕扣人心弦，激励着无数中国人在孝忠难全时，追求道义之大节而舍弃家庭或政治伦理方面的孝忠。有人说儒家主张愚孝愚忠，但看过荀子这段话后，或许就不会这样一概而论了。类似这样的思想，在其他儒家经典如《孝经》中亦有之。如《谏诤》章云：“故当不义则子不可以不争于父，臣不可以不争于君；故当不义则争之。”这些是值得我们格外关注的，至少提醒世人当全面看待儒家思想。

29.2　孝子所以不从命有三：从命则亲危，不从命则亲安，孝子不从命乃衷[1]；从命则亲辱，不从命则亲荣，孝子不从命乃义；从命则禽兽，不从命则修饰[2]，孝子不从命乃敬。故可以从而不从，是不子也；未可以从而从，是不衷也。明于从不从之义，而能致恭敬、忠信、端悫以慎行之，则可谓大孝矣。传曰：“从道不从君，从义不从父。”此之谓也。故劳苦雕萃[3]而能无失其敬，灾祸患难而能无失其义，则不幸不顺见恶而能无失其爱，非仁人莫能行。《诗》曰：“孝子不匮。”[4]此之谓也。

【注释】

[1]衷：通“忠”。

[2]饰：通“饬”，整饬、治理。

[3]雕萃（cuì）：通“凋悴”，意指非常疲劳。

[4]引诗见《诗经·大雅·既醉》。

【品读】

此章论孝，围绕父命、道义、大孝三个范畴展开讨论，在文脉上与前章和后章构成呼应关系。“传曰：‘从道不从君，从义不从父’”，告诉我们“从道不从君，从义不从父”一语在荀子之前已经流传于世。传，当为解释经典如《诗》《书》《礼》《春秋》的典籍，多出自儒者之手。

29.3　鲁哀公问于孔子曰：“子从父命，孝乎？臣从君命，贞乎？”三问，孔子不对。孔子趋出以语子贡曰：“乡[1]者，君问丘也，曰：‘子从父命，孝乎？臣从君命，贞乎？’三问而丘不对，赐以为何如？”子贡曰：“子从父命，孝矣；臣从君命，贞矣。夫子有[2]奚对焉？”孔子曰：“小人哉！赐不识也。昔万乘之国有争[3]臣四人，则封疆不削；千乘之国有争臣三人，则社稷不危；百乘之家有争臣二人，则宗庙不毁。父有争子，不行无礼；士有争友，不为不义。故子从父，奚子孝？臣从君，奚臣贞？审其所以从之之谓孝、之谓贞也。”

【注释】

[1]乡：通“向”，刚才。

[2]有：通“又”。

[3]争：通“诤”，规劝。

【品读】

本章与上两章所谈大同小异，皆为孝、忠问题。在近代批儒的背景下，儒家的忠孝价值观念也受到质疑，儒家被视为愚忠、愚孝的代理人、张目者。当然，如果儒家强调子女要绝对孝顺父母、朝臣要绝对效忠君王，甚至父要子亡子不得不亡、君要臣死臣不得不死，那便是愚忠、愚孝。这既与近代自由、民主的原则相悖逆，也不合情理，应该人人弃之如敝屣。不过，若静心细读儒家元典，就会有不同的认知，本章就是如此。从通常意义上来说，子女尽量顺从父母的命令当然是孝亲的表现，朝臣尽量听从君王的命令也是忠心所致。这是孝忠的应有之义。孔子没有回答鲁哀公之问，在子贡看来，是因为这一问题无须解说而答案自明。但孔子对这一问题有自己的新解。“审其所以从之之谓孝、之谓贞也”是了解孔子孝忠观的枢纽所在。与孔子回答子贡的话意思相同的话亦见于《孝经·谏诤》篇中，二者皆强调评论臣子、子女是否做到忠君孝父，不仅要看其行为本身，更要看其为何而尽忠行孝。即关注其目的和动机，而不是仅因为“孝”的行为就忽略动机是否合情合理、目的是否尽情尽理。因为，为人下者对尊长者自有相应的责任义务，但除了身份上的义务之外，尊长者之命是否合乎正义，也是值得考虑的因素。综合起来，才可判断其是否做到了真正的孝或忠。

换言之，要是君父之命不合乎正义原则，臣子还是一味听从，就可能会给君父带来祸害，这种顺从就背离忠孝之本义，走向极端了。法、儒合流而成的“三纲”“五常”，成为中国封建政治文化的代名词。或许为人诟病、祸害无数“赤县”之民的，正是这种极端化的孝忠观念，而非儒家本来的孝忠之义。

29.4　子路问于孔子曰：“有人于此，夙兴夜寐，耕耘树艺，手足胼胝[1]，以养其亲，然而无孝之名，何也？”孔子曰：“意者身不敬与[2]？辞不逊与？色不顺与？古之人有言曰：‘衣与，缪[3]与，不女[4]聊。’今夙兴夜寐，耕耘树艺，手足胼胝，以养其亲，无此三者，则何以为而无孝之名也？意者所友非人邪[5]？”孔子曰：“由志之，吾语汝。虽有国士之力，不能自举其身，非无力也，势不可也。故入而行不修，身之罪也；出而名不章[6]，友之过也。故君子入则笃行，出则友贤，何为而无孝之名也？”

【注释】

[1]胼(pián)胝(zhī)：手脚上因长期劳作而生的茧。

[2]与：同“欤”，表疑问。

[3]缪：绸缪、准备。

[4]女：同“汝”。

[5]意者所友非人邪：《集解》本无此语，今据《韩诗外传》引文补。

[6]章：通“彰”，显扬。

【品读】

如下文所载，子路的志向是“使人知”“使人爱”，因此他很关注“孝之名”的问题。有人尽心尽力孝顺父母，却没有获得应有的孝名，子路对此不理解，请教于师。孔子告诉子路如能做到“夙兴夜寐，耕耘树艺，手足胼胝，以养其亲”，就会有孝子之名。孔子进一步追溯未得孝名的原因，认为这不是“身之罪”而是“友之过”，是交友不善、遇人不淑，所交之友不能发现、宣扬尽孝者的善行导致的。荀子曾言“是我而当者，吾友也”①，意思是互相表扬、宣传各自的优点而恰到好处的人，是真正的朋友，这里应该也包括宣扬朋友的孝行吧！总之，欲得孝名，要敦厚孝实、广交良友。

① 《荀子·修身》。

29.5 子路问于孔子曰："鲁大夫练[1]而床，礼邪？"孔子曰："吾不知也。"子路出，谓子贡曰："吾以为夫子为无所不知，夫子徒[2]有所不知。"子贡曰："女何问哉？"子路曰："由问鲁大夫练而床，礼邪？夫子曰：'吾不知也。'"子贡曰："吾将为女问之。"子贡问曰："练而床，礼邪？"孔子曰："非礼也。"子贡出，谓子路曰："女谓夫子为有所不知乎？夫子徒无所不知，女问非也。礼，居是邑，不非其大夫。"

【注释】

[1]练：柔软洁白的熟丝帛，古人用作丧服的材料，此指小祥之祭(古代人父母去世一年后进行的祭祀)所用祭服。因祭者需头上戴练，故小祥之祭又称为"练"。

[2]徒：犹"乃"，竟然。

【品读】

这是一桩孔子"讷于言"的个案。"练而床"的行为有违礼制，这是非常明确的事实。孔子拒绝评判发生在鲁大夫身上的行为，原因有二：一是为尊者讳是礼制的硬性要求；二是批评鲁大夫本身也是一种违礼，因为正如子贡所说"礼，居是邑，不非其大夫"。从后一原因来看，孔子十分重视目的与手段的一致性问题，认为不能以非礼的行为去批评非礼的行为。鲁大夫做了非礼的行为，但是身居鲁国批评其大夫亦是非礼的行为。我们必须坚持以合乎正义的方式去达成合乎正义的目的，而不可以非正义的方式去达成所谓正义的目的。但现实中，多有以暴制暴的做法，在儒家看来，这最终会招致更大的祸患。

29.6 子路盛服见孔子，孔子曰："由，是裾裾[1]何也？昔者，江出于岷山[2]，其始出也，其源可以滥觞，及其至江之津也，不放舟[3]、不避风则不可涉也，非唯下流水多邪？今女衣服既盛，颜色充盈，天下且孰肯谏女矣？由！"子路趋而出，改服而入，盖犹若也。孔子曰："志之，吾语女：奋于言者华[4]，奋于行者伐，色知而有能者，小人也。故君子知之曰知之，不知曰不知，言之要也[5]；能之曰能之，不能曰不能，行之至也。言要则知，行至则仁。既知且仁，夫恶有不足矣哉？"

【注释】

[1]裾(jū)裾：穿着华丽的正式衣装。

[2]岷山：指现在的岷山山脉，在今四川松潘县北，绵延四川、甘肃两省边界。古人视之为长江的发源地。

[3]放舟：同"方舟"，两船并在一起。

[4]华：华而不实。

[5]此句可与《论语·为政》中的"知之为知之，不知为不知，是知也"一句作对比。荀子所载当是对原有祖本故事的扩展。

【品读】

君子要有谦卑的心态。穿戴浮华、言行傲慢的人容易将自己与正人隔离开来，不利于向他们学习。君子的威严体现在他内含的德行上，智仁兼具，为其大德。怎么做到呢？孔子主张："故君子知之曰知之，不知曰不知，言之要也；能之曰能之，不能曰不能，行之至也。言要则知，行至则仁。"就是有所知，有所不知；有所能，有所不能。简言之，人要实事求是，自知自爱。仁智双全者，才能真正获得他人尊重。

29.7 子路入，子曰："由，知者若何？仁者若何？"子路对曰："知者使人知己，仁者使人爱己。"子曰："可谓士矣。"子贡入，子曰："赐，知者若何？仁者若何？"子贡对曰："知者知人，仁者爱人。"子曰："可谓士君子矣。"颜渊入，子曰："回，知者若何？仁者若何？"颜渊对曰："知者自知，仁者自爱。"子曰："可谓明君子矣。"

【品读】

孔子询问子路、子贡、颜渊对"知者"、仁者的理解，三人均给出自己的解答。《论语》中，孔子回答弟子关于"仁""知"的问题时，说过"知者""知人"、仁者"爱人"。① 子贡亦曾论其师曰："学不厌，智也；教不倦，仁也。仁且智，夫子既圣矣！"②孟子则对"知""仁"作如是看法："知者无不知也，当务之为急；仁者无不爱也，急亲贤之为务。③"迨荀子时代，又演绎出孔门师徒对"知""仁"进行讨论的故事，内容丰富，耐人寻味。此处略作解读。

对于老师的问题，子路的回答是"知者使人知己，仁者使人爱己"，意思是一个有智慧的人会让自己广为人知，一个仁爱的人会让自己被人们所爱戴。在《论语》里有两处子路提到自己的志向。《公冶长》篇里说道："愿车马、衣轻裘，与朋友共。敝之而无憾。"《先进》篇中则记载道："千乘之国，摄乎大国之间，加之以师旅，因之以饥馑；由也为之，比及三年，可使有勇，且知

① 语出《论语·子路》："樊迟问仁。子曰：'爱人。'问知。子曰：'知人。'"其实，孔子非常重视"仁""知"的关系，在其他地方亦曾谈及，如："仁者安仁，知者利仁"(《论语·里仁》)；"知者乐水，仁者乐山。知者动，仁者静。知者乐，仁者寿"(《论语·雍也》)；"知者不惑，仁者不忧"(《论语·子罕》)。

② 《孟子·公孙丑上》。

③ 《孟子·尽心上》。

方也。"可见，子路的志向在于广交良友和建功立业。交友就是要获得朋友的爱戴，"使人爱己"。要入仕从政，就要有好的、大的名声，"使人知己"。在"爱己""知己"的过程中，子路也就实现了自我的社会价值。因为，能"使人爱己""使人知己"的基本前提就是自己有着良好的德行素养，而且符合社会道德规范要求。可见，子路将关注重心放在自己要去做好事、善事，做符合社会道德规范的事上，借此获得社会的普遍认同，这或可解释子路在后世享有忠孝之名的原因。

再看子贡，另有看法："知者知人，仁者爱人。"意即有智慧的人能够理解别人，有仁心的人能够热爱别人。子贡的认知立足于将自己的仁心、善心施与他人、社会，此即儒家仁爱的向外推及。如果说子路是按照社会道德规范的要求来"成己"，那子贡就是依据仁爱原则来施恩以体现自身价值。但是，子贡的做法只求自我满足，而未能意识到或无意识地忽略了被施与者的需求。就像我们经常讲的，以正义之名做的事也并不总是正当的，其道理即在于此。子路与子贡对仁者认知的差异，也体现在两人解救奴隶的不同方式上面。据《吕氏春秋·先识览·察微》记载："鲁国之法，鲁人为人臣妾于诸侯，有能赎之者，取其金于府。子贡赎鲁人于诸侯，来而让不取其金。孔子曰：'赐失之矣。自今以往，鲁人不赎人矣。取其金则无损于行，不取其金则不复赎人矣。'子路拯溺者，其人拜之以牛，子路受之。孔子曰：'鲁人必拯溺者矣。'孔子见之以细，观化远也。"如仅从两人的主观意愿来看，子贡赎人，只是出于自己的爱心，并不想获得赏金，也不是有意借此获得名声。而子路就有着比较明显的功利性，他希望别人知道自己做过的好事，从而爱戴、知晓自己。通过此处所讲子路与子贡的不同做法，亦可发现孔门二子对"知者"与仁者的认知差异。

相比于前两者，颜渊的回答又更进一步："知者自知，仁者自爱。"即一个有智慧的人重在了解自己，一个有仁心的人要珍爱自己。在颜渊看来，"知者"、仁者的根本在于做好自己，求于我而非他，然后再以自己的道德修养向外推及，感化他人。此处的"自知""自爱"，并不是浅薄的自我中心主义，而是孔子所说的"反求诸己"。因为，人必然处于各种社会关系之中，先知人，才有参照物，才能明白自己的位置，才能真正做到自知。所谓"自爱"，也并不是说只爱自己，而是说真正爱自己的人也会去爱他人，因为人跟人是一样的，想到自己也会想到他人，将心比心即是此意。老子也曾经说过"自知者明"[1]，与颜子观点相类。

---

① 《老子》第三十三章。

对这段孔子师徒四人讨论“仁”“知”的记载，王安石曾点评道：“是诚孔子之言欤？吾知其非也！”在此引全文参读，提供另一理解视角：

> 夫能近见而后能远察，能利狭而后能泽广，明天下之理也。故古之欲知人者必先求知己，欲爱人者必先求爱己，此亦理之所必然，而君子之所不能易者也。请以事之近而天下之所共知者谕之。
>
> 今有人于此，不能见太山于咫尺之内者，则虽天下之至愚，知其不能察秋毫于百步之外也，盖不能见于近则不能察于远明矣。而荀卿以谓知己者贤于知人者，是犹能察秋毫于百步之外者为不若见太山于咫尺之内者之明也。今有人于此，食不足以厌其腹、衣不足以周其体者，则虽天下之至愚，知其不能以赡足乡党也，盖不能利于狭则不能泽于广明矣。而荀卿以谓爱己者贤于爱人者，是犹以赡足乡党为不若食足以厌腹、衣足以周体者之富也。由是言之，荀卿之言，其不察理已甚矣。故知己者，智之端也，可推以知人也；爱己者，仁之端也，可推以爱人也。夫能尽智、仁之道，然后能使人知己、爱己，是故能使人知己、爱己者，未有不能知人、爱人者也。能知人、爱人者，未有不能知己、爱己者也。今荀卿之言，一切反之，吾是以知其非孔子之言而为荀卿之妄矣。
>
> 杨子曰：“自爱，仁之至也。”盖言能自爱之道，则足以爱人耳，非谓不能爱人而能爱己者也。噫，古之人爱人不能爱己者有之矣，然非吾所谓爱人，而墨翟之道也。若夫能知人而不能知己者，亦非吾所谓知人矣。①

……………………………………

29.8　子路问于孔子曰：“君子亦有忧乎？”孔子曰：“君子，其未得也，则乐其意，既已得之，又乐其治，是以有终身之乐，无一日之忧。小人者，其未得也，则忧不得，既已得之，又恐失之，是以有终身之忧，无一日之乐也。”

【品读】

孔子认为，君子“有终身之乐，无一日之忧”，因为君子总是能够看到好的或有益的方面，知足常乐；而小人“有终身之忧，无一日之乐”，因为小人总是患得患失，欲壑难填。可见，乐与忧的关键在自己而不在他人，在内心而不在外界。这种思想亦体现于《论语·阳货》中孔子的一段话中：“鄙夫可与事君也与哉？其未得之也，患得之；既得之，患失之。苟患失之，无所不至矣。”两相对比，鄙夫、小人所忧与所患，与君子所虑相距甚远。

---

① （宋）王安石：《王安石全集》，上海古籍出版社1999年版，第229页。

法行篇第三十

30.1 公输[1]不能加于绳墨，圣人莫能加于礼。礼者，众人法而不知，圣人法而知之。

【注释】

[1]公输：即公输班、鲁班，春秋时鲁国著名的工匠。

【品读】

圣人虽然制礼作乐，但也必须依礼而行，不能有所悖逆。在守礼这一点上，圣人与老百姓是一样的。两者的差别在于圣人是因完全掌握礼的道理而自愿践行，老百姓则是在并不知晓礼的情况下践行。后者很大程度上是出于对圣人之道的崇敬而追随、行从。

后世帝王多有制礼作乐者，如汉武帝、魏明帝等，但都适得其反，不仅没有实现礼治，反而加深了国家、民众的负担。问题的症结在于他们既没有真正践行自己制作的礼，也没有真正知晓礼的内在精神，而只是将其作为粉饰太平的手段。

30.2 曾子曰："无[1]内人之疏而外人之亲，无身不善而怨人，无刑已至而呼天。内人之疏而外人之亲，不亦远乎？身不善而怨人，不亦反乎？刑已至而呼天，不亦晚乎？诗曰：'涓涓源水，不雝[2]不塞。毂[3]已破碎，乃大其辐[4]。事已败矣，乃重大息[5]。'其云[6]益乎！"

【注释】

[1]无：通"毋"，不要。

[2]雝：通"壅"，堵塞。

[3]毂(gǔ)：车轮中心用以穿轴的圆木。

[4]辐(fú)：车轮中连接车毂和轮圈的数根直木条。

[5]大息：叹息。

[6]云：有。

【品读】

本章曾子讲"无内人之疏而外人之亲"，指出人要从孝悌做起，由家及邦，由内向外，推及天下。“无身不善而怨人，无刑已至而呼天”，实际上就是孔子不怨天、不尤人、反求诸己思想的延伸。曾子所讲的亲疏不分、不善而怨、刑至呼天的现象是普通人常犯的错误。有些人喜欢将责任推到他人乃至天地身上，抱怨别人对自己不好，老天对自己不公，却不愿严于律己、反思自我，这很容易导致社会成员之间的互相不满，增加不稳定因素。

30.3 曾子病，曾元[1]持足，曾子曰：“元，志之！吾语汝。夫鱼鳖鼋[2]鼍[3]犹以渊为浅而堀[4]其中，鹰鸢[5]犹以山为卑而增巢[6]其上，及其得也必以饵。故君子苟能无以利害义，则耻辱亦无由至矣。”

【注释】

[1]曾元：曾子之子。

[2]鼋(yuán)：大鳖。

[3]鼍(tuó)：某种鳄鱼。

[4]堀(kū)：通“窟”。

[5]鸢(yuān)：一种鹰。

[6]增巢：通“橧巢”，用树枝做的巢。

【品读】

曾子告诫儿子要坚持大道，抵制邪道和私欲的诱惑，不做以利害义的事，以远离耻辱和危害。犯错误者常常是咎由自取、自取其辱。因此，毋妄言、毋妄信、毋妄取、毋妄为，认认真真地走好自己的路，才是获得宁静精神生活的正确途径。

30.4 子贡问于孔子曰：“君子之所以贵玉而贱珉[1]者，何也？为夫玉之少而珉之多邪？”孔子曰：“恶！赐，是何言也？夫君子岂多而贱之、少而贵之哉？夫玉者，君子比德焉。温润而泽，仁也；栗[2]而理，知也；坚刚而不屈，义也；廉而不刿[3]，行也；折而不桡[4]，勇也；瑕适[5]并见，情也；扣之，其声清扬而远闻，其止辍然，辞也。故虽有珉之雕雕，不若玉之章章。《诗》曰：‘言念君子，温其如玉。’[6]此之谓也。”

【注释】

[1]珉(mín)：似玉非玉的美石。

[2]栗：坚韧之貌。

[3]刿(guì)：割伤。

[4]桡(náo)：通“挠”，弯曲。

[5]瑕适：玉上的斑点。

[6]引诗见《诗经·秦风·小戎》。

【品读】

此章中，孔子以玉比喻君子之德。用玉之七德——仁、智、义、行、勇、情、辞来涵括君子品格，非常形象。值得关注的倒是子贡提出的问题所体现的独特逻辑。他认为君子之所以贵玉而贱珉，是因为玉少而珉多。用现在的话来说，就是资源的多寡导致市场供求的丰歉和物价的不同。子贡不愧是商家，他以商人的思维，运用“物以稀为贵”的原理来理解君子贵玉而贱珉的现象。但这与君子的人格精神直接悖逆，故受到孔子的批评、指正。

……………………………………

30.5 曾子曰：“同游而不见爱者，吾必不仁也；交而不见敬者，吾必不长[1]也；临财而不见信者，吾必不信也。三者在身，曷怨人？怨人者穷，怨天者无识。失之己而反诸人，岂不亦迂哉？”

【注释】

[1]长（zhǎng）：同“敬”，尊敬。

【品读】

曾子认为，如果自己不被人爱戴，不被人尊敬，不被人信任，不应该埋怨他人，应该反思自我。孔子曾说：“不患人之不己知，患不知人也”①；“不患人之不己知，患其不能也”②；“躬自厚而薄责于人，则远怨矣”③。孔门师徒的这种主张，成为后儒所言“行有不得，反求诸己”思想的祖本。

……………………………………

30.6 南郭惠子[1]问于子贡曰：“夫子[2]之门何其杂也？”子贡曰：“君子正身以俟[3]，欲来者不距[4]，欲去者不止。且夫良医之门多病人，檃栝[5]之侧多枉木，是以杂也。”

【注释】

[1]南郭惠子：与孔子同时人，据《墨子·非儒》中所载，曾为齐国贵族田常的下属。

[2]夫子：指孔子。

[3]俟：等待。

[4]距：同“拒”。

[5]檃（yǐn）栝（kuò）：矫正弯曲竹木的工具。

---

① 《论语·学而》。

② 《论语·宪问》。

③ 《论语·卫灵公》。

【品读】

孔子兴私学，坚持“有教无类”的思想，面向社会各阶层广收门徒，这就是南郭惠子所说的夫子门下比较杂的原因所在。私学的兴办使得知识不再是贵族阶层的专利，更多阶层的人获得了学习的机会。春秋战国时期百家争鸣思想文化盛况的出现，与孔子开私学之先河有着直接的关系。

……………………………………

30.7 孔子曰：“君子有三恕：有君不能事，有臣而求其使，非恕也；有亲不能报，有子而求其孝，非恕也；有兄不能敬，有弟而求其听令，非恕也。士明于此三恕，则可以端身矣。”

【品读】

夫子之道，曾被概括为“恕”[①]字。无疑，恕道原则是孔子伦理思想的重要组成部分，亦是儒家立身行事的重要准则。恕道的核心思想就是要求人们通过将心比心的方式来践行仁爱，即“己所不欲，勿施于人”。通过荀子所载，可见孔子指出三种在日常生活中经常出现的“非恕”现象：身为臣子，自己不忠于君王而要求手下效忠自己；身为子女，自己不孝顺父母而要求自己的子女孝顺自己；身为弟弟，自己不尊敬兄长而要求自己的弟弟尊敬自己。自己做不到而要求他人对自己做到，这不符合君子严于律己、宽以待人的原则。

……………………………………

30.8 孔子曰：“君子有三思而不可不思也：少而不学，长无能也；老而不教，死无思也；有而不施，穷无与也。是故君子少思长则学，老思死则教，有思穷则施也。”

【品读】

从本章可见，孔子认为君子在年少时考虑到年长后自己的无所作为，就会努力学习；在年老时考虑到死后将默默无闻，就会努力教育他人；在富有时考虑到以后可能会贫困，就会积极做慈善，体现了儒家的忧患情怀。孟子曾说“君子有终身之忧，无一朝之患也”[②]，与此处孔子所言“三思”有异曲同工之妙。

---

① 《论语·里仁》载：“子曰：‘参乎！吾道一以贯之。’曾子曰：‘唯。’子出，门人问曰：‘何谓也？’曾子曰：‘夫子之道，忠恕而已矣。’”《论语·卫灵公》载：“子贡问曰：‘有一言而可以终身行之者乎？’子曰：‘其恕乎！己所不欲，勿施于人。’”

② 《孟子·离娄下》。

哀公篇第三十一

31.1　鲁哀公问于孔子曰："吾欲论吾国之士，与之治国，敢问何如取之邪？"孔子对曰："生今之世，志古之道，居今之俗，服古之服，舍此而为非者，不亦鲜乎？"哀公曰："然则夫章甫、絇屦[1]、绅而搢笏者，此贤乎？"孔子对曰："不必然。夫端衣、玄裳[2]，絻而乘路者，志不在于食荤；斩衰[3]、菅屦，杖而啜粥者，志不在于酒肉。生今之世，志古之道，居今之俗，服古之服，舍此而为非者，虽有，不亦鲜乎？"哀公曰："善！"

【注释】

[1]絇(qú)屦(jù)：古代一种前端有装饰的鞋。

[2]玄裳：黑色裙状祭祀礼服。

[3]斩衰：古代"五服"中最重的丧服，用粗麻布制成，左右和下边不缝边，裁割而成。依礼制规定，儿子和未嫁女为父母、臣为君都服斩衰。

【品读】

鲁哀公问如何才能选拔贤才治理国家，孔子答以"生今之世，志古之道，居今之俗，服古之服"，主张以古道治今世。可见，孔子不满于其时"礼崩乐坏"的社会现状，给出回归到上古三代的礼乐文明的解决之路。确切地说，就是以礼乐来重建社会。如仅从形式来看，孔子的确具有复古主义倾向，他要求今人放弃已经习惯的生活习俗，践行他们宣扬的古人之道，最直接的表现就是要穿古人的衣服，行古人的礼节。这不仅是我们今人难以理解之处，也是时人批评孔子及儒家的重要依据。鲁哀公问孔子穿着礼服的人是否就是贤人，直接将"古之服"等同于贤人，对"古之道"的理解是表面化、形式化的，代表了当时一批当政者对孔子及儒家的看法。孔子自然少不了一番解释。他认为"古之服"是一种象征，一种遵循、践行先王之道的象征，因此，评判"服古之服"的人是否为贤人的关键不在于"古之服"本身，而在于"古之服"背后的精神。这种思想与孔子提出的克己复礼、礼乐需仁和"尔爱其羊，我爱其礼"的主张是一脉相通的。进而言之，如欲全面理解儒家文化，必须透过其表现形式考察其内在精神，总结其反映的普遍真理，而不是纠缠于一种形式的复古与否。

31.2 孔子曰:“人有五仪:有庸人,有士,有君子,有贤人,有大圣。”哀公曰:“敢问何如斯可谓庸人矣?”孔子对曰:“所谓庸人者,口不能道善言,心不知邑邑[1],不知选贤人善士托其身焉以为己忧,动[2]行不知所务,止立[3]不知所定,日选择于物不知所贵,从物如流不知所归,五凿[4]为正[5],心从而坏,如此,则可谓庸人矣。”哀公曰:“善!敢问何如斯可谓士矣?”孔子对曰:“所谓士者,虽不能尽道术,必有率也;虽不能遍美善,必有处也。是故知不务多,务审其所知;言不务多,务审其所谓;行不务多,务审其所由。故知既已知之矣,言既已谓之矣,行既已由之矣,则若性命肌肤之不可易也。故富贵不足以益也,卑贱不足以损也,如此,则可谓士矣。”哀公曰:“善!敢问何如斯可谓之君子矣?”孔子对曰:“所谓君子者,言忠信而心不德,仁义在身而色不伐,思虑明通而辞不争,故犹然如将可及者,君子也。”哀公曰:“善!敢问何如斯可谓贤人矣?”孔子对曰:“所谓贤人者,行中规绳而不伤于本,言足法于天下而不伤于身,富有天下而无怨[6]财,布施天下而不病贫,如此,则可谓贤人矣。”哀公曰:“善!敢问何如斯可谓大圣矣?”孔子对曰:“所谓大圣者,知通乎大道,应变而不穷,辨乎万物之情性者也。大道者,所以变化遂成万物也;情性者,所以理然不[7]、取舍也。是故其事大辨[8]乎天地,明察乎日月,总要万物于风雨,缪缪肫肫[9],其事不可循,若天之嗣,其事不可识,百姓浅然不识其邻,若此,则可谓大圣矣。”哀公曰:“善!”

【注释】

[1]邑邑:通“悒悒”,忧郁不乐。《集解》本作“色色”,据《大戴礼记·哀公问五仪》改。

[2]动:《集解》本为“勤”,据《韩诗外传》等改。

[3]立:《集解》本作“交”,据《大戴礼记·哀公问五仪》改。

[4]五凿:即五官耳、目、鼻、口、心的孔穴。

[5]正:通“政”,主宰。

[6]怨:通“苑”,积累。

[7]不:同“否”。

[8]辨:通“遍”。

[9]缪(mù)缪肫(chún)肫:恭敬诚恳的样子。缪缪,通“穆穆”,肃穆恭敬的样子。肫肫,同“谆谆”,诚恳不倦的样子。

【品读】

在此章,孔子向鲁哀公阐述了庸人、士、君子、贤人、大圣五等人的基本品格。总体来看,孔子是以人对于大道的体认程度和其外显的言行标准来区别的。最次之庸人,只是以个人的私欲和本能作为言行的依据,而不会主动求道，并以此来指导言行，自然是无所适从的。而最高级的大圣，不仅知晓大道，而且其言行都顺乎大道，做到了无可无不可。这是儒家最高的道德境界，但并非高不可攀。只是世上能成圣者少，不能成君子、贤能者多。荀子认为只要肯下功夫，向学崇礼，积德成善，就能成为君子甚至是圣人。从某种意义上讲，儒家公认的圣人，如尧、舜、禹、周公等，都是被追溯确认的结果。换句话说，圣人不是他们自我追求的结果，而是他们自然而然的体现。即圣人是不可学的，不是说不能学习他们的大道，而是说不可能通过学习达到圣人的境界。因此，从某种程度上来说，士、君子、贤人才是普通人应该努力的目标，这也是所有儒家论述理想人格类型的重点。

31.3　鲁哀公问舜冠于孔子，孔子不对。三问，不对。哀公曰："寡人问舜冠于子，何以不言也？"孔子对曰："古之王者，有务[1]而拘领[2]者矣，其政好生而恶杀焉，是以凤在列树，麟在郊野，乌鹊之巢可附而窥也。君不此问而问舜冠，所以不对也。"

【注释】

[1]务：通"鍪(móu)"，古代形似头盔的帽子。

[2]拘领：曲领，即圆领。拘，通"句(gōu)"，弯曲。

【品读】

本章的这段君臣对话反映了孔子重道义、重礼义而不尚有名无实的礼仪（如服饰、用具等）。如在孔子看来，舜冠不等于舜之道，戴其冠未必能行其道，不戴其冠也未必不能行其道，两者之间没有必然联系。治国的关键在于做好政事，如做到"好生而恶杀"，真心爱护百姓，使其安居乐业。若能如此，即使不戴舜冠，也是在践行舜之道，也会有舜一样的美名令誉。而哀公问舜冠，只是为了满足自己的好奇心或虚荣心，以此增加国君的权威，而不是像舜那样去爱民理政，这与先王舜之道背道而驰。孔子不答鲁哀公之问，盖由此来。

31.4　鲁哀公问于孔子曰："寡人生于深宫之中，长于妇人之手，寡人未尝知哀也，未尝知忧也，未尝知劳也，未尝知惧也，未尝知危也。"孔子曰："君之所问，圣君之问也。丘，小人也，何足以知之？"曰："非吾子无所闻之也。"孔子曰："君入庙门而右，登自胙阶[1]，仰视榱栋[2]，俯见几筵，其器存，其人亡，君以此思哀，则哀将焉不至矣？君昧爽而栉冠，平明而听朝，一物不应，乱之端也，君以此思忧，则忧将焉而不至矣？君平明而听朝，日昃[3]而退，诸侯之子孙必有在君之末庭者，君以此思劳，则劳将焉而不至矣？君出鲁之四门以望鲁四郊，亡国之虚[4]则必有数盖焉，君以此思惧，则惧将焉而不至矣？且丘闻之：‘君者舟也，庶人者水也。水则载舟，水则覆舟。’君以此思危，则危将焉而不至矣？”

【注释】

[1]胙(zuò)阶：大堂前东边主人登堂的台阶。胙，通“阼”。

[2]榱(cuī)栋：屋子的椽子和正梁。

[3]日昃(zè)：太阳过中偏西。

[4]虚：同“墟”。

【品读】

鲁哀公之问，可以说是永恒之问，即使放到今天也是有价值的。哀公之问关心的是如何治理好国家，做个好国君。如将鲁哀公的问题放到一个更大的范围内，可以理解为：领导者如何在远离民众现实生活的情况下(“生于深宫之中，长于妇人之手”)，还能成为一位好的领导者(“圣君”)？历史教训告诉我们，开国之初的君王多从民间来，或至少对民情有所体察，深知民生之艰，故多能颁行恤民利民政策。而后世君王则困于皇城之中，脱离百姓生活，难以真正了解民众需求，遑论想民之所想、急民之所急。发展至极端就是君主等一批统治者逐渐站到民众的对立面，亡国之祸随之而来。当然，在古代君王长期生活在相对固定的生活圈子中，信息来源相对固定且多经过滤的情况下，采诗观风、吏民上书、朝议和官员巡查等制度使得这种弊端有所缓解。但是，在人治社会中，这些制度功用的发挥无法得到根本的保障，君主与民间社会的隔离仍然相当严重。在弱庸之主当政和强势佞臣辅政时，这种情形尤其明显，容易形成不是君主专制的专制，其危害与君主专制无异。

相对于制度和机构建设，孔子立足于君王本身，希望君王通过日常生活中的所见所闻、所思所学来探究现实社会，从而尽心尽力治理好国家。儒家要求君王不断反思自省，提升自身道德素养和政治才干，做个好的领导者，这是其政治哲学中一以贯之的红线。

31.5　鲁哀公问于孔子曰：“绅、委[1]、章甫有益于仁乎？”孔子蹴然[2]曰：“君胡然焉[3]！资衰、苴杖者不听乐，非耳不能闻也，服使然也。黼衣、黼裳者不茹荤[4]，非口不能味也，服使然也。且丘闻之：‘好肆不守折，长者不为市。’察[5]其有益与其无益，君其知之矣。”

【注释】

[1]委:玄冠。周代上朝所戴的一种黑色丝织礼帽。

[2]蹴(cù)然:恭敬不安的样子。

[3]君胡然焉:《集解》本作"君号然也",今据《孔子家语·好生》改。

[4]茹荤:食用葱、韭等辛辣之物。

[5]察:《集解》本作"窃",今据《孔子家语》王肃注改。

【品读】

此章与第一章的主旨是相似的。孔子认为"绅""委""章甫"等礼服及其所代表的礼仪的价值并不在于其本身,而在于其背后的人文精神。穿上不同的礼服,就应遵循不同的行为要求。这种重实质甚于重形式的思想亦见于本篇其他章节。

31.6　鲁哀公问于孔子曰:"请问取人。"孔子对曰:"无取健[1],无取诎[2],无取口哼[3]。健,贪也;诎,乱也;口哼,诞也。故弓调而后求劲焉,马服而后求良焉,士信悫[4]而后求知能焉。士不信悫而有[5]多知[6]能,譬之其豺狼也,不可以身尒[7]也。语曰:'桓公用其贼,文公用其盗。'[8]故明主任计不信怒,暗主信怒不任计。计胜怒则强,怒胜计则亡。"

【注释】

[1]健:强,指有强烈贪心的人。

[2]诎(gàn):通"拑""钳"。指用强力压制他人。

[3]哼(zhūn):同"谆",多言多语。

[4]信悫:诚实忠厚。

[5]有:通"又"。

[6]知:通"智"。

[7]尒:通"迩",近。

[8]桓公用其贼,文公用其盗:前者指的是齐桓公重用曾谋害过自己的管仲为相,后者指的是晋文公任用曾谋害过自己的寺人披。二者举贤不避仇,最终成就春秋五霸有其二的伟业。

【品读】

鲁哀公询问孔子选拔人才的办法,体现了贤才之于国家的重要性。有意思的是,孔子没有正面回答鲁哀公应该选取什么样的人才,而是告诉他绝对不能选取什么样的人,即"无取健,无取诎,无取口哼"。君王不能让这三类人留在自己身边辅政,因为他们各具不可避免的道德缺陷,足以危害到君王和国政。

孔子如此回答哀公，足显孔子卓越的政治智慧。正如孔子在上文提到的那样，只有大圣才是尽善尽美的，而庸人、士、君子、贤人等都有或多或少的缺憾。如果君王必须选拔出完美的人才能使用，或者必须按照某种标准来选拔人才，那么，君王就真的是无人可用了，或者是只能选拔出同类型的官员。作为君王，最重要的职责是根据需要选拔出不同的人才，使其做到人尽其才。

31.7　定公[1]问于颜渊曰："东野子[2]之善驭乎？"颜渊对曰："善则善矣。虽然，其马将失[3]。"定公不悦，入谓左右曰："君子固谗人乎！"三日而校[4]来谒，曰："东野毕之马失。两骖[5]列[6]，两服入厩。"定公越席而起曰："趋[7]驾召颜渊！"颜渊至，定公曰："前日寡人问吾子，吾子曰：'东野毕之驭，善则善矣，虽然，其马将失。'不识吾子何以知之？"颜渊对曰："臣以政知之。昔舜巧于使民，而造父巧于使马。舜不穷其民，造父不穷其马，是舜无失民，造父无失马也。今东野毕之驭，上车执辔，衔[8]体正矣；步骤驰骋，朝[9]礼毕矣；历险致远，马力尽矣。然犹求[10]马不已，是以知之也。"定公曰："善！可得少进乎？"颜渊对曰："臣闻之：'鸟穷则啄，兽穷则攫，人穷则诈。'自古及今，未有穷其下而能无危者也。"

【注释】

[1]定公：即鲁定公，公元前509～前495年在位。

[2]东野子：鲁定公时人，善于驯马驾车。

[3]失(yì)：通"逸"，奔逃。

[4]校(jiào)：即校人，为君王豢养、管理马匹的官吏。

[5]骖(cān)：古代用三匹马或四匹马拉车，两旁的马称"骖"，中间者叫"服"。

[6]列：同"裂"，指挣断缰绳。

[7]趋(cù)：通"促"。

[8]衔：当作"御"。

[9]朝：通"调"，训练。

[10]求：通"驱"，驱使。

【品读】

俗话讲"术业有专攻"，但颜渊身为儒生却正确推断出东野毕之马要逃脱的事实，而且其推断的依据竟然是政事。颜渊认为君王使民与马夫使马这两件事蕴含的道理是一致的。颜渊的目的是劝诫君王爱民重民，不能无休止地使唤民众以满足自己的私欲，否则会导致民心尽丧，以致民众反抗，国将不国。

尧问篇第三十二

32.1 尧问于舜曰："我欲致天下,为之奈何?"对曰:"执一无失,行微无怠,忠信无倦,而天下自来。执一如天地,行微如日月,忠诚盛于内,贲[1]于外,形于四海。天下其在一隅邪!夫有[2]何足致也?"

【注释】

[1]贲:通"奋",发扬。

[2]有:通"又"。

【品读】

本章主要探讨"致天下",即如何治理天下的问题。在舜等圣王看来,"致天下"的根本在于使"天下自来",而不是以武力、政治争斗等暴力手段强迫天下归于己。而使"天下自来"的方法就是"执一无失,行微无怠,忠信无倦",即君王要做到修德善政,以招徕天下民众。周文王、周武王就是典型代表。史载文王行善政,"视民如伤,望道而未之见"①,"笃仁,敬老,慈少",尤其礼贤下士,有时忙于接待来宾,到了"日中不暇食"的地步。伯夷、叔齐、太颠、闳夭、散宜生、鬻子、辛甲等贤人能士都来归附他。他国之人闻听周文王善政,皆来找其作公平裁决。一次,河东虞、芮两地的民众因狱讼不决,至周找文王调停。入界,发现一派和睦,"耕者皆让畔,民俗皆让长"。来者见此情景,皆惭愧而归,彼此让步,结果争讼自然解决。各国诸侯听说此事,无不感叹:"西伯盖受命之君。"②在文、武二王的经营下,周迅速壮大,最终伐纣成功,一举获得天下。周王以至德善政自然而然地获得天下,此即"天下自来"的主旨。孔子评论道:"三分天下有其二,以服事殷。周之德,其可谓至德也已矣。"③这实为儒家的王道思想,也就是孔子所说的修己以安人、安天下的思想。

---

① 《孟子·离娄上》。
② 《史记·周本纪》。
③ 《论语·泰伯》。

32.2 魏武侯[1]谋事而当，群臣莫能逮[2]，退朝而有喜色。吴起[3]进曰："亦尝有以楚庄王[4]之语闻于左右者乎？"武侯曰："楚庄王之语何如？"吴起对曰："楚庄王谋事而当，群臣莫逮，退朝有忧色。申公巫臣[5]进问曰：'王朝而有忧色，何也？'庄王曰：'不谷[6]谋事而当，群臣莫能逮，是以忧也。其在中蘬[7]之言也，曰："诸侯[8]得师者王，得友者霸，得疑[9]者存，自为谋而莫己若者亡。"今以不谷之不肖而群臣莫吾逮，吾国几于亡乎！是以忧也。'楚庄王以忧而君以喜[10]。"武侯逡巡[11]再拜曰："天使夫子振寡人之过也。"

【注释】

[1]魏武侯：魏文侯之子，名击，公元前395～前370年在位，曾励精图治，使魏国成为一时强霸之国。

[2]逮(dài)：及、比得上。

[3]吴起：战国时期著名的政治家和军事家，曾为魏文侯手下的将领，多有战功。

[4]楚庄王："春秋五霸"之一。

[5]申公巫臣：楚国大夫。姓屈，名巫，字子灵，曾受封于申地，故又称"申公"。

[6]不谷：自我谦称。

[7]中蘬(huǐ)：即"仲虺"，商汤的左相。

[8]《集解》本"诸侯"下有"自为"二字，疑衍，故删。

[9]疑：古官名，专门负责解答君主的疑问。

[10]喜：《集解》本作"熹"，今据他本改之。

[11]逡(qūn)巡：犹豫不前，似进似退。

【品读】

君王作为一国之主，需要管理的事务较多，但其个人知识和能力是有限的。君王在治理国家中如何对待这种治国的客观需求无限大与个人能力相对有限的矛盾？一方面，君王自身要不断加强学习，提升素养，拓展视野，增强解决问题的能力；另一方面，要向外获取他人，尤其是那些贤明之人的帮助，这也是国家要为君王专设辅臣、谏官的缘由。在此意识下，我国很早就建立起相当发达的谏官制度。唐太宗与魏徵君臣相得的故事已为人所熟知。

但是，历史是在一系列的矛盾中前行、演绎的。大多数君王都做不到像唐太宗那样主动纳谏。历史上还有不少君王杀害谏臣的事例，如纣王杀比干。即使是唐太宗，也有不纳谏的时候，至少不总是心悦诚服地接受。在此讲到的魏武侯亦是如此。虽然他最终接受了吴起的谏言，但也只是在明白了其中的政治利害后才这样做。魏武侯最初的"喜"，才是其真实想法。为

何他会因自己强于臣子而感到“喜”呢？不能简单将原因归之于君王的道德修养和心胸问题，还有更深层次的原因，主要有二：一是体制方面，谏官与君王地位不对等，难以从制度上保证君王必须听自己的；二是在集权体制下，君王的权威关系到国家政权的稳定，这就要求维护君威。维护君主的权威，对于国家的稳定是必要的，但过分到专制独断的程度就会走向反面，危及国家。这也是贤明之士“忧”的原因所在。

32.3 伯禽将归于鲁，周公谓伯禽之傅曰：“女将行，盍[1]志而[2]子美德乎？”对曰：“其为人宽，好自用，以慎。此三者，其美德已。”周公曰：“呜呼！以人恶为美德乎？君子好以道德，故其民归道。彼其宽也，出无辨矣，女[3]又美之，彼其好自用也，是所以窭[4]小也。君子力如牛，不与牛争力；走[5]如马，不与马争走；知如士，不与士争知。彼争者，均者之气也，女又美之。彼其慎也，是其所以浅也。闻之曰：‘无越逾不见士。’见士问曰：‘无乃不察乎？’不闻[6]，即物少至，少至则浅。彼浅者，贱人之道也，女又美之乎。吾语女：我，文王之为子，武王之为弟，成王之为叔父。吾于天下不贱矣，然而吾所执贽[7]而见者十人，还贽[8]而相见者三十人，貌执[9]之士者百有余人，欲言而请毕事者千有余人，于是吾仅得三士焉，以正吾身，以定天下。吾所以得三士者，亡于十人与三十人中，乃在百人与千人之中。故上士吾薄为之貌，下士吾厚为之貌，人人皆以我为越踰好士，然故士至。士至而后见物，见物然后知其是非之所在。戒之哉！女以鲁国骄人，几矣！夫仰禄之士犹可骄也，正身之士不可骄也。彼正身之士，舍贵而为贱，舍富而为贫，舍佚[10]而为劳，颜色黎黑而不失其所，是以天下之纪不息，文章不废也。”

【注释】

[1]盍：何不。
[2]而：通“尔”，指“伯禽之傅”。
[3]女：通“汝”。
[4]窭(jù)：简陋，代指见识少。
[5]走：跑。
[6]闻：同“问”。
[7]执贽：依古礼，初次拜会他人时所带的见面物，因等级不同而异。
[8]还贽：受礼者归还部分礼物给送礼者，以示谢敬。
[9]貌执：以礼待人。
[10]佚：通“逸”，安逸、舒适。

【品读】

此章周公与其子伯禽之师讨论伯禽的美德，获悉其子有宽厚、独立、谨慎之德后并不满意，加以反驳。在评判同一人时，二人为何会有不同的态度？这应是由于他们看问题的角度和立场有别。伯禽的师傅从个人道德修养层面来看这三种道德，认为它们都属于美德。但就“君子好以道德，故其民归道”而论，周公是从君王道德的角度来审视伯禽的三德，深刻分析了其基础来源，认为伯禽道德不完善。三德不完善，就难以成为君子、圣王。从中可见，评判某人的某种德行，并不是非好即坏、简单判别即可，而是要将其置于具体的情境之下进行全面而深入的了解、辨别。

此处周公还强调了得士之于君王治国的重要性，即可以“正吾身”“定天下”，而且以亲身实例说明得士的困难——百千人之中才仅得三士。基于此，周公强调“仰禄之士”与“正身之士”之别，认为君王要重用“正身之士”，“舍贵而为贱，舍富而为贫，舍佚而为劳，颜色黎黑而不失其所，是以天下之纪不息，文章不废也”。从对“正身之士”的描述中，可见孟子所言“富贵不能淫，贫贱不能移，威武不能屈”的大丈夫的影子。

32.4　语曰：“缯丘[1]之封人[2]见楚相孙叔敖曰：‘吾闻之也：处官久者士妒之，禄厚者民怨之，位尊者君恨之。为相国有此三者，而不得罪楚之士民，何也？’孙叔敖曰：‘吾三相楚而心愈卑，每益禄而施愈博，位滋尊而礼愈恭，是以不得罪于楚之士民也。’”

【注释】

[1]缯丘：缯国故城，曾属楚国。缯，同“鄫”，周朝封国，姬姓。

[2]封人：古代掌管疆界的官吏。

【品读】

这里谈为官从政之道。那些只为权势、厚禄而做官者，定是些贪官、恶官、庸官，必遭到士民唾弃。但那些想做好官的人，有时又难得善终。从政者只有遵循某些所谓的为官之道，才能见容于体制之内。不过，好官是借此来实现自己的理想；而贪官、坏官则将其视为获取和保持权势的途径。

32.5　子贡问于孔子曰：“赐为人下而未知也。”孔子曰：“为人下者乎，其犹土也。深扣[1]之而得甘泉焉，树之而五谷蕃[2]焉，草木殖焉，禽兽育焉，生则立焉，死则入焉，多其功而不息。为人下者，其犹土也。”

【注释】

[1]扣（hú）：挖掘。

[2]蕃：茂盛。

【品读】

孔子以大地为喻来回答子贡如何做到“为人下”的问题——对人抱有谦逊态度。通过赞美大地哺育万物，却默默无闻、生生不息，以至于万物都感觉不到它的存在，无视它的功劳，指出君子在为人下属、治理家国时，也要做到以无私的爱心去推己及人，以至万物，而不应抱有任何功利心。君子要以德化人，让人们主动接受、自发践行。杜甫“随风潜入夜，润物细无声”的诗句，就很能体现儒家的这种精神境界。道家也追求民众自化、自正的境界，但不是依赖于“君子之德风，小人之德草”的上行下效的理路，而是主张无为而治。如老子所云：“我无为，而民自化；我好静，而民自正；我无事，而民自富；我无欲，而民自朴。”①

32.6　昔虞不用宫之奇而晋并之，莱不用子马而齐并之，纣刳王子比干而武王得之[1]。不亲贤用知，故身死国亡也。

【注释】

[1]昔虞不用宫之奇而晋并之，莱不用子马而齐并之，纣刳王子比干而武王得之：讲的是三位国君不任用贤能而导致国亡身败之事。“虞不用宫之奇而晋并之”，指公元前655年，晋献公以贡献“屈产之乘与垂棘之璧”向虞国借道讨伐邻国虢国，虞侯未听大夫宫之奇的劝谏，贪于外财而终被晋兼并。“莱不用子马而齐并之”，指公元前567年莱国被齐国所灭。至于子马其人，史无详载，在此只可推知其为贤臣。“纣刳王子比干而武王得之”，指纣王诛杀忠臣比干，最终为周武王讨伐。

【品读】

此处以“不亲贤用知，故身死国亡也”的历史事实来教育君王要“亲贤用知”。在君主专制、人治为主的古代社会中，国家由君臣共同管理，君明臣贤往往是盛世之征，也是古代治国最理想的状态。历史上有名的“贞观之治”就是如此：唐太宗自是明君，却也离不开房玄龄、杜如晦、魏徵等贤臣的辅助。但是，在君主世袭体制下，很难保障君主个个年富力强、德智双全，这就更凸显了贤臣辅佐的重要性。历史上这样的例子不少，如伊尹之于太甲、周公之于成王、霍光之于昭帝、诸葛亮之于刘备父子等。

32.7　为说者曰：“孙卿不及孔子。”是不然。孙卿迫于乱世，鰌[1]于严刑，上无贤主，下遇暴秦，礼义不行，教化不成，仁者绌[2]约[3]，天下冥冥，行全

① 《老子》第五十七章。

刺之，诸侯大倾。当是时也，知者不得虑，能者不得治，贤者不得使。故君上蔽而无睹，贤人距[4]而不受。然则孙卿怀将圣[5]之心，蒙佯狂之色，视[6]天下以愚。《诗》曰："既明且哲，以保其身。"[7]此之谓也。是其所以名声不白、徒与不众、光辉不博也。今之学者，得孙卿之遗言余教，足以为天下法式表仪，所存者神，所过遇者化。观其善行，孔子弗过。世不详察，云非圣人，奈何？天下不治，孙卿不遇时也。德若尧、禹，世少知之。方术不用，为人所疑。其知至明，循道正行，足以为纪纲。呜呼，贤哉！宜为帝王。天地不知，善桀、纣，杀贤良。比干剖心，孔子拘匡，接舆辟[8]世，箕子佯狂，田常为乱[9]，阖闾擅强。为恶得福，善者有殃。今为说者又不察其实，乃信其名。时世不同，誉何由生？不得为政，功安能成？志修德厚，孰谓不贤乎？

【注释】

[1]鳟(qiú)：同"趟"，驱赶、逼迫。

[2]绌：通"黜"，废黜。

[3]约：穷困。

[4]距：同"拒"。

[5]将圣：大圣。

[6]视：通"示"。

[7]引诗见《诗经・大雅・烝民》。

[8]辟：通"避"。

[9]田常为乱：田常，又名田成子、田恒、陈恒、陈成子，是逃至齐国避难的陈国贵族之后。其于公元前481年杀死齐简公，拥立齐平公，自任相国，并逐步掌握齐国朝政，开启"田氏代齐"之端。

【品读】

此章讲荀子的历史地位问题。从本文所述可知，当时有一种观点认为荀子不如孔子。荀子弟子不以为然，加以反驳。荀子思想对后世影响深远是不争的事实。从现实政治演变而言，荀子的弟子韩非、李斯辅助秦国（尽管后来身败名裂，未能使秦长存），汉代中期形成外儒内法的治政方略，都离不开荀子的作用。从思想文化而言，荀子是诸子百家争鸣的殿军，实现了对各种思想的融合和超越。从儒家本身而言，荀子注解、讲演"六经"，为儒家思想的传承做出了不可磨灭的贡献。荀子声名不显，是其生不逢时的结果，亦可视作其明哲保身所致。如果仅仅依据后世名声和现实功绩来评定荀子，是不客观的。

主要参考书目

(清)阮元校刻:《十三经注疏》,中华书局 1980 年版。

李学勤主编:《十三经注疏》,北京大学出版社 1999 年版。

黄寿祺、张善文撰:《周易译注》,上海古籍出版社 2001 年版。

李民、王健撰:《尚书译注》,上海古籍出版社 2004 年版。

程俊英译注:《诗经译注》,上海古籍出版社 2004 年版。

杨天宇撰:《周礼译注》,上海古籍出版社 2004 年版。

杨天宇撰:《礼记译注》,上海古籍出版社 2004 年版。

陈鼓应注译:《老子今注今译》,商务印书馆 2006 年版。

黎翔凤撰:《管子校注》,《新编诸子集成》本,中华书局 2004 年版。

杨伯峻译注:《论语译注》,中华书局 1980 年版。

《孙子》注释小组:《孙子兵法新注》,中华书局 1977 年版。

谭家健、孙中原注译:《墨子今注今译》,商务印书馆 2009 年版。

李梦生撰:《左传译注》,上海古籍出版社 1998 年版。

山东大学《商子译注》编写组:《商子译注》,齐鲁书社 1982 年版。

杨伯峻译注:《孟子译注》,中华书局 2005 年版。

陈鼓应注译:《庄子今注今译》,商务印书馆 2007 年版。

(唐)杨倞注,东方朔导读,王鹏整理:《荀子》,上海古籍出版社 2010 年版。

(清)黎庶昌校刊:古逸丛书《影宋台州本荀子》二十卷。

(清)王先谦撰,沈啸寰、王星贤点校:《荀子集解》,《新编诸子集成》本,中华书局 1988 年版。

北京大学《荀子》注释组:《荀子新注》,中华书局 1979 年版。

杨柳桥:《荀子诂译》,齐鲁书社 1985 年版。

张觉撰:《荀子译注》,上海古籍出版社 1995 年版。

董治安、郑杰文汇撰:《荀子汇校汇注》,齐鲁书社 1997 年版。

(战国)荀况著,王天海校释:《荀子校释》(上、下),上海古籍出版社 2005

年版。
杨朝明等注说:《荀子》,河南大学出版社 2008 年版。
张法祥、柯美成编著:《荀子解说》,华夏出版社 2009 年版。
林宏星:《〈荀子〉精读》,复旦大学出版社 2011 年版。
(清)王先慎撰,钟哲点校:《韩非子集解》,《新编诸子集成》本,中华书局 2003 年版。
(清)王聘珍撰:《大戴礼记解诂》,中华书局 1983 年版。
(汉)司马迁:《史记》,中华书局 1959 年点校本。
(汉)班固,(唐)颜师古注:《汉书》,中华书局 1962 年点校本。
(晋)陈寿,(宋)裴松之注:《三国志》,中华书局 1959 年点校本。
(刘宋)范晔,(唐)李贤等注:《后汉书》,中华书局 1965 年点校本。
(宋)朱熹:《四书章句集注》,中华书局 1983 年版。
引得编纂处编纂:《荀子引得》,上海古籍出版社 1986 年版。
赵吉惠等主编:《中国儒学史》,中州古籍出版社 1991 年版。
郭志坤:《荀学论稿》,上海三联书店 1991 年版。
韦政通:《荀子与古代哲学》,(台北)台湾商务印书馆 1992 年版。
刘蔚华、苗润田:《稷下学史》,中国广播电视出版社 1992 年版。
方尔加:《荀子新论》,中国和平出版社 1993 年版。
廖名春:《荀子新探》,文津出版社 1994 年版。
邓汉卿:《荀子绎评》,岳麓书社 1994 年版。
彭邦本:《理性之光——荀子的智慧》,四川教育出版社 1996 年版。
孔繁:《荀子评传》,南京大学出版社 1997 年版。
王钧林:《中国儒学史·先秦卷》,广东教育出版社 1998 年版。
马积高:《荀学源流》,上海古籍出版社 2000 年版。
江心力:《20 世纪前期的荀学研究》,中国社会科学出版社 2005 年版。
童书业著,童教英增订:《先秦七子思想研究》,中华书局 2006 年版。
惠吉兴:《〈荀子〉选评》,上海古籍出版社 2006 年版。
翰青、郝晏荣、何平:《荀子的理性光芒》,书海出版社 2007 年版。
庞朴主编:《儒林》第 4 辑,山东大学出版社 2008 年版。
侯外庐等主编:《中国思想通史》第 1 卷,人民出版社 2008 年版。
梁启超等著,廖名春选编:《荀子二十讲》,华夏出版社 2009 年版。
王天海:《名家讲解荀子》,长春出版社 2009 年版。
徐克谦:《荀子:治世的理想》,上海古籍出版社 2009 年版。
牟宗三:《名家与荀子》,吉林出版集团有限责任公司 2010 年版。

张祥龙:《先秦儒家哲学九讲:从〈春秋〉到荀子》,广西师范大学出版社2010年版。

孙伟:《重塑儒家之道——荀子思想再考察》,人民出版社2010年版。

路德斌:《荀子与儒家哲学》,齐鲁书社2010年版。

黄克剑:《由命而道:先秦诸子十讲》(修订版),中国人民大学出版社2010年版。

王博:《中国儒学史·先秦卷》,北京大学出版社2011年版。

东方朔:《合理性之寻求:荀子思想研究论集》,(台北)台湾大学出版中心2011年版。

王楷:《天然与修为——荀子道德哲学的精神》,北京大学出版社2011年版。

陈战国:《先秦儒学史》,人民出版社2012年版。

李桂民:《荀子思想与战国时期的礼学思潮》,中国社会科学出版社2012年版。

杨朝明、宋立林主编:《孔子家语通解》,齐鲁书社2013年版。

[日]佐藤将之:《荀子礼治思想的渊源与战国诸子之研究》,(台北)台湾大学出版中心2014年版。

涂可国、刘廷善主编:《荀子思想研究》,齐鲁书社2015年版。

刘君花:《二十世纪后半期的荀学研究》,首都师范大学硕士学位论文,2007年。

后记

本书受业师马新先生嘱托，于前年孟春开始着手。日月其迈，寒往暑来，去年初冬，基本完工。本人负责“品读荀子”、《礼论》篇之前诸章的撰写和最终的统稿工作，其他与学友波涛君合作而成。

回顾书稿的写作过程，有苦有乐。在先秦儒家元典中，《荀子》以文长、字多、句繁、意杂而难读著称，梁启超先生曾有“读《荀子》难，必须下一番苦功以研究之”的感叹。而事实上，我们在字句的取舍、前后文本的对读、整体文义的揣摩等方面，翻检诸书，冥思苦想，有时为定一字，辗转反侧，夜不能寐，的确吃了不少苦头，是为其苦。其乐有三：著述虽有苦难，但坚贞无咎，最终成书，颇觉充实，此一乐；经过此次释读《荀子》，对近年习读儒家元典有一交代，倍感宽慰，此二乐；再者，与师友共襄其事之时，既有如沐春风、催人奋进的亲切师恩，又有“切切偲偲，怡怡如也”的珍贵友情，提撕心智，此三乐。

在本书的写作与统稿中，我们参阅、借鉴了学界先贤时彦的不少研究成果，并得到山东大学出版社王立强等编辑的审校，使本书质量有了坚实的外部保障，在此谨致诚挚的感谢。当然，因作者学识与精力有限，加之初稿系二人合作完成，后期修缮亦仓促，所以本书在某些地方可能会出现校释不精、品读不详甚至讹误及前后文风不一等问题。凡此不足，皆由本人负责，同时敬请读者诸君多加批评指正！

巩宝平

2015 年 12 月 15 日